Green Line 3 G9

Lehrerband

von
Paul Dennis
Katja Fritsch
Julia Gerlach
Carolyn Jones
Regina Kleinhenz
Jon Marks
Simone Nothelle-Woters
Stefan Rauschenberg
Stefanie Rhode
Harald Weisshaar
Jenny Wood
Alison Wooder

herausgegeben von
Harald Weisshaar

Ernst Klett Verlag
Stuttgart · Leipzig

Green Line 3 G9 Lehrerband
für Klasse 7 an Gymnasien

Herausgeber: Harald Weisshaar, Bisingen

Autorinnen und Autoren: Paul Dennis, Lahnstein; Katja Fritsch Leipzig; Julia Gerlach, Bochum; Carolyn Jones, Beckenham; Regina Kleinhenz, Stuttgart; Jon Marks, Ventnor; Simone Nothelle-Woters, Mönchengladbach; Stefan Rauschenberg, Mönchengladbach; Stefanie Rhode, Bochum; Harald Weisshaar, Bisingen; Jenny Wood, Bristol; Alison Wooder, Ventnor

Symbole und Abkürzungen

⊙	Verweis auf die Lehrer-CDs	S	Schülerinnen/Schüler
🎬	Verweis auf die Lehrer-DVD	L	Lehrerinnen/Lehrer
👥	Partnerarbeit / PA	SB	Schülerbuch
👥👥	Gruppenarbeit / GA	WB	Workbook
△	Verweis auf einfachere Aufgaben	G	Grammatik
▲	Verweis auf anspruchsvollere Aufgaben	EA	Einzelarbeit
✳	Natürliche Differenzierung durch die offene Aufgabenform	HA	Hausaufgabe
		HV	Hörverstehen
✐	Schreiben (geschlossen/einfach)	KV	Kopiervorlage
✎	Schreiben (offen/kreativ)	TA	Tafelanschrieb/-bild
📁	Portfolio	UG	Unterrichtsgespräch

Bildquellennachweis: *(Kommentarteil)* **9.1** Thinkstock (Jupiterimages), München; **9.2** February Films (Elke Bock), London; **9.3** February Films (Andrew Kemp), London; **9.4** Klett-Archiv (Weccard), Stuttgart; **9.5** Avenue Images GmbH (Photo Alto), Hamburg; **10.1** shutterstock.com (Erika Cross), New York, NY; **10.2** iStockphoto (Kemter), Calgary, Alberta; **10.3** iStockphoto (Bobbie Osborne), Calgary, Alberta; **10.4–11.4** February Films (Elke Bock, Andrew Kemp), London; **11.5** YERMAN FILMS (Andrea Artz), London; **118.1** shutterstock.com (hchjjl), New York, NY

Textquellennachweis: *(Anhang)* Dave Draper, *Eight Plays for Teenagers*, Kapitel 5, Claire's Devil. Ernst Klett Sprachen – First published in Sweden by Utbildningsstaden AB 1995

Sollte es in einem Einzelfall nicht gelungen sein, den korrekten Rechteinhaber ausfindig zu machen, so werden berechtigte Ansprüche selbstverständlich im Rahmen der üblichen Regelungen abgegolten.

1. Auflage 1 5 4 3 2 | 20 19 18

Alle Drucke dieser Auflage sind unverändert und können im Unterricht nebeneinander verwendet werden.
Die letzte Zahl bezeichnet das Jahr des Druckes.
Das Werk und seine Teile sind urheberrechtlich geschützt. Jede Nutzung in anderen als den gesetzlich zugelassenen Fällen bedarf der vorherigen schriftlichen Einwilligung des Verlages. Hinweis §52 a UrhG: Weder das Werk noch seine Teile dürfen ohne eine solche Einwilligung eingescannt und in ein Netzwerk eingestellt werden. Dies gilt auch für Intranets von Schulen und sonstigen Bildungseinrichtungen. Fotomechanische oder andere Wiedergabeverfahren nur mit Genehmigung des Verlages.

© Ernst Klett Verlag GmbH, Stuttgart 2016. Alle Rechte vorbehalten. www.klett.de

Redaktion: Martina Reckart; Anja Treinies, Düsseldorf, Lektorat editoria: Cornelia Schaller, Fellbach
Herstellung: Anne Leibbrand, Cristina Dunu

Umschlaggestaltung: know idea, Freiburg; Koma Amok, Stuttgart
Illustrationen: David Norman, Meerbusch
Satz: Fotosatz Kaufmann, Stuttgart; Media Office GmbH, Kornwestheim *(Kopiervorlagen)*
Reproduktion: Schwaben-Repro, Stuttgart
Druck: Salzland Druck, Staßfurt

Printed in Germany
ISBN 978-3-12-854233-1

Inhalt

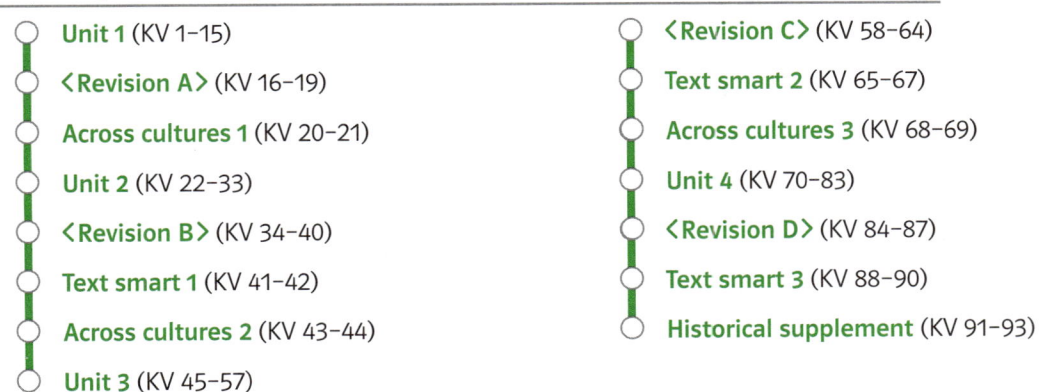

Allgemeiner Teil

I Konzeption
- 4 — 1. Rahmenbedingungen und Ziele
- 4 — 2. Didaktische Schwerpunkte
- 9 — 3. Charaktere und Situationen

II Der Medienverbund
- 12 — 1. Das Schülerbuch
- 12 — 2. Das *Workbook*
- 13 — 3. Der Digitale Unterrichtsassistent Plus
- 14 — 4. Weitere Werkteile für den Unterricht

Unterrichtskommentare

- 16 — Unit 1
- 43 — ‹Revision A›
- 47 — Across cultures 1
- 51 — Unit 2
- 81 — ‹Revision B›
- 89 — Text smart 1
- 100 — Across cultures 2
- 106 — Unit 3
- 135 — ‹Revision C›
- 142 — Text smart 2
- 153 — Across cultures 3
- 158 — Unit 4
- 184 — ‹Revision D›
- 191 — Text smart 3

Lösungen und Transkripte

- 206 — Lösungen *Revisions A–D*
- 210 — Lösungen *Diff pool*
- 214 — Lösungen Kopiervorlagen
- 222 — Transkripte zu den Hörverstehens-Aufgaben im *Workbook*

Kopiervorlagen

- Unit 1 (KV 1–15)
- ‹Revision A› (KV 16–19)
- Across cultures 1 (KV 20–21)
- Unit 2 (KV 22–33)
- ‹Revision B› (KV 34–40)
- Text smart 1 (KV 41–42)
- Across cultures 2 (KV 43–44)
- Unit 3 (KV 45–57)
- ‹Revision C› (KV 58–64)
- Text smart 2 (KV 65–67)
- Across cultures 3 (KV 68–69)
- Unit 4 (KV 70–83)
- ‹Revision D› (KV 84–87)
- Text smart 3 (KV 88–90)
- Historical supplement (KV 91–93)

Allgemeiner Teil

I Konzeption

1. Rahmenbedingungen und Ziele

Veränderungen

Schule und Unterricht sind von ständiger Veränderung geprägt. Hierzu gehören:
- Weiterentwicklungen des fremdsprachlichen Unterrichts in der Grundschule (veränderte unterrichtliche Rahmenbedingungen; veränderte Erwartungen seitens der und an die aufnehmenden Schulen);
- veränderte Handlungsspielräume für Eltern bei der Wahl der weiterführenden Schule (Auswirkungen auf die Zusammensetzung von Eingangsklassen);
- die Einführung von neuen weiterführenden Schulformen verschiedener Profile;
- die Weiterführung der Diskussion um das 8- bzw. 9-jährige Gymnasium und eine damit einhergehende Neubewertung der Erwartungen an die einzelnen Klassenstufen;
- die zunehmende Digitalisierung des Lebensumfelds der Lernenden sowie der Unterrichtenden und eine fortschreitende Veränderung im Medienkonsumverhalten;
- die zunehmende Bedeutung des Englischen als *lingua franca*.

Diese Veränderungen stellen neue Herausforderungen an Unterrichtsmaterialien, die den Bedürfnissen sowohl der Lehrer (L) als auch der Schüler (S) in einer Vielzahl von Konstellationen gerecht werden müssen.

Ziele des Lehrwerks

Zu den zentralen Zielen der aktuellen *Green Line*-Generation gehören:
- Befähigung der S zu einer alters- und situationsgemäßen funktionalen interkulturellen Handlungsfähigkeit in für sie lebensweltlich relevanten Situationen;
- Entwicklung eines interkulturellen Bewusstseins in Hinblick auf Ziel- und Heimatkultur(en);
- Transparenz über kurz- und mittelfristige Unterrichtsziele sowohl für L als auch für S;
- Flexibilität hinsichtlich Auswahl und Einsatz des Materials;
- ein für den Großteil der heutigen gymnasialen Schülerpopulation erreichbares Grundniveau;
- Berücksichtigung einer deutlich gestiegenen Heterogenität innerhalb einer Lerngruppe auch am Gymnasium und eine damit einhergehende Bereitstellung von Möglichkeiten und Materialien zur individuellen Förderung.

2. Didaktische Schwerpunkte

Kompetenz- und Aufgabenorientierung

Seit der Vorlage der Bildungsstandards der KMK von 2004 hat sich die Neuorientierung der curricularen Vorgaben der Länder verstärkt: Die bisherige akribische Definition von sprachlich-thematischen Lernzielen wird zunehmend der Entwicklung einer ganzheitlichen fremdsprachlichen Handlungsfähigkeit untergeordnet. Im Lehrwerk schlägt sich diese Entwicklung u. a. in einer stärkeren **Outputorientierung** nieder, die durch einen deutlichen Zuwachs von Aufgaben zur mündlichen und schriftlichen Sprachproduktion dokumentiert wird.

Gleichzeitig werden diese Aufgaben stärker als bisher unter den Gesichtspunkten der lebensweltlichen Relevanz und der persönlichen Bedeutung für die S konzipiert, und es wird eine höhere Transparenz über die Zielsetzung der Aufgabe einerseits und die inhaltlichen und sprachlichen Voraussetzungen andererseits erreicht. Die Aufgaben ermöglichen einen steten, aber stets nachvollziehbaren Kompetenzzuwachs, indem die S schrittweise mehrere **Teilkompetenzen** zu einer größeren **Globalkompetenz** kombinieren.

Diese Entwicklung ist im Lehrwerk erkennbar an …
- einer an die S gerichteten Formulierung zu Beginn einer Unit unter der Überschrift *In Unit … you learn …*;
- sprachhandlungsrelevant formulierten Kompetenzzielen oben auf jeder Seite;
- häufigen *Your turn*-Aufgaben, die die S als sie selbst zu Wort kommen lassen;
- einer integrativen Kompetenzaufgabe in Gestalt der *Unit task*, die in jeder Unit die erworbenen Teilkompetenzen kombiniert (das blaue Puzzle-Symbol markiert die Aufgaben in der Unit, die in besonderer Weise auf die *Unit task* vorbereiten und möglichst nicht weggelassen werden sollten).

In jedem Schritt werden die zur Durchführung der Aufgaben benötigten Mittel gemeinsam abgeleitet und erarbeitet, um in überschaubaren Zusammenstellungen zum kommunikativen Einsatz zu kommen. Die Funktion der produktiven Aufgaben besteht demzufolge nicht darin, grundsätzlich Neues zu erarbeiten, sondern das bereits Erarbeitete in neuen Kombinationen und Zusammenhängen auf kommunikativ sinnvolle Weise zu nutzen. Grundsätzlich wird darauf geachtet, in jeder Unit alle Kompetenzbereiche in angemessener Gewichtung zu berücksichtigen. Die *Unit task* kann dabei von Mal zu Mal einen anderen Schwerpunkt haben (einmal eher schriftlich, ein anderes Mal eher mündlich); die Erarbeitungsschritte beziehen trotzdem die anderen Kompetenzen mit ein.

Zur besseren Orientierung sowohl für L als auch für die S wird im Schülerbuch neben jeder Aufgabe der Fertigkeitsschwerpunkt angegeben: *Listening, Speaking, Reading, Writing, Mediation* und *Viewing*. Aufgaben, die vorrangig die Einführung oder Festigung von sprachlichen Mitteln zum Ziel haben, werden mit *Language* oder *Vocabulary* gekennzeichnet.

Differenzierung und Individualisierung

In *Green Line* wird auf den Unit-Seiten grundsätzlich eine **gemeinsame Basis** angeboten, die von allen S beherrscht werden soll. Schon hier entsteht durch eine sorgfältige Auswahl an Themen, Materialien, Aktivitäten, Sozialformen und Aufgabenformaten ein breit gefächertes Angebot, das verschiedene Lerndispositionen anspricht. Darüber hinaus werden im **Diff pool** optionale Aufgaben und Hilfen präsentiert, die auf unterschiedliche Lernvoraussetzungen näher eingehen. Die Aufgaben zur Differenzierung lassen sich in **vier Kategorien** einteilen:

a) △ *Help with …*: zusätzliche Hilfen zu einer bestehenden Aufgabe in der Unit, für leistungsschwächere S;
b) △ *Instead of …*: eine leichtere Variante einer bestehenden Aufgabe in der Unit, für leistungsschwächere S;
c) △ *After …*: zusätzliche Festigung zu einer bestehenden Aufgabe in der Unit, für leistungsschwächere S;
d) ▲ *After …*: eine weiterführende Aufgabe, die sich an eine bestehende Aufgabe in der Unit anschließt, für leistungsstärkere S.

Beim *Diff pool* gibt es grundsätzlich zwei verschiedene Möglichkeiten für den Einsatz im Unterricht. Zum einen kann damit **parallel differenziert** werden, d. h. die S bearbeiten zwar verschiedene Aufgaben im Unterricht, am Ende steht jedoch das **gleiche Ergebnis**. Aufgaben zur Paralleldifferenzierung sind als *Help with …* und *Instead of …* gekennzeichnet. Zum anderen können die Aufgaben mit *After …* als **zusätzliches** Übungsmaterial eingesetzt werden, sowohl für leistungsstärkere als auch für leistungsschwächere S. Die Aufgaben für leistungsstärkere S sind so konzipiert, dass sie motivierend sind und nicht als Zusatz empfunden werden. Von einer gemeinsamen Sicherung im Klassenverband profitieren auch die leistungsschwächeren S, wenn es sich z. B. um kreative Aufgaben handelt. Andere Aufgaben sind als Partnerarbeit angelegt, sodass sie gegenseitig verbessert werden können.

Die Sicherung der Aufgaben für leistungsschwächere S kann folgendermaßen erfolgen:

- durch ein von L zur Verfügung gestelltes Lösungsblatt (die Lösungen des *Diff pools* befinden sich gesammelt im Anhang dieses Lehrerbands);
- durch eine individuelle Korrektur während der Stillarbeitsphase durch L;

- durch die Bestimmung von *experts*, die während der Übungsphase ihre Mitschüler unterstützen und korrigieren;
- durch eine Sicherung in PA nach Abschluss der Übungsphase, bei der leistungsschwächere und -stärkere S zusammenarbeiten;
- durch eine gemeinsame Sicherung im Unterricht, bei der die leistungsstärkeren S vor der Herausforderung stehen, die Lösung ohne Vorbereitung zu finden und ggf. die Sätze der anderen zu korrigieren.

Sowohl das lehrwerksbegleitende *Workbook* als auch dieser Lehrerband enthalten weitere differenzierende Aufgaben bzw. Unterrichtshinweise.

Grammatik

Zur kompetenzorientierten Anlage des Lehrwerks gehören wie oben ausgeführt ...
- Transparenz über die Ziele der Unit bzw. der jeweiligen Buchseite und über die Bedeutung der einzelnen Aufgaben für die übergreifenden Kompetenzziele einer Unit;
- eine stärkere Outputorientierung im Sinne von sprachproduktiven Aufgaben mit einer hohen Relevanz für die einzelnen S;
- eine Betonung der praktischen Verwertbarkeit des Gelernten im Alltag.

Dennoch wird anerkannt, dass die strukturierte und transparente Behandlung sprachlicher Phänomene gerade im fortgeführten Fremdsprachenunterricht am Gymnasium nach wie vor methodisch-didaktisch begründet ist und von vielen L geschätzt wird. Aus diesem Grund wird das Prinzip der Präsentation neuer sprachlicher Mittel in funktionalisierten Texten und einer sich daran anschließenden Habitualisierung und Kognitivierung in durchgehend **themen- und situationsorientierten** Lernsequenzen generell aus der vorhergehenden Lehrwerksgeneration beibehalten. Dabei wird, wenn möglich und sinnvoll, ein **induktiver Ansatz** gewählt, nach dem die S Sprachfunktionen entdecken und Regelmäßigkeiten selbstständig ableiten sollen, bevor zu habitualisierenden Aufgaben und einer darauffolgenden situativ eingebetteten freien Verwendung übergegangen wird.

Im *Grammar*-Anhang, einer vereinfachten Regelgrammatik ab S. 151, werden in übersichtlicher, bildreicher Form die grammatischen Strukturen, die in den Units behandelt werden, zum Nachschlagen bereitgestellt und mit kurzen Selbstevaluationsaufgaben überprüft.

Generell wurde bei der Konzeption des Lehrwerks darauf geachtet, dass hochfrequente, für die tägliche Kommunikation der S nützliche Strukturen mit Vorrang eingeführt und habitualisiert werden, und dass komplexe, tendenziell problematische Strukturenpensen nicht geballt nacheinander behandelt werden. Wo möglich und sinnvoll, werden ausgewählte Phänomene lexikalisch behandelt, um den Anteil an kognitiver Grammatikarbeit zu reduzieren.

Wortschatz

Maßgabe für die lexikalische Gestaltung von Texten und Aufgaben im Lehrwerk ist ein Grundstock häufig verwendeter und für den Alltag der S nützlicher Wörter und Wendungen. Grundlage bildet die Cambridge PET-Liste, ein Referenz-Korpus von ca. 3.500 häufig verwendeten Vokabeln, die ein GER-Niveau bis B1 einschließt. Ausnahmen bilden landeskundlich bzw. interkulturell interessante Besonderheiten und Wörter, die für die motivierende Textgestaltung herangezogen werden. Arbeitsanweisungen und metasprachliche Begriffe, die in den Aufgabenstellungen verwendet werden, bleiben im rezeptiven Bereich (siehe S. 260–263: *In the classroom*).

Ganz im Sinne des aus der Grundschule bekannten imitativen Sprachlernansatzes wird von Beginn an mit sogenannten **Chunks** gearbeitet, d.h. auswendig zu lernenden, formelhaften Spracheinheiten, die von den S nicht analysiert, sondern nach vorgegebenen Mustern eingesetzt werden.

Im Verlauf des Lehrwerks werden die S angehalten, parallel zur regulären Wortschatzarbeit ein ***personal vocabulary*** aufzubauen, d.h. individuell zusätzlichen Wortschatz zu sammeln, der für die Versprachlichung des eigenen persönlichen Lebensumfelds notwendig ist. Bei leistungsschwächeren S kann sich das *personal vocabulary* durchaus aus dem im Lehrwerk angebotenen Grundstock speisen.

Im *Vocabulary* ab S. 167 wird der komplette Lernwortschatz des Lehrwerks mit phonetischer Umschrift, deutscher Entsprechung und Anmerkungen aufgelistet. Die Anmerkungen zum Lernwortschatz umfassen Beispielsätze, Merksätze, Illustrationen, Synonyme und Antonyme, Hinweise auf Besonderheiten der Aussprache oder Verwendung, usw. Weiterhin enthält das *Vocabulary* lernmethodische Hinweise und nützliche Zusammenstellungen von Wortfeldern.

Textarbeit In *Green Line* wird von Anfang an auf eine gymnasialgerechte und hohe **Textqualität** geachtet. Sehr kurze, unnatürliche und nur zur Einführung eines einzelnen Grammatik-Teilpensums dienende Texte werden vermieden. Bei der Auswahl der Texte wird u. a. den Aspekten der Altersgemäßheit, dem Rollenverständnis von Jungen und Mädchen und der Motivation und Anregung zum weiteren selbständigen Lesen in der Fremdsprache besondere Beachtung beigemessen.

Neben der gegenüber früheren Lehrwerken erhöhten Textmenge spielt in *Green Line* die **Textsortenvielfalt** eine besondere Rolle. Diese führt gleichzeitig zu einem deutlich erweiterten Aufgabenspektrum.

Der zweiseitige **Hauptlesetext** jeder Unit ist mit entsprechenden Anregungen und Aufgaben zur Auswertung (*pre-*, *while-* und *post-reading*) versehen. Er dient vor allem der Auswertung von Texten und führt die S früh an Lesetechniken in der Fremdsprache heran. Dem produktiven Schreiben wird besonderes Gewicht beigemessen. Anhand von Aufgaben zur Erarbeitung der notwendigen sprachlichen Inventare (Strukturen, Wortschatz, Redemittel), möglicher Inhalte und der jeweiligen Textmerkmale werden die S sukzessive an ein systematisches, reflektierendes Verfahren herangeführt, das sie in Zukunft selbstständig anwenden sollen. Textrezeption und Textproduktion bilden so zunehmend eine Einheit.

Band 3 weist im Vergleich zu den Bänden 1 und 2 eine veränderte Struktur auf, um die Textarbeit zusätzlich zu intensivieren. Neben den vier Units gibt es drei sogenannte ***Text smarts***, denen jeweils bestimmte Textsorten zugrunde liegen. Die *Text smarts* wurden bewusst zwischen den Units platziert, um durch die größere Abwechslung eine Motivationssteigerung in der Mittelstufe zu erreichen. Die übliche Unit-Struktur wird aufgebrochen, das Arbeitstempo verändert sich durch die unterschiedliche Thematik und Ausrichtung sowie durch den im Vergleich zu einer Unit geringeren Umfang (6 Seiten). Durch die geringere Anzahl von Units wurde gleichzeitig die Schaffbarkeit des gesamten Bandes gewährleistet.

In den *Text smarts* wird bewusst auf eine Grammatikprogression verzichtet. Der Schwerpunkt liegt stattdessen darauf, die S mit unterschiedlichen Textsorten (nach dem erweiterten Textbegriff) vertraut zu machen und diese exemplarisch sowie vertieft zu bearbeiten. Dabei wird jeweils von einer Alltagssituation (häufig anhand eines HV-Textes) ausgegangen, in der Jugendliche diesen Texten begegnen. Durch diesen Auftakt werden die S angeregt, darüber zu reflektieren, welchen Stellenwert diese Texte oder Textsorten für sie in ihrem Leben haben. Im Gegensatz zu einer Unit bieten die *Text smarts* somit die Möglichkeit, sich intensiv auch mit längeren Texten bzw. mit einer ganzen Fülle an Textsorten auseinander zu setzen. Neben der Vermittlung wichtiger Fähigkeiten und Fertigkeiten im Bereich der Lesekompetenz werden durch die *Text smarts* auch das Schreiben eigener Texte sowie das Sprechen über Texte geübt. Gleichzeitig steht die Vermittlung von geeignetem Wortschatz durch *Word banks* im Vordergrund.

Der Aufbau der *Text smarts* folgt dem Schema *Introduction*, *Stations* und *Options*. Die *Stations* unterscheiden sich meist durch das angebotene Material oder durch einen unterschiedlichen Blick auf die Textgattung. Die *Options* bieten schließlich reichhaltiges Material, um die erlernten Kompetenzen anhand unterschiedlicher Aufgaben und kleinerer Projekte umwälzen zu können. Dabei wurde Wert darauf gelegt, diese Aufgaben immer auch skalierbar und deutlich kürzer als die *Unit tasks* einer Unit zu gestalten.

Integriertes Hör-/Sehverstehen

Der Einsatz von **Filmsequenzen** ist heute eine anerkannte und wichtige Komponente im modernen Englischunterricht. Zunehmend sind die Schulen auch mit der nötigen Hardware ausgestattet, sodass im Unterricht mit „Film als Textform" gearbeitet werden kann.

In der aktuellen Generation von *Green Line* sind mit der neuen Video-DVD **Action UK!** erstmals Filmsequenzen im Schülerbuch integriert. Da diese bewusst nur locker an die Progression angelehnt sind, kann an dieser Stelle eine zwanglose Begegnung mit neuem, fakultativem Wortschatz und neuen Strukturen erfolgen. L sollte den S deutlich machen, dass die *Action UK!*-Sequenzen keineswegs der bloßen Unterhaltung dienen, sondern die Grundlage für eine aktive Auseinandersetzung mit der Filmhandlung, den Filmcharakteren und der Sprache bilden. Trotzdem sollte der Spaßfaktor natürlich nicht zu kurz kommen. Die „Arbeit" mit den Filmsequenzen stellt für L und die S eine willkommene Abwechslung dar. Durch die Umwälzung der Themen der Unit wird den S bewusst, dass die Inhalte zur Verbesserung der eigenen Kommunikationskompetenz beitragen.

Die *Action UK!*-Sequenzen handeln nicht von den Lehrwerkscharakteren, sondern von drei anderen Jugendlichen: Laura, Marley und Jinsoo. In kurzen Episoden gewähren die drei Freunde Einblicke in ihren Alltag zu Hause und an der Thomas Tallis School. Auf diese Weise wird der Handlungsort des Schülerbuchs lebendig. Die Filmsequenzen bilden eine optimale Ergänzung zu den Unit-Texten und sind thematisch und sprachlich an die jeweilige Unit angelehnt.

Die *Action UK!*-Seite im Schülerbuch bietet L die Möglichkeit, unterschiedliche Schwerpunkte zu setzen, unterstützt von je zwei Kopiervorlagen im Lehrerband und einer weiteren Aufgabe im *Workbook*. Die *Workbook*-Aufgabe kann nach einer „Filmstunde" als HA bearbeitet werden – ohne dass die S den Film dafür nochmals ansehen müssen.

Interkulturelle Kompetenz

Zusätzlich zur Begegnung der S mit der Zielkultur durch die *constellation of characters* in den Lesetexten, erweitern die S ihr interkulturelles Wissen auf den **landeskundlichen Einführungsseiten** jeder Unit, den *Introduction*-Doppelseiten. Dort erhalten die S sprachliche, soziale, kulturelle und geografische Informationen über das Zielland. Das Ziel der einführenden Doppelseite und aller anderen Seiten, die landeskundliche Informationen direkt und indirekt vermitteln, liegt jedoch nicht darin, abstrakte, scheinbar objektive Landeskunde vorzuführen. Wo immer möglich sollen Vergleiche zur eigenen Lebenswelt stattfinden können, auch im sprachlichen Bereich. Die Präsentation eines vielfältigen Bilds des Ziellandes wird konsequent verfolgt.

Neu in dieser *Green Line*-Generation sind die **Across cultures**-Doppelseiten im Anschluss an die Units. Hier werden zentrale Aspekte der britischen Alltagskultur auf zugängliche und kommunikative Weise präsentiert und für die S entsprechende Handlungsmuster erarbeitet und verfügbar gemacht. Eine Besonderheit sind auch die Filmsequenzen auf den *Across cultures*-Doppelseiten, die ebenfalls auf der DVD *Action UK!* zu finden sind.

Die *Across cultures*-Doppelseiten stellen einen Lehrgang dar, der stufenplanartig aufeinander aufbaut und bis zum Abschluss der Sekundarstufe I reicht. In den Units regen *Across cultures*-Boxen mit kurzen Erläuterungen und aktivierenden Fragestellungen zum Vergleich zwischen der Ziel- und der eigenen Kultur an.

Von interkulturellem Interesse sind daneben die zahlreichen mit Gespür fürs Detail gezeichneten Illustrationen. Sie laden die S immer wieder zur Entdeckung und Beschreibung von Unterschieden zwischen fremden und eigenen Lebensgewohnheiten ein.

Selbstevaluationskompetenz

Als autonome Lernende sollten die S frühzeitig daran gewöhnt werden, ihren eigenen Lernfortschritt einzuschätzen und zu dokumentieren. Hierzu macht *Green Line* verschiedene Angebote:

Die **Unit task** bietet eine sehr gute und motivierende Möglichkeit, den S ihren Lernzuwachs anhand einer realistischen Situation deutlich zu machen, die ihnen eine Kombination verschiedener vernetzter Kompetenzen abverlangt. Daher wird im Lehrerband zu den *Unit tasks* häufig eine Kopiervorlage zur *peer evaluation* angeboten, mit Hilfe derer die S sich gegenseitig kriteriengestützt bewerten können.

Die im Schülerbuch integrierte **Grammar** enthält im Anschluss an jedes Thema kurze Aufgaben, die für die gemeinsame Verständnisüberprüfung, z. B. in PA, konzipiert sind. Auch hier finden sich die Lösungen zur Selbstkontrolle hinten im Schülerbuch.

Nach jeder im *Workbook* bearbeiteten Aufgabe können die S mithilfe einer Ampel eine direkte Selbsteinschätzung vornehmen. Diese Werte übertragen sie nach Abschluss der Unit auf eine **Portfolio-Seite**, um so zu jedem Kompetenzbereich einen auf vielen Einzelbewertungen basierenden Gesamtwert zu erhalten.

3. Charaktere und Situationen

Lehrwerkscharaktere

Charaktere und Situationen werden auch in der neuen *Green Line*-Reihe so authentisch wie möglich gestaltet. Die wichtigsten Hintergrundinformationen zu den Lehrwerkscharakteren im Überblick:

Jack

Anna

Luke

Sherlock

Irina

Jamie

Luke Elliot
- lives in a terraced house with his parents Jack and Anna, his elder sister Irina, his younger brother Jamie and the family dog Sherlock
- father (of English descent) is a Tube driver, mother (of Polish descent) works in a supermarket
- loves soccer (wants to be a pro), playing with his dog, practical jokes
- has rivalry with Jay at outset

Holly Richardson
- lives in a council flat with her mum Sally and her sister Amber
- parents divorced; dad Steve an ex-football player, mum unemployed
- loves anything pink, her two guinea pigs (Honey and Mr Fluff), horse riding, shopping (though the family has little money)
- is generally quite shy

Sally

Steve

Amber

Honey / Holly / Mr Fluff

Catherine

Frank

Sid / Dave

Dave Preston
- lives in Cornwall with his parents Frank and Catherine and the cat Sid
- father a civil engineer, mother a vet with her own surgery
- used to live in Greenwich but had to move with his parents
- loves his cat Sid, computer games, sci-fi, cooking
- is generally easy-going

Olivia Fraser
- lives in an attractive terraced house with her father Desmond, step-mother Claire and younger half-sister Lucy
- father of Afro-Caribbean descent, step-mother of English descent
- father a web-designer, step-mother runs community centre
- likes netball, playing the saxophone, reading, creative hands-on hobbies
- is very ambitious and self-confident

Desmond

Claire

Olivia / Lucy

Jahangir ('Jay') Azad
- lives with his father Tarik, mother Yasmin and elder brother Shahid
- parents both of Pakistani descent
- father manager at the local leisure centre, mother an estate agent
- Uncle Hamid and Aunt Seeta own a Tandoori restaurant
- likes fashion, singing, dancing, sport
- is popular with the girls

 Tarik

 Yasmin

 Jay

 Shahid

Gwen Parker
- is partially-sighted
- is friends with Holly and Olivia in particular
- likes winter sports and inline skating, but her favourite sport is running
- her uncle and aunt live in Scotland with their son Ethan

Wohnumfeld Diese *constellation of characters* basiert auf authentischen sozialen, familiären und ethnischen Begebenheiten im heutigen Großbritannien und berücksichtigt die von Vielfalt geprägte Zusammensetzung des Stadtteils Greenwich und der *Thomas Tallis School*, die die Lehrwerkscharaktere – wie in der Vorgängergeneration von *Green Line* – besuchen.

II Der Medienverbund

1. Das Schülerbuch

Aufbau des Schülerbuchs

Der Aufbau des Schülerbuchs im Überblick:
- 4 Units
- fakultative *Revisions* A–D nach den Units 1–4
- 3 *Text smarts*
- *Across cultures* 1–3 nach den Units 1–3
- *Diff pool* mit Aufgaben zur Differenzierung
- *Skills*-Anhang
- *Grammar*
- *Vocabulary* (Unitvokabular)
- Referenzteil mit *In the classroom* und *Dictionary*
- Karten

Alle Units enthalten die gleichen Elemente, in teils leicht abgewandelter Reihenfolge:
- **Introduction** (2 bzw. 4 Seiten): Einstimmung auf das Thema, neuer Themenwortschatz, Erwerb landeskundlichen Orientierungswissens, Ausblick auf die *Unit task*
- **Stations** (jeweils 2–4 Seiten): Vermittlung von Wortschatz und Grammatik sowie Kompetenzerwerb bei allen Fertigkeiten
- **Skills** (1 Seite): Vermittlung von Methodenwissen
- **Unit task** (1 Seite): komplexe Lernaufgabe (Kompetenzaufgabe), die das in der Unit Gelernte zusammenführt
- **Story** (3 Seiten): Hauptlesetext mit Auswertung
- **Action UK!** (1 Seite): kombiniertes Hör-/Sehverstehen anhand des Filmmaterials auf der Begleit-DVD *Action UK!* mit Auswertung

Auch die drei *Text smarts* sind gleich aufgebaut:
- **Introduction** (1 Seite): Einstimmung auf die jeweilige(n) Textsorte(n)
- **Stations** (jeweils 2 Seiten): vertiefte Auseinandersetzung mit der/den jeweiligen Textsorte(n)
- **Options** (ca. 1 Seite): Umwälzung erlernter Kompetenzen anhand unterschiedlicher Aufgaben und kleinerer Projekte

Jeder Band von *Green Line* ist selbstverständlich auch als Digitales Schülerbuch erhältlich. Mehr Informationen unter www.klett.de.

2. Das *Workbook*

Für den Unterricht und zu Hause

Alle Aufgaben im *Workbook* sind für ihren optimalen Einsatzort im Schülerbuch selbst und hier im Lehrerband gekennzeichnet. Das *Workbook* kann sowohl für die Arbeit zu Hause als auch im Unterricht eingesetzt werden. Die wichtigsten Inhalte und Funktionen sind:

Workbook mit Audio-CDs (für Schüler)

- zusätzliches Übungsmaterial, passend zu den Units im Schülerbuch für alle Bereiche;
- Aufgaben passend zu den *Text smart*-Seiten im Schülerbuch sowie weitere authentische Texte als zusätzliches Angebot in der *Reading corner*;
- Aufgaben zur Differenzierung an Ort und Stelle, wo sie benötigt werden;
- *Unit task* wird vorbereitend unterstützt (1 Doppelseite pro Unit); Pool von Aufgaben (… *smart*), aus denen die S je nach Disposition wählen können sowie *Options* passend zur *Story*;
- motivierende, schüler- und lebensnahe Aufgaben, Textsortenvielfalt;

- macht S mit Aufgabenformaten vertraut, wie sie in der Leistungsmessung und später auch in VERA zu finden sind;
- Ampelsystem zur Selbstevaluation;
- Wiederholung von *Skills* auf den *Revision*-Seiten nach den Units 1–4;
- Zusatzheft *Grammar, portfolio and word banks* zum Heraustrennen;
- beiliegende Audio-CD enthält alle HV-Texte und Ausspracheübungen aus dem *Workbook* sowie ausgewählte Texte aus dem Schülerbuch.
- Klett-Nr. 854235

Workbook mit Audio-CDs und Übungssoftware (für Schüler)

Wie oben plus Übungssoftware auf CD-ROM:
- abgestimmt auf das Schülerbuch;
- zum Üben zu Hause;
- das Ampelsystem zur Selbstevaluation im *Workbook* leitet die S direkt zu passenden Aufgaben auf drei Niveaus in der Software, die ihren individuellen Förderbedürfnissen entsprechen;
- virtuelle Vokabellernkartei zum Üben und Festigen von neuem Wortschatz.
- Klett-Nr. 854238

Workbook mit Lösungen, Audio-CDs und Übungssoftware (für Lehrer)

Wie oben einschließlich aller Medien sowie der Lösungen und Erwartungshorizonte zur komfortablen Kontrolle in blauer Schrift eingetragen.
- Klett-Nr. 854236

3. Der Digitale Unterrichtsassistent

Unterrichtsvorbereitung und Unterrichten am Whiteboard

Der Digitale Unterrichtsassistent zu *Green Line* bietet – ausgehend von seinem Herzstück, dem Digitalen Schülerbuch – viele nützliche Funktionen sowohl für die Unterrichtsvorbereitung als auch für den Unterricht mit Whiteboard bzw. Laptop und Beamer:
- schnelle Vorbereitung durch seitengenauen Zugriff auf alle Begleitmaterialien (*Workbook*, Lehrerband inklusive editierbarer Kopiervorlagen, Bildfolien) und auf den Differenzierungsanhang (mit seitengenauer Rücksprungfunktion);
- Filme und Audios punktgenau zu den Aufgaben im Schülerbuch abspielbar;
- neue Vokabeln und Grammatikstrukturen auf jeder Doppelseite auf einen Blick sichtbar;
- Lösungen und Differenzierungsvorschläge punktgenau zu den Aufgaben aufrufbar;
- zusätzliche editierbare Materialien wie Lektionstexte, Transkripte und Bildmaterial für die freie Verwendung;
- zeitsparende Werkzeuge wie interaktiver Stoffverteilungsplaner, Vokabeltest- und Arbeitsblattgenerator, Vorgriffsprüfer, Wörterbuch;
- weitere nützliche Funktionen wie Notizen, Markierungen, Abdeckfunktion und Verlinken eigener Materialien;
- mit der tabletfähigen Online-Anwendung jederzeit und überall Zugriff auf Materialien und Arbeitsstände.
- Klett-Nr. 854273

4. Weitere Werkteile für den Unterricht

Lehrerfassung des Schülerbuchs
- punktgenaue Hinweise auf einsetzbare Zusatzmaterialien wie Kopiervorlagen, Folien, Differenzierungsaufgaben
- Hervorhebung der neuen Vokabeln und Grammatik
- Infos zu Charakteren usw. in den Fotos und Abbildungen
- Lösungen
- Klett-Nr. 854232

Lehrer-Audio-CDs
- enthalten in chronologischer Reihenfolge alle Schülerbuchtexte, Lieder, Aussprache-übungen und HV-Texte zum Schülerbuch und zum *Workbook*;
- alle Texte wurden in London mit ausgebildeten muttersprachlichen Sprechern aufgenommen.
- Klett-Nr. 854239

Video-DVD *Action UK!*
- in kurzen motivierenden Filmsequenzen gewähren die drei Freunde Laura, Marley und Jinsoo Einblicke in ihren Alltag in Greenwich und an der Thomas Tallis School;
- vier Sequenzen zu den Units 1–4: *The caves – When Sean came to visit – How times change – The girl from the past*;
- kurze Reportagen zu den *Across cultures*-Seiten im Schülerbuch berichten von interessanten interkulturellen Aspekten (*British stories and legends – Reacting to a new situation – At a party*).
- Klett-Nr. 834312, 834313

Bildfolien
- motivierendes Einstiegs- und Sicherungsmaterial;
- Transferfolien und Abbildungen aus dem Schülerbuch zu jeder Unit;
- Fokus auf Mündlichkeit.
- Klett-Nr. 834202, 834203

Vorschläge zur Leistungsmessung:
- Materialien für Klassenarbeiten zu jeder Unit und zu den folgenden Kompetenzbereichen: *Listening, Reading, Writing, Speaking, Mediation*, Grammatik und Wortschatz;
- zusätzliche Aufgaben zu den *Revisions A–D* im Schülerbuch;
- *Speaking* wird anhand von drei Schritten getestet: *Warm-up* (kurzes L-S-Gespräch), Monolog (zusammenhängendes Sprechen) und Dialog (ein Gespräch führen);
- zusätzlich im Heft enthalten: *Teacher's notes* zu den *Speaking*-Tests sowie monologische und dialogische *Speaking cards* (4-farbig zum Heraustrennen);
- entsprechend den unterschiedlichen Vorgaben in einigen Bundesländern (kompetenzorientierte Klassenarbeiten, keine reine Abfrage von Grammatik und Wortschatz) werden die Aufgaben zur Grammatik und zum Wortschatz getrennt angeboten;
- die beiliegende CD-ROM enthält alle Tests in editierbarer Form, die Audios für die Hörverstehensaufgaben mit Transkripten, zusätzliches Filmmaterial sowie Vorlagen für Förderempfehlungen zu jeder Unit.
- Klett-Nr. 854234

Testen und Fördern
- kostenloser Online-Service zur Diagnose und Dokumentation individueller Leistungsstände;
- interaktives Testmaterial mit automatischer Auswertung;
- geprüft werden die kommunikativen Fertigkeiten (Hör- und Leseverstehen, Sprachmittlung, Sprechen und Schreiben) sowie die Verfügbarkeit sprachlicher Mittel (Wortschatz und Grammatik);
- schüler- und lebensnahe Themen, abgestimmt auf die Units;
- Dokumentation des Leistungsstands, die L als Ausgangsbasis zur individuellen Förderung (z. B. durch Lernvertrag) oder für Elterngespräche dient;
- für den individuellen Förderbedarf passend ausgewähltes Materialangebot zum Ausdrucken.
- www.testen-und-foerdern.de

Fördern & Fordern
- unitbegleitende Kopiervorlagen auf drei Niveaus
- Grundaufgabe bleibt für alle Niveaus gleich (Paralleldifferenzierung)
- Loseblattsammlung zum Einheften in den Lehrerband-Ordner
- mit Lösungen zur Selbstkontrolle
- Klett-Nr. 854296

Unit 1 Goodbye Greenwich

Didaktisches Inhaltsverzeichnis

Kompetenzziele	Sprachliche Mittel	Materialien
Introduction (S. 8–9)		
LISTENING Kernaussagen eines Gesprächs verstehen **SPEAKING** Über die Britischen Inseln sprechen	**VOCABULARY** Word bank: Places and things to do	– Lehrer-Audio-CD 1, Track 1 – WB 2/1–2 – Diff pool, S. 112/1 – Skills, S19–21, S. 146–147 – Folie 2/32: The British Isles; Folie 2/32: Goodbye Greenwich
Station 1 (S. 10–12)		
READING Einen Dialog verstehen **LISTENING** Einen Dialog verstehen **MEDIATION** Eine Wettervorhersage wiedergeben	**VOCABULARY** Public transport **LANGUAGE** *future with 'will'*	– Lehrer-Audio-CD 1, Track 2, 5 – WB 3/3–5, 4/6–7 – Diff pool, S. 112–113/2–5 – Skills, S10, S. 140; S18, S 145–146 – Grammar, G1, S. 152–153 – Folie 2/34: Moving to the middle of nowhere; Folie 2/35: How to book train trickets on the internet; Folie 2/36: The weather forecast – KV1: Working with language; KV2: What will they do?; KV3: What Dave will and won't do; KV4: Listening: Preparing for a trip; KV5: Talking about the weather
Skills (S. 13)		
WRITING Eine formelle E-Mail schreiben; Auskünfte einholen/ Informationen erfragen		– WB 5/8–10 – Skills, S11–14, S. 140–143

Kompetenzziele	Sprachliche Mittel	Materialien
Station 2 (S. 14–16)		
READING Informationen gezielt aus einem Text herausfiltern; Ein Gedicht verstehen **LISTENING** Durchsagen verstehen **SPEAKING** Über keltische Wörter sprechen; *Role play*: Ein Gespräch in einem Reisebüro führen	**VOCABULARY** Useful phrases: At the travel agent's **LANGUAGE** *conditional clauses type 1* *Celtic languages*	- Lehrer-Audio-CD 1, Track 6, 8–11 - Lehrer-DVD 2, Film 11 - WB 6/11–13, 7/14–16 - Diff pool, S. 113–114/6–8 - Skills, S21, S. 147; S17, S. 144–145 - Grammar, G2, S. 154–155 - KV6a: A look at Cornwall – Before you watch; KV6b: A look at Cornwall – While you are watching; KV7: Working with language; KV8: What will they do if …?; KV9: Announcements; KV10: Writing your own poem
Unit task (S. 17)		
Ein Quiz über die Britischen Inseln erstellen	**VOCABULARY** Making a quiz	- WB 8/17–18, 9/19–20
Story (S. 18–20)		
READING Überschriften zu Textabschnitten finden **WRITING** Einen Tagebucheintrag verfassen; eine Urlaubspostkarte schreiben **SPEAKING** Tipps für ein Problem geben		- Schüler-Audio-CD 1, Track 4–8 - Lehrer-Audio-CD 1, Track 12–16 - WB 10/21–22 - Skills, S5–8, S. 136–139; S11–14, S. 140–143 - KV11: Things will get better; KV12: Creative writing
Action UK! (S. 21)		
WRITING Eine Filmszene schreiben **SPEAKING** Über das Landleben sprechen **VIEWING** Themen in einer Filmsequenz erkennen und Spannungselemente benennen		- Lehrer-DVD 2, Film 12 - WB 11/23 - Diff pool, S. 114/9 - Skills, S22–24, S. 147–149; S17, S. 144–145 - KV13: The caves; KV14: Suspense: What's going to happen?; KV15: Words, words, words

1 Introduction

Introduction

Wortschatz *journey, future, will, medieval, living history show, pony trekking, Scottish*

S. 8 SPEAKING — **1 Parts of the British Isles** → Diff pool △ 112/1

Wortschatz *to include*

Materialien Folien 2/32 und 2/33

Einstieg SB geschlossen. L legt **Folie 2/32** auf. L: *What parts of the British Isles do you already know?* L notiert die S-Antworten an der Tafel oder an den entsprechenden Stellen auf der Folie.

Methodisches Vorgehen Nach der Bewusstmachung der verschiedenen Landesteile der Britischen Inseln und der damit verbundenen Aktivierung des Vorwissens der S leitet L zur Aufgabenstellung über. L legt **Folie 2/33** auf. L: *Look at the pictures and find the places on the map. Which part of the British Isles do they belong to? Which part is most interesting to you and why?* Die S suchen die Orte auf der Karte im SB (ggf. arbeitsteilig, je ein S bereitet zwei Bilder vor und stellt sie dann seinem Partner vor). Die S-Ergebnisse sollten im UG gesichert werden, bevor die S sich über die verschiedenen Orte austauschen. Hierzu knüpft L an die Folie aus dem Einstieg an und notiert die Ortsnamen hinter den jeweiligen Landesteilen der Britischen Inseln. Im Anschluss daran entscheiden sich die S für einen Ort, der ihnen am interessantesten erscheint und fixieren hierzu zwei bis drei Gründe schriftlich (*notes*). Die Stichpunkte verwenden sie dann im Austausch über die Bilder in PA. In leistungsschwächeren Klassen wird es ggf. erforderlich sein, Redemittel vorzugeben (z. B. durch einen TA):

> *... looks most interesting to me because you can go surfing/... there. because it is fun/exciting/...*

Abschließend wird eine Kurzumfrage zu allen vier Bildern im Plenum durchgeführt. Jeder S formuliert einen Satz zu seinem Lieblingsort.

Differenzierung

△ **Diff pool p. 112/1 Talking about places** → Help with Introduction, p. 8/1

Methodisches Vorgehen: Für leistungsschwächere S bietet sich eine Vorentlastung durch Hinzuziehung von S. 112, Aufgabe 1 an. Die S lesen die dort vorgegebenen Sätze und machen Ausflugsvorschläge für jede Person. Zur Bearbeitung von Aufgabe 1 auf S. 8 greifen sie auf die auf S. 112 vorgegebenen Redemittel zurück.

Lösung:
1. *Lou should go to Wales. She can visit old castles there and learn something about the past.*
2. *Sandy should go to Ireland. She can do pony trekking there.*
3. *Andrew should go to Edinburgh. He can visit the Edinburgh Festival.*
4. *Ellen should go to Cornwall. She can go to the beach and swim in the sea.*

Lösung A: *England* B: *Wales* C: *Ireland* D: *Scotland*
Individuelle S-Lösungen.

S. 8 LISTENING — **2 Come on Dave, don't be so negative!** → S19–21

HV-Text → L 1/1

Dave: So they say we're going to move house very soon. They've got the money and they're looking for a big house with a big garden, and with lots of room for my mum's surgery. Mum never liked it in London anyway. She says it's too big, too dirty, too noisy, there's too much pollution and there are too many people. Dad also likes the

Introduction 1

	country – you know: mountains, trees and all that stuff. So it doesn't look like our new home is going to be in Liverpool, Manchester or Birmingham.
Olivia:	But you like the city, don't you?
Dave:	I think Greenwich is just right. It isn't too full of people or too noisy. And we've got a nice house here. We're quite close to the city centre, there are shops and cinemas and parks, lots of things to do. I mean, why do so many tourists come here?
Luke:	Yeah, I don't see why you should move away, really.
Holly:	But you can't do anything about it, can you? You've got to go with your parents. Oh Dave, it's so sad!
Dave:	I hope we're going to go somewhere nice at least.
Jay:	Hm, it could be as far away as Ireland or Scotland. There's a lot of room there, fresh air, green fields, sheep …
Gwen:	I've got an Irish grandma. She lives in Londonderry, in Northern Ireland. I love visiting her because I can go horse riding there.
Holly:	Oh, I'd love to go there too. I think I'd like the country better than the city.
Luke:	I hope it isn't Scotland. They eat funny things there and they talk with a funny accent and play music on funny instruments. But I hear they've got a cool festival up there. And I like their biscuits: Scottish shortbread, mmm, yummy.
Olivia:	Don't you think our London accent sounds funny to other people too? Scotland is great! It has got beautiful mountains, and you can go rafting or kayaking there or even skiing in the winter, and the people are really friendly. I went there last summer.
Gwen:	It could be Wales too. There's also a lot of room for animals. You went there on a class trip, didn't you? It's great for hiking and for rafting or kayaking or paragliding too. And there are lots of interesting old castles you can visit – some of the biggest and best in Britain!
Luke:	Well, I hope your parents choose the South West. It's great for surfing. It's got beautiful beaches. They speak a bit slowly there, but at least it's English and not Celtic. I don't understand all those Celtic languages like Scottish, Irish Gaelic or Welsh.
Olivia:	But in Cornwall they speak a Celtic language too, Cornish.
Dave:	I don't know why so many people like surfing or windsurfing. Too much sport for me. Anyway all the places you talked about are just green and lonely and boring.
Jay:	Come on, Dave, don't be so negative!

Wortschatz *negative, landscape*

Materialien Lehrer-Audio-CD 1, Track 1

Einstieg *Pre-listening:* Der Einstieg erfolgt über eine **Murmelphase**. L: *Imagine you have to move to a different region in Germany because your parents have found a new job. What would you like about moving house? What wouldn't you like? What region would you prefer? Take notes and talk about these questions with a partner.* Anschließend werden die Diskussionsinhalte im Plenum gesammelt.

Methodisches Vorgehen
a) ⊚ ✎ Die S lesen die Aufgabestellung in EA und bereiten in ihren Heften eine entsprechende Vorlage vor, um Notizen während des ersten Hörens anzufertigen. L spielt den HV-Text vor. Die S notieren die erforderlichen Inhalte stichpunktartig. Anschließend erfolgt ein Ergebnisabgleich im Plenum.

b) ⊚ 👥 Vor dem zweiten Hören des Textes lesen die S die Aufgabenstellung und bereiten erneut eine Vorlage in ihren Heften vor. Vergleichbares Vorgehen wie bei a). Im Anschluss an das zweite Hören des HV-Textes vergleichen die S ihre Ergebnisse mit ihren Partnern und ergänzen ggf. ihre Notizen. In einem nächsten Schritt diskutieren je zwei Schülerpaare die Inhalte des HV-Textes in Kleingruppen. Als zusätzliche Diskussionsimpulse bieten sich an: *What do you think about living in a city/in the countryside? What do/don't you like about the place you live in?* Zur abschließenden Ergebnissicherung kann L auf eine Folie zurückgreifen, die ein oder zwei S während der Bearbeitung von Aufgabenteil b) angefertigt haben. Dieses Vorgehen ist unkompliziert, zeitökonomisch und bietet darüber hinaus die Möglichkeit zur Fehlerkorrektur im Plenum.

1 Introduction

Differenzierung △ Sollte die Lerngruppe noch Schwierigkeiten in Bezug auf die methodische Herangehensweise bei der Bearbeitung von HV-Aufgabenformaten haben, kann L auf die *Skills*-Seite (S. 146–147, S19–21) im SB zurückgreifen.

Lösung a) *Dave thinks Greenwich is just right (not too noisy or full of people, but also close to the city centre and with lots of shops, parks, cinemas and things to do); Dave says that places like Scotland, Ireland, Wales or the South West are too green, lonely and boring.*

b)

Place	Landscape	Things to do	Other information
Greenwich	close to the city centre	shops, cinemas, parks	full of people, noisy, pollution
Ireland	lots of room, green fields, sheep	horse riding	fresh air
Scotland	lots of room, green fields, sheep, beautiful mountains	a cool festival, eat shortbread, lots of outdoor activities (rafting, kayaking, skiing)	fresh air, people eat funny things, have a funny accent and play funny instruments
Wales	a lot of room for animals	hiking, rafting, kayaking, paragliding, visiting old castles	
South West	beautiful beaches	surfing	people speak a bit slowly, people speak Cornish

S. 9
VOCABULARY

3 Places → WB 2/1–2

Wortschatz *sandy, rocky, wide, deep, island, harbour, hiking, mountain biking, (wind)surfing, palm tree, to grow, grew, grown*

Materialien ggf. *English folder*

Einstieg L: *Imagine you have to write a short text about a German region for our English partner school. What do you need to write the text?* Die S-Antworten werden im UG gesammelt (*information about the region, vocabulary*).

Methodisches Vorgehen
a) Anknüpfend an die S-Antworten aus dem Einstieg leitet L zu Aufgabenteil a) über. Die S legen individuelle Wortlisten in ihrem Heft oder *English folder* an und sortieren das Wortmaterial auf der Grundlage der Vorgaben im SB. Hierbei greifen sie einerseits auf ihnen bereits bekanntes Vokabular zurück und extrahieren andererseits Wortschatz aus den Materialien und Texten der Doppelseite im SB (vier Bilder, HV-Aufgabe 2, Box mit *Useful phrases*, ggf. – insbesondere für leistungsschwächere Schüler – *Diff pool* S. 112, Aufgabe 1). Aufgabenteil a) bietet sich auch als vorbereitende HA an.

b) Dieser Aufgabenteil wird in Kleingruppen zu je vier Schülern bearbeitet. In den Gruppen lesen die Schüler den Arbeitsauftrag und verwenden die vier zufällig ausgewählten Redemittel, um über ihnen bekannte Regionen in GB zu sprechen. Der Aufgabenteil trägt dazu bei, die in a) gesammelten sprachlichen Mittel einzuschleifen, und entlastet Aufgabenteil c) vor.

c) Bevor die S ihren eigenen Text über eine Region in Deutschland verfassen, bietet es sich an, verschiedene Regionen im Plenum zu sammeln und die – sofern englischsprachige Begriffe existieren – englischen Äquivalente zu semantisieren. Die im Plenum gesammelten Regionen werden dann auf die Schüler der Lerngruppe aufgeteilt, so dass möglichst viele verschiedene Regionen vorgestellt werden. Darauf aufbauend verfassen die Schüler ihre Texte in EA (ebenfalls als HA möglich) unter der Vorgabe, so viele Redemittel wie möglich aus a) in ihre Texte zu integrieren. Die Präsentation der Schülerprodukte kann in Form eines

Talking about the future with *will* — **Station 1** — **1**

Gruppenpuzzles erfolgen, so dass alle Texte gewürdigt werden. In den Gruppen zählen die Schüler die in den jeweiligen Texten verwendeten Redemittel; der Gewinnertext jeder Gruppe wird abschließend im Plenum vorgetragen. Möglich ist es natürlich auch, eine Broschüre mit allen Schülertexten zu erstellen. In diesem Zusammenhang bieten sich vielfältige weitere Schüleraktivitäten wie z. B. die Illustration der Broschüre an.

Differenzierung △ ▲ Differenzierungsmöglichkeiten bestehen insbesondere im Zusammenhang mit den erforderlichen Redemitteln. Hier bietet sich das Verfahren des *scaffolding* an; je nach Leistungsstand der Schüler werden mehr oder weniger umfangreiche Redemittel als Vorlage für die von den Schülern zu verfassenden Texte angeboten. Dieses Angebot kann von mehr oder weniger vollständigen Sätzen (z. B. auf Grundlage von S. 112, Aufgabe 1) bis hin zur Verwendung der im SB vorgeschlagenen *Useful phrases* reichen.

Vertiefung Über die Plattform *eTwinning* besteht darüber hinaus die Möglichkeit, ein entsprechendes Projekt mit einer Partnerschule im europäischen Ausland in die Wege zu leiten, das zum Ziel hat, sein eigenes Land vorzustellen und Länder in Europa unter Verwendung des Englischen als Lingua franca kennenzulernen.

Tipps für junge Lehrer/innen Zur Einteilung von Arbeitsgruppen bieten sich verschiedene Verfahren an: Zufallsprinzip, Schüler „zählen", *appointment cards*, Gruppeneinteilung durch die Schüler, etc.

Lösung a)

Landscapes	Sights	Things to do
high mountain	city	visit a castle
field	village	go hiking/climbing/mountain
forest	harbour	biking/(wind)surfing/pony
sandy/rocky beach		trekking
wide river		
deep lake		
island		

b) Individuelle S-Lösungen.
c) Lösungsvorschlag: *I'd like to present the North Sea. It's a region with sandy beaches where you can go swimming or surfing. There aren't any high mountains, but wide fields with cows and sheep. You can also visit beautiful villages and harbours. In the North Sea, there are many islands too.*

Station 1 Talking about the future with *will*

Text → L 1/2 **Moving to the middle of nowhere**

Wortschatz *to move (house), nowhere, Cornish, countryside, to miss, to stay, (not) any longer, all of us*

S. 10 READING **1 Questions about the future** → WB 3/3

Wortschatz *transport*

Materialien Folie 2/34; Lehrer-Audio-CD 1, Track 2

Einstieg SB geschlossen. L legt **Folie 2/34** als **stummen Impuls** auf, wobei er den Titel abdeckt. Die S beschreiben das Bild und äußern Vermutungen über die Situation und darüber, warum Dave so traurig ist. Dann leitet L zur Thematik des Textes über: *Dave's parents have found a house in the Cornish countryside. Dave is talking to his friends about his new home. How does he feel about it? What are Dave and his friends talking about?* Die S diskutieren die Fragestellung in PA. Nach dieser kurzen **Murmelphase** werden die Ideen im Plenum gesammelt.

1 Station 1 — Talking about the future with *will*

Methodisches Vorgehen
L schreibt den Titel des Textes an die Tafel. Dabei erfolgt die Semantisierung der neuen Vokabeln *to move (house)* und *nowhere*. Hieran kann sich ein kurzes UG darüber anschließen, was für die Schüler *the middle of nowhere* ist. L berichtet kurz darüber, dass Dave mit seiner Familie nach Cornwall ziehen wird, und führt in diesem Zusammenhang das Adjektiv *Cornish* ein.
SB geschlossen. L präsentiert den Text von der CD. Anschließend erfolgt eine erste Überprüfung des Textverständnisses mit Hilfe der folgenden Fragen: *How does Dave feel? How can the friends still play video games together? What do Olivia and the others want to do when Dave lives in Cornwall? Why is Dave sad when he talks about his new school?* Bei der ersten Überprüfung des Textverständnisses sollte darauf geachtet werden, dass die Schüler das neu einzuführende *will future* noch nicht aktiv verwenden müssen.
Die S lesen den Text nun in ihrem individuellen Lesetempo. Daran anschließend bearbeiten sie Aufgabe 1 in EA, in der sie erstmals mit dem *will future* in Berührung kommen, ohne selber unbekannte Sätze mit der neuen Verbform bilden zu müssen. Hierzu vervollständigen sie die im SB vorgegebenen Sätze und schreiben diese in ihre Hefte. Anschließend werden die Ergebnisse im Plenum abgeglichen.

Lösung
1. *He'll miss his friends. His mum will be happy with her new surgery. It'll be OK for his dad because he'll stay in London with Aunt Frances when he has to work there. Dave will be in a new school, and there'll be nobody he knows. Sid will hate it too.*
2. *They'll miss him too. They'll text him or they'll have video chats together. They'll come to visit him.*
3. *They'll have to ask their parents. They'll have to find the money first. They'll have to decide on a date. They'll have to find out how to get there.*

S. 11 LANGUAGE

2 Rules for the *will* future → WB 3/4; G1

Materialien
ggf. KV 1: Working with language; ggf. KV 2: What will they do?

Einstieg
L lenkt die Aufmerksamkeit gezielt auf das neue grammatische Phänomen. L: *What time are the friends talking about – the past, the present or the future?* Die S spekulieren nun anhand des Textes darüber, wie das *future* ausgedrückt wird.

Methodisches Vorgehen
Die S lesen die Aufgabenstellung. Anschließend ergibt sich ein zweigeteiltes Vorgehen: Zunächst schreiben die S 4–5 Sätze mit dem *will future* untereinander in ihre Hefte. Die S sollten dabei sowohl *statements* als auch *negations* und *questions* herausfiltern. Anschließend werden die Sätze im Plenum gesammelt; L oder ein S notiert diese an der Tafel. Hier weist L besonders auf die Aussprache von *won't* hin. Nach dem Fixieren der Sätze an der Tafel leiten sich die S ab, wie das *will future* gebildet wird. Der TA wird ergänzt. Danach folgt die Bearbeitung des zweiten Aufgabenteils (Verwendung des *will future*) in EA oder PA. Hierzu lesen die S zunächst die bereits im SB vorgegebenen Sätze und entscheiden dann, in welche Rubrik die Sätze, die sie in ihre Hefte geschrieben haben, einzuordnen sind. Der TA wird im Plenum ergänzt. Abschließend formulieren die S eine Regel zur Verwendung der neuen Zeitform, die ebenfalls an der Tafel fixiert wird, und wenden das *will future* eigenständig in Aufgabe 3 an. Im Rahmen der Bewusstmachung und Kognitivierung bietet sich auch die Hinzuziehung von S. 152–153, G1 an.

> *The will future*
>
> And I'<u>ll miss</u> you so much.
> She'<u>ll be</u> happy there.
> He'<u>ll stay</u> in London with Aunt Frances.
> You <u>won't be</u> able to go to the park with us any longer.
> <u>Will</u> he <u>find</u> work there?
> How to form the will future: will/won't (=will not) + infinitive
> How to use the will future: We use the will future to talk about spontaneous decisions/reactions and predictions.

Vertiefung
KV 1: Working with language macht die Regeln des *will future* erneut bewusst. Weitere Übungen bietet **KV 2: What will they do?**

Talking about the future with *will*   **Station 1**   **1**

Lösung

Prediction	Spontaneous reaction/decision
I'll miss you. She'll be happy there. Will I be happy? Will he find work there? I think it'll be OK for him. We won't be able to play video games any longer.	I'll ask my mum. We'll text you. We'll come and visit you.

S. 11
LANGUAGE

3 How will we get there? → Diff pool △ 112/2; ▲ 112/3

Wortschatz   *travel agent's, ticket, to depend (on), per, to promise*

Materialien   ggf. vorbereitete Folie mit Lösung; ggf. KV 3: What Dave will and won't do

Einstieg   L leitet in die Aufgabe ein. L: *The friends have to find out how to get to St Agnes, so Luke goes to a travel agent's.*

Methodisches Vorgehen

a) Die S bearbeiten Aufgabenteil a) zunächst in EA, indem sie den Dialog in ihre Hefte abschreiben und die fehlenden Verbformen ergänzen. Im Anschluss daran lesen sie den Dialog gemeinsam mit einem Partner und korrigieren sich bei Bedarf gegenseitig. Danach erfolgt eine Zwischensicherung im Plenum (z. B. in Form einer durch L vorbereiteten Folie, die zu Beginn abgedeckt ist und danach Schritt für Schritt aufgedeckt wird).

b) Vergleichbares Vorgehen für Aufgabenteil b). Damit die neue Verbform gefestigt wird, bietet es sich an, die S den Dialog auswendig lernen zu lassen (nachbereitende HA).

Differenzierung

△ **Diff pool p. 112/2 Frequently asked questions** → After Station 1, p. 11/3

Methodisches Vorgehen: Diejenigen S, denen die Anwendung der neuen Verbform noch größere Schwierigkeiten bereitet, können diese Aufgabe zur weiteren Festigung bearbeiten. Es bietet sich an, die Fragen als HA vorbereiten und sie in der nächsten Stunde im Rahmen einer *Peer-correction*-Phase in PA vorlesen und beantworten zu lassen.

Lösung:
1. **Will it** rain today? 2. What **will you** do ten years from now? 3. **Will you** meet friends after school? 4. Where **will you** spend your holidays? 5. When **will you** do your homework? 6. **Will you** watch a scary film with me? 7. **Will you** buy me some ice cream? 8. Where **will you** live when you're 30?

▲ **Diff pool p. 112/3 Mediation: At a German station** → After Station 1, p. 11/3

Methodisches Vorgehen: Diese offene Aufgabe eignet sich besonders für leistungsstarke S, die eine größere Herausforderung benötigen. Sie kann ebenfalls als HA gegeben werden.

Lösungsvorschlag:

Boy: *Excuse me, I need to take the next train to Cologne. Will it wait a few more minutes?*
Man: Entschuldigung, ich spreche kein Englisch.
You: **Dieser Junge muss den nächsten Zug nach Köln nehmen. Er möchte wissen, ob er noch ein paar Minuten wartet.**
Man: Ach so. Nein, der Zug wartet nicht. Aber ich bin sicher, der nächste Zug wird ihm besser gefallen. Es ist ein Express-Zug.
You: *Sorry, the train* **won't wait**. *But the man is sure* **that you'll like the next train better because it's an express train.**
Boy: *Express train? Won't* **it be** *expensive?*
You: **Er fragt, ob ein Express-Zug nicht teuer ist.**
Man: Warte kurz, ich schaue nach.
You: **He'll check the price.**

1 Station 1 Talking about the future with *will*

Differenzierung

> Man: Nein, es wird sogar günstiger! Und er wird früher in Köln ankommen als der frühere Zug!
>
> You: No, he says it'll **be cheaper**. And, he says **it'll arrive in Cologne earlier than the first train**.
>
> Boy: Cool! **I'll arrive** earlier and **I'll have** more money for my visit in Cologne! – Yes, I think, **I'll** buy that ticket.
>
> You: Great, but I must go now or my train **will leave** without me.

△ ▲ Weiteres differenzierendes Übungsmaterial findet sich auf **KV 3: What Dave will and won't do**.

Lösung

a) will be – won't be – I'll/I will check – will like – it'll/it will be – won't be – I'll/I will talk

b) Will we – we'll/we will go – It'll/It will be – won't take – won't have – will I get

S. 11
LISTENING

4 Preparing for the trip → WB 3/5

HV-Text
→ L 1/5

Holly: Er – Mum, I'd like to talk to you …
Mrs R: Of course, Holly. What is it?
Holly: Well, Dave is going to go to Cornwall soon. His parents have bought a big and beautiful house near St Agnes. And we want to go there and visit him.
Mrs R: Who wants to go?
Holly: Luke, Jay, Olivia, Gwen and I want to go together.
Mrs R: Are they all allowed to go?
Holly: Olivia has already asked. She's allowed to go, and the others are going to ask their parents too.
Mrs R: But you're too young to go without an adult. Will anybody go with you?
Holly: Yes, Dave has asked his Granny Rose. She says she will go with us.
Mrs R: Will you go by train?
Holly: We'll have to find out what's cheaper, the coach or the train. There are special offers sometimes. Luke will book the tickets for us.
Mrs R: Will it be OK for Dave's parents? Can they put up so many people?
Holly: Yes, it will be OK. They've got a huge house with six bedrooms. Gwen, Olivia and I will stay in one room together, and the boys will stay in Dave's room.
Mrs R: That's a very nice idea, but – how much will the tickets cost?
Holly: Luke says they'll cost between 50 and 55 pounds.
Mrs R: Hm, I'm sorry, but I don't think you'll be able to go, Holly. We just haven't got enough money for the trip.
Holly: But Mum! I don't want to be the only one who doesn't go. You must give me the money! I *won't* stay here.
Mrs R: I'm sorry my dear. I can give you *some* money, but you know we really have to watch our money; we haven't got much. What about Luke? Can he go?
Holly: I'm sure he will. His grandparents will help him.
Mrs R: Maybe you can ask your father, but you know he never has much money. What can we do? Can we sell some of your things? Can you take on a small job – you know, you can wash the neighbour's car or go for a walk with his dog? Or maybe do the shopping for the old lady next door?
Amber: Hey, little sister. I've just heard that you need some money to visit your friend. I've saved some money for a pair of ice skates, but I'll only need them in the winter, so you've got three months to pay me back.
Holly: That's great, Amber – thank you! But, why are you being so nice to me?
Amber: Well, we're sisters.

Using travel and weather vocabulary — **Station 1** — **1**

Holly:	Oh, that's easy to forget sometimes with you and me. But anyway, I'm so happy, thanks!!! I'll go and ask the neighbours if they've got a job for me. And can anyone help me to sell some of my things on the internet?
Amber:	Yeah, I've done it a lot of times. I'll show you how to do it.
Holly:	Thank you so much. I'm sure everything will be fine. I'll have a great time in beautiful Cornwall with all my friends!

Materialien Lehrer-Audio-CD 1, Track 5; ggf. Leerfolie; ggf. KV 4: Listening: Preparing for a trip

Einstieg L: *Imagine you want to buy something very expensive and haven't got enough money. What can you do to get the money you need?* Der Impuls wird im **Think-Pair-Share**-Verfahren bearbeitet.

Methodisches Vorgehen Anschließend leitet L zum HV-Text über: *The friends want to visit Dave. Holly and her mum are talking about the trip on the phone.* Der HV-Text wird zweimal vorgespielt.

a) ⊙ Vor dem ersten Durchlauf lesen die S die Fragestellung aus Aufgabenteil a), die zur Sicherung des Globalverständnisses eingesetzt wird. Hierbei fertigen die S noch keine Notizen an. Die Ergebnissicherung erfolgt im UG.

b) ⊙ Anschließend lesen die S die Aufgabenstellung zu b) und legen in ihren Heften ein entsprechendes Raster an, das sie während des Hörens ausfüllen. Ein S kann für die Phase der Ergebnissicherung das Raster auf eine Folie übertragen. Dies ermöglicht nach dem Ergebnisabgleich auch eine Reflexion des methodischen Vorgehens der S (Vor- und Nachteile bestimmter HV-Strategien). Ggf. weist L in leistungsschwächeren Lerngruppen darauf hin, dass die S sich während des zweiten Hörens auf das *will future* konzentrieren sollen, um herauszufinden, was die einzelnen Personen tun werden.

KV 4: Listening: Preparing for a trip bietet standardisierte Aufgabenformate zum Verständnis des Hörtextes.

Lösung a) *Holly wants to visit Dave together with her friends, but she hasn't got enough money for the tickets. Her mother can't give her the money. She could ask her father, sell some of her things or take on a small job. In the end, Amber can help her.*

b) **Dave** *will go to Cornwall soon.* **Granny Rose** *will go with the friends.* **Luke** *will visit Dave too because his grandparents will help him.* **The girls** *will stay in one room together.* **The boys** *will stay in Dave's room.* **Luke's grandparents** *will help Luke.* **Holly** *will have a great time in Cornwall / will go and ask the neighbours if they have got a job for her.* **Amber** *will give Holly the money / will show Holly how to sell things on the internet.*

S. 12 VOCABULARY

5 How to: Book train tickets on the internet → WB 4/6; S10; Diff pool △ 113/4

Wortschatz *to book, to return, form, to click on, connection, one-way ticket, single ticket, return ticket, fee, to depart, to arrive, outward, inward, fare, platform, to get on (the bus), starting place*

Materialien Folie 2/35

Einstieg L: *Where can you buy train tickets?* Kurzer Austausch im Plenum.

Methodisches Vorgehen

a) Die S lesen die Einleitung und Aufgabenteil a) und zeichnen das Internetformular in ihre Hefte. Anschließend füllen sie das Formular mit Hilfe der Angabe aus der *journey summary* und der bisherigen Informationen aus dem SB (z. B. Anzahl der Mitreisenden) in EA aus. Die Ergebnissicherung kann mit Hilfe von **Folie 2/35** erfolgen. Die Verbindungsdetails können so leicht nachvollzogen werden und L kann die Ergebnisse direkt in die Folie eintragen.

Vertiefung

b) Anschließend übertragen die S das neue Wortmaterial aus Aufgabenteil b) in ihre Vokabelhefte, ergänzen die fehlenden Definitionen und machen Vorschläge für die deutschen Übersetzungen, die sie abschließend mit Hilfe des Vokabelanhangs des SB überprüfen. In diesem Zusammenhang bietet sich auch der Einsatz von S. 140, S10 an (entweder vor Bearbeitung von Aufgabenteil b) im Plenum oder bei Bedarf durch die S in EA).

1 Station 1 — Using travel and weather vocabulary

Vertiefung Eine motivierende Ausweitung kann darin bestehen, die S mit Hilfe der Homepage einer der britischen Eisenbahngesellschaften (z. B. *Southwest Trains*) kleine Rätsel für ihre Mitschüler erstellen zu lassen, die diese dann, z. B. in Form eines Wettbewerbs, mit Hilfe des Internets ausfüllen (z. B. zu Abfahrts-/Ankunftszeiten von Zügen, Preisen für Fahrkarten, etc.).

Differenzierung
> △ **Diff pool p. 113/4 Buying train tickets on the internet** → After Station 1, p. 12/5
>
> **Methodisches Vorgehen:** Diese Aufgabe kann als Ergänzung von leistungsschwächeren S zur Festigung des Wortschatzes bearbeitet werden. Die Bearbeitung erfolgt in EA. Die Sicherung kann als *peer correction* oder im Plenum erfolgen.
>
> **Lösung:** 1. *return* 2. *price* 3. *one-way* 4. *inward* 5. *outward* 6. *arrive* 7. *depart* 8. *change* 9. *fee*

Lösung
a) From **Greenwich** to **St Agnes** – Return: **Sunday** – **one** adult, **five** children
b) 1. *to depart* 2. *to change at …* 3. *return ticket* 4. *outward journey* 5. *price/fare* 6. *to arrive* 7. *one-way/single ticket* 8. *inward journey* 9. *fee*

S. 12 — 6 The weather forecast → WB 4/7; S18; Diff pool △ 113/5
MEDIATION

Wortschatz *weather forecast*

Materialien Folie 2/36; ggf. KV 5: Talking about the weather

Einstieg Vorbereitend kann L mit Hilfe von **Folie 2/36** in Form eines **Teacher talk** über das Wetter berichten und in diesem Zusammenhang einerseits neuen Wortschatz semantisieren und den S andererseits aufzeigen, dass im Zusammenhang mit Wettervorhersagen das *will future* zur Anwendung kommt. L: *Have a look at the weather forecast for England and Wales. In the south of England it'll be very cloudy; only in Cornwall it'll be sunny. It'll be very rainy in the south-east of England and in the Midlands there will be a storm with thunder and lightning. In the north of England it'll be partly cloudy with rain. In Wales there will be snow and the temperature will be very cold.* Nach dem **Teacher talk** kommt ein S nach vorne und zeichnet selbst Piktogramme in den oberen Teil der Karte (*Scotland*) ein. Die übrigen S versprachlichen den Wetterbericht im Plenum.

Methodisches Vorgehen Anschließend leitet L zur eigentlichen Sprachmittlungsaufgabe über. In Lerngruppen, die noch nicht so geübt im Umgang mit Sprachmittlung sind, sollte S18 auf S. 145–146 hinzugezogen werden. Danach bearbeiten die S die Aufgabe aus dem SB schriftlich. Zusätzlich können – insbesondere leistungsstärkere – S einen Dialog verfassen. Die Ergebnisse werden im Plenum verglichen.
Weitere Vertiefungsmöglichkeiten zur sprachlichen Auseinandersetzung mit dem Wetter bietet **KV 5: Talking about the weather**.

Differenzierung
> △ **Diff pool p. 113/5 What will the weather be like?** → Help with Station 1, p. 12/6
>
> **Methodisches Vorgehen:** Insbesondere in leistungsschwächeren Lerngruppen erfolgt der Einstieg mit Hilfe von S. 113, Aufgabe 5. Die S können mit dieser Aufgabe den Wortschatz zum Thema *the weather* reaktivieren.
>
> **Lösung:** *Today the weather is still sunny. The temperatures are up to 30 degrees and there isn't any wind. But tomorrow it'll be partly cloudy. It'll still be warm and there won't be too much wind. The next day there will be a storm with thunder and lots of wind. The temperatures will fall to 17 degrees.*

Lösung EH: *Tomorrow there will be heavy rain and it'll be very stormy. There will also be hail, especially in the afternoon and evening. The tourist shouldn't do the tour.*

Skills Asking for information

How to get information → S11–14

S. 13 **1 Where to get information**

Wortschatz *tourist board*

Methodisches Vorgehen L gibt bereits einen ersten Hinweis auf die *Unit task* und die sich daraus ergebende Notwendigkeit, Informationen zu den Britischen Inseln zu sammeln. Darauf aufbauend folgt eine **Murmelphase** zum Frageimpuls in der Aufgabe 1. Die Ergebnisse werden im Plenum gesammelt.

Lösung Individuelle S-Lösungen.

S. 13 **2 Asking for information** → WB 5/8–10

Wortschatz *Dear Sir or Madam, grammar school, Best wishes, to send off, yourselves*

Methodisches Vorgehen Die Lerngruppe wird in vier Gruppen eingeteilt. Jeder Gruppe wird ein Teil der Britischen Inseln zugelost, den die S bereits zu Beginn von Unit 1 kennengelernt haben. Als vorbereitende HA für die kommende Stunde recherchieren die S im Internet und notieren E-Mail-Adressen von Einrichtungen und Organisationen, die sie kontaktieren können, um Informationsmaterial zu erhalten. In der Folgestunde stellen die S sich in ihren Gruppen gegenseitig die Kontaktdaten vor und entscheiden sich für eine bestimmte, vorab durch L festgelegte Anzahl an Einrichtungen, die sie kontaktieren wollen (ggf. abhängig von der Gruppengröße). Jeder S hat dann die Aufgabe, die Einrichtung per E-Mail zu kontaktieren und um Informationsmaterial, Bilder, etc. zu bitten, das für die *Unit task* benötigt wird. Grundlage hierzu bildet eine E-Mail-Vorlage, die die S in der Stunde in ihrer Gruppe entwickeln. Der erste Schritt hierzu besteht darin, dass die S die Hinweise in S11–14 auf S. 140–143 in ihren Gruppen lesen und sich hierbei auf das Textformat E-Mail konzentrieren. Danach verwenden sie die Vorlage aus dem SB, die sie auf ihre Region anpassen, ggf. ergänzen und bzgl. der fehlenden Angaben zu Schule und Klasse vervollständigen und schriftlich fixieren. Am Ende der Stunde präsentieren alle Gruppen die von ihnen erstellten E-Mail-Vorlagen; L nimmt ggf. sprachliche Korrekturen vor. Die bei Bedarf korrigierten E-Mails bilden dann die Grundlage für die Kontaktaufnahme, die erneut als HA durchgeführt wird. Das Informationsmaterial, das die S zugeschickt bekommen, wird von den Gruppen gesammelt.

Lösung Individuelle S-Lösungen.

S. 13 **3 Working with the material**

Methodisches Vorgehen Wenn der Materialrücklauf ausreichend ist, kommen die Gruppen erneut zusammen und sichten alle eingegangenen Materialien. Sie diskutieren gemeinsam interessante Aspekte, die sie für eine Präsentation verwenden würden und machen dazu Stichpunkte. Außerdem suchen sie sich schöne Fotos zur Visualisierung aus.

Tipps für junge Lehrer/innen Englisch sollte auch in GA-Phasen die Arbeitssprache sein. Um dies zu fördern ist es sinnvoll, einen *language manager* oder *language watchdog* pro Gruppe zu bestimmen, der darauf achtet, dass die S nicht ins Deutsche wechseln.

Lösung Individuelle S-Lösungen.

1 Station 2 Talking about future possibilities with *if* and *will*

Station 2 Talking about future possibilities with *if* and *will*

Text → L1/6 **Visit Cornwall – You'll love it!**

Wortschatz in the far west, coastline, fishing, to get to know, wild, prehistoric, monument, walking trail, plant, from around the world, environment, mining, Bronze Age, cross, Irish, Gaelic, besides

Materialien Lehrer-Audio-CD 1, Track 6; Lehrer-DVD 2, Film 11; ggf. Leerfolie; ggf. KV 6a: A look at Cornwall – Before you watch; ggf. KV 6b: A look at Cornwall – While you're watching

‹A look at Cornwall›

Allgemeine Hinweise Der Kurzfilm bietet visuelle Eindrücke und weitere Informationen zum Thema *Cornwall*. Er eignet sich als Einstieg in *Station 2*, um einen ersten Eindruck zu gewinnen, oder als vertiefende Nachbereitung des Textes auf S. 14 im SB.

Film-Transkript → DVD 2/11 Cornwall. Surrounded by water on the north, the south and the west. On this thin strip of land in the south west corner of England, the sea is never more than about 20 miles away. The beaches are *paradise* for surfers and families. Picture-postcard fishing villages, like here in Padstow, are favourites with the tourists too. But visitors also come for the good weather: Cornwall is Britain's warmest and sunniest region, and the south coast is often called the 'Cornish Riviera'. It's no wonder that so many visitors from all over Britain and Europe come to visit. And with almost 300 miles of coastline, there's enough room for everyone. This is Land's End, on Cornwall's western tip. The name says it all: The land ends, and it's all sea west of here. Godrevy Lighthouse, on the north coast near St Ives, is spectacular to look at. This wild strip of coast shows perfectly what many come to Cornwall for: fresh ocean air, huge waves, steep cliffs and very few people. Far, far away from London and big-city life.

Einstieg Als *pre-viewing activities* eignen sich die Aufgaben auf **KV 6a: A look at Cornwall – Before you watch**. Zur Reaktivierung des Vorwissens der S wird Aufgabe a) bearbeitet. Die S erstellen in PA eine Mindmap zum Thema *Cornwall*. Je nachdem, ob der Film vor oder nach dem Lesen des Textes auf S. 14 bearbeitet wird, kann dieser Aufgabe mehr oder weniger Zeit eingeräumt werden. Wenn der Text im SB schon gelesen und Aufgabe 7 bearbeitet worden ist, werden die S hier umfangreichere Ergebnisse produzieren können. In diesem Fall sollten sie die Mindmap nur aus dem Gedächtnis anlegen, ohne noch einmal den Text und die Ergebnisse aus Aufgabe 7 zu konsultieren. Die Ergebnisse können als offenes Tafelbild oder mit Hilfe einer Folie, die durch einen leistungsstarken S angefertigt wird, besprochen und ggf. ergänzt werden.
In Aufgabe b) werden den S vier *settings* aus dem Film vorgegeben. In PA machen sich die S zu jedem einzelnen Bild Notizen darüber, was der Sprecher des Films über Cornwall sagen könnte. Sie bauen so eine Hörerwartung auf. Die Ergebnisse werden anschließend im Plenum verglichen.

Methodisches Vorgehen L spielt den S den Film zunächst zweimal ohne Ton vor. Die S haben so die Möglichkeit, die Bilder auf sich wirken zu lassen, was das spätere sprachliche Verständnis des Films erleichtert. Danach wird Aufagbe c) auf **KV 6b: A look at Cornwall – While you're watching** in EA bearbeitet. L lässt den Film während der Schreibphase nochmals ohne Ton laufen, damit die S während des Schreibens zusätzliche Ideen sammeln können. Es ist außerdem sinnvoll, Wörterbücher bereitzustellen. Zur Sicherung werden einige Ergebnisse im Plenum vorgelesen. Nun wird der Film ein weiteres Mal – diesmal mit Ton – vorgespielt. Zur Sicherung des Verständnisses bearbeiten die S danach in EA Aufgabe d) auf **KV 6b**. Nachdem das inhaltliche Verständnis geklärt wurde, reflektieren die S, ob der Text des Sprechers ungefähr ihren Ideen aus Aufgabe c) entspricht.

Methodisches Vorgehen Als *post-viewing activity* designen die S in GA ein Werbeposter für ein Reisebüro, das die Vorzüge von Cornwall herausstellt. L stellt hierfür Plakate bereit. Als vorbereitende HA sollen die S einige Bilder für ihr Poster aus dem Internet oder Reiseprospekten mitbringen. Die Poster

Talking about future possibilities with *if* and *will* **Station 2** **1**

können in einem **Gallery walk** gesichtet werden. Neben jedem Poster wird ein Bogen aufgehängt, auf dem die S Feedback geben können. Je nachdem, inwieweit die *peer evaluation* eingeübt ist, kann dies angeleitet (z. B. durch das Kleben von Punkten auf ein zuvor angefertigtes Raster) oder frei (z. B. durch das Verfassen von Kommentaren) erfolgen.

Differenzierung △ In leistungsschwächeren Lerngruppen kann Aufgabe c) auf **KV 6b** arbeitsteilig bearbeitet werden. Je eine Gruppe S schreibt einen kürzeren Text für einen Abschnitt des Films. Hierbei ist es sinnvoll, für die einzelnen S-Gruppen Laptops bereitzustellen, damit sie ihren Ausschnitt wiederholt ansehen können.

S. 14 READING
7 Tourist information about Cornwall → WB 6/11

Wortschatz *geography, tourism*

Materialien ggf. Lehrer-Audio-CD 1, Track 6

Einstieg L: *The friends have found a website about Cornwall. Let's find out more about Dave's new home.*

Methodisches Vorgehen Zur Texterschließung bieten sich zwei unterschiedliche Verfahren an. Will L den Schwerpunkt, wie im SB vorgesehen, auf die Förderung der Lesekompetenz der S legen, so legen die S in ihren Heften eine Tabelle mit den in der Aufgabenstellung vorgegebenen Begriffen an, die sie während des Lesens des Textes ausfüllen. Anschließend erfolgt ein Abgleich der herausgefilterten Informationen in PA, bevor die Ergebnisse im Plenum zusammengetragen werden. Alternativ präsentiert L den Text von der CD und die S fixieren die Informationen schriftlich in der ebenfalls hierfür angelegten Tabelle. Auf die neu eingeführte Struktur wird an dieser Stelle noch nicht eingegangen; den neuen Wortschatz erschließen sich die S beim Lesen eigenständig durch die Verweise auf die Fußnoten.

Lösung ***Geography:*** *in the far west of Great Britain; long coastline (300 miles); Atlantic Ocean is its 'neighbour'; more sun than any other part of the UK*
Tourism: *More than three million tourists visit Cornwall every year.*
Things to do: *fishing, water sports, outdoor activities (adventure sports, pony trekking, golf), visiting interesting sights/museums*
Sights: *Bodmin Moor, Eden Project (near St Austell)*
History: *Celtic past (Celtic culture → Bronze Age monuments, Celtic crosses, Cornish place names), mining history*
Food: *pasties, cream tea with scones, clotted cream and jam*

S. 14 LANGUAGE
8 What will happen if …? → WB 6/12; G2

Materialien ggf. KV 7: Working with language; ggf. KV 8: What will they do if …?

Methodisches Vorgehen L leitet nun zur neuen Struktur, den *conditional clauses type 1*, über. Bevor die S in SB S. 15, Aufgabe 9, die Regeln zur Bildung und Verwendung der *conditional clauses* ableiten, sammeln sie in Aufgabe 8 Sprachmaterial aus dem Text über Cornwall. Bevor die S das Sprachmaterial extrahieren, bietet es sich an, die Aufgabenstellung im Plenum zu klären und 1–2 Beispielsätze gemeinsam herauszufiltern. Die weiteren Sätze werden dann von den S in EA in die Tabelle übertragen und anschließend an der Tafel gesammelt. Der dabei entstehende TA (vgl. Lösung) dient auch der Bewusstmachung von Bildung und Verwendung der *conditional clauses*, die im Mittelpunkt der nächsten Aufgabe stehen.

Alternative Alternativ kann L zur Bewusstmachung auch **KV 7: Working with language** einsetzen.

Vertiefung **KV 8: What will they do if …?** bietet weitere Übungen zu den *conditional clauses type 1* an.

1 Station 2 — Talking about future possibilities with *if* and *will*

Lösung

If ..., ... will ...

If you look at a map of Great Britain, you'll find Cornwall in the far west.
If you like dramatic landscapes (...), you'll find that Cornwall is just the right place for your holiday.
If you go to Bodmin Moor, you'll get to know a wild landscape (...).
If you visit one of the museums, you'll learn a lot about Cornwall's Celtic past or its mining history.
(...) but you'll be lucky if you hear it.

If ..., ... can ...

And if you aren't into sports at all, you can visit a lot of interesting sights.
If you visit the Eden Project near St Austell, you can look at beautiful plants from around the world (...).

If ..., ... should ...
If ..., try ...

If you want to eat real Cornish food, you should try pasties.
And if you're still hungry, try cream tea with scones, clotted cream and jam.

S. 15 LANGUAGE

9 Find the rule → WB 6/13; G2; Diff pool △ 113/6; ▲ 114/7

Einstieg

Bevor die S die drei verschiedenen Verwendungsmöglichkeiten der *conditional clauses* erarbeiten und entsprechende Regeln aufstellen, knüpft L an den TA aus der vorherigen Aufgabe an und lässt die S herausstellen, wie sie gebildet werden. Im Sinne einer intensiven Auseinandersetzung mit der Bildung der *conditional clauses* bietet sich erneut das **Think-Pair-Share**-Verfahren an. Durch dieses methodische Vorgehen besteht die Möglichkeit für jeden S, sich intensiv mit der neuen Struktur auseinander zu setzen. Der TA aus Aufgabe 8 wird hierbei wie folgt ergänzt:

How to form conditional clauses type 1:
if-clause: simple present; main clause: will future, modal (can, should) or imperative (try)

Methodisches Vorgehen

a) Bevor die S die Aufgabe in EA bearbeiten, sollten die drei Begriffe *advice*, *prediction* und *possibility* noch einmal im Plenum geklärt werden. Anschließend folgen eine Besprechung der S-Ergebnisse im Plenum und eine erneute Ausweitung des TA:

When to use conditional clauses type 1:
We use conditional clauses type 1 to talk about possible conditions (predictions and possibilities or advice).

Zur Festigung der neuen Struktur kann L bereits an dieser Stelle auf Aufgabe 10 eingehen, bevor die S Aufgabenteil b) bearbeiten. Bei Bedarf kann L auch zur weiteren Kognitivierung der neuen Struktur – abhängig von den Bedürfnissen der Lerngruppe und den vorherrschenden Lerntypen – G2 auf S. 154–155 hinzuziehen.

b) Zur Herausarbeitung des Unterschieds bei der Verwendung von *when* und *if* in Aufgabenteil b) liest L zunächst die beiden Beispielsätze aus dem SB vor und lässt sie von den S übersetzen. In diesem Zusammenhang entwickeln die S ein erstes Problembewusstsein für den Bedeutungsunterschied. Daran anschließend versuchen die S, mithilfe der zusätzlichen Angaben im SB den Unterschied zwischen *when* und *if* zu erklären, und formulieren eine Regel, die den Bedeutungsunterschied ausdrückt.

Talking about future possibilities with *if* and *will* — Station 2

Differenzierung

△ **Diff pool p. 113/6 Do we really need to leave Greenwich?** → After Station 2, p. 15/9

Methodisches Vorgehen: Um den Bedeutungsunterschied zwischen *if* und *when* zu festigen, kann diese Aufgabe bearbeitet werden. Dies kann auch als nachbereitende HA geschehen.

Lösung: 1. *when* 2. *when* 3. *if* 4. *if* 5. *If* 6. *when* 7. *if*

▲ **Diff pool p. 114/7 German tourist attractions** → After Station 2, p. 15/9

Methodisches Vorgehen: Schnellen und leistungsstärkeren S dient diese Aufgabe als zusätzliche Vertiefung des Grammatikthemas in einem neuen Kontext. Je nach Wissensstand der S ist eine Bearbeitung als HA sinnvoll, damit sie Inhaltliches ggf. nachschlagen können.

Lösungsvorschlag:
If you want to see lots of Roman buildings, you should visit Trier.
If you like fish, you'll enjoy the fish market in Hamburg harbour.
You can try a famous cake if you go to the Black Forest.
If you want to see Germany's capital, go to Berlin.
You'll see a big cathedral if you visit Cologne.
If you want to visit Germany's biggest island, you should go to Rügen.
Visit Loreley if you want to enjoy a boat trip to a famous rock.
If you visit Neuschwanstein Castle, you'll see a beautiful palace.

Lösung
a) 1. B 2. C 3. A
b) In sentence A, the speaker is not sure if he'll go to Cornwall. In sentence B, the speaker knows that Dave is going to go to Cornwall.

S. 15
LANGUAGE

10 Go on with the story

Einstieg Zum Einstieg kann L das den S sicher bekannte Spiel „Ich packe meinen Koffer …" einsetzen. Hierdurch erfolgt gleichzeitig eine Festigung des Lernwortschatzes.

Methodisches Vorgehen Nach diesem spielerischen *Warm-up* bilden die S, wie im SB vorgesehen, *conditional chains*. Der Umsetzung im Unterricht sind hierbei keine Grenzen gesetzt. Das Spiel kann im Plenum, in Kleingruppen oder in PA – mit oder ohne Wettbewerbscharakter – eingesetzt werden. Darüber hinaus können die S in EA z. B. zehn Sätze zur Festigung der neuen Struktur schriftlich fixieren oder entsprechende Einsetzübungen für ihre Partner erstellen. Außerdem kann L zu Beginn der Folgestunden auf das Spiel zurückgreifen, um das neue Sprachmaterial noch weiter einzuschleifen.

Lösung Individuelle S-Lösungen.

S. 15
SPEAKING

11 Languages in Britain

Wortschatz *local, dialect, accent*

Einstieg Der Einstieg erfolgt über die Betrachtung und Auswertung des Bildimpulses im SB. Die S tauschen sich zunächst mit ihren Partnern in einer **Murmelphase** über das Bild aus, bevor die Erkenntnisse der S im Plenum zusammengetragen werden.

Methodisches Vorgehen Bei der Sammlung der S-Ergebnisse wird herausgestellt, dass die Aufschrift des Schildes nur im Zusammenhang mit der englischen Variante verstanden werden kann. Im UG kann L weitere Fragen zu sprachlichen Varietäten stellen, z. B. *Which of you speak or understand local dialects or accents? Do your parents/grandparents speak a dialect or with an accent? In what German regions do people speak a local dialect? Can you understand what they're saying?*

1 Station 2 Talking about future possibilities with *if* and *will*

Im Anschluss daran wird die *Across Cultures*-Box im SB gelesen. Die dort aufgeführten Impulse bieten weitere Sprechanlässe in PA bzw. im UG.

Lösung Individuelle S-Lösungen.

S. 15
LISTENING

12 Announcements → S21

HV-Text
→ L 1/8–11

Narrator:	**One.** *((Wales))*
Mr Preston:	Excuse me.
Welsh woman:	Yes, can I help you?
Mr Preston:	Is this the right platform for the train to London?
Welsh woman:	No, it isn't. You want platform 3. It's that one there. Travelling all the way to London, are you? Have you been here in Wales on business?
Mr Preston:	Yes, but I'm going to stop at Cardiff for a few hours on the way. I've heard it's a really interesting city.
Welsh woman:	Good idea. Well, enjoy your visit.
Mr Preston:	I'm sure I will. I'll go to the platf…
Announcement:	The train arriving at platform 3 is the service to London Paddington, stopping at Cardiff Central, Bristol Parkway, Swindon and Reading only.
Welsh woman:	Hurry up! That's your train.
Mr Preston:	Yes, thanks very much!
Welsh woman:	Don't worry. You'll catch it if you run!
Narrator:	**Two.** *((Scotland))*
Ticket clerk 1:	Next, please!
Mr Preston:	Oh, hello. Can I have a single to London Kings Cross, please.
Ticket clerk:	Is that first class or second class?
Mr Preston:	Oh, sorry. Second class, please. A second class single.
Ticket clerk:	OK, that'll be £128.80, please.
Mr Preston:	Oh, where did I put my money? Just a moment. Ah, here it is.
Ticket clerk:	I like your bag. Very nice.
Mr Preston:	Oh, thanks, I bought it when I visited Edinburgh Castle. I really liked the picture of the castle on it. I had a very nice day …
Announcement 1:	Passengers must keep their bags with them at all times. Please do not leave bags in any part of the station.
Ticket clerk:	Well, you heard the announcement. Don't forget to take your Edinburgh Castle bag with you! Here's your ticket.
Mr Preston:	I won't. Thanks very much. Bye!
Narrator:	**Three.** *((Cornwall))*
Ticket clerk 2:	Tickets please. Thank you.
Ticket clerk:	Thank you.
Ticket clerk:	Er, this ticket is for St Austell, and this is the train to Redruth. And the date on the ticket is from last week.
Mr Preston:	Oh, sorry. That's a ticket from when I went to visit the Eden Project with my family. It's very interesting. Have you been?
Ticket clerk:	The correct ticket, please.
Mr Preston:	Oh, yes, sorry. Here you are.
Ticket clerk:	Thank you …
Announcement 2:	The next stop is Redruth, Cornwall. The next stop is Redruth. Today, the train terminates at this station. All passengers must leave the train at the next station.
Mr Preston:	Ah, that's my stop. I'll get off there and take the bus to St Agnes.
Ticket clerk:	Yes, sir. Everyone will get off there.

32

Talking about future possibilities with *if* and *will* — **Station 2** — **1**

Narrator:	**Four.** *((Ireland))*	
Check-in clerk:	Where are you flying to today, sir?	
Mr Preston:	London Heathrow.	
Check-in clerk:	Your ticket please. Oh, I see from your ticket you've only been here for two days. That was a very short trip.	
Mr Preston:	Yes, just a short work visit. But I saw a bit of the centre of Dublin too. And I saw the Jeanie Johnston. It's an old ship, a bit like Cutty Sark in London. I thought it was…	
Announcement 3:	The 18.20 flight to London Heathrow will now depart at 19.30. I repeat: The 18.20 flight to London Heathrow will now depart at 19.30.	
Mr Preston:	Oh dear, my plane is going to be late. I won't get back to Greenwich until about ten o'clock this evening.	
Check-in clerk:	I'm sorry, sir. All the flights are late today. There was a problem at the airport this morning, and now all the flights are leaving about an hour late.	
Mr Preston:	Oh well, I'll go and get a coffee and a sandwich. Is there a café in this part of the airport?	
Check-in clerk:	Yes sir. Just over there, look.	
Mr Preston:	Oh yes, I see it. Thanks very much.	
Check-in clerk:	You're welcome, sir. No problem.	

Wortschatz *announcement*

Materialien Lehrer-Audio-CD 1, Track 8–11; ggf. Leerfolie; ggf. KV 9: Announcements

Einstieg *Pre-listening:* L: *Which of you have been to an airport yet? How do passengers get information at an airport or a station?* In diesem Zusammenhang Semantisierung von *announcement*. Daran anschließend wird der Arbeitsauftrag im SB gemeinsam gelesen. Die S legen eine Tabelle in ihren Heften an, in der sie während des Hörens die entsprechenden Informationen schriftlich festhalten. Zur Vorbereitung der Ergebnissicherung kann L einen S bitten, die Informationen auf Folie festzuhalten.

Methodisches Vorgehen
a) ⊙ ✎ Während des zweimaligen Vorspielens des HV-Textes halten die S die Ergebnisse schriftlich in der angelegten Tabelle fest (*while-listening*). Bei Bedarf kann L vor dem ersten Durchgang noch einmal mögliche HV-Strategien im Plenum besprechen und S. 147, S21 hinzuziehen. Anschließend Ergebnisabgleich mit Hilfe der angefertigten Folie.
b) *Post-listening*: Besprechung von Aufgabenteil b) (entweder zunächst in PA und dann gemeinsam im Plenum oder unmittelbar im UG).

Vertiefung Vertiefungsmöglichkeiten bestehen durch den Einsatz von **KV 9: Announcements**.

Lösung
a)

	Where he is	Where he wants to go	What sight they talk about	What the announcement is about
Dialogue 1	Wales; station (wrong platform)	London	Cardiff	train to London is arriving (platform 3)
Dialogue 2	Scotland; ticket office	London (King's Cross)	Edinburgh Castle	passengers must keep their bags with them at all times
Dialogue 3	Cornwall; on a train	Redruth	Eden Project	the next station is Redruth; train terminates there, passengers have to get off the train
Dialogue 4	Ireland; airport	London (Heathrow) Greenwich	Dublin, Jeanie Johnston	flight to Heathrow will depart at 19.30 instead of 18.20

b) *dialogues 1–3* → *station/train; dialogue 4* → *airport*

1 Station 2 — Discussing travel plans / Reading and writing a poem

S. 16
SPEAKING

13 Role play: At the travel agent's → WB 7/14–16; S17

Wortschatz *couple, customer*

Einstieg L: *How can you book your holidays? Where can you get information about the places you want to travel to?* Es erfolgt ein kurzer Austausch im Plenum.

Methodisches Vorgehen L: *Now let's find out how you can discuss travel plans at a travel agent's in Britain.* Die S entwickeln in PA einen entsprechenden Dialog mit Hilfe des zur Verfügung gestellten Sprachmaterials (*Useful phrases* sowie SB S. 11, Aufgabe 3). Dabei sollte darauf geachtet werden, dass alle drei im SB vorgeschlagenen Situationen in der Lerngruppe abgedeckt werden. Je nach Leistungsstand der S tragen diese den Dialog frei, mit Hilfe des SB oder mit Hilfe ihrer Hefte, in denen sie den Dialog schriftlich festgehalten haben, vor. Um das Sprachmaterial einzuschleifen, bietet es sich an, die S den Dialog auswendig lernen und vortragen zu lassen. Bei der anschließenden Auswertung sollte der Fokus der S, die Feedback an die Vortragenden geben, darauf liegen, ob das Sprachmaterial sinnvoll und vollständig eingesetzt wurde. Weitere Evaluationskriterien könnten sein: Aussprache, Intonation, Einsatz von Gestik und Mimik, erfolgreiche Bewältigung des Kommunikationsanlasses.

Lösung Lösungsvorschlag:
A: *Hello, what can I do for you?*
C: *Hello, we'd like to travel to Cornwall. We love sports. Do you think Cornwall is the right place for us?*
A: *If you're into sports, you'll enjoy Cornwall. You can go swimming and surfing and do other outdoor activities. How long would you like to stay?*
C: *We'd like to stay for a week.*
A: *Do you want to go by car, by train or by coach?*
C: *We'd like to go by coach, so we need two tickets.*
A: *Would you like to book a room or a flat?*
C: *We'd like to book a flat. How much is it?*
A: *The flat for one week and the tickets are £820.50.*
C: *That's fine. Thank you.*
A: *Enjoy your stay in Cornwall.*

S. 16
READING

14 British history: A poem about the Romans → Diff pool ▲ 114/8

Wortschatz *to supply, to rule*

Materialien ggf. KV 10: Writing your own poem

Einstieg L: *What do you know/remember about the Romans in Britain?* Dieser Impuls kann entweder im UG oder in Form einer **Murmelphase**, z. B. zum Einstieg in eine Unterrichtsstunde, besprochen werden. An der Tafel werden Stichpunkte gesammelt.

Methodisches Vorgehen Die S lesen das Gedicht in EA und erschließen den neuen Wortschatz entweder aus dem Kontext oder mit Hilfe der Fußnoten. Auf ein Vortragen sollte ohne vorherige Aussprachschulung des neuen Wortschatzes verzichtet werden, da das Vokabular die S bei der Aussprache vor Schwierigkeiten stellt. Im Anschluss an das stille Lesen des Gedichtes erfolgt zunächst ein Abgleich mit dem im Einstieg durchgeführten Brainstorming.

a) Daran anschließend bearbeiten die S Aufgabenteil a) mit Hilfe der zur Verfügung gestellten *Useful phrases*. Die Bearbeitung kann entweder direkt im Plenum (UG) oder zunächst im geschützten Raum in PA erfolgen.

b) Die S schreiben das Gedicht in ihre Hefte und ergänzen die fehlenden Wörter. In leistungsschwächeren Lerngruppen kann es vor Bearbeitung dieses Aufgabenteils sinnvoll sein, das Reimschema gemeinsam mit den S herauszuarbeiten, damit es ihnen bei der Vervollständigung des Gedichts leichter fällt, die fehlenden Wörter herauszufinden.

Making a quiz about the British Isles | **Unit task** | **1**

Vertiefung   Als Ausweitung bietet es sich an, die S das Gedicht auswendig lernen und dann betont vortragen zu lassen. **KV 10: Writing your own poem** führt die S schrittweise darauf hin, ein eigenes Gedicht über die Schule zu verfassen.

Differenzierung
> ▲ Diff pool p. 114/8 A poem about your home town → After Station 2, p. 16/14
>
> **Methodisches Vorgehen:** Leistungsstärkere bzw. interessierte S können unter Zuhilfenahme von Aufgabe 8 auf S. 114 ein weiteres Gedicht – diesmal deutlich eigenständiger – über ihre Heimatstadt verfassen.
>
> **Lösung:** Individuelle S-Lösungen.

Lösung   a) EH: *The poem says that the Romans built many things, such as aqueducts, roads and bridges. They gave water and food to the people and ruled the country.*
b) *Great Britain is an island.*   *The biggest city is **London**.*
*It is in the North **Sea**.*   *It's got a lot to show.*
It's got green fields and mountains.   *There's always something happening.*
*It's where I'd like to **be**.*   *It's where I'd like to **go**.*

Unit task Making a quiz about the British Isles

Our big British Isles quiz

S. 17   **Step 1 Get organised** → WB 8/17–18

Einstieg   L leitet in das Thema der Aufgabe ein. L: *You already know a lot about the British Isles. Let's test your knowledge and prepare a big British Isles quiz.*

Methodisches Vorgehen   Die S arbeiten in den Gruppen weiter, in denen sie bereits die Aufgaben auf S. 13 bearbeitet haben. Je nach Größe der Lerngruppe ist es erforderlich, die ursprünglichen Gruppen aufzuteilen, um Gruppengrößen von vier bis max. sechs S zu erreichen. Im ersten Schritt einigen die Gruppenmitglieder sich auf 16 Sehenswürdigkeiten oder Orte ihrer Region der *British Isles*. Arbeitsteilig wird pro Sehenswürdigkeit eine *question card* erstellt.

Tipps für junge Lehrer/innen   Zur Förderung der Eigenständigkeit der S sollte L bei der Bearbeitung der *Unit task* im Hintergrund agieren und bei Bedarf lediglich als *learning facilitator* fungieren. In den Gruppen können die S die Schritte, die zur erfolgreichen Bewältigung der *task* erforderlich sind, selbst durchlaufen. Ein Zwischenstopp ist lediglich nach *Step 4* erforderlich. Vereinbarungen müssen hinsichtlich der zur Verfügung stehenden Zeit und der Verwendung des Englischen als „Arbeitssprache" in den Gruppen getroffen werden.

Lösung   Individuelle S-Lösungen.

S. 17   **Step 2 Prepare your cards**

Methodisches Vorgehen   Die S stellen ihre *question cards* nach dem vorgegebenen Muster her. Dieser Schritt kann ggf. auch in die HA ausgelagert werden. Die Karten sollen nicht abgeschlossen werden, bis sie in *Step 3* überprüft und ggf. verbessert worden sind.

Lösung   Individuelle S-Lösungen.

1 Story

S. 17 **Step 3 Test your cards** → WB 9/19

Methodisches Vorgehen
a) Innerhalb der jeweiligen Gruppen wird nun ein Probedurchlauf mit den Entwürfen der Karten gemacht. Jedes Gruppenmitglied zeigt seine Bilder und liest die Fragen und Antwortmöglichkeiten vor.
b) Die übrigen Gruppenmitglieder evaluieren die Kartenentwürfe und geben Feedback. Die Karten werden ggf. verbessert.
c) Die Gruppe stellt ihre Karten fertig.

Lösung Individuelle S-Lösungen.

S. 17 **Step 4 Play the quiz game in your groups** → WB 9/20

Methodisches Vorgehen Nun wird das Quiz anhand der Anleitung vorbereitet und gespielt.

Lösung Individuelle S-Lösungen.

Story

S. 18–19 **Things will get better**
Text
→ S 1/4–8
L 1/12–16

Wortschatz *to get, got, got, to come in, hall, electricity, What's the matter?, Oh dear!, to go out, coastal path, mine, plumber, hill, by, chimney, roof, cloud, tin, to go right back to, geocaching, to solve, to boom, to keep away from, skirt, trousers (pl), spear, to move in/into, warrior, society, twin, tool, electrician, plumbing, electrics, change, to turn to*

Materialien Schüler-Audio-CD 1, Track 4–8; Lehrer-Audio-CD 1, Track 12–16; ggf. KV 11: Things will get better

Einstieg L: *The friends are in Cornwall now. They're visiting Dave and they're talking about Dave's first week in Cornwall. How does Dave feel? What do you think?* Es erfolgt ein kurzer Austausch im Plenum.

Methodisches Vorgehen Bevor die S sich mit dem Text befassen, ist es zur Verständnissicherung notwendig, folgenden neuen Wortschatz zu semantisieren: *electricity, coastal path, plumber, mine buildings, tin, geocaching/cache, electrician*. Dies kann zum Teil in Form eines **Teacher talk**, aber auch mit Hilfe von Realia und zugehörigen Erläuterungen erfolgen. Im Anschluss daran bieten sich zwei unterschiedliche Verfahren zur Darbietung des Textes an. Entweder spielt L den Text abschnittsweise von CD vor, oder die S erschließen sich den Text durch eigenständiges Lesen im individuellen Lesetempo. Entscheidet L sich für das erste Verfahren, können nach jedem Abschnitt folgende Fragen zur Überprüfung des Textverständnisses eingesetzt werden:
Abschnitt A: *Why can't they have tea? Why does Dave hate Cornwall?* (*There's no electricity yet and Dave hasn't got any friends.*)
Abschnitt B: *What problem is there with the glass of water? Where do the friends go to? Why is it a problem to call a plumber?* (*The water is brown. The friends go out. Plumbers are really expensive on Sundays.*)
Abschnitt C: *What does Luke do at the coast? Why are the friends scared? Who is Bob?* (*Luke checks if there's a cache. The friends are scared because there's a man with a long spear. Bob is Dave's new neighbour who is in the local history society.*)
Abschnitt D: *Who are Jago and Tamara? What are Bob and Helen's jobs? Who else is at Bob's house?* (*They're Bob's children. Bob is a plumber and Helen is an electrician. Sid is at Bob's house too.*)

Story 1

Abschnitt E: *Is it a happy ending? Why? (It's a happy ending because Bob and Helen can help with the problems in the house and Dave can make friends with their children.)*

Vertiefung In besonders interessierten Lerngruppen kann L auf **KV 11: Things will get better** zurückgreifen, die zusätzliches Material zur Auseinandersetzung mit dem Text liefert.

S. 20 READING

1 Understanding the text → WB 10/21 → S5–8

Methodisches Vorgehen a) + b) Entscheidet L sich bei der ersten Begegnung mit dem Text für das zweite Verfahren, so kann mit dem Lesen des Textes durch die S direkt die Bearbeitung von Aufgabe 1 verknüpft werden. Anderenfalls lesen die S den Text an dieser Stelle in ihrem eigenen Lesetempo. Sie sollten sich vorab aber mit den Aufgabenstellungen bzw. Fragen beider Aufgabenteile vertraut machen. Anschließend bearbeiten die S die Aufgaben in EA und halten ihre Ergebnisse schriftlich fest.

Lösung a) Lösungsvorschlag: A: *Cornwall is awful*; B: *Problems with the water*; C: *The stormy coast and a scary man*; D: *Dave's new neighbours*; E: *Cornwall is OK*

b) 1. *There's no electricity and they have a problem with the water. The cat has run away too.*
2. *They're scared at first (they think the cache is his). Bob is Dave's new neighbour who is in the local history society. He has got a wife (Helen) and two children (Jago and Tamara). He's a plumber.*
3. *Yes, she was right. (There are no problems with the water and the electricity any more; Sid is back; Dave's dad is at home; Dave has found new friends.)*

S. 20 SPEAKING

2 Help for Dave

Einstieg L: *How does Dave feel about his new home?* Kurzer Austausch im Plenum.

Methodisches Vorgehen Zur Bearbeitung der Aufgabe bietet sich der Einsatz des **Think-Pair-Share**-Verfahrens an. Die S lesen die Aufgabenstellung und überlegen zunächst in EA, wer Dave in seiner Situation auf welche Art und Weise helfen kann. Zur Unterstützung der Sprechphase fixieren sie ihre Ideen schriftlich in Form von Stichpunkten. Im Anschluss daran tauschen sich die S in PA über ihre Ideen aus. Zur Versprachlichung verwenden sie hierbei die vorab angefertigten Notizen. Um einen möglichst hohen Sprechanteil zu erreichen, teilen die S-Paare ihre Ergebnisse dann jeweils einem weiteren S-Paar mit (4er-Gruppen). In den Kleingruppen entscheiden sich die S dann für vier Ideen, die sie später im Plenum vorstellen.

Lösung Lösungsvorschlag:
Tamara and Jago can do outdoor activities with him. / Bob can invite him to one of his shows. Helen can bake him a cake. / Tamara and Jago can show him his new school.

S. 20 WRITING

3 Creative writing → WB 10/22; S11–14

Wortschatz *diary entry, nobody else, postcard, sailboat, to camp*

Materialien ggf. KV 12a+b: Creative writing

Einstieg L: *Who has got a diary? How often do you write diary entries? What's special for a diary?* Kurzer Austausch im Plenum.

Methodisches Vorgehen a) Die S tragen zunächst zusammen, wodurch sich ein Tagebucheintrag auszeichnet. Sie können hierbei die *Writing skills* im SB zu Rate ziehen. Bevor die S den Tagebucheintrag für einen der Charaktere der Geschichte verfassen, sollte im UG geklärt werden, dass das *simple past* als Zeitform zu wählen ist, da über abgeschlossene Ereignisse in der Vergangenheit berichtet wird. Die S verfassen dann den Tagebucheintrag für einen Charakter ihrer

1 Action UK! Working with films

Wahl (HA) und stellen sich ihre Texte gegenseitig vor, bevor eine Auswahl an Texten im Plenum präsentiert und besprochen wird. Eine Rückmeldung zu den Texten der S sollte auf der Grundlage der im *Skills*-Anhang festgehaltenen Kriterien erfolgen (insbesondere S13 und S14), die L bei Bedarf vor dem Verfassen der Texte gemeinsam mit den S bespricht (*What makes a good text?*).

b) Bevor die S eine eigene Postkarte schreiben, lesen sie das Beispiel im SB. Der Aufbau und das dort enthaltene Sprachmaterial dienen in Verbindung mit dem Text auf S. 18–19 als Hilfsgerüst für die Postkarte der S. Die Ergebnispräsentation erfolgt zunächst in PA in Form von *peer correction*, bevor erneut einige ausgewählte Texte im Plenum präsentiert und besprochen werden.

Differenzierung △ Ein kleinschrittigeres und differenzierteres Vorgehen zur Förderung der Schreibkompetenz der S beinhaltet **KV 12a+b: Creative writing**.

Lösung a) EH: *Luke:*
Dear Diary,
Our first day in Cornwall was very strange in the beginning. When we arrived, there was no electricity and there was a problem with the water too. Poor Dave! He looked awful. I could understand how he felt. It was worse than he thought. I felt very sad because Dave is my friend and I didn't want him to be in such a situation. He had no friends – not even Sid. When we went outside, we met a man who looked like a Celtic warrior. I was so scared at first! But it was just Dave's new neighbour, Bob. Bob is a plumber and his wife Helen is an electrician, so they can help with the problems in the house. They've got two children, Tamara and Jago. They like computer games! I felt so happy for Dave because I'm sure they will become great friends! The best moment was when Sid jumped out of Bob's bag. I think Dave's new life in Cornwall will be great.

b) EH: *Holly:*
Dear Mum and Amber,
We've arrived in St Agnes. Our journey was good. The Prestons still have a few problems with their house, but their neighbours Bob and Helen are very nice and they'll help them. They have got two children too. That's great for Dave! We had tea and a cake in the garden.
Love,
Holly

Action UK! Working with films

The caves → S22–24

Wortschatz *cave*

S. 21
SPEAKING

1 Things to do in the country → Diff pool △ 114/9

Wortschatz *to feed, fed, fed, to milk, cow*

Methodisches Vorgehen Die S lesen die Aufgabenstellung und machen sich in EA Notizen, welche von den genannten Aktivitäten sie interessieren und warum. Anschließend vergleichen sie ihre Ergebnisse mit einem Partner. Alternativ kann die Aufgabe auch als HA gegeben werden. Die Filmstunde beginnt dann mit einem Gespräch in PA oder im Plenum.

Tipps für junge Lehrer/innen L sollte die S ermutigen, längere zusammenhängende Äußerungen zu machen und nicht nur kurze Sätze (vgl. Lösung). Wenn die *Pre-viewing*-Aufgabe als HA vorbereitet wird, haben die S genügend Zeit, Überlegungen anzustellen.

Working with films   **Action UK!**   **1**

Differenzierung △ **Diff pool p. 114/9 Things to do in the country** → Help with Action UK!, p. 21/1

Methodisches Vorgehen: Falls die S sprachliche Unterstützung bei der Bearbeitung der Aufgabe benötigen, bietet der *Diff pool* passende *Useful phrases*. Diese können vor der Bearbeitung der Aufgabe im SB den einzelnen Aktivitäten zugeordnet werden.

Lösung   Lösungsvorschlag:
I think exploring a cave/swimming in a lake is dangerous because you never know what can happen. Maybe it's a lot of fun, but it can be scary too – even when you're not alone. But I like doing exciting things. I also like geocaching because it's an outdoor activity and I like being outside.

S. 21   **2 Themes** → WB 11/23
VIEWING

Film-Transkript   **Countryside train station**
→ DVD 2/12
Laura: They should be here any minute now, Grandad.
Alicia: Yeah, their train has just arrived.
Marley: Hey!
Jinsoo: Hello!
Laura: Welcome to Kent! This is my Grandad. Grandad – this is Marley and Jinsoo.
Grandad: Hello there. You can call me Peter.
Jinsoo: Nice to meet you, Peter.
Grandad: And you, too. So, what do you all say to a nice cream tea?
Marley/Jinsoo/Alicia/Laura: Cool!
Grandad: Let's go!

Grandad's country garden
Laura: Mr Hayford has got some horses on his farm. We could go and feed them. It's only ten minutes away.
Jinsoo: Horses?! Is there anything else to do?
Laura: Mr Grimston could teach us how to milk a cow.
Marley: I don't want to milk a cow!
Laura: You're such a city boy.
Alicia: We could go swimming. There's that nice lake that we went to yesterday – or there's the adventure playground. You might like that, Marley.
Marley: Adventure playground? I'm twelve, not six – but thanks for the suggestion.
Grandad: There are lots of exciting things to do – as long as you stay away from the caves …
Marley/Jinsoo/Alicia: What caves?
Grandad: Well, let me see … A long time ago, two little boys found some caves while playing in the woods. Since then, many people have visited. There are stories of people who went inside the caves and never came back out. Some people even say there are ghosts there …

Country path
Laura: I took this map from Grandad's desk.
Marley: Wow, let me see. This is great.
Laura: He often tells me about how he used to go through the caves as a boy.
Alicia: But why doesn't he want us to go inside if he did it himself? Do you think there really are ghosts in there?
Laura: Grandad is just trying to scare us. The caves aren't dangerous at all.
Jinsoo: Of course there aren't any ghosts in there! Here, take a torch.
Alicia: You boys came prepared.
Marley: Of course – we have to be prepared for the countryside.

Caves
Jinsoo: Let's go this way.

39

1 Action UK! Working with films

Tunnels
Alicia: It's really cold down here.

Tunnels
Jinsoo: I think we're lost. This stupid map doesn't make sense at all.
Laura: Let's just keep going straight ahead.
Marley: No signal! Great!
Alicia: Maybe we should just go back? What *is* that? It looks so strange.
Marley: Wow.
Alicia: No, don't touch it!
Marley: You heard that, right? What? No! Come on! Stupid torch! Hey, where are Laura and Jinsoo?!

Tunnels
Laura: *Alicia! Marley?* I'm sure they were right behind us.
Jinsoo: *Marley?!* Where are you? This isn't funny!

Tunnels
Marley: Jinsoo? Come back! You've got the map! They've got the map!
Alicia: It's useless anyway. *Laura!* We have to find them and get out of here. These caves are scary.
Marley: You're right. Eww! We have to hold hands?!
Alicia: It's safer to stick together.
Ghostly voice: I can see you …!
Marley: Run!

Tunnels
Laura: Something's not right. Let's walk back the way we came.

Cave entrance
Jinsoo: Wait for me!
Alicia: Ghost... There was a ghost!
Laura: Are you sure?
Marley: Well, whatever it was, it was spooky!

Country path
Laura: Grandad. What are you doing here?
Grandad: Hello, kids! I've just been out for a walk. You didn't go into the caves, did you?
Laura: You didn't try to scare us by any chance, did you?
Grandad: I have no idea what you mean. Let's go home now, it's almost time for dinner.

Wortschatz love

Materialien Lehrer-DVD 2, Film 12; ggf. KV 13: The caves

Methodisches Vorgehen 📖 Die Aufgabe kann nach der **Think-Pair-Share**-Methode bearbeitet werden. Die S lesen sich zunächst die Aufgabenstellung und Themengebiete durch. Nach der Präsentation des Films bearbeiten sie die Aufgabe zunächst in EA. Danach diskutieren sie ihre Ergebnisse mit einem Partner, bevor sie im Plenum verglichen werden.

Differenzierung Diese Aufgabe ist relativ anspruchsvoll, da sie Detailverständnis verlangt. L kann zunächst **KV 13: The caves** austeilen, um bei den S ein globales Verständnis für die Filmhandlung zu wecken. Danach wird der Film ein zweites Mal präsentiert und die Aufgabe im SB bearbeitet.
△ Leistungsschwächere S bearbeiten die geschlossene Aufgabe a) auf **KV 13**. Sie bringen die Standbilder in die richtige Reihenfolge und ordnen ihnen die passenden Überschriften zu.
▲ Leistungsstärkere S bearbeiten die offene Aufgabe b) auf **KV 13**. Sie erstellen mit Hilfe der Vorgaben eine Nacherzählung der Handlung.

Lösung
1. *food:* cream tea (scones on the table in Grandad's garden) – not really important
2. *city and country life:* suggestions about what to do (feed the horses, milk a cow, go swimming in a lake); Marley is a city boy – important for the story because it influences the action (Marley doesn't want to do boring country things, so they go to the caves); the setting of the story is in the country

Working with films   **Action UK!**   **1**

3. **school:** *doesn't play a role*
4. **children and adults:** *Grandad, an adult, tries to scare the friends/plays a trick on the children (maybe!). Children and adults aren't really important, but Grandad's role is very important for the story.*
5. **stories:** *Grandad's story – very important because the friends then want to go to see the caves*
6. **sports:** *suggestion: could go swimming (in a lake), ride scooters to the caves – not really important*
7. **love:** *Marley and Alicia hold hands – a new boyfriend/girlfriend? – not really important, just a funny situation/scene in the film*
8. **ghosts:** *in the cave?; important for the exciting atmosphere (suspense)*

S. 21
VIEWING

3 Suspense: What's going to happen?

Wortschatz to get lost, darkness

Materialien Lehrer-DVD 2, Film 12; ggf. KV 14: Suspense: What's going to happen?

Einstieg L: *What makes you want to watch a film? (It's fun, interesting, exciting, … / I want to know what happens next.) Yes, very often it's the suspense in a film that makes you want to watch it. Can you think of any elements that can create suspense? (what people do/things in the story/action, what people say/dialogue, people's faces, light/darkness, (strange) sounds, (dramatic) music).* L weist auf die Fragen im SB und die Box mit den *Film skills* hin.

Methodisches Vorgehen Bei der zweiten (bzw. dritten) Präsentation konzentrieren sich die S auf die Frage, wie Spannung im Film erzeugt wird. Die S schauen sich den Film an und machen sich Notizen im Heft (nach den Vorgaben im SB) oder sie nutzen **KV 14: Suspense: What's going to happen?** Anschließend vergleichen sie ihre Ergebnisse mit einem Partner, bevor diese gemeinsam im Plenum besprochen und ggf. ergänzt werden.

Lösung *Story: What about …*
Laura's grandpa? creates suspense when he tells the friends about the caves; not absolutely clear, but maybe plays a trick on the friends/tries to scare them
ghosts? noises/voices in the cave; in the dialogue (Marley: You heard that, right? Alicia: There was a ghost!)
getting lost? Marley and Alicia are scared when they lose Laura and Jinsoo; hold hands
phones, maps, and torches? no signal (How can they find their friends again/a way out?); Jinsoo: This stupid map doesn't make sense at all. (Will they find their way out?); Marley's torch goes on and off. (Will they be in the dark soon?)

Acting: What about …
people's faces? They show that they are feeling nervous/worried/scared, …

Audiovisual effects: What about …
darkness? creates a spooky atmosphere
strange sounds, a voice in the caves? What was that? When you're not sure what the noise is, it creates a scary atmosphere.
dramatic music? Different types of music create different feelings (e.g. happy, scary, …).

S. 21
WRITING

4 Laura and her grandpa → S17

Materialien ggf. KV 15: Vocabulary

Methodisches Vorgehen L weist auf S17 auf S. 144–145 hin und regt die S an, die Ideen für gesprochene Sprache bei der Bearbeitung der Aufgabe einfließen zu lassen. Die S schreiben die Filmszene in PA und üben sie gemeinsam ein. Anschließend werden die Szenen von L oder einem anderen S aufgezeichnet und dann im Plenum präsentiert.

41

1 Action UK! Working with films

Tipps für junge Lehrer/innen Es ist sehr motivierend für die S, wenn sie ihre Filme im Unterricht präsentieren können. Wenn dies immer wieder gemacht wird, können die S ihre schauspielerische Fähigkeiten weiterentwickeln, vor allem wenn sie ihren Text auswendig können und sich auf ihre Intonation, Mimik und Gestik konzentrieren können.

Differenzierung △ Falls die S Probleme haben, eine Szene zu entwickeln, kann L eine Situation vorschlagen und evtl. einen Dialog zwischen Laura und ihrem Großvater vorgeben (vgl. Lösung).

Vertiefung Zur Wiederholung des Lernwortschatzes in Unit 1 kann **KV 15: Vocabulary** eingesetzt werden.

Lösung Lösungsvorschlag:
When the friends get back to Grandad's house, Laura is helping her grandad in the kitchen. Alicia is outside in the garden talking with Jinsoo and Marley.

Laura: Er, Grandad, it was you, wasn't it? You wanted to scare us, didn't you?
Grandad: Well now, what makes you think that? I – I really don't know what gave you that idea.
Laura: Come on, Grandad. You always tell that story of the two little boys and the ghosts in the caves.
Grandad: Well, maybe it's true?
Laura: OK! OK! If you want to play your little game, I'll play it too. Come on, let's take the food and drink out to the others.
Grandad: Good idea. I can tell them what happened to that little girl last year, you know – but I'll wait until it gets dark!
Laura: You do that … Food, you guys!

⟨Revision A⟩

Didaktisches Inhaltsverzeichnis

Kompetenzziele	Sprachliche Mittel	Materialien
Revision A (S. 22–23)		
WRITING Eine Postkarte schreiben; einen Text über die Zukunft verfassen **LISTENING** Lautsprecherdurchsagen Detailinformationen entnehmen **MEDIATION** Eine englische Beschreibung eines Computerspiels auf Deutsch wiedergeben	**VOCABULARY** Medien; Wetter	– Lehrer-Audio-CD 1, Track 17 – KV 16a+b: Test yourself – KV 17–19: Speaking cards

Die Aufgaben der Revision-Seiten und die dazugehörigen Kopiervorlagen (**KV 16a–16b: Test yourself**) wiederholen und vertiefen die grammatischen und kommunikativen Strukturen der vorangegangenen Units (Unit 5, Band 2; Unit 1, Band 3). Die Aufgaben sollten grundsätzlich im Unterricht behandelt werden. L kann jedoch auch entscheiden, einzelne Aufgaben in die häusliche Arbeit zu verlegen. Die Aufgaben werden in EA oder PA (möglichst mit unterschiedlichen Partnern) bearbeitet.
Zur Vorbereitung auf die mündliche Prüfung können **KV 17–19: Speaking cards** eingesetzt werden.

S. 22 — 1 Offline for a month
VOCABULARY

Materialien ggf. vorbereitete Ideenkärtchen

Einstieg Die S diskutieren in PA die Fragestellungen *What do you use the internet for?* und *What alternatives are there if you can't go online?* Die Ideen werden danach im Plenum gesammelt.

Methodisches Vorgehen
a) Die S bearbeiten die Aufgabe in EA. Danach erfolgt die Besprechung der Ergebnisse im Plenum. Alternativ können die Lösungen auch an verschiedenen Stellen im Klassenraum aufgehängt werden, so dass die S die Aufgabe selbstständig korrigieren können.
b) Zunächst wird per Handzeichen das Meinungsbild der S abgefragt und an der Tafel fixiert. Anschließend diskutieren die S die Fragestellung in PA. Daraufhin wird eine offene Diskussion im Plenum geführt. Nach der Diskussion wird das Meinungsbild erneut abgefragt. Die S sollen sich dazu äußern, warum sie ihre Meinung (nicht) geändert haben und welche Argumente dafür ausschlaggebend waren.

Differenzierung △ Leistungsschwächere S können ihre Ergebnisse aus Teilaufgabe a) vor der gemeinsamen Besprechung in PA vergleichen. Für die Bearbeitung von Teilaufgabe b) können ihnen auf Hilfekärtchen Ideen zur Verfügung gestellt werden.

Lösung
a) 1. *media mad* 2. *spend* 3. *offline* 4. *stay in touch* 5. *social networks* 6. *sent* 7. *phone* 8. *posted* 9. *see* 10. *watched* 11. *downloaded* 12. *got* 13. *face-to-face* 14. *challenge*
b) Individuelle S-Lösungen.

⟨A⟩

S. 22 **2 A new computer game**
MEDIATION

Einstieg Die S stellen sich gegenseitig in PA ein Computer- oder Handyspiel vor. Sie erläutern dabei kurz die Charaktere, das Ziel des Spiels und wie dieses erreicht wird. Einige Beiträge werden danach im Plenum angehört.

Methodisches Vorgehen 👥 Die S bearbeiten die Aufgabe in PA und halten die Ergebnisse schriftlich fest. Danach werden einige Ergebnisse im Plenum vorgestellt. Die übrigen S sollen dabei darauf achten, ob alle wichtigen Informationen wiedergegeben wurden.

Differenzierung ▲ Leistungsstärkere S können sich nach Bearbeitung der Aufgabe in PA die Handhabung eines weiteren Computerspiels auf Englisch gegenseitig erklären.

Lösung EH: Das Ziel des Spiels ist es, als Affe so viele Früchte wie möglich zu sammeln. Es gibt aber auch gefährliche Orte und wilde Tiere, die es auf dich und deine Früchte abgesehen haben. Zuerst musst du einen Affen auswählen und einen Namen vergeben. Wenn du die Leertaste drückst, springt dein Affe und mit den Pfeiltasten kannst du ihn nach rechts und links oder nach oben und unten steuern. Je mehr Früchte du sammelst, desto mehr Punkte bekommst du. In den Bäumen gibt es verschiedene kleine Früchte, aber auch Schlangen. Am Boden gibt es größere Früchte, aber du musst auf die Tiger und Löwen aufpassen.

S. 23 **3 A postcard from ...**
WRITING

Einstieg Die S lesen zunächst die Aufgabenstellung. Danach haben sie einige Minuten Zeit, im Klassenraum herumzugehen und sich die Poster, die während der Bearbeitung der *Unit task* in Unit 1 entstanden sind, noch einmal zu betrachten, sich eine Sehenswürdigkeit oder einen Ort auszusuchen und Notizen dazu zu machen.

Methodisches Vorgehen Die S bearbeiten die Aufgabe in EA. Zur Sicherung werden einige Ergebnisse vorgelesen. Für den Hörauftrag während des Vorlesens wird die Lerngruppe aufgeteilt. Die eine Hälfte soll sich Stichpunkte zum Inhalt machen, während die andere Hälfte sprachliche Fehler notieren soll.

Differenzierung △ In leistungsschwächeren Lerngruppen kann vor der gemeinsamen Besprechung im Plenum eine *Peer-correction*-Phase eingebaut werden.

Lösung Individuelle S-Lösungen.

S. 23 **4 Travelling around the world: Announcements**
LISTENING

HV-Text **Narrator:** **One.**
→ L 1/17 ⊙ **Speaker:** Your attention please. This is a passenger announcement. The 11:10 East Midland service to Birmingham is delayed by approximately 20 minutes. It will arrive on Platform 12. Passengers with tickets for the 11:10 East Midland service to Birmingham please go to Platform 12. Thank you.

Narrator: **Two.**
Speaker: This is the final boarding call for passengers Deborah and Frank Miller booked on British Airlines flight BA432 to London. Please proceed to Gate 3 immediately. The final checks are being completed and the captain will order for the doors of the aircraft to close in approximately five minutes time. I repeat: This is the final boarding call for Deborah and Frank Miller. Please proceed to Gate 3 immediately. Thank you.

Narrator: **Three.**
Speaker: Good afternoon, ladies and gentlemen. This is your captain speaking. First I'd like to welcome everyone on board the 8:30 ferry from Hull to Rotterdam. We are currently

cruising at a speed of 22 knots; that's 25 miles per hour, or, 41 kilometres per hour. The time is 8:55 p.m. The weather looks good and with the tailwind on our side we are expecting to arrive in Rotterdam on time, in approximately 10 hours and 45 minutes. The shops and restaurants are open now. We hope you will enjoy your journey with P&O Ferries and wish you a pleasant journey.

Narrator: **Four.**
Speaker: The next station is Bond Street. Change here for the Jubilee line.
This is Bond Street. Change here for the Jubilee line. This is a Central Line train to West Ruislip. Please mind the gap between the train and the platform.

Narrator: **Five.**
Speaker: Attention please: 5-year-old Louise Hamilton has lost her family. She is waiting for her mum and dad at the information desk in the entrance hall of the train station.
I repeat: Mr and Mrs Hamilton. Louise is waiting for you at the information desk in the entrance hall. Thank you.

Materialien Lehrer-Audio-CD 1, Track 17

Einstieg Zur Vorentlastung werden im Plenum einige Ideen zur Fragestellung *In which places can you hear announcements in your daily life?* gesammelt.

Methodisches Vorgehen
a) ⊙ Während des ersten Hörens machen sich die S Notizen zur Fragestellung. Das Globalverständnis wird im Plenum gesichert und die entsprechenden Schlagworte gesammelt.
b) Während des zweiten Hörens machen sich die S Notizen zur Fragestellung. Je nach Leistungsstand der Lerngruppe sollte die Aufnahme nach jeder Durchsage gestoppt werden, um den S Zeit zum Schreiben zu geben. Die Ergebnisse werden zur Sicherung des Detailverstehens im Plenum verglichen.
c) ✂ / ⧖⧖ Zunächst schreiben die S in EA eine Durchsage. Danach lesen sie diese ihrem Partner vor, der erraten soll, an welchem Ort diese Durchsage gemacht wird. Für die gemeinsame Sicherung werden einige Durchsagen vorgelesen und der Rest der Klasse errät den Ort. Die Aussagen sollten begründet werden.

Differenzierung △ Leistungsschwächeren S können in den Teilaufgaben a) und b) Vorgaben an die Hand gegeben werden, um eine geschlossene Bearbeitung der Aufgaben zu ermöglichen.

Lösung
a) *Announcement 1: at a train station (delayed; platform; tickets)*
Announcement 2: in an airport terminal (boarding call; British Airlines; gate; captain; aircraft)
Announcement 3: on a ferry (captain; on board; ferry; cruise; knots)
Announcement 4: on the Tube (station; Bond Street; change; Jubilee Line; Central Line train; mind the gap; train; platform)
Announcement 5: in a train station (information desk; entrance hall; train station)
b) *Announcement 1: passengers with tickets for the 11:10 East Midland service to Birmingham → The train is delayed by about 20 minutes and will arrive on Platform 12.*
Announcement 2: Deborah and Frank Miller, booked on British Airlines flight BA432 to London → They must go to Gate 3 immediately.
Announcement 3: all passengers → The captain is expecting to arrive in Rotterdam on time, in about 10 hours and 45 minutes. The shops and restaurants are open.
Announcement 4: passengers who want to get off or change at Bond Street → The next station is Bond Street and you can change here for the Jubilee Line.
Announcement 5: Louise Hamilton's parents → They can pick her up at the information desk in the entrance hall of the train station.
c) Individuelle S-Lösungen.

5 The world 50 years from now

S. 23
WRITING

Materialien Leerfolien; ggf. KV 16a+b: Test yourself

Einstieg Die Klasse wird in drei Teile aufgeteilt. Jeder Teil übernimmt einen Zeitpunkt (in 50, 100 oder 200 Jahren). In PA erarbeiten die S mit Hilfe von Mindmaps Ideen für ihre Texte. Für jeden Zeitraum wird eine Mindmap exemplarisch am OHP vorgestellt.

Methodisches Vorgehen Die S wählen nun selbst einen Zeitpunkt aus und erstellen ihre Texte in EA. Danach werden einige Texte im Plenum vorgetragen. Die Klasse wird für den Hörauftrag in zwei Teile geteilt. Die eine Hälfte soll sich auf die korrekte Verwendung des *will future* konzentrieren, während die andere Hälfte sich Notizen zum Inhalt macht.

Differenzierung △ In leistungsschwächeren Lerngruppen kann vor der gemeinsamen Besprechung im Plenum eine *Peer-correction*-Phase eingeschoben werden.

Lösung Lösungsvorschlag: *In 200 years, people will live in digital houses. Computers will control everything in the house. Robots will do the housework and the fridge will order the food online. People will travel in flying cars. There'll be no real food as we have it today. People will just take pills. In 200 years, there won't be any schools, but one teacher will teach hundreds of students online. People will communicate online with a chip in their heads.*

Across cultures 1 British stories and legends

Didaktisches Inhaltsverzeichnis

Kompetenzziele	Sprachliche Mittel	Materialien
Across cultures 1 (S. 24–25)		
READING Die eigenen Vorlieben erkennen **SPEAKING** Über britische Heldinnen und Helden sprechen; *Role play*: Eine fiktive Person darstellen **VIEWING** Eine Filmsequenz verstehen und Notizen dazu machen; Requisiten benennen **FILM** *Skills:* Kostüme, Requisiten und Szenenaufbau als filmische Mittel	**VOCABULARY** Word bank: Legends	– Lehrer-DVD 2, Film 13 – WB 13/1–2 – Folie 2/38: British stories and legends – KV 20: British stories and legends; KV 21: A role play: Stories and legends

British stories and legends

Wortschatz *legend*

S. 24 SPEAKING 1 Warm-up

Methodisches Vorgehen Bei geschlossenem SB tauschen sich die S über berühmte historische Persönlichkeiten aus, die sie kennen. Als Impuls bietet L eine Auswahl verschiedener Bilder an, z.B. von Anne Frank, Albert Einstein, William Shakespeare. Darunter können Figuren aus Sagen und Legenden oder andere literarische Figuren sein, etwa Wilhelm Tell, der Rattenfänger von Hameln oder Harry Potter. Außerdem kann L Leitfragen vorgeben, z.B. *What's this person famous for? Why do/don't you like this person?* Die S wählen eine Person aus und gehen nach dem **Think-Pair-Share**-Prinzip vor. **Think:** Die S machen sich in EA Notizen zu einer Person. **Pair:** In PA stellen die S einander die von ihnen gewählten Personen vor. **Share:** Im Klassenverband tragen mehrere S die von ihrem Partner genannten Aspekte vor. Dabei können die Bilder an die Tafel geheftet und geordnet werden, z.B. abhängig davon, ob sie von den S gemocht werden oder ob es sich um reale bzw. fiktive Personen handelt.

Tipps für junge Lehrer/innen Für die Auswahl der Bilder ist es sinnvoll, wenn L sich über aktuelle Unterrichtsthemen der Klasse im Fach Geschichte oder Deutsch informiert. So wird gezielt an das Vorwissen der S angeknüpft.

S. 24 READING 2 Typical ingredients of legends

Wortschatz *ingredient, completely, cruel, magical, wizard, hero, heroes (pl), heroine, villain, knight, criminal, powerful, power, private detective, mysterious, crime, robber, outlaw, to hide, hid, hidden*

Materialien Folie 2/38; ggf. vorbereitete Folienschnipsel

AC 1

Methodisches Vorgehen

a) L leitet zur Aufgabe über: *We've talked about famous historical people. Some of them were real, some were characters from stories or legends. Let's find out what kind of ingredients are typical for a legend. When you make a cake, your ingredients are sugar, butter, eggs and so on. But what are the ingredients for a legend?*

L schreibt die Überschrift an die Tafel. Die S bearbeiten die Aufgabe per **Lerntempoduett**. Sie notieren in EA die wichtigsten Punkte und stehen auf, sobald sie damit fertig sind. Dann tauschen sie sich mit dem ersten bereitstehenden Partner aus und kennzeichnen die Punkte, die ihnen gefallen. Die Ergebnisse werden im Plenum gesammelt und an der Tafel festgehalten. Per Abstimmung mit Handzeichen kann L erfragen, welche Aspekte den S gefallen, und die Ergebnisse per Strichliste festhalten. Anschließend bietet sich ein Rückbezug zur *Warm-up*-Phase an: Einzelne der in Aufgabe 1 besprochenen Figuren werden darauf untersucht, ob sie typische Legendenfiguren sind.

> *Typical ingredients of legends*
>
> – stories about people in history
> – usually not completely true
> – often show the difference between right and wrong
> – colourful characters, e.g. kings, queens, wizards
> – good and bad characters: heroes and villains
> – heroes usually win fights
> – heroes: brave knights or normal people who do brave things
> – villains: criminals or powerful people
> – more modern legends from popular books, e.g. Sherlock Holmes

b) Die Aufgabe dient als *pre-viewing activity* zu S. 25, Aufgabe 3. L legt **Folie 2/38** auf. Dann liest er mit den S die Aufgabenstellung. Vokabelfragen zu den *Useful phrases* werden geklärt. Anschließend äußern die S im UG Vermutungen über die drei Bilder. Auf **Folie 2/38** können diese stichpunktartig notiert werden.

Im Gespräch über Robin Hood bietet es sich an, bereits den neuen Wortschatz für Aufgabe 3 vorzuentlasten: *People who have got a lot of money are also called the rich. The poor, on the other hand, haven't got much money.*

Differenzierung

△ Zu a): In leistungsschwächeren Lerngruppen kann **Folie 2/38** für einen Zwischenschritt genutzt werden: L legt die Wörter aus der *Useful phrases*-Box als Folienschnipsel auf und die S ordnen den Bildern passende Wörter zu.

Tipps für junge Lehrer/innen

Während eines Austauschs von Ergebnissen in PA kann die Aufmerksamkeit der S gesteigert werden, indem L sie dazu auffordert, absichtlich einen inhaltlichen Fehler einzubauen. Der Partner muss den Fehler finden und korrigieren und wird so zu aktivem Zuhören animiert.

Lösung

a) Vgl. TA.
b) Individuelle Lösungen.

S. 25 **3 Stories and legends (1)**
VIEWING

Film-Transkript
→ **DVD 2/13**

Battersea Park / Old English Garden / Bench

Jinsoo: Good afternoon! Do you know the most famous British private detective? It's Sherlock Holmes, of course! He wasn't a real person. He's just a character from books and short stories by a Scottish author called Sir Arthur Conan Doyle. Do you know any other famous British stories or legends?

Battersea Park / Old English Garden / Tree

Marley: One well-known British legend is that of Robin Hood. No one knows if Robin Hood was a real person. But there are a lot of stories about him. Do you know what he was famous for?

AC 1

Battersea Park / Old English Garden / Bench

Jinsoo: People say Robin Hood stole from the rich and gave to the poor. In most stories, he lives in Sherwood Forest near Nottingham with a group of other outlaws.

Marley: There's another British legend even older than that of Robin Hood. Can you tell which one I mean? It is about a king.

Jinsoo: King Arthur and the Knights of the Round Table. Some people believe that King Arthur was born in Tintagel, a village in Cornwall. You can still find the ruins of Tintagel Castle there.

Battersea Park / Old English Garden / Walkway

Marley: Some say King Arthur lived in England, some say Wales. No one knows for sure. We don't even know if King Arthur was real at all.

Jinsoo: What legends do you have in Germany?

Wortschatz *the Round Table, the rich, the poor*

Materialien Lehrer-DVD 2, Film 13; Folie 2/38; ggf. vorbereitete Folie mit Satzhälften; ggf. KV 20: British stories and legends

Methodisches Vorgehen
a) Nach der Hinführung durch die vorherige Aufgabe spielt L den Film einmal ab. Die S fertigen in EA Notizen zu den Figuren an. Da im anschließenden Aufgabenteil weitere Details folgen, weist L die S darauf hin, dass sie sich nur ein bis zwei wichtige Punkte zu jeder Figur notieren sollen. Während der anschließenden Auswertung im Klassenverband hält L die Ergebnisse auf **Folie 2/38** fest.

b) Die Bearbeitung der Aufgabe kann schriftlich in EA oder PA erfolgen und am OHP gesichert werden, indem die auf Folie kopierten Sätze durch Linien verbunden werden.
Eine spielerische Alternative bietet **KV 20: British stories and legends**. Die Karten werden vergrößert kopiert und ausgeschnitten. Nach gemeinsamer Besprechung der Anleitung spielen die S möglichst in 3er-Gruppen.

Differenzierung ▲ Besonders interessierte oder schnelle S recherchieren zusätzliche Informationen zu den behandelten Legendenfiguren: *What else would you like to know about the characters in the film? Choose one of the heroes and write down three questions. Then exchange your questions with a partner and do some research to answer your partner's questions.*

Lösung
a) Lösungsvorschlag:
King Arthur: no one knows if he really lived / maybe born in Tintagel
Robin Hood: many stories about him / outlaw
Sherlock Holmes: famous British private detective / not a real person: character from books and stories by a Scottish author (Sir Arthur Conan Doyle)
b) 1a), d), g); 2c), f), h); 3b), e)

S. 25 4 Stories and legends (2) → WB 13/1–2

VIEWING

Wortschatz *prop, set, to carry*

Materialien ggf. Lehrer-DVD 2, Film 13; ggf. KV 21: A role play: Stories and legends

Methodisches Vorgehen
a) L leitet zur Aufgabe über und führt dabei neue Vokabeln ein: *Characters in a film usually have props. When someone acts a reporter, for example, the most important prop is a microphone. Or a teacher, for example, can carry a bag* (passende Geste). Es kann auch bereits jetzt der erste Teil der *Skills*-Box gemeinsam gelesen werden. Anschließend fragt L nach den Requisiten der drei Legendenfiguren aus dem Film. Wenn nötig, wird der Film dafür nochmals vorgespielt.

AC 1

        b) ✽ Dieser Aufgabenteil bietet sich als HA an. Die S recherchieren in Büchern oder im Internet und fertigen Notizen an. Für Informationen zu den drei in der Aufgabe erwähnten Frauengestalten verweist L die S auf das Online-Zusatzmaterial zum Lehrwerk. Dieses ist auf www.klett.de über den Lehrwerkscode 64nj4e erreichbar. Außerdem erhalten die S den Auftrag, in der Folgestunde passende Requisiten mitzubringen.

        c) Die S bilden 3er-Gruppen und führen das Rollenspiel durch. Einige Rollenspiele werden im Plenum vorgespielt und die übrigen S geben Feedback zum Inhalt (wurde die Figur überzeugend verkörpert?) und zur Darbietung.

Differenzierung   △ Langsamere oder leistungsschwächere S können in der Erarbeitungsphase von Teilaufgabe c) durch **KV 21: A role play: Stories and legends** unterstützt werden.

Lösung   **a)** *Sherlock Holmes: typical outfit: cape and cap, magnifying glass; Robin Hood: green hat with a feather, green top, bow and arrow; King Arthur: crown*

        b) + c) Individuelle Lösungen.

Unit 2 Find your place

Didaktisches Inhaltsverzeichnis

Kompetenzziele	Sprachliche Mittel	Materialien
Introduction (S. 26–27)		

LISTENING
Eine Radiosendung verstehen
SPEAKING
Über persönliche Neigungen und Fähigkeiten sprechen
	VOCABULARY
	Useful phrases: Different interests and personalities
	LANGUAGE
	English sayings
		– Lehrer-Audio-CD 1, Track 18–20
		– WB 14/1–2
		– Diff pool, S. 115/1
		– Skills, S19–21, S. 146–147
		– Folie 3/1: Find your place;
		   Folie 3/2: What kind of smart are you?
		– KV 22: A radio call-in;
		   KV 33: Working with vocabulary (Wortschatz Unit 1)

Station 1 (S. 28–31)		
WRITING Wunschvorstellungen ausdrücken MEDIATION Informationen über einen Talentwettbewerb zusammenfassen	LANGUAGE R: *conditional clauses type 1*; *conditional clauses type 2*	– Lehrer-Audio-CD 1, Track 21, 23 – WB 15/3–5, 16/6–7, 17/8–9 – Diff pool, S. 115–117/2–9 – Skills, S18, S. 145–146 – Grammar, G2–3, S. 154–156 – KV 23: Working with language; KV 24: What would you do if …?
Station 2 (S. 32–33)		

READING
Schlüsselbegriffe finden
	LANGUAGE
	reflexive pronouns
		– Lehrer-Audio-CD 1, Track 24
		– WB 18/10–11, 19/12–13, 20/14–15
		– Diff pool, S. 117–119/10–15
		– Skills, S5–6, S. 136–137; S11–14, S. 140–143
		– Grammar, G4, S. 157–159
		– Folie 3/3: You have to push yourself!;
		   Folie 3/4: *Themselves* or *each other*?
		– KV 25: Working with language;
		   KV 26: Did you do it yourself?

Skills (S. 34)		
LISTENING Eine Familiendiskussion verstehen SPEAKING Einen Kompromiss finden	VOCABULARY Useful phrases: Compromising	– Lehrer-Audio-CD 1, Track 26–27 – WB 21/16 – Diff pool, S. 119/16 – Skills, S17, S. 144–145; S19–21, S. 146–147 – KV 27: Can we meet halfway?; KV 28: Listening: Finding a compromise
Unit task (S. 35)		
Einen Persönlichkeitstest erstellen		– WB 22/18–19, 23/20–21 – KV 29: Evaluate your group work

Kompetenzziele	Sprachliche Mittel	Materialien
Story (S. 36–38)		
READING Hauptthemen identifizieren; Wendepunkte in einer Geschichte erkennen **WRITING** Das Ende einer Geschichte schreiben **SPEAKING** *Role play:* An einem Video-Chat teilnehmen	**VOCABULARY** Word bank: Themes in a story	– ⊙ Schüler-Audio-CD 1, Track 11–17 – ⊙ Lehrer-Audio-CD 1, Track 28–34 – WB 24/22–24 – Diff pool, S. 119/17 – Skills, S5–6, S. 136–137; S7, S. 137–139; S11–14, S. 140–143 – KV 30: Hang out with us instead!
Action UK! (S. 39)		
SPEAKING Auf schwierige Situationen reagieren **VIEWING** Die Handlung einer Filmsequenz zusammenfassen; die Charaktere beschreiben	**VOCABULARY** Word bank: Characters in a film	– 🎬 Lehrer-DVD 3, Film 1 – WB 25/25–26 – Skills, S22–23, S. 147–148 – Folie 3/5: When Sean came to visit – KV 31: Laura and Sean; KV 32: Sinead – Sean's sister

Introduction

Wortschatz *would, personality, to disagree, to compromise, smart, logic, self, selves (pl), body*

S. 26
SPEAKING

1 Everyone is different

Wortschatz *saying, to judge, cover, practice, It doesn't matter.*

Materialien Folie 3/1; ggf. vier vorbereitete Poster mit Freizeitaktivitäten; ggf. vorbereitete Folie mit Satzfragmenten; vorbereitete Pappe bzw. Folienstreifen mit den Sprechblasen

Einstieg Da dies das erste Thema im Buch und somit vermutlich auch der erste Kontakt der Lehrkraft mit der Lerngruppe im neuen Schuljahr ist, sollte der Einstieg mit Ruhe und einem gesteigerten Maß an Mündlichkeit stattfinden. Die S haben höchstwahrscheinlich während der Ferien nur wenig bis gar keinen Kontakt mit der Fremdsprache gehabt und müssen vermutlich erst einmal wieder „ankommen" und sich einfinden. Der Einstieg in den neuen Band kann in zweierlei Varianten durchgeführt werden.

Variante 1: SB geschlossen. L bereitet vier unterschiedliche Poster für eine **Vier-Ecken-Abfrage** vor, auf denen verschiedene Möglichkeiten zur Freizeitgestaltung gezeigt werden (Sport, Musik, Soziales, Technik/Handy). Die S erhalten folgenden Arbeitsauftrag: *Have a look at different activities for your free time. Choose one of the activities and go to that corner. Talk to the others in your corner about your reasons for choosing this activity. Then tell them about your hobbies.*
Nach einer Gruppenphase von ca. 8–10 Minuten sollten die S wieder im Plenum zusammen kommen und sich dort gemeinsam über die unterschiedlichen Bereiche austauschen. Bei Bedarf kann den S angeboten werden, sich noch einer anderen Ecke zuzuordnen, falls sie sich nicht so gerne auf nur einen Bereich festlegen wollen.) Leitfragen für den Austausch könnten sein: *Which kinds of activities can you see on the posters? How many of you chose X or Y? Why is activity X more interesting or more important to you than the others?*

Variante 2: SB geschlossen. L schreibt einige Satzfragmente an die Tafel oder auf eine Folie: *I'm good/not good at … that's why I want to be … later. I really like/don't like … that's a reason for me to … in the future.* Die S werden aufgefordert, sich frei zu ihren persönlichen Vorlieben, Stärken und Hobbies zu äußern und über mögliche Zukunftswünsche zu sprechen. Die Satzfragmente können ihnen bei der Verbalisierung helfen; leistungsstärkere S können diese auslassen. L sollte die S zusätzlich dazu auffordern, sich gegenseitig dranzunehmen (**Meldekette**) und sie ermuntern, auf die Äußerungen der anderen S zu reagieren, wann immer sich dies anbietet. Eine aktive Diskussionskultur baut sich über die Jahre mit Hilfe kleiner Schritte auf und wird in den höheren Klassen zu intensiven Gesprächen in der Fremdsprache führen.

Methodisches Vorgehen

a) SB geschlossen. L legt **Folie 3/1** auf; die Fotos – mit Ausnahme der Überschrift – sind noch abgedeckt. L: *What could the unit 'Find your place' be about?* Es folgt ein kurzer Meinungsaustausch im Plenum. L deckt die Bilder auf. L: *What can you see in the pictures? What do you think the different people are thinking? Why?* Die S beschreiben die Fotos und stellen begründete Vermutungen über sie an. L fragt, ob den S passende Sprichwörter zu den dargestellten Situationen einfallen (auf Englisch oder Deutsch); diese können ggf. an der Tafel gesammelt werden.

b) Im nächsten Schritt präsentiert L die Sprechblasen entweder auf Pappe (DIN A4) oder als Folienstreifen; die S sollen diese den Fotos zuordnen, ihre Wahl begründen und die Redensart kurz erläutern. Natürlich ist es auch möglich, die S diese Aufgabe mit Hilfe des SB bearbeiten zu lassen. Der Austausch der Lösungsvorschläge erfolgt jeweils im Plenum.

c) Im Anschluss bearbeiten die S Aufgabe c) in EA schriftlich. Die Ergebnisse besprechen sie erst kurz mit einem Nachbarn und dann im Plenum (**Think – Pair – Share**).

2 Introduction

Differenzierung △ Leistungsschwächere S können beim Austausch über die Überschrift der Unit unterstützt werden, indem die metaphorische Bedeutung des *place* anhand von Beispielen erklärt wird. Zu b): Leistungsschwächeren Gruppen sollte die Möglichkeit eingeräumt werden, sich die unterschiedlichen Sprüche zunächst in Ruhe durchzulesen, Verständnisfragen zu klären und sich kurz über die Bedeutung mit einem Partner auszutauschen. Erst danach sollen sie sich in der großen Runde austauschen.
Zu c): L sollte entscheiden, ob leistungsschwächere S einen zusätzlichen *language support* benötigen.

▲ Schnelle S können einen kurzen Text darüber verfassen, wo sie ihren „Platz" verorten (L: *Have you already found your place? Where is it?*)

Lösung a) Lösungsvorschlag:
Picture A: *In the picture, you can see a girl in a Music lesson. The girl has just played her violin in front of the class. Her teacher and the other students are clapping. Maybe the girl is happy and proud because the others liked her music. Maybe she's thinking, "I'm happy that I played it without any mistakes. It's great that my teacher and my friends liked it."*
Picture B: *In the picture, you can see a girl and a boy who are wearing colourful clothes and sunglasses. They're probably thinking that they're very individual and special. Maybe they're thinking, "Don't tell us what to do. We live in a free world."*
Picture C: *In the picture, you can see two football players from two different teams. The German player, Philipp Lahm, is saying goodbye to Lionel Messi. Germany has just won the match and Lahm is probably thinking that Messi is sad and wants to act in a fair way. Maybe Messi is thinking that Lahm is a fair player.*

b) **Picture A: Everyone is good at something:** *This saying means that everybody has got a talent. The girl's talent is playing the violin.* **Practice makes perfect:** *This saying means that if you want to become better at something, you have to practise. Maybe the girl has also practised a lot.* **You'll never know until you try:** *This saying means that you shouldn't be scared to try new things because you can only tell if you like them/are good at them if you try them.*
Picture B: You can't judge a book by its cover: *This saying means that we can't tell anything about a person's character because of what he or she looks like. The boy and the girl in the picture are wearing crazy clothes, but we don't know if they're crazy people.* **I don't care if I'm in or out, as long as I've got my friends:** *This saying means that friends are more important than clothes or other things that you think you need to have to be 'in'. Maybe the two people are good friends and don't care about being 'in' or 'out'.* **Don't follow the crowd:** *This saying means that you shouldn't do something just because others do it. You should make your own choices. The people in the picture have chosen clothes that they like even if other people don't wear them.*
Picture C: Practice makes perfect: *This saying means that if you want to become better at something, you have to practise. The football players in the picture have practised a lot to become stars.* **Life is a competition!:** *This saying means that in life you have to work hard to be/to do better than others. Philipp Lahm, for example, had to be better than many other players to play for Germany.* **It doesn't matter if you win or lose, but how you play the game:** *This saying means that it is more important to have fun and be fair than to always win the competition. In sports, for example, you shouldn't be too sad or angry if you lose a match. It's more important that it was fun and you played fair.*
c) Individuelle S-Lösungen.

S. 27 **2 A radio call-in** → WB 14/1; S19–21
LISTENING

HV-Text
→ L 1/18–20 ⊙

Radio show host: Hello to everyone out there, you're on the Jack Henley-Smith show, and it's me Jack! Welcome to our daily call-in, and I'm hoping that lots of different kinds of people out there are listening right now, because that's just what today's show is about: difference! Yes indeed, people can be so different: They have different talents, different ideas for their futures, and they can have very different feelings about what is important to them

54

Introduction 2

in life. So if you're between 13 and 19, I'd like to hear from you. Tell me about what your talent is, and how you discovered it or used it. Will it play a role in your future, do you think? Why or why not? – Well, the lines are open, so let's take our first call. Please tell us your name and age. – Hi, who's this?

Girl: Hello Jack, it's Jenna, from Brighton. I'm 15.
Host: So tell us: What are you good at, Jenna?
Girl: Well, that's a good question. I mean, I haven't got a special talent really.
Host: Well, everybody's good at something, right?
Girl: Yes, I believe that too. But with me, I mean, I'm not a great artist or super creative. And I can't sing or play an instrument.
Host: But have you got special interests?
Girl: Yes, that's it. I think I'm really good at communicating with people, and in my group of friends, they always come to me when they have a problem. They say, "You always know what to do", or "You've always got the best advice", or "You're always so fair to everyone."
Host: But you said you don't have any special talents – that sounds like a special talent. "People skills".
Girl: Yes, "people skills". That sounds nice. I don't know what I can do with that later. But I'll find my place. What I don't want is to work with people where you have to be competitive.
Host: Why is that? You're not competitive? Isn't life a competition for you?
Girl: No, life isn't a competition for me at all. That's not important to me. Some people are so competitive, they always have to win. I hate that! It makes me feel sad for people who don't win. I don't know, I always want everyone to feel like a 'winner'. Does that sound stupid?
Host: No, it doesn't. No wonder all your friends come to you for advice! You make them feel good. I'm sure you'll be able to use your people skills in lots of different kinds of jobs later.
Host: Hello, who's on the line now?
Boy: Hey, it's Stephen, from London. I'm 16.
Host: OK Stephen, you're on! What are you good at?
Boy: Well it's funny, a lot of people think I'm really shy – you know, like when I talk to people at school, or parties. The other boys are always more in the spotlight. I never know what to say or do.
Host: Well you don't sound shy at all.
Boy: That's just it: When it's not a social situation, I'm not shy at all. Like now, talking to you. Or when I'm on stage.
Host: On stage? So you're an actor? You do have a good voice!
Boy: Thanks. Anyway, yes: Two years ago I was in a school musical. I didn't want to at first, but then I found I loved it. I mean, I've always been good at sports, or anything where I can use my body; I feel very confident in front of a lot of people on stage, you know? So, er, it was just very cool that I could use my body not for sports, but in a different way – running around the stage, jumping around, and just being a bit crazy. It was fun!
Host: Sounds great!
Boy: Yes, and the best part was that the audience really liked it! Now, I get the lead roles whatever I do at school, and I'm at a musical academy now, so I'm on stage on weekends too.
Host: Great! So do you think you'll be a big actor one day?
Boy: Well, as they say: "Practice makes perfect", and I know I still need a lot of practice before I'm really good. But for me, the main thing was to know what I like and what I'm good at doing, and I found that out when I did that first musical.
Host: Which you didn't want to do at first.
Boy: Exactly. But you'll never know until you try, right?

Wortschatz *call-in, imagination, to compete (with), imaginative, subject, doubt, to learn about*

Materialien Lehrer-Audio-CD 1, Track 18–20; Folie 3/2; ggf. KV 22: A radio call-in

2 Introduction

Methodisches Vorgehen

a) Die Aufgabe kann als Einstieg genutzt werden. L legt **Folie 3/2** auf. Die S werden aufgefordert, sich das Schaubild anzusehen. Sie beschreiben, wie eine Person, die *body smart* ist, sein könnte, ggf. unter Zuhilfenahme der *Useful phrases*. Alle anderen Teile des Diagramms werden gemeinsam beschrieben und offene Fragen geklärt, sodass anschließend alle eine Vorstellung von der Bedeutung der verschiedenen Begriffe haben. Sicher entwickeln die S bereits hier Ideen, welchem *smart* sie sich selber zuordnen würden. L weist bei entsprechenden Äußerungen der S darauf hin, dass dies später noch ausführlicher besprochen wird (vgl. Aufgabe 3). Für die anschließende Hörverständnisüberprüfung kann die Folie aufgelegt bleiben, da sie in Aufgabe 3 nochmals benötigt wird.

b) ⊙ ✎ L: *Who listens to the radio sometimes? Do you know radio shows where people can call and talk to the radio reporter? What do they talk about? Why do people call?* Nach einem kurzen Austausch folgt die Überleitung zum HV-Text, der eine solche Anrufsituation beinhaltet. Beim ersten Hören sollen die S nur heraushören, was das Thema der Sendung ist und wer anruft.

c) **Variante 1:** Nachdem sich die S zu diesen Fragestellungen geäußert haben, erhalten sie den zweiten Hörauftrag. Hierzu lesen sie die Aufgabenstellung im SB und hören anschließend den Track noch einmal an. Die Ergebnisse werden durch L während des Austauschs in Tabellenform knapp verschriftlicht.

	Girl	Boy
Talent / good at	listening to others; compromising; helping others with problems	theatre; sports; being on stage
Doubts	no great artist or singer; no instrument; not super creative	shy; nothing special; doesn't like to be in the spotlight
Things they've learned about themselves	everybody turns to her when in trouble / wants her advice or help to solve problems	found out that drama group and musicals were his thing; really enjoys being crazy on stage

Variante 2: KV 22: A radio call-in ermöglicht eine alternative Behandlung des HV-Textes mit einem geschlossenen Aufgabenformat. Zudem bietet sie die Möglichkeit, als *post-listening activity* ein **Rollenspiel** zu erarbeiten.

Differenzierung

△ Zu a): Leistungsschwächeren S kann zusätzlich ein Pool an möglichen Stärken der einzelnen *smart types* zur Verfügung gestellt werden (z. B. als aufgelegte Folienschnipsel oder als TA), die sie nur noch den einzelnen Talentbereichen zuordnen müssen.
Zu c): Leistungsschwächere S werden vor dem zweiten Hören darauf hingewiesen, dass sie die Ideen, die in Aufgabe c) stehen, als Tabelle anlegen sollen.

▲ Zu a): Schnelle S können überlegen, ob ihnen noch andere Talentbereiche einfallen, die noch nicht von diesen Kategorien abgedeckt werden.

Lösung

a) **body smart:** *someone who is good with his/her body, for example at sports or as an actor/actress;* **people smart:** *someone who can work well with people, for example, who knows how to communicate;* **word smart:** *someone who is creative with words and who, for example, can write good texts;* **logic smart:** *someone who understands logical connections and is, for example, good at Maths;* **nature smart:** *someone who likes to work with plants and animals;* **self smart:** *someone who is confident and likes to get a lot of attention;* **picture smart:** *someone who is creative and can draw or take good pictures or design something;* **music smart:** *someone who can sing or play an instrument*

b) **subject:** *difference – people's different talents or ideas for their future*
callers: *Jenna, a 15-year-old girl from Brighton and Stephen, a 16-year-old boy from London*

c) Vgl. TA.

Talking about conditions | **Station 1** | **2**

S. 27 SPEAKING	**3 Your turn: Your kind of 'smart'** → WB 14/2; Diff pool △ 115/1
Materialien	Folie 3/2
Methodisches Vorgehen	👥 Unmittelbar im Anschluss an die *Listening*-Aufgabe können die S das Diagramm als Grundlage nehmen, um sich mit einem Partner darüber zu verständigen, welche Art von *smart* sie selbst sind. Die Ergebnisauswertung kann mithilfe einer **Vier-Ecken-Abfrage** erfolgen, indem pro Talentbereich ein Platz im Klassenzimmer bestimmt wird, an den sich entsprechende S stellen. L befragt einzelne S, warum sie sich dem jeweiligen Bereich zugeordnet haben und gibt ein Signal zum Wechsel der „Ecken" (die S haben sich höchstwahrscheinlich nicht nur einem Bereich zugeordnet).
Differenzierung	△ **Diff pool p. 115/1 Your turn: Your kind of 'smart'** → Help with Introduction, p. 27/3 **Methodisches Vorgehen:** Leistungsschwächere S erhalten durch den Text im *Diff pool* die Gelegenheit, sich zunächst ein Beispiel durchzulesen. Sie verwenden die Vorlage als „Steinbruch" für ihre eigenen Äußerungen. Ggf. bietet es sich an, die S Notizen (*phrases*) machen zu lassen.
Vertiefung	Manche S sind echte Spezialisten auf einem Gebiet; dies kann man für Workshops innerhalb der Klasse nutzen. Dabei bereiten z. B. diejenigen S, die technisch besonders versiert sind, einen Computer- oder Fotografieworkshop für eine Gruppe interessierter S vor (Projektwoche).
Lösung	Individuelle S-Lösungen.

Station 1 Talking about conditions

S. 28 → L 1/21 ⊙	**They wouldn't worry if they didn't care!**
Wortschatz	*millionaire, rich, success, to be stressed out, lead part, dance, backing dancer, to drop out (of), mark, laid-back, modelling, to rely (on), looks* (pl), *to study, career, IT* (= Information Technology)
Materialien	Lehrer-Audio-CD 1, Track 21; ggf. vorbereitete Folie mit Satzanfängen
Einstieg	SB geschlossen. L: *Are you sometimes stressed out because of your parents? What are you typically not allowed to do? Why?* Mit diesen Fragen sollen die S sich zunächst in einer Kleingruppe auseinandersetzen, bevor sie sich in der Klasse darüber unterhalten. Sicherlich wird die Auswahl an Antworten umfangreich und dennoch ähnlich sein; eine knappe Sammlung an der Tafel kann, muss aber nicht zwingend stattfinden. Anschließend wird das SB geöffnet und die Bilder von Jay und Shahid beschrieben. Die S stellen einen Bezug zwischen den beiden Bildern her und stellen Vermutungen darüber an, worum es in dem Text gehen könnte. L: *What could the text be about?* Ergebnisse können als TA gesammelt werden.
Methodisches Vorgehen	⊙ L spielt den Text bei geöffnetem SB ab. Die S lesen mit und suchen nach Informationen zur Beantwortung der Fragen: *What are Jay and Shahid talking about? What is Jay's problem? What do his parents want him to do?* Nach dem ersten Hören erfolgt der Austausch der S in PA, danach der Vergleich der Ergebnisse mit allen S. Ein zweites Hören – respektive ein zweites Lesen des Textes – ist empfehlenswert, da er neue Strukturen und viele Informationen enthält. Anschließend kann die Ergebnissicherung mittels einer Folie erfolgen, auf der folgende Satzanfänge stehen: 1. *Jay and Shahid are talking about …* 2. *Jay is very unhappy because …* 3. *Shahid explains to him that … before he can be a singer and dancer.* 4. *Jay's parents want …* 5. *Shahid earns money with … but he also …*

2   Station 1   Talking about conditions

S. 28
READING

1 Jay and Shahid: Plans and dreams → WB 15/3

Methodisches Vorgehen

a) Die Erarbeitung der Aufgabe findet im UG statt; dabei füllt L parallel zum Gespräch eine Tabelle aus. Sinnvoll ist es, wenn die S zunächst fünf Minuten Zeit bekommen, um nach den notwendigen Antworten im Text zu suchen, bevor diese an der Tafel gesammelt werden.

Jay	Shahid
– be a millionaire	– have a good job
– become a singer and dancer; rich and famous	– study for a career in IT
– be a lead dancer	– not just rely on good looks
– doesn't want go to school any more	
– wants to go to London and be a model too	

b) Die Aufgabe schließt sich direkt an. Die S nutzen den vorgegebenen *language support*, um sich zu den Problemen Jays zu äußern. Dabei müssen sie sich vom Text lösen und eine Transferleistung erbringen.

c) 👥 Die Fragestellung wird in PA diskutiert und anschließend im Plenum besprochen.

Differenzierung

△ Zu b): Leistungsschwächeren S wird möglicherweise nicht auffallen, dass Jay sich mit seinem großen Bruder vergleicht; ggf. erreichen sie diese Erkenntnis nur durch einen Hinweis von L (*Who does Jay compare himself with? Do you think he wants to be like his older brother?*).

Zu c): Hilfreich kann es sein, wenn sich leistungsschwächere S ihre Gedanken zu dieser Frage notieren, damit sie die Redemittel zur Hand haben, um an einem Klassengespräch teilnehmen zu können.

Lösung

a) Vgl. TA.

b) *Jay compares himself with Shahid. He wants to be like him and he wants to be a millionaire. Jay wants to have lots of money and he wants to be the lead dancer, not just a backing dancer. He can't wait to be a singer and dancer and wants to leave school. His parents want him to be good at school and to have good marks like Olivia.*

c) Lösungsvorschlag: *Not all singers and dancers become rich and famous. It's good to have a dream and work for it, but you need to finish school to have the possibility to do something else if you want to / need to. You're still young. Maybe you'll want to have a different job in the future. That's why it's important to go to school and get good marks.*

S. 29
LANGUAGE

2 Revision: Conditional clauses type 1 → WB 15/3–4; G2; Diff pool △ 115/2

Wortschatz   *business, billion, age, company, to succeed (in), to save*

Methodisches Vorgehen

a) 🖉 Die S lesen den Text über David Karp leise für sich. Im Anschluss daran sprechen sie im Plenum über den Inhalt und klären mögliche Verständnisfragen. Das Beispiel unterhalb des Textes wird gemeinsam besprochen und anschließend erarbeiten die S die Aufgabe in EA. Die Ergebnisse werden entweder im Plenum oder zunächst mit einem Partner besprochen.

b) ✏ Diese Aufgabe eignet sich sowohl als HA als auch als zusätzliche Aufgabe während des Unterrichts. Die S überlegen sich weitere *conditional clauses type 1*.

Talking about conditions **Station 1** **2**

Differenzierung △ **Diff pool p. 115/2 Maybe in the next show ...** → After Station 1, p. 29/2

Methodisches Vorgehen: Diese Aufgabe ermöglicht denjenigen S, die noch unsicher bezüglich der *conditional clauses type 1* sind, weiter zu üben und die bekannten Strukturen noch einmal zu wiederholen, wenn die Aufgabe in der Unit schon bearbeitet wurde. Generell richtet sich diese Aufgabe aber nicht nur an leistungsschwächere S. Eine Abgrenzung der neuen *conditional clauses type 2* ist einfacher, wenn die bekannte Struktur sicher beherrscht wird. Bei leistungsschwächeren S sollte in jedem Fall vor der Bearbeitung von Aufgabe b) die Regel zu den *conditional clauses type 1* wiederholt werden. Dies erfolgt mit Hilfe des Grammatikanhangs im SB (G1, S. 154–155).

Lösung: 1. *is* 2. *didn't get* 3. *practises* 4. *will ('ll) get* 5. *make sure* 6. *won't have* 7. *don't get* 8. *won't find* 9. *work* 10. *practise* 11. *won't have*

Lösung a) 2. *If I drop out of school, I'll have more time for my business ideas.* 3. *But if I don't succeed, I'll go back to school.* 4. *If I use a deep voice on the phone, people won't know how young I am.* 5. *I'll save money if I live at home for the first years.* 6. *If my business is a big success, I'll win awards and be rich.* 7. *I'll have more than a billion dollars if I sell my business.*

b) Individuelle S-Lösungen.

S. 29
LANGUAGE

3 Find the rule: Conditional clauses type 2 → G3

Materialien ggf. Satzhälften auf Folie; ggf. KV 23a+b: Working with language; *English folder*

Methodisches Vorgehen a) + b) **Variante 1:** Die S bearbeiten die Aufgaben in EA. Sie konzentrieren sich auf die Satzhälften und finden eigenständig heraus, welche Verbformen sie im *if-clause* und im *main clause* brauchen. Im Anschluss an die EA werden die Ergebnisse von a) auf einer Folie gesammelt (Kopie der Aufgabe oder Satzhälften; die S kommen nach vorne und verbinden die richtigen Satzhälften miteinander). Als nächstes berichten die S, welche Ergebnisse sie für b) haben. Diese werden als TA gesammelt (Tabellenform) und L schreibt die Beispiele aus c) an die Tafel.

Conditional clauses type 2	
If-clause	*Main clause*
If you dropped out now,	you wouldn't have any choices later.
If they didn't care,	they wouldn't worry.
→ simple past	→ would / could + infinitive

Type 1: If I practise a lot, I will be a better dancer. So come on, let's start now!
Type 2: If I practised more often, I would get better parts in dance shows. But I never find the time to practise enough!

Variante 2: Die S bearbeiten die Aufgaben 1 und 2a)–b) auf **KV 23a: Working with language**.

c) **Variante 1:** Die S erhalten ausreichend Zeit, um sich die Beispiele noch einmal genauer anzusehen und herauszufinden, welche Bedeutung sie haben. Möglicherweise hilft es ihnen, wenn sie sich die Sätze ins Deutsche übersetzen. Dies ist allerdings davon abhängig, wie leistungsstark die Lerngruppe ist. Besonders gute Klassen werden ohne diese Übersetzung zurechtkommen. Nachdem der Bedeutungsunterschied klar geworden ist, sollen die S versuchen, im Plenum eine Regel zu formulieren. Diese überprüfen sie mit Hilfe des Grammatikanhangs im SB (G3, S. 155–156). Der TA wird ergänzt und in den *English folder* übernommen.

2 Station 1 — Talking about conditions

> *Rule:*
> We use *type 1* when the action in the if-clause is *possible* and *probable*.
> We use *type 2* when the action in the if-clause is *possible* but *not probable*.

Variante 2: Die S bearbeiten die Aufgaben 2c) und 3–4 auf **KV 23a+b**.

Tipps für junge Lehrer/innen — Kooperative Methoden (z. B. **Meldekette**, usw.) sollten so oft wie möglich eingesetzt werden, um eine höhere S-Aktivität zu erzeugen.

Lösung
a) 2a), 3b), 4e), 5f), 6c)
b) + c) Vgl. TA.

S. 30 — 4 Chatroom posts: What would *you* do in Jay's shoes?
LANGUAGE
→ WB 15/5, 16/6; Diff pool △ 115/3, ▲ 116/4, △ 116/5

Wortschatz — *in Jay's shoes, to give up*

Materialien — ggf. Leerfolie

Einstieg — Die Materialien dieser Doppelseite können in mehreren Varianten bearbeitet werden. Geeignet sind sie als Selbstlernaufgaben, als Aufgaben für eine arbeitsteilige GA oder als Fundus für HA und/oder Übungsaufgaben während des Unterrichts.
Variante 1: Wird diese Variante gewählt, entscheiden die S eigenständig, welche Aufgaben sie in Freiarbeit bearbeiten wollen. L sollte jedoch vorgeben, wie viele Aufgaben mindestens bearbeitet werden müssen (zwei sind sinnvoll) und bis zu welchem Zeitpunkt. Hier können dann auch die weiteren Differenzierungsaufgaben hinzugefügt werden.
Bei Aufgabe 4 sollten die S darauf hingewiesen werden, dass sie sich andere S suchen müssen, die ebenfalls diese Aufgabe bearbeiten wollen, damit die GA zustande kommen kann.
Variante 2: L entscheidet, welche S welchen Aufgabentyp üben sollten und teilt die S in vier Gruppen ein. Innerhalb dieser Gruppen wird jedoch in EA gearbeitet, wenn es der Arbeitsauftrag erfordert.
Variante 3: Die Aufgaben werden der Reihenfolge nach oder bei Bedarf als zusätzliche Übung in der Schule / als HA von den S erarbeitet und im Plenum besprochen.
Im Folgenden ist die dritte Variante Grundlage der Ausführungen.

Methodisches Vorgehen
a) L kann zum Einstieg kurz abfragen, ob die S sich mit Chaträumen auskennen, was vermutlich der Fall sein wird. L: *Which of you uses chatrooms? Who knows how a chatroom works?* Nach diesem kurzen Austausch lesen die S die vier Chatnachrichten zunächst durch und setzen dann die richtigen Verbformen ein. Die Bearbeitung erfolgt schriftlich; die Ergebnissicherung kann an der Tafel oder auf Folie stattfinden.
b) Zur Förderung der kommunikativen Kompetenzen und der Sprechfähigkeit bearbeiten die S Aufgabe b) in Kleingruppen. Dabei sollen sie zunächst 4–5 typische Probleme ihrer Altersgruppe benennen und als Stichworte notieren. L: *What are typical problems people discuss in chatrooms? Write down 4–5 of them and think about possible advice.* Die S denken über mögliche Ratschläge nach und notieren diese. Die Ergebnissicherung kann, je nach Zeitaufwand, entweder exemplarisch im Plenum oder als **Gruppenpuzzle** erfolgen. Dabei finden sich neue Gruppen zusammen und stellen sich gegenseitig ihre erfundenen Probleme und Ratschläge vor.

| | | Talking about conditions | **Station 1** | **2** |

Differenzierung

△ **Diff pool p. 115/3 Another chat comment for Jay** → After Station 1, p. 30/4a)

Methodisches Vorgehen: ✏ Diese Aufgabe ist als Alternative zur Unitaufgabe einsetzbar. Sie ist nicht einfacher konzipiert, sondern zeigt nur eine andere Meinung zu Jays Problem auf. Sie kann auch gut als zusätzliche Aufgabe für S eingesetzt werden, die zwar schnell arbeiten, für die aber dennoch eine weitere Festigung sinnvoll ist.

Lösung: 1. *were* 2. *wouldn't worry* 3. *would ('d) worry* 4. *was* 5. *wouldn't earn* 6. *would put* 7. *didn't look* 8. *were* 9. *would ('d) make sure* 10. *would ('d) stop*

▲ **Diff pool p. 116/4 What would an adult say?** → After Station 1, p. 30/4a)

Methodisches Vorgehen: ✏ Diejenigen S, die keine weiteren Schwierigkeiten mit der neuen Struktur haben und gerne freier schreiben, können diese Aufgabe im Anschluss an die Unitaufgabe bearbeiten. Der Perspektivwechsel fordert zugleich eine kreativere Auseinandersetzung mit den *conditional clauses type 2*.

Lösungsvorschlag: *Jay, if I were you I'd practise hard to be a professional singer and dancer. If you want to be a super star, you'll have to learn a lot. There are many people who think they can sing. I'm a professional dancer too, and I had to learn a lot. If you left school early, you'd have problems to find a good job after your career as a dancer. Nobody can dance forever!*

△ **Diff pool p. 116/5 Your friends need you!** → Help with Station 1, p. 30/4b)

Methodisches Vorgehen: Anstelle der regulären Aufgabe sollten leistungsschwächere S diese Aufgabe bearbeiten, damit sie in ihrer Gruppe nicht durch mangelnde Einfälle zu keinem Ergebnis kommen und enttäuscht sind. Die S sollten zunächst zwei Ideen auswählen und diese dann, nachdem sie sie in der Gruppe besprochen haben, aufschreiben. Dies dient der weiteren Festigung der Struktur.

Lösung: Individuelle S-Lösungen.

Vertiefung

Das Prinzip der *agony aunt*, das die S schon aus *Green Line* 2 kennen, kann hier aufgegriffen werden und die S könnten zur Vertiefung einen fiktiven Brief an eine Kummerkastentante schreiben. Der Austausch mit einer anderen Person kann weitere Schreibanlässe zur Vertiefung der Struktur bieten, indem Antworten aus der Perspektive der *agony aunt* geschrieben werden.

Lösung
a) 1. *were* 2. *wouldn't be* 3. *would ('d) be* 4. *had* 5. *wouldn't feel* 6. *didn't think* 7. *gave up* 8. *would ever become* 9. *knew* 10. *would ('d) find*
b) Individuelle S-Lösungen.

S. 30 LANGUAGE

5 A successful young fashion designer → WB 16/7; Diff pool △ 116/6, ▲ 116/7

Wortschatz *successful*

Materialien ggf. KV 24: What would you do if …?

Methodisches Vorgehen ✏ Die Bearbeitung der Aufgabe erfolgt in EA, damit die Konzentration hoch ist. Gerade schwächere S profitieren von diesen stillen Phasen, in denen sie nicht abgelenkt werden, und grammatische Strukturen festigen sich besser und schneller. Leistungsstärkere und leistungsschwächere S finden im *Diff pool* weitere Hilfestellungen und Herausforderungen zu dieser Aufgabe.

2 Station 1 — Talking about conditions

Differenzierung

△ **Diff pool p. 116/6 A model who works for Ivy** → After Station 1, p. 30/5

Methodisches Vorgehen: Auch diese Aufgabe ist zur Vertiefung und Festigung der *conditional clauses type 2* gedacht und eignet sich für S, die mehr Übungszeit (HA, Übung vor einer Klassenarbeit, etc.) benötigen. Sie sollten diese Aufgabe zusätzlich zu der Unitaufgabe bearbeiten. Die Aufgabe kann jedoch auch alternativ zur Originalaufgabe eingesetzt werden.

Lösung: 1. *didn't love* 2. *wouldn't be* 3. *would ('d) find* 4. *were* 5. *didn't like* 6. *wouldn't work* 7. *weren't* 8. *would ('d) have*

▲ **Diff pool p. 116/7 What would you do if …?** → After Station 1, p. 30/5

Methodisches Vorgehen: Leistungsstärkere S können diese Aufgabe in einer GA-Phase nach der Bearbeitung der Unitaufgabe bearbeiten. Dabei haben alle S der Kleingruppe zunächst Zeit zum Nachdenken und wählen eine Situation aus den Vorschlägen oder eine eigene Idee aus. Reihum stellen sie ihre „Probleme" vor und verwenden *conditional clauses* für die drei verschiedenen Lösungsvorschläge. Wenn L es für notwendig hält, können die *type 2*-Situationen verschriftlicht werden.

Lösung: Individuelle S-Lösungen.

Vertiefung

KV 24: What would you do if …? bietet weiteres Übungsmaterial, bei dem die S eigene *conditional clauses type 2* bilden sollen.

Lösung

2. *My team and I would have more time for family and friends if we didn't travel so often.* 3. *But if I didn't travel so often, I wouldn't get to know lots of great places.* 4. *If I didn't work so hard, I would ('d) have more time for sports.* 5. *People wouldn't say hello to me if I wasn't/weren't famous.* 6. *I couldn't buy what I wanted if I didn't make a lot of money.* 7. *If I didn't have a lot of money, I would ('d) know who liked me for me and not for my money.*

S. 31
MEDIATION

6 A German talent show → S18; Diff pool △ 117/8, ▲ 117/9

Wortschatz *audition*

Methodisches Vorgehen
Auch diese Aufgabe sollte in EA bearbeitet werden, kann jedoch bei Bedarf auch als PA erfolgen. Wichtig ist der Hinweis, dass bei der Mediation *conditional clauses* verwendet werden sollen.

Differenzierung

△ **Diff pool p. 117/8 A German talent show** → Help with Station 1, p. 31/6

Methodisches Vorgehen: Für S, die sich nicht so gut frei ausdrücken können und denen eine Mediation schwerfällt, dient diese Differenzierungsaufgabe als Hilfestellung.

▲ **Diff pool p. 117/9 More helpful tips for your English friend** → After Station 1, p. 31/6

Methodisches Vorgehen: Dieser Aufgabentyp richtet sich an besonders schnelle und leistungsstarke S, die mit der Mediation wenige bis gar keine Schwierigkeiten haben. Sie bearbeiten die Aufgabe im *Diff pool* unmittelbar nach Beendigung der Unitaufgabe und ergänzen so die Tipps für einen guten Auftritt.

Lösung: Individuelle S-Lösungen.

Talking about yourself and others — Station 2

Lösung	*Choose a song and practise it a lot. If you choose a very popular song, you should be very good because the jury has to listen to popular songs all the time. The jury will be more impressed if you choose a song that is not in the charts.* *If you practise a lot, you'll be successful. Imagine how bad you'd feel if you couldn't remember the song lyrics on stage. Please also make sure you look great because that's the first idea the jury will get of you. You'll have to come with an adult if you are under 18.*

S. 31   7 ⟨A song: Holiday⟩ Madonna
LISTENING
→ L 1/23 ⊙

Materialien	Lehrer-Audio-CD 1, Track 23
Methodisches Vorgehen	a) ⊙ L spielt den Song bei geöffnetem SB vor. Die S lesen mit und hören das Lied zwei Mal an. Danach fassen sie den Inhalt des Liedes mündlich zusammen, um das Globalverständnis zu überprüfen. Mögliche Fragen zum Text werden im Plenum besprochen. Anschließend tauschen sich die S in der Klasse darüber aus, was Jay an solch einem Tag machen würde. Während dieser Phase nehmen die S sich gegenseitig dran (**Meldekette**). Ggf. kann sich auch eine Runde zu Olivia oder Holly anschließen, damit sich die Mädchen der Klasse angesprochen fühlen. b) Es erfolgt ein Austausch in PA oder im Plenum, ggf. mit Verschriftlichung der Ideen an der Tafel, wenn dies zweckdienlich ist.
Differenzierung	△ Sollten leistungsschwächere S nicht zu spontanen Äußerungen in der Lage sein, kann L ihnen einige Minuten Zeit geben, um zu überlegen, was Jay tun würde.
Lösung	a) Lösungsvorschlag: *If I took a holiday for one day, I'd do a dancing workshop. / I'd go to a party. / I'd meet my friends. / I'd practise a new song. / …* b) Individuelle S-Lösungen.

S. 31   8 Your turn: If I …   → WB 17/8–9
WRITING

Wortschatz	*competitive*
Methodisches Vorgehen	Diese Aufgabe ist als HA sinnvoll, kann aber auch als Vorbereitung auf eine Klassenarbeit genutzt werden.
Lösung	Lösungsvorschlag: *If I were more competitive, I'd work harder. If I were better at singing, I could become a star. If everybody followed the crowd, life would be boring. If I had more time for sports, I'd be fitter. If I knew how to draw, I'd draw a picture for you. If my friends were far away, I'd be sad.*

Station 2   Talking about yourself and others

S. 32   You have to push yourself!
→ L 1/24 ⊙

Wortschatz	*to push oneself, messy, bossy, recorder, to enjoy oneself, doorbell, saved by the bell, funny, to give sb funny looks, to behave, pause, What's up?, to be in charge (of)*
Materialien	Folie 3; Lehrer-Audio-CD 1, Track 24; vorbereitete Folie mit *Multiple-choice*-Aufgaben
Einstieg	SB geschlossen. **Folie 3/3** wird als **stummer Impuls** gezeigt. L wartet ab, ob sich die S zu dem Bild äußern und auf welche Aspekte sie eingehen. Vermutlich werden sie nur auf die Personen eingehen, daher entwickelt L fragend die weiteren Aspekte. Mögliche Fragen: *Who is in the picture? What do you think the people are doing? Have a look at their faces and body language.*

63

2 Station 2 — Talking about yourself and others

What kind of mood are they in? What does the room look like? What could the discussion be about? Daraus ergeben sich Spekulationen zum Inhalt der Geschichte, bei leistungsstarken Klassen ggf. mit Rückbezug auf die Überschrift. L notiert diese an der Tafel für die spätere Verwendung.

Methodisches Vorgehen

◉ Nach der *pre-listening activity* sollte der Text zunächst bei geschlossenem SB angehört werden. Als erste *while-listening activity* werden die S aufgefordert, ein Globalverständnis des Textes zu entwickeln und die groben Zusammenhänge herauszuhören. Hierfür legt L eine Folie mit folgenden *Multiple-choice*-Aufgaben auf:
1. *In the dialogue we hear … talking.*
   a) *Olivia, Holly, Claire and Desmond* b) *Olivia, Lucy, Claire and Shahid* c) *Olivia, Jay, Lucy and Shahid*
2. *Claire is on … side.*
   a) *Olivia's* b) *Lucy's* c) *Shahid's*
3. *Shahid wants to talk about …*
   a) *Claire.* b) *dinner.* c) *web design.*

Die Antworten (1b), (2b), (3c)) werden kurz gemeinsam besprochen, bevor der Text ein zweites Mal angehört wird. Dieses Mal sollen die S mehr Details heraushören (ggf. bei offenem SB; die S lesen mit).

Als zweite *while-listening activity* eignen sich folgende Verständnisfragen:
- *What are Olivia and Lucy fighting about? (Lucy's messy room)*
- *When did Olivia learn how to play the sax? (when she was five)*
- *Why does Shahid want to see Desmond? (He needs a web designer's opinion.)*
- *What does Claire say about Olivia? (That she is too serious. She should enjoy herself more.)*

Anschließend werden die Spekulationen vom Anfang der Stunde mit der Geschichte abgeglichen und die S unterhalten sich darüber, mit welchen Vermutungen sie richtig oder falsch lagen.

Sollte dieser Text ohne die CD erschlossen werden, bietet sich die Technik des **verzögernden Lesens** an. Der Text lässt sich leicht in 2–3 Abschnitte unterteilen. An diesen Punkten werden die S dazu aufgefordert, das Gelesene zu reflektieren und Spekulationen über den Fortgang der Geschichte anzustellen.

S. 32
READING

9 Compare two families: the Azads and the Frasers

→ S5–6; S11–14; Diff pool △ 117/10, △ 117/11

Methodisches Vorgehen

a) ⌀ Nach dem Hören/Lesen der Geschichte schließt sich eine EA an, bei der die S eine Tabelle zu den unterschiedlichen Charakteren anlegen. Sie lesen den Text dazu ggf. noch einmal durch und finden weitere Details zu den einzelnen Figuren heraus. Während sie die Tabelle anlegen, steht L helfend zur Seite und wertet die Ergebnisse anschließend als Zwischensicherung im Plenum an der Tafel aus. Erst nachdem dies geschehen ist, sollen die S die beiden Familien im UG miteinander vergleichen. L notiert einzelne Stichworte an der Tafel, welche die S in ihre Hefte übernehmen.

b) Die Diskussion schließt sich unmittelbar im UG an.

c) ✏ Die Aufgabe eignet sich gut als HA und ermöglicht einen Perspektivwechsel. Besonders S mit einer kreativen Neigung werden diese Aufgabe gerne lösen. Als geschlechtsspezifische Differenzierung oder als Neigungsdifferenzierung kann L hier auch die folgenden Schreibanlässe einbringen: 1. *Claire talks to Desmond about Olivia. Write down their conversation.* 2. *Imagine you are Lucy and you write a letter to an agony aunt about your problems with Olivia.*

Talking about yourself and others | **Station 2** | **2**

Differenzierung

△ **Diff pool p. 117/10 The Azads and the Frasers** → Help with Station 2, p. 32/9a)

Methodisches Vorgehen: Die vorgegebene Tabelle dient leistungsschwächeren S als Grundlage für die Bearbeitung der Aufgabe. Sie übernehmen zunächst die leere Tabelle aus dem Buch in ihre Hefte und ordnen dann die Begriffe den einzelnen Familien/Personen zu. Anschließend vergleichen sie ihre Lösungen mit einem Partner, der ebenfalls diese Aufgabe gelöst hat.

Lösung:

	Personality	*Opinions*	*Problems*
Olivia	bossy; strong; serious; clever; likes to get organised; is good at everything	school is important; you must work hard and get good marks; you should teach yourself new things	can only focus on important things like school
Jay	clever; creative; is good at singing and dancing; likes to dream; likes to have fun; messy	wants to have fun; hobbies are good for you	can't focus on important things like school; can't agree with parents; gets bad marks
Lucy	likes to play; messy	find time to enjoy yourself	room is messy
Claire	strong; likes to have fun; is good at compromising	hobbies are good for you; find time to enjoy yourself	
Jay's parents	serious; strong	school is important; you must work hard and get good marks; no good job without good marks; you're too laid-back	can only focus on important things like school

△ **Diff pool p. 117/11 If I were Olivia, I'd ...** → Help with Station 2, p. 32/9b)

Methodisches Vorgehen: Die S erhalten an dieser Stelle sprachliche Hilfestellungen, die sie bei der Beantwortung der Frage aus der Unit benötigen. Dies hilft sprachlich unsicheren S sehr. L gibt ihnen vor der Anwendung Zeit, die Satzanfänge in Ruhe zu lesen.

Lösung
a) Vgl. Lösung zu Diff pool, S. 117/10.
b) Lösungsvorschlag: *On the one hand, I think Olivia is right: If you want to be good at something, you have to work hard for it. But on the other hand, I think it is also important to relax and have fun, especially when you're young. If I were in Olivia's shoes, I wouldn't react in such a hard way. I'd understand that Lucy needs some free time to do what she wants.*
c) Lösungsvorschlag:
*Dear Diary,
Today I had another fight with Lucy. When I went into her room, it was all messy again. I don't understand why she never tidies it or practises her recorder. When I was her age, I was never too tired to do important things. Claire doesn't understand the problem. She's always on Lucy's side and thinks I'm too bossy. Why doesn't she see that I'm just worried about Lucy? If she goes on like this, she won't have good marks at school and will never get a good job. I hope Lucy will be more like me when she's older. But now I have to go and practise the sax.
Olivia*

2 Station 2 — Talking about yourself and others

S. 33
LANGUAGE

10 Find the rule: Reflexive pronouns

→ WB 18/10–11; G4; Diff pool △ 118/12, △ 118/13

Wortschatz to be hard on sb, Stay the way you are., Miss

Materialien KV 25: Working with language; ggf. Leerfolie; ggf. *English folder*

Einstieg Als Einstieg kann **KV 25: Working with language** bearbeitet werden. Die S arbeiten hier die Reflexivpronomen aus dem Text heraus und formulieren eine Regel zu Form und Verwendung. Dies ist insbesondere für analytische Lerner sinnvoll.

Methodisches Vorgehen
a) Die S betrachten die Bilder im SB. Sie versuchen zu beschreiben, warum bei dem einen Bild *me* und bei dem anderen Bild *myself* verwendet wird. Sobald die S die Unterschiede benannt haben, sollte L mit ausreichend Zeit die Regeln dazu im Grammatikanhang (G4, S. 157–159) besprechen. Fragen werden möglicherweise mit zusätzlichen Beispielsätzen geklärt und die S sollten – je nach Ansatz von L – die Grammatik in ihren *English folder* übernehmen.

b) Im Anschluss daran bearbeiten die S Aufgabe b) schriftlich. Die Ergebnisse werden gemeinsam besprochen und auf einer Folie oder an der Tafel visualisiert.

Differenzierung ▲ In sehr leistungsstarken Klassen kann L diese auch in zwei Gruppen (A und B) einteilen. Gruppe A bearbeitet Aufgabe 10, Gruppe B erarbeitet Aufgabe 11. Danach bringen sich die Gruppen gegenseitig das neue Grammatikthema bei, indem sie es erklären und die Regeln an der Tafel notieren. Als Sicherungsebene können anschließend die Aufgaben getauscht werden. Gruppe A übernimmt Aufgabe 11 und Gruppe B Aufgabe 10, damit jeder S beide Aufgaben bearbeitet und verstanden hat.

> △ **Diff pool p. 118/12 What Olivia told Holly** → Help with Station 2, p. 33/10b)
>
> **Methodisches Vorgehen:** In dieser Aufgabe finden diejenigen S Worthilfen, die die Unitaufgabe nicht ohne Schwierigkeiten bearbeiten können.
>
> △ **Diff pool p. 118/13 Help! I can't do it myself!** → After Station 2, p. 33/10b)
>
> **Methodisches Vorgehen:** Die Aufgabe im *Diff pool* bietet sich zur zusätzlichen Übung und zur Vertiefung an, nachdem die S die Unitaufgabe bearbeitet haben.
>
> **Lösung:** 1. *me* 2. *yourself* 3. *her* 4. *myself* 5. *you* 6. *you* 7. *me* 8. *myself*

Lösung
a) The sentence for picture A needs 'me' because in the picture you see another person who is teaching Olivia the sax. The sentence for picture B needs 'myself' because you see how Olivia is learning to play the sax without a teacher.
Rule: You use the reflexive pronoun (myself, yourself, etc.) as an emphasizing pronoun or when the subject and the object of the sentence are the same person. You use object pronouns (me, him, them, etc.) when the subject of the sentence is a different person to the one the pronoun stands for.

b) 1. *me* 2. *you* 3. *yourself* 4. *ourselves* 5. *her* 6. *herself* 7. *her* 8. *herself* 9. *ourselves* 10. *him* 11. *himself* 12. *us* 13. *you*

Talking about yourself and others — **Station 2**

S. 33 — 11 *Themselves* or *each other*?

LANGUAGE

→ WB 19/12–13, 20/14–15; G4; Diff pool △ 118/14, ▲ 119/15

Materialien ggf. Folie 3/4; ggf. KV 26: Did you do it yourself?; ggf. *English folder*

Methodisches Vorgehen

a) **Variante 1:** Die Erarbeitung erfolgt in PA oder EA. Die S suchen die entsprechende Stelle aus dem Text und versuchen den Unterschied nachzuvollziehen. Ggf. tauschen sie sich mit L in einem kurzen UG aus und klären offene Fragen / Verständnisschwierigkeiten. Anschließend notieren sie die Sätze zu den vier Bildern in der Aufgabe. Die Ergebnissicherung erfolgt mündlich im Plenum.

Variante 2: L legt **Folie 3/4** auf. Die S schreiben für jedes Bild einen Satz unter Verwendung von *themselves* oder *each other*. Im Gegensatz zur Aufgabe im SB sind ihnen hier keine Verben und Satzanfänge vorgegeben, was die Aufgabe anspruchsvoller und freier macht.

b) Die Bearbeitung der Aufgabe kann mündlich im Plenum erfolgen. Nachdem die S eine Regel entworfen haben, überprüfen sie diese eigenständig im Grammatikanhang (G4, S. 157–159). Danach notieren sie die Regel ggf. in ihrem *English folder*.

Differenzierung

△ **Diff pool p. 118/14** *Themselves* or *each other*? → After Station 2, p. 33/11

Methodisches Vorgehen: Leistungsschwächere S bearbeiten diese Aufgabe im Anschluss an die Unitaufgabe. Zunächst lesen die S die Aufgabenstellung und die Sätze, die über den Bildern angeordnet sind. Sie nehmen die Bilder zu Hilfe und entscheiden, welche Form verwendet werden muss. Anschließend schreiben die S die Lösung in ihr Heft und vergleichen sie mit einem Partner.

Diese Differenzierungsaufgabe ist selbstverständlich auch als zusätzliche Übungsmöglichkeit für die gesamte Klasse einsetzbar (HA, Zusatzaufgabe, etc.).

Lösung: 1. *themselves* 2. *each other* 3. *each other* 4. *themselves* 5. *themselves* 6. *themselves*

▲ **Diff pool p. 119/15** *Each other*? *Themselves*? There's a difference! → After Station 2, p. 33/11

Methodisches Vorgehen: a) + b) Die S lesen in EA die Vorgaben durch und überlegen sich sinnvolle Sätze. Diese schreiben sie in ihr Heft und ergänzen anschließend weitere Beispiele, die sie an einem Partner testen. Möglicherweise sind einige S schon so gut mit dem Thema vertraut, dass sie Beispiele für die leistungsschwächeren S erstellen, mit deren Hilfe sie anschließend den Unterschied zwischen *themselves* und *each other* im Plenum vertiefend erklären (**Helfersystem**). Dies kann mittels einer Folie, der Tafel oder mithilfe von **Standbildern** umgesetzt werden. Die erklärenden S sollten jedoch mit der Methode des Standbildbauens vertraut sein, sodass keine zusätzliche Erklärung notwendig ist.

Lösungsvorschlag: 1. … *they were alone at home.* / … *they were angry.* 2. … *she was busy.* / … *when they talked to each other.* 3. … *play tennis.* / … *learn about new grammar.*

Vertiefung KV 26: Did you do it yourself? bietet zusätzliches Übungsmaterial zu den Reflexivpronomen und *each other*.

Lösung

a) 1. *The girls are taking a picture of themselves.* 2. *The boys are looking at themselves.* 3. *They're talking to each other.* 4. *The girls are looking at themselves.*

b) 1. Die Mädchen fotografieren sich selbst. 2. Die Jungen schauen sich selbst an. 3. Sie sprechen miteinander. 4. Die Mädchen schauen sich selbst an.
Rule: You use 'each other' to talk about interaction between people.

2 Skills   Agreeing, disagreeing and compromising

Skills Agreeing, disagreeing and compromising

How to compromise

Wortschatz — *to have a point*

S. 34 **1 The language of compromising** → WB 21/16

Wortschatz — *to meet halfway, I don't mind … (+ -ing)*

Materialien — Leerfolie; ggf. KV 27: Can we meet halfway?

Einstieg — Die S betrachten das Bild im SB und werden zur Beschreibung der Personen und deren Körpersprache / Mimik aufgefordert. L: *What do the girls in the picture look like? Have a look at their faces and their body language. Do you think they're happy? They're having a discussion. What could it be about?* Es erfolgt eine kurze Ideensammlung im Plenum, bei der Themenbereiche, die für Jugendliche konfliktträchtig sind, gesammelt werden.
Die Sprechblase wird zusätzlich berücksichtigt und die dort vorhandenen Redemittel werden als Vokabular zur Streitschlichtung und/oder Kompromissfindung erläutert.

Methodisches Vorgehen — ✏ Nach dem UG bearbeiten die S die Aufgaben in EA und fertigen die Tabelle an. Die Ergebnissicherung erfolgt auf einer Folie, die von einem S in der Lehrerrolle ausgefüllt wird. Dabei achtet L auf die Anwendung kooperativer Verfahren, z. B. einer **Meldekette**.

Differenzierung — △ Leistungsschwächere S können im Tandem mit einem leistungsstärkeren S zusammenarbeiten und die Tabelle in PA ausfüllen. Ggf. ist es sinnvoll, die Überschriften übersetzen zu lassen, damit die S wissen, welche Art von Vokabeln sie welchem Thema zuordnen sollen.
▲ Leistungsstärkere S sammeln zusätzliche Begriffe und *phrases*, die zu den Kategorien passen.

Vertiefung — **KV 27: Can we meet halfway?** bietet einen Dialog als Lückentext, bei dem die *Useful phrases* im Kontext angewandt werden. Sie kann hier oder als Einstieg zu Aufgabe 3 zum Einsatz kommen.

Lösung

Asking for an opinion	Making a suggestion	Agreeing	Disagreeing	Finding a compromise
How do you feel about …? What do you think about …?	Why don't we …? I've got an idea. Can we …? If we did it this way, we could …	Yes, we should do that. No, I don't mind doing that.	I don't think that's a good idea. You've got a point but … I don't think we can do that. It would be better to …	Can we meet halfway? You've got a point but … If we did it this way, we could …

S. 34 **2 Listening: Finding a compromise** → S19–21

HV-Text
→ L 1/26–27

Dad: What are you looking at, Matt?
Boy: It's an ice hockey website. One of the boys at school has started playing. It looks fantastic! I really want to try – what do you think about it?
Mum: Oh no, don't tell me you want to do another new sport! I don't think that's necessary. I mean, you already do basketball, football and rugby! Why are you always so competitive?

Agreeing, disagreeing and compromising — Skills 2

Boy: Is that what you think this is? That I'm so competitive, and I can't think of anything but sports?

Dad: Well, of course that's it, isn't it? But isn't it enough that you're doing all these other sports already and showing everyone what a good athlete you are? Why do you have to be such a show-off?

Mum: Well, Matt is a good athlete, and that's great, I think.

Dad: But he's got school too! Matt, you can't just have football and rugby and sports in your head the whole time.

Mum: That's right.

Boy: Er, hello?! Could I please say a few words here? Nobody is listening to my point of view – you haven't even given me the chance to tell you my point of view.

Mum: Oh, sorry love. You're right. We're not very good listeners today. So what do you think? Why is this new sport so important to you?

Boy: Well, have you ever thought of other reasons I might be so interested in sports?

Dad: What do you mean?

Boy: Well, I like being on a team as often as I can. I mean, when I do my homework I'm up there in my room by myself; and, I'm an only child; and my cousins are all up in the north of England. I just like being around people, and sport is how I like to do it.

Dad: Well, why didn't you just say so?

Boy: Well, I tried, but never mind.

Mum: Hey, that's great that your sports mean so much more to you than just showing off and winning all the time.

Boy: Well, winning is fun too – and we're good, you know! – Anyway, so I can do ice hockey too then?

Mum: Matt, it's not that simple. The three sports you already do are expensive enough, you know?

Dad: Yes, and then a fourth sport? And ice hockey! Do you know how much equipment you'll need for that? It's not just a T-shirt and shorts, you know!

Mum: Dad's right. You'll need skates, a helmet, a hockey stick, gloves … It's a long list!

Boy: But wait – I've got an idea – can I pay for the beginners course myself? I got quite a lot of money for my birthday. And I'm sure I could borrow the equipment I need from the club until I decide if I really like it. I don't mind doing that.

Dad: You've got a point, but Mum and I will still have to buy the equipment in the end. Money doesn't grow on trees, you know!

Mum: Yes, you'll probably need to give up one of your other sports if you really like ice hockey. Sorry, but it's not always possible to have it all, Matt. But you'd still have ice hockey and two others. That's plenty of time together with your sports friends. Can't you see our point of view?

Boy: Yeah, I can. You're right. Maybe I'm asking too much.

Dad: Well, then let's do it the way you suggest, Matt. Try the beginners course, and we'll take it from there. If you really like it, stay with it, but drop one of the other sports. Maybe rugby? You don't want to lose all your teeth, after all. That's rough.

Boy: Well, actually, ice hockey isn't much better. Have you ever seen hockey players' teeth?

Wortschatz *misunderstood*

Materialien Lehrer-Audio-CD 1, Track 26–27; ggf. Leerfolie; ggf. KV 28: Listening: Finding a compromise

Einstieg Diese Aufgabe schließt sich unmittelbar an die vorherige an und kann ohne gesonderten Einstieg oder Einstimmung auf das Thema *compromising* bearbeitet werden. Sollte aus organisatorischen Gründen ein erneuter Einstieg notwendig sein, könnte L an eine Konfliktsituation in der Klasse erinnern oder aber eine fiktive Situation beschreiben, bei der die Parteien sich auf einen Kompromiss geeinigt haben.

2 Skills — Agreeing, disagreeing and compromising

Methodisches Vorgehen

a) ◉ Nach dem ersten Hören hat die Klasse Zeit, die Antworten auf die Fragen zu notieren; ggf. sollte man bei leistungsschwächeren Gruppen ein zweites Hören anschließen, damit die S ihre Lösungen verifizieren können. Anschließend werden die Antworten im UG ausgetauscht und bei Bedarf an der Tafel gesammelt.

b) ✎ Die Vertiefung des neuen Vokabulars aus Aufgabe 1 erfolgt mit Hilfe von Aufgabe b), indem die S den HV-Text ein weiteres Mal anhören und herausfiltern, welche *phrases* aus Aufgabe 1 verwendet wurden. Die Sicherung der Ergebnisse übernehmen die S an der Tafel oder auf einer Folie.

c) Diese Aufgabe ist eine gute Gelegenheit zur Meinungsäußerung im Plenum. Sicherlich sind viele der Jugendlichen dazu in der Lage, zu der Konfliktlösung Stellung zu beziehen und können sich in die Situation hineinversetzen, wenn ihnen ggf. Ähnliches bereits passiert ist.

Differenzierung

△ Zu a): Bei S, die Schwierigkeiten mit HV-Texten haben, ist ein geschlossenes Aufgabenformat hilfreich. L kann hierfür **KV 28: Listening: Finding a compromise** einsetzen.

Lösung

a) 1. *Matt wants to start / try a new sport: ice hockey.* 2. *His parents think that he already has enough sport in his life and that he is too competitive. They think that Matt is only interested in winning. They also say that it's expensive to do so many different kinds of sport.* 3. *Matt feels misunderstood because he isn't competitive. He likes to be with people and sport is his way to do so. His parents don't listen to him.* 4. *Matt pays for the first course and borrows the equipment. If he really likes ice hockey that much, he has to drop another sport.*

b) *What do you think about …? – I don't think that's … – I've got an idea. Can …? – I don't mind doing that. – You've got a point but …*

c) Individuelle S-Lösungen.

S. 34 3 Role plays → S17; Diff pool △ 119/16

Wortschatz *guest*

Materialien ggf. KV 27: Can we meet halfway?

Einstieg Falls sie noch nicht in Aufgabe 1 zum Einsatz gekommen ist, eignet sich – besonders in leistungsschwächeren Lerngruppen – **KV 27: Can we meet halfway?** als Vorübung zur Erarbeitung des Rollenspiels.

Methodisches Vorgehen

👥 ✎ Die Klasse wird in 3er-Gruppen eingeteilt. Es ist die Entscheidung von L, ob sich die Gruppen selbst finden oder ob es mehr Steuerung bedarf und die Gruppen möglichst „zielorientiert" durch L gemischt werden. Die S der jeweiligen Kleingruppen einigen sich auf eine Situation und sammeln in einem Brainstorming zunächst Ideen für die Diskussion, die sie anschließend als Dialog verschriftlichen. Nach einer angemessenen Übungszeit für das **Rollenspiel** stellen die Gruppen ihre Situationen in der Klasse vor. Dabei sollte klar sein, dass einerseits nicht jede Gruppe präsentieren muss, es jedoch andererseits auch genügend Zeit gibt, wenn alle ihr **Rollenspiel** zeigen wollen.

Um den S ein angemessenes Feedback zu geben, sollte L Wert auf eine gute Feedbackkultur legen, d. h. die Mitschüler geben Gründe für ihre Bewertung ab und machen konstruktive Verbesserungsvorschläge. Hilfreich kann dabei ein von L entworfener *language support* sein, der auch an anderen Stellen des Unterrichts immer wieder zum Einsatz kommen kann. Berücksichtigen sollte das Feedback bei dieser Aufgabe auf jeden Fall, ob die *phrases* zur Kompromissfindung verwendet wurden und ob die Lösung realistisch war oder nur herbeigeführt wurde, um die Diskussion zu beenden.

Making a questionnaire | **Unit task** | **2**

Differenzierung

△ **Diff pool p. 119/16 Act it out!** → Help with Skills, p. 34/3

Methodisches Vorgehen: a) + b) Zunächst sollten leistungsschwächere S sich einen Tandempartner suchen, der ebenfalls unsicher ist, wie die Unitaufgabe zu bearbeiten ist. Als erstes überlegt jeder S kurz für sich, welches Wort zu welchem Bild passt. Anschließend zeigen sich die Partner gegenseitig kurz die Gesichtsausdrücke und erraten, welches Wort gemeint ist. In einem nächsten Schritt überlegen sie kooperativ, welche Worte sie für ihren Dialog benutzen können und ob ihnen weitere einfallen. Wenn sie mit diesen Vorüberlegungen fertig sind, gehen sie zur Unitaufgabe zurück und bearbeiten diese.

Lösung:
a) *Picture 1: disappointed; Picture 2: happy / excited; Picture 3: shocked; Picture 4: angry; Picture 5: not sure what to do*
b) *Individuelle S-Lösungen.*

▲ Besonders leistungsstarke S gehen noch einmal zurück zum Konflikt zwischen Olivia und Lucy auf S. 32 und verfassen ein neues Streitgespräch, welches dieses Mal die *phrases of compromising* enthält und zu einer tragfähigen Lösung führt.

Lösung   Individuelle S-Lösungen.

Unit task Making a questionnaire

Make a personality test!

Wortschatz   *to seem, else, limit, gadget*

Materialien   Persönlichkeitstests aus Zeitschriften

Einstieg   L stimmt die S mit einem Rückbezug auf den HV-Text auf S. 34 ein. L: *Do you remember what Matt's father says about Matt and why he wants to do all the different kinds of sport?* Die S kommen, ggf. mit zusätzlicher Hilfe, auf die Aussage, dass Matt sich aus der Sicht seines Vaters sehr gerne mit anderen misst und gewinnt. Daran anschließend fragt L, wer in der Klasse sich selbst als *competitive* einschätzt und wie sich dies äußert.

Methodisches Vorgehen   Die *Unit task* ist, je nach Intensität der Auseinandersetzung, in 3–5 Schulstunden zu bearbeiten. Im Folgenden wird auf „Sollbruchstellen" aufmerksam gemacht, wenn die Zeit zur vertieften Auseinandersetzung und Erarbeitung nicht gegeben ist. Diese Auslassungen oder Kürzungen schmälern die Ergebnisse in keiner Weise. Die S werden in jedem Fall zu einem zufriedenstellenden und motivierenden Ergebnis kommen.
Zu Beginn der Arbeit werden die Beispielfragen auf der Seite gemeinsam gelesen und besprochen. Die S stellen Verständnisfragen und äußern sich zu der Frage, ob sie bereits selbst einen Persönlichkeitstest ausgefüllt haben. Viele S kennen solche Tests aus Jugendzeitschriften oder aus sozialen Netzwerken, deshalb kann von einer breiten Akzeptanz des Unterrichtsvorhabens ausgegangen werden.
Nach dem gemeinsamen Einstieg teilt sich die Klasse in selbst gewählte Gruppen auf und arbeitet an den Aufgaben.

Tipps für junge Lehrer/innen   L sollte die S bereits frühzeitig darauf hinweisen, dass sie Persönlichkeitstest aus Zeitschriften und dem Internet mitbringen sollen, damit das Material auch zum gewünschten Termin vorhanden ist. Ohne Beispiele wird die Arbeit an der *Unit task* schwierig und möglicherweise zu Unzufriedenheit auf S-Seite führen, wenn nicht genügend Ideen vorhanden sind.

71

2 Unit task — Making a questionnaire

S. 35 Step 1 Collect ideas → WB 22/18

Methodisches Vorgehen Die Sammlung der Ideen erfolgt in den Gruppen; L steht beratend zur Seite und tritt als Organisator und Berater in den Hintergrund. Die S arbeiten selbstständig und eigenverantwortlich.
Sollbruchstelle: Diese Aufgabe kann im Vorfeld vorentlastet und zeitökonomisch gestaltet werden, indem L knappe und übersichtliche Mindmaps zu den einzelnen Themen vorbereitet und die S diese nur um wenige Begriffe ergänzen lässt. Zum Thema *family* gibt L z. B. die Begriffe *pocket money*, *free time*, *marks*, *room* vor und die S ergänzen weitere Aspekte, die sie zu Hause als Diskussionsgründe wahrnehmen. Im Anschluss tauschen sich die S kurz gemeinsam im Plenum aus, sodass leistungsschwächere Gruppen die Möglichkeit zum Ergänzen ihrer Mindmaps haben.

Lösung Individuelle S-Lösungen.

S. 35 Step 2 Write and design your personality test → WB 22/19, 23/20

Methodisches Vorgehen Bei der Erstellung des Fragenkatalogs steht L unterstützend zur Verfügung und sichtet die Ideen der einzelnen Gruppen, damit diese eine zeitnahe Rückmeldung zur Effektivität ihrer Fragen bekommen. Sind die Fragen wirklich auf das Thema ausgerichtet? Gibt es tatsächlich mehrere Antwortmöglichkeiten? Sind es zu offene Fragen? Anschließend gestalten die S ihren Test mit Hilfe eines Computers und in Anlehnung an bekannte Tests / vorhandenes Material, welches von den S und L mitgebracht wurde.
Sollbruchstelle: Zur Zeitersparnis kann auf die Gestaltung am Computer verzichtet werden. Es ist nicht zwingend notwendig, dass die Tests zeitintensiv am Computer gestaltet werden. Auch müssen die S nicht unbedingt eigene Beispiele aus Zeitschriften oder aus dem Internet mitbringen. Hier kann L entlasten und frühzeitig nach Mustern Ausschau halten. Diese können die S als Fundus nutzen und ggf. Teile der Fragen, wenn sie inhaltlich passen, übersetzen und für ihren eigenen Persönlichkeitstest übernehmen.

Lösung Individuelle S-Lösungen.

S. 35 Step 3 Take your personality test → WB 23/21

Materialien KV 29: Evaluate your group work

Methodisches Vorgehen a) L stellt den Computerraum zur Verfügung und gewährleistet die Erstellung von Kopien, damit die Gruppen ihre Tests austauschen und durchführen können. Die S vergleichen ihre Ergebnisse zunächst innerhalb ihrer Gruppe und anschließend in der Klasse. Es sollte ein konstruktiver Austausch über die Qualität der Tests und der Ergebnisse erfolgen.
b) L und die S diskutieren den Sinn und Unsinn von Persönlichkeitstests gemeinsam im Plenum. Wünschenswert wäre eine Bewertung, welche den Unterhaltungsfaktor von Persönlichkeitstests herausarbeitet und den Wahrheitsgehalt in Frage stellt.

Vertiefung Als Abschluss der Arbeit an der *Unit task* sollen die S ihre GA reflektieren und mit Hilfe eines *self-evaluation sheet* (**KV 29: Evaluate your group work**) benennen, was ihnen gut gelungen ist, woran sie Spaß hatten und was ihnen möglicherweise schwer gefallen ist oder Probleme machte. Es kann eine gemeinsame Reflektion erfolgen, bei der es das Ziel sein sollte, gruppendynamische Prozesse und das eigene Lernen bei der nächsten *Unit task* zu optimieren.

Lösung Individuelle S-Lösungen.

## Story 2

Story

S. 36–37
→ S 1/11–17
L 1/28–34

Hang out with us instead!

Wortschatz
to hang out (with), hung out (with), hung out (with), instead, to be fed up (with), argument, could, these days, to be grounded, to trust, to put on, trainer, freedom (no pl), in-crowd, to chill out, blond, What's going on?, the high street, bloke (fam), to lend, lent, lent (to), overnight, usual, to pay attention to sb/sth, to ignore, pretty, poor, mummy, piece of junk, anger (no pl)

Materialien
Schüler-Audio-CD 1, Track 11–17; Lehrer-Audio-CD 1, Track 28–34; ggf. *Placemat*-Vorlage; ggf. KV 30: Hang out with us instead!

Einstieg
Im Vorfeld der Geschichte bestehen für L zwei Möglichkeiten zu einem motivierenden Einstieg. Die Themen des Textes sind „Freundschaft" und „Ehrlichkeit", außerdem kommt das Thema „Hausarrest" zur Sprache. Alle Themen sind unmittelbar der Lebenswirklichkeit der S entnommen und bieten vielfältige Redeanlässe.

Variante 1: Die Schüler sind in dieser Altersstufe durchaus dazu in der Lage, den Begriff „Freundschaft" zu definieren und mit Leben zu füllen. Hierzu bietet sich eine GA mit einem **Placemat** an, in welches die S eintragen, was, ihrer Meinung nach, zu einer Freundschaft gehört, was man zusammen macht und wie man sich verhält bzw. nicht verhält. Der Begriff der „Ehrlichkeit" wird in diesem Zusammenhang sicherlich benannt oder kann im Anschluss an die GA eingebracht werden. L: *What does friendship mean to you? What do you do with your friends? Who are best friends and why? Which things aren't good in a friendship?*
Das **Placemat** wird im Plenum ausgewertet und der Versuch einer Definition wird an der Tafel / auf einer Folie fixiert. Mögliche Nachfragen zur Bedeutung der Ehrlichkeit schließen sich an, z. B. *How important is it for you to be honest? Is it only important with friends or also in your family?*

Variante 2: Der Einstieg in die Thematik des Textes kann auch über ein UG zum Thema „Hausarrest" erfolgen. Einigen S wird dies sicherlich bekannt sein und sie werden ihren Beitrag zu der Unterhaltung beisteuern können. Es sollte ein zwangloser Exkurs zu Gründen und Unannehmlichkeiten einer solchen Strafe geführt werden. L: *Have you ever been grounded? What for and for how long have you been grounded? What was the worst part of it?*

Methodisches Vorgehen
◎ Nach der thematischen Einstimmung kann der Text bei geöffnetem SB angehört werden und die S lesen leise mit. Sie hören den Text bis Z. 25 und tauschen sich über das Gehörte aus. L: *What do you think about the way Jay behaves?* Bevor Teil B präsentiert wird, beschreiben die S das Bild der beiden „coolen" Jungs und gehen auf möglichst viele Details ein (Skateboard, cooles Outfit, etc.). Dann hören sie weiter bis Z. 70 *Stop and think*. Im UG stellen sie Vermutungen darüber an, was Jay in dieser Situation denkt. In leistungsschwächeren Klassen ist es angemessen, die S diese Überlegungen als inneren Monolog zunächst knapp verschriftlichen zu lassen, damit die sprachliche Barriere nicht unüberwindbar anmutet. Nach dem Vorlesen der Monologe wird der Text weiter bis Z. 92 angehört. An dieser Schlüsselstelle sollen die S einen Perspektivwechsel vornehmen und überlegen, wie sie an Jays Stelle handeln würden. Diese Überlegungen können an der Tafel für die spätere Überprüfung notiert werden.
Der letzte Teil des Textes wird abgespielt und die S äußern sich danach spontan zum Ausgang der Geschichte und nehmen, wenn möglich, Rückbezug auf ihre früheren Spekulationen und Äußerungen. Wünschenswert ist hier der Bezug zu den eingangs erwähnten Themen „Freundschaft" und „Ehrlichkeit". L: *Are Max and Finn real friends for Jay? What can you say about the way they behave? Do friends behave like that?*

Differenzierung
△ Das Globalverständnis des Textes kann auch mit Hilfe von **KV 30: Hang out with us instead!** gesichert werden. Besonders denjenigen S, die Schwächen im Leseverstehen aufweisen, geben die geschlossenen Aufgaben a) und b) mehr Sicherheit.

2 Story

S. 38
SPEAKING

1 Your reaction

Wortschatz *lie, to tease sb*

Methodisches Vorgehen
a) Die Reaktionen der S werden im UG gesammelt. Sollten die S mehr Zeit benötigen, können sie sich kurz mit einem Nachbarn austauschen und sich anschließend im Plenum äußern.
b) Der Übergang zu Aufgabe b) ist fließend innerhalb des UG. Die S benutzen bei Bedarf die *Useful phrases*.

Lösung a) + b) Individuelle S-Lösungen.

S. 38
READING

2 Understanding the story → WB 24/22–23; S5–6

Wortschatz *peer pressure, excitement* (no pl), *confused, honest*

Methodisches Vorgehen
a) Diese Aufgabe sollte mit einer zeitlich begrenzten EA eingeleitet werden. L: *Have a look at the word bank and the question. Which of the themes are important in the story?* Anschließend tauschen sich die S im Plenum aus. Dabei sollte L wiederum darauf achten, dass sich die S gegenseitig drannehmen (**Meldekette**) und möglicherweise ein besonders leistungsstarker S die wichtigsten Wörter an der Tafel notiert.
b) 👥 ✏ Die Stichworte helfen den S bei der Bearbeitung der nächsten Aufgabe, in der sie in PA für die einzelnen Abschnitte Überschriften finden sollen. Die Ergebnisse werden von den S auf einer Folie gesammelt; anschließend werden gemeinsam die besten Überschriften ausgewählt.

Differenzierung △ Bei leistungsschwächeren S sollte L Satzfragmente für die Überschriften bereithalten, die die S nur vervollständigen müssen, oder die S erhalten sieben Überschriften, die sie den einzelnen Abschnitten zuordnen können. Hierfür kann L die in der Lösung vorgegebenen Beispielüberschriften verwenden.

Lösung
a) Individuelle S-Lösungen.
b) Lösungsvorschlag: A: *Lonely Jay finds his freedom*   B: *An exciting meeting in the park*   C: *Hanging out with the cool boys*   D: *The in-crowd's rules*   E: *Jay wants to fit in with the in-crowd*   F: *The big lie*   G: *Nobody is interested in Jay*

S. 38
SPEAKING

3 Role play: Turning points in the story → S7

Methodisches Vorgehen
a) 👥 Zu Beginn der Auseinandersetzung mit dieser Aufgabe, die auf Grund der Transferleistung sicherlich für einige S eine Herausforderung darstellen wird, liest ein S die Box mit den *Reading skills* vor. Verständnisfragen werden geklärt und L fordert die S zur mündlichen Paraphrasierung des Gelesenen auf. Die S notieren sich eine knappe Definition des *turning point* in ihrem Heft. Anschließend suchen sie in PA weitere Wendepunkte in der Geschichte.
b) ✏ Mit ihrem Partner aus a) wählen die S einen Wendepunkt aus und erstellen einen möglichen Dialog zwischen Jay und Dave. Sie schreiben den Dialog in ihr Heft und üben ihn anschließend ein.
c) Mehrere Paare stellen ihre Dialoge der Klasse vor und erhalten abschließend Feedback von ihren Mitschülern. Hierbei ist es wichtig, dass L den S mitteilt, dass sie vor allem auf die Glaubwürdigkeit der Unterhaltung zwischen den beiden Freunden achten sollten. L: *When you watch the dialogue, think about the following questions: Would Dave react that way? Does Jay behave like he normally does? Is the dialogue realistic?*

Story 2

Differenzierung △ Für die Feedbackrunde sollten leistungsschwächere S einen *language support* an die Hand bekommen, damit sie sich äußern können. Auch bei der Erarbeitung der Aufgabe sollte man darauf achten, dass möglichst heterogene Tandems gebildet werden. Sollte ein Paar gänzlich in eine Sackgasse geraten, steht L helfend zu Seite und hält Ideen für den Gesprächsverlauf bereit.

Lösung a) *Turning points: lines 20–25; lines 68–70; lines 93–98*

b) Lösungsvorschlag (*lines 93–98*):

Jay: *Hey, Dave! What's going on?*
Dave: *Not much. How are you?*
Jay: *Not so good. I need your advice, Dave.*
Dave: *What's the matter?*
Jay: *I met Finn and Max. You know, the two cool boys from school, and they've invited me to a party.*
Dave: *That's great! Are you going to go there with Luke?*
Jay: *No, we've had a fight and aren't talking at the moment … and anyway, the boys haven't invited him. They say my old friends are boring.*
Dave: *That doesn't sound very nice. So you want to know if you should go there?*
Jay: *Yes, but there's one more thing … they've asked me to bring Shahid's laptop for the music.*
Dave: *Have you asked Shahid yet? I don't think he'll agree.*
Jay: *No, he won't, so I'm thinking about taking his laptop in secret when he's away for a modelling job. But I'm not sure … What do you think?*
Dave: *Look, Jay, I really think this is a very bad idea. You can't just take Shahid's laptop. It's worth a lot of money and there's personal stuff on it too. If Shahid finds out about it, he'll never talk to you again.*
Jay: *But I can't go to the party without the laptop. They say if I don't take it, I'm not cool enough.*
Dave: *This should make you think. They've probably only invited you because they want Shahid's music.*
Jay: *You think so? Maybe you're right …*
Dave: *I think you should call Luke and try to end your fight. I'm sure you've both forgotten about the problem anyway. Then you two can do something together on Saturday and you don't need to go to that party. Your friendship and your relationship with Shahid are more important than the in-crowd.*
Jay: *I think you're right. Thank you, Dave.*
Dave: *No problem. That's what friends are for. I need to go now. See you!*

c) Individuelle S-Lösungen.

S. 38
WRITING

4 What happens next? → WB 24/24; S11–14; Diff pool △ 119/17

Materialien Karteikarten; *English folder*

Methodisches Vorgehen a) Die S finden sich in 4er-Gruppen zusammen und erhalten Karteikarten von L, die sie für eine **Kartenabfrage** nutzen sollen. Jeder S schreibt mindestens zwei Ideen zum Fortgang der Geschichte auf die Karten. Wenn diese Phase (max. 5 Minuten) abgeschlossen ist, stellen sie ihre Ideen innerhalb der Kleingruppe vor und tauschen sich darüber aus. In der darauffolgenden EA schreibt nun jeder S eine Fortsetzung der Geschichte in den *English folder*. Diese tauschen sie nach Beendigung der Bearbeitungszeit (welche zwischen einer halben und ganzen Schulstunde liegen sollte) mit einem Partner aus und geben sich gegenseitig Feedback. Dabei sollen sie darauf achten, dass sie konstruktiv miteinander umgehen und mindestens zwei positive Dinge über den Text des anderen sagen (L weist darauf hin). Bevor einige ausgewählte Texte der Klasse vorgestellt werden, können sich die S in den ehemaligen Gruppen treffen und sich gegenseitig die Geschichten vorlesen. Die Gruppe wählt einen Text, den sie für den besten der Gruppe hält, für den Vortrag aus.

2   Action UK!   Working with films

b) L und die S lesen gemeinsam die beiden alternativen Enden der Geschichte im Anhang des SB (S. 267) und bewerten/vergleichen diese mit ihren eigenen Ideen.

Differenzierung

△ **Diff pool p. 119/17 What happens next: Ideas for the ending** → Help with Story, p. 38/4

Methodisches Vorgehen: Sollte es einigen S schwerfallen, ohne Hilfe auf eine Lösung oder auf gute Ideen für Aufgabe 4 zu kommen, kann L darauf hinweisen, dass es einige Vorschläge im *Diff pool* gibt, die bei der Bearbeitung der kreativen Aufgabe helfen können. Die *Word bank* kann ihnen zusätzlich bei der Gestaltung ihres Textes helfen; L steht ihnen dabei beratend und helfend zur Seite.

Lösung   a) + b)   Individuelle S-Lösungen, vgl. alternative Enden auf S. 267.

Action UK! Working with films

When Sean came to visit   → S22–23

S. 39 SPEAKING

1 Warm-up: How would you react?

Wortschatz   *to react*

Materialien   Folie 3/5

Einstieg   Vor der Bearbeitung der Aufgabe wird **Folie 3/5** aufgelegt; Bild 2 und 3 werden abgedeckt. Die S äußern erste Vermutungen, in was für einer Situation sich die drei Jugendlichen befinden und was die Gründe für ihre Gestik/Mimik sein könnten.

Methodisches Vorgehen   L: *Choose one of these situations: You have to do something difficult in a PE lesson, sing a song or play an instrument in a Music lesson, or say a poem in an English lesson, but you aren't very confident about it. You try your best, but you have a few problems and some students start laughing. How would you react?* **Think:** Während die S sich Gedanken machen, schreibt L die Vorgaben aus dem SB an die Tafel. **Pair:** Die S tauschen sich mit einem Partner über mögliche Reaktionen aus. **Share:** Anschließend werden die Ideen im Plenum verglichen. L ergänzt mögliche Reaktionen an der Tafel.

Tipps für junge Lehrer/innen   Viele S dieser Altersstufe reden ungern in der Öffentlichkeit über ihre eigenen Gefühle. Die Bereitschaft, offen darüber zu reden, hängt oft von der Klassengemeinschaft ab. Die **Think-Pair-Share**-Methode gibt den S die Möglichkeit, sich in einem „geschützten Raum" mit dem Partner (**Pair**) auszutauschen. Freiwillige können sich dann im Plenum (**Share**) äußern.
Die Methode kann auf vielfältige Weise eingesetzt werden, um die S zum Sprechen zu bringen. Die PA-Phase gibt den S aktive Kontaktzeit mit der Sprache und trägt in kleinen Schritten zur Entwicklung der kommunikativen Fähigkeiten bei.

Lösung   Lösungsvorschlag: *stop what you're doing; tell the teacher; tell them to stop; sit down and say they should do it; become nervous; start crying; wait until they're quiet; feel helpless; wait till the teacher says sth; …*

Working with films Action UK! **2**

S. 39
VIEWING

2 Sean, the cousin from Northern Ireland → WB 25/25

Film-Transkript
→ DVD 3/1

EXT. BASKETBALL COURT – DAY

NATHAN, SEAN, MARLEY and LAURA are playing basketball: Nathan and Laura vs. Sean and Marley. Nathan scores a basket and strikes a proud pose. He and Laura high-five.

Nathan: Yes! We're a dream team, little sister! *(to the others)* You losers will never catch up!
Marley: Yeah … We'll show you. Come on, Sean!

Marley dribbles towards the other net. Nathan and Laura try to tackle him. He throws the ball to Sean … who throws it at the basket … but misses! Marley groans.

Marley: No! Not again, Sean! I can't believe it!
Nathan: I told you! Losers!
Marley: *(to Laura)* What's wrong with your cousin? He's missed the basket every time! Do they even play basketball in Northern Ireland?
Sean: Yes, we do play basketball. There are a lot of good teams in Belfast.
Nathan: Sean's just really bad at it!

Nathan laughs, Laura notices Sean is upset.

Laura: You know what, guys? I'm hungry, let's take a break.
Marley: Yeah, I'm hungry too.
Nathan: Let's go and sit down.

They walk off the basketball court.

EXT. PICNIC TABLES – DAY

Nathan and Marley sit at a picnic table together, Laura and Sean at another.

Nathan: *(to Marley)* Good game!
Marley: How are you so good?
Nathan: Well, I play for a team.
Marley: How long have you been in that team?
Nathan: Three years. I play matches almost every weekend.
Marley: Cool!
Laura: *(to Sean)* Sorry. We didn't mean to make you feel bad.
Sean: You didn't do anything. But Nathan really gets on my nerves. He can be really awful!
Laura: I know. He's awful to me sometimes too.
Sean: I just wish I was good at basketball. I've always been bad at sports – rugby and football too. They just don't interest me.
Laura: I'm sure you're good at other things. People say the Irish are very optimistic and like making jokes. Isn't that right?
Sean: If you say so. That's just a cliché, though. But thanks for trying to cheer me up.

Laura and Sean join Nathan and Marley. Nathan is checking his social networking site on his tablet, suddenly becoming all flustered.

Nathan: *(laughs)* Oh no, I can't believe this!
Laura: What?
Nathan: Rob posted this terrible party picture of me! It's so embarrassing!
Marley: Let me see!

Marley snatches the tablet and bursts out laughing.

Marley: That's really embarrassing!
Nathan: Come on, give it back! I have to delete it!

Nathan grabs his tablet and starts tapping helplessly.

Nathan: Does anyone know how to delete this? Quick! Loads of comments are coming up!
Laura: Let me see.

Laura takes the tablet from Nathan.

Sean: You don't know how to delete a photo off your wall? A 5-year-old could do that!

Nathan shoots Sean an angry look. Sean looks over Laura's shoulder and tabs at the tablet (deletes the photo). Laura hands the tablet back to Nathan.

Laura: Here. Gone.
Nathan: *(to Sean; reluctant)* Thanks.
Sean: You should be more careful with your account settings.

Nathan doesn't know what to say. He hates being told off but owes Sean for his help.

77

2 Action UK! Working with films

INT. BASKETBALL COURT, BENCH – DAY

Nathan sits on a bench on the basketball court, still with his tablet.

Nathan: Oh no! Not again!

Laura joins him.

Laura: What's wrong?
Nathan: The picture is back again! It's not even funny.
Laura: Why don't you ask Sean to change the settings then?

Nathan doesn't say anything, looks annoyed.

Laura: Oh, come on! He can help!

Sean walks over.

Sean: Are you guys talking about me?
Laura: Nathan would like to apologise.
Nathan: It was only just a bit of fun.
Sean: It wasn't so funny for me.
Nathan: OK, I apologise. Friends?

Nathan holds out his hand. Sean shakes it, reluctantly.

Sean: Friends. Now give me that tablet, silly.

Grinning, Sean takes the tablet and changes the settings with just a few taps of the finger.

Sean: Done. Now people have to ask before they post on your wall. It's easy, really.
Nathan: Not for me. I've never been good with computers.
Laura: But Sean is! *(to Sean)* See? That's what you're good at!
Sean: I guess so. I didn't think it was anything special.
Nathan: Thanks for your help!

Laura walks off to join Marley at the basketball hoop.

Sean: So – what are we doing tomorrow?
Nathan: How about we make a meal? I'm a great chef, you know!
Sean: I bet I'm better! My Irish stew is famous.
Nathan: Wait until you try my pasties! My mum loves them!

Wortschatz sense of humour (no pl), to feel sorry for, optimistic, to cheer sb up, show-off, to apologise, to delete, wall, account settings, bench, to work out

Materialien Lehrer-DVD 3, Film 1; Folie 3/5; ggf. KV 31: Laura and Sean

Einstieg L: *Take a look at the Skills pages. Read S22 and S23 on pages 147 to 148. Remember, when you watch a film it's not just the dialogue that's important. Listen to the way the characters say the words and watch their body language. Listen – and look!*

Methodisches Vorgehen

Variante 1:

a) Im Anschluss werden die ersten beiden Szenen des Films gezeigt (bis 02:28). Je nach Leistungsstand der Klasse kann L den S zusätzlich eine *while-viewing activity* geben: *Sean and Nathan are two characters in the film. With a partner, choose which character you are going to watch carefully. When the film is over, make notes about your character and say what you think about him.* L erinnert die S an die *Useful phrases* und *What kind of smart are you?* auf S. 27. Die S tauschen sich mit einem Partner aus und unterstützen sich gegenseitig sprachlich (*peer teaching*). Im **Kreidestaffel-Verfahren** werden Notizen zu den beiden Charakteren an die Tafel geschrieben. In PA nutzen die S die Notizen an der Tafel, um dem Partner eine kurze Beschreibung von Sean bzw. Nathan zu geben. Dann bilden sie sich eine Meinung über die beiden Charaktere.

b) Bild 2 auf **Folie 3/5** wird aufgedeckt und die S bearbeiten die Fragen zu den ersten beiden Szenen schriftlich. Die Bilder unterstützen die Aufgabenbearbeitung hier visuell. Mit Blick auf das zweite Bild mutmaßen die S nun, wie die letzte Szene des Films aussehen könnte (z. B. Wird Nathan sich entschuldigen? Wie werden die beiden zukünftig miteinander umgehen? Werden sich Laura und Marley einbringen?). Nach dem Zeigen der letzten Szene wird auch das letzte Bild aufgedeckt. Die S beantworten die Fragen zur letzten Szene und vergleichen den Handlungsverlauf mit ihrer Vermutung.

Working with films — Action UK! 2

Variante 2: **KV 31: Laura and Sean** bietet eine alternative Aufgabe zu Aufgabe 2. L hat die Wahl, mit der SB-Aufgabe oder mit der KV zu arbeiten, da beide Aufgaben parallel ablaufen können. Bei der KV liegt der Fokus auf Laura und Sean. Zudem hat L auf der KV die Möglichkeit, zu differenzieren (durch Redemittel als *support*). Aufgabe c) kann schriftlich oder mündlich bearbeitet werden, je nach zu Verfügung stehender Zeit.

Lösung a)

Sean	Nathan
– not good at basketball	– good at basketball
– bad at sports (also rugby, football)	– competitive
– not interested in sports	– bossy
– feels sad/upset	– hard on Sean
– likes Laura, but Nathan gets on his nerves	– (over)confident; thinks he's great
– knows how to use computers	– awful
– seems friendly/helpful	– never been good at computers
– logic smart	– body smart

Lösungsvorschlag: *I don't like the way Nathan behaves. He's a show-off and makes fun of Sean. That isn't a polite way to talk to a friend or a guest. Sean is a nice and helpful boy because he helps Nathan with his tablet.*

b) **The basketball scene:**
1. *Nathan laughed at Sean because he isn't good at basketball and called him a 'loser'.*
2. *Sean was quiet and seemed to be upset.* 3. *Laura felt sorry for Sean. She said she was hungry and made a suggestion to have a break. That was people smart!*

The park bench scene:
1. *Nathan was embarrassed when a friend, Rob, posted a terrible party picture of him.*
2. *Yes, he was. He was able to delete the photo from Nathan's wall (and warned Nathan to be more careful with his account settings).*

The ending:
1. *Nathan apologised and Sean helped him to change his account settings. Then they decided to make a meal together the next day.* 2. Lösungsvorschlag: *Nathan didn't mean to hurt Sean. It was just a bit of fun for him, but Sean didn't think it was funny. Nathan likes to show off and doesn't think about the way other people feel and he doesn't like it when other people tell him what to do. But they seem to become friends in the end. So I liked the ending.*

S. 39
VIEWING

3 Three different personalities → WB 25/26

Materialien ggf. KV 32: Sinead – Sean's sister

Methodisches Vorgehen

a) Die S schauen sich das Diagram auf S. 27 an und besprechen die Aufgabe mit einem Partner. L bereitet in der Zwischenzeit eine Tabelle an der Tafel vor (vgl. Lösung). Die S äußern im Plenum, mit welchem Begriff sie Sean, Nathan und Laura beschreiben würden. Anschließend schauen sie den Film nochmals an und nutzen die Tabelle für ihre Notizen. (Abhängig davon, welche Aspekte schon in Aufgabe 2 gesichert wurden, kann diese Aufgabe ggf. abgekürzt werden, indem sich die S hauptsächlich auf Laura konzentrieren.)

b) Diese Aufgabe bietet sich als HA an. Wenn genügend Zeit zur Verfügung steht, können die S den Dialog auch in PA schreiben und als HA auswendig lernen. In der nächsten Stunde werden dann einige Rollenspiele im Plenum präsentiert.

Differenzierung △ Diejenigen S, die Schwierigkeiten beim Verfassen der kurzen Szene hatten, können zusätzlich **KV 32: Sinead – Sean's sister** bearbeiten.

2 Action UK! Working with films

Lösung **a)**

Sean	Nathan	Laura
logic smart	body smart	people smart
– good with computers – knows how to delete photos from a wall / change account settings – friendly – helpful – honest – …	– good at basketball – thinks he can cook well – thinks he's cool – (too) confident – likes to show off – …	– knows how to communicate with people – feels sorry for Sean – tries to cheer Sean up – gets Nathan to apologise – nice personality – …

b) *Nathan is a good basketball player so maybe he could teach Sean how to play better. When Marley says: "No! Not again, Sean! I can't believe it!" Nathan tries to help Sean.*

Nathan: *OK. That's enough, Marley. Sean's our guest. Let's help him.*
Sean: *Sorry guys. I'm just not good at basketball – or rugby, or football!*
Nathan: *That's no problem. Practice makes perfect, so let's practise a bit.* (He shows Sean how to throw the ball at the basket.) *Now you try …* (Sean throws the ball at the basket two or three times – and then scores.) *That's great. OK?*
Sean: *Yeah, but I'm still not good at basketball.*
Nathan: *But you're getting better. Remember: Practice makes perfect!*

⟨Revision B⟩

Didaktisches Inhaltsverzeichnis

Kompetenzziele	Sprachliche Mittel	Materialien
Revision B (S. 40–45)		
WRITING Einen Entschuldigungsbrief verfassen; einen Cartoon beschreiben und interpretieren **LISTENING** Eine Diskussion zwischen Mutter und Tochter verstehen **MEDIATION** Die wichtigsten Informationen über ein *summer camp* auf Deutsch wiedergeben	**VOCABULARY** Word bank: Quantifiers **LANGUAGE** *simple present; simple past; present perfect; will future; conditional clauses types 1 and 2; reflexive pronouns*	– Lehrer-Audio-CD 2, Track 1 – WB 27/1–2, 28/3 – SKV 34–37: Test yourself; KV 38–40: Speaking cards

Allgemeine Hinweise Die Aufgaben auf den *Revision*-Seiten und die dazugehörigen Kopiervorlagen (**KV 34–37: Test yourself**) gehen auf die in Unit 2 erlernten und wiederholten grammatischen und kommunikativen Strukturen ein. Abhängig von den Präferenzen von L können sie unterschiedlich im Unterricht eingesetzt werden. Einerseits sind die Aufgaben so konzipiert, dass die S selbstständig damit arbeiten können. Die Kontrolle der Ergebnisse findet eigenverantwortlich mit Hilfe von Lösungsblättern statt, die von L vorbereitet und zur Verfügung gestellt werden. Hierbei erkennen die S sowohl ihre Stärken als auch ihre Schwächen und werden so angeregt, Lücken individuell zu schließen. Andererseits können die *Revision*-Seiten auch als Materialpool gesehen werden, den L nach Bedarf als Wiederholung vor Klassenarbeiten oder als Vertiefungsaufgaben nutzen kann. Im Folgenden werden Vorschläge zur gemeinsamen unterrichtlichen Behandlung der Aufgaben gemacht. Zur Vorbereitung auf die mündliche Prüfung können **KV 38–40: Speaking cards** eingesetzt werden.

S. 40
LISTENING

1 The saxophone lessons → WB 27/1

HV-Text → L 2/1

Girl: Mum, I need 45 pounds for my saxophone lessons this month. I'll get it out of your bag, okay?
Mum: Wait, wait, wait, young lady. There's something we need to talk about first.
Girl: Oh no, here we go again. What is it, mum?
Mum: So, how much have you practised this week, Helen? I don't think I've heard you once.
Girl: That's not true! I've practised! I practised yesterday afternoon.
Mum: While I wasn't home …
Girl: And I practised when Jane was here on Saturday.
Mum: I don't think that you can really call that practising, Helen. There was more laughing than saxophone playing. My point is that I pay 45 pounds a month so that you can play with your saxophone teacher for 45 minutes each week.
Girl: I know … I, I try to push myself, but there are always so many other things to do. And you want me to be successful at school too, right?

<B>

Mum: That's not the point, Helen. You're the one who wanted to play the saxophone and then I have to be able to rely on you to practise. I'm fed up with paying 45 pounds a month for nothing.
Girl: It's not for nothing! Don't you believe in my talent as a musician?
Mum: If I ever heard some of your talent, then I would be able to believe in it.
Girl: Oh, so you don't trust me, that's it. You think I'm lying to you!
Mum: Helen, please. What is it you say to your friends? Chill out!
Girl: That sounds funny when you say it. But, okay. I'll try to chill out. Do you really want me to drop out of saxophone lessons?
Mum: I never said that. You know, practice doesn't always make perfect. But I think it's safe to say that practice always makes progress. If you enjoy playing the saxophone, then practise and you'll make progress. If you make progress, you'll get better and enjoy yourself even more.
Girl: Okay. You've got a point. So can I have the 45 pounds now?
Mum: No, I'm not done yet. We need to find a compromise. Put yourself in my shoes. Will my company pay me if I go to work only when I feel like it? Monday I go to work and Tuesday I stay at home? I don't have that freedom. Nobody does. Right now your jobs are school, saxophone lessons and your football team.
Girl: I disagree.
Mum: What? What do you disagree with?
Girl: It's also my job to help you around the house.
Mum: You're right. And you do that very well. But back to your saxophone. My suggestion is that you stop saxophone lessons for six months. Then if you really miss it and if you practise during those six months, you may start lessons again.
Girl: Six months?!?! That's a long time, mum. You said a compromise, right? So I'll meet you halfway. Instead of six months, just three months and then we'll decide.
Mum: You know, sometimes I like to have arguments with you. I think you'll be good at business one day. Okay, three months. But I'll judge if you've practised or not.
Girl: So can I have the 45 pounds now?
Mum: Let's see … 45 pounds. Wait, first the break, right? Wasn't that the compromise?
Girl: Yes, you're right, mum. It was just a test!

Materialien Lehrer-Audio-CD 2, Track 1

Einstieg Um das Interesse der S zu wecken, werden sie zunächst von L gefragt, worüber sie mit ihren Eltern in Konflikte geraten. Sollte bei den sicherlich umfangreichen Antworten das Thema „Üben" nicht erwähnt werden, fragt L nach: *What do you have to practise for? Why? Do you like to practise?*

Methodisches Vorgehen
a) ◉ Nach dem ersten Hören des HV-Textes tauschen sich die S in einer **Murmelphase** mit ihrem Nachbarn aus. Besonders für leistungsschwächere S ist diese Phase wichtig, da die relativ lange Unterhaltung viele Informationen enthält. Für sie kann auch das **abschnittsweise Hören** des Textes hilfreich sein. Anschließend wird die Unterhaltung ein zweites Mal vorgespielt. Die Fragen 1–3 werden im Plenum beantwortet.
b) Das UG wird fortgeführt und die S tauschen sich im Plenum aus. Auch hier kann eine kurze Partnerphase vorgeschaltet werden, bevor gemeinsam über die Frage gesprochen wird.
c) Die S wählen einen Kompromiss aus und üben die Szene mit einem Partner ein. Anschließend spielen sie ihre Szenen in Kleingruppen vor.

Differenzierung △ Leistungsschwächere S benötigen Vokabelhilfen für Aufgabe c). Ein Verweis auf die *Skills*-Seite in Unit 1 (S. 34) dient ebenfalls der Entlastung.

Lösung a) 1. *Helen wants 45 pounds for saxophone lessons. Her mother thinks that she doesn't practise enough and she doesn't want to pay.* 2. *She thinks that practice makes progress and progress leads to more fun. She compares it with work and says that you sometimes have to do things even if you don't want to.* 3. *Helen is going to stop lessons for three months; if she misses her sax and if she practises, she can take lessons again.*

b) Good: *Missing something shows you that it is important. Helen learns to practise and how important it is.* **Bad:** *She'll have no lessons at all. Maybe she won't get back to the lessons.*
c) Individuelle S-Lösungen.

S. 40 — LANGUAGE
2 My success

Einstieg L schreibt *simple past* und *present perfect* an die Tafel und sammelt die S-Äußerungen dazu.

Methodisches Vorgehen
a) Die S erstellen in EA eine Tabelle und vergleichen diese mit einem Partner.
b) Die S erarbeiten die Aufgabe in EA und tauschen sich mit einem Partner aus. Anschließen können die Ergebnisse in der Klasse besprochen werden.

Differenzierung △ Leistungsschwächere S lesen sich die jeweiligen Grammatikregeln noch einmal durch, bevor sie mit der Bearbeitung beginnen.

Lösung a)

Simple past	Present perfect
last year, yesterday, two years ago, in 1865, five minutes ago, last night, when I was a child, when I came home from school, in 2014	already, just, so far, (only) ever, never, (not) yet, three times

b) 1. *I've never been a show-off, but I've had a lot of success in life!* 2. *When I was 16, I was fed up with life in a small town.* 3. *I believed in my talents as a dancer and dropped out of school.* 4. *Five years ago, I moved to London.* 5. *And I've never looked back on my old life.* 6. *In London I started my career as a backing dancer.* 7. *At the beginning, I entered lots of auditions.* 8. *Two years later, I got my big chance.* 9. *I've danced in 20 different shows so far.* 10. *I haven't been in the big shows yet, but I've just received an interesting offer. Life is great!*

S. 40 — WRITING
3 I'm sorry

Einstieg L fragt, wer in letzter Zeit einen Brief geschrieben hat und welche Anlässe es für diese Kommunikationsform es gibt.

Methodisches Vorgehen Die S suchen in EA eine Idee aus und sammeln zunächst stichwortartig Ideen, wie sie den Brief schreiben könnten. Das anschließende Verfassen des Briefes erfolgt ebenfalls in EA. Der Austausch der Ergebnisse kann im **Lerntempoduett** stattfinden, indem sich die S, die mit der Aufgabe fertig sind, an einem *bus stop* einfinden, wo sie sich mit einem Partner zusammentun. Zusätzlich ist die Kontrolle per Musterbrief möglich (vgl. Lösung).

Differenzierung △ Leistungsschwächere S sollten zusätzliche Vokabelhilfen in Form von *Useful phrases* erhalten, die das Thema des Briefes möglichst vorstrukturieren. Dabei entfällt zwar die Auswahl des Schreibanlasses, aber diese *Scaffolding*-Maßnahme erleichtert den S das Schreiben.

Lösung *Dear Jack and Diane, I'm sorry that I got home late yesterday. I know you were worried and afraid that something was wrong, but I really forgot to check the time. I was at the cinema and the film was longer than I thought. When I came out, it was already getting dark outside. I promise that this won't happen again. Yours, …*

S. 41 — VOCABULARY
4 What's important?

Einstieg L erläutert die Diagramme und stellt heraus, dass diese als Beispiele dienen. Bei Bedarf geht L kurz auf die Unterschiede zwischen *pie chart* und *bar graph* ein.

⟨B⟩

Methodisches Vorgehen	a) ✏ Die S fertigen ein Kreisdiagramm an und ergänzen es um die von ihnen ausgewählten Elternaussagen. Dann finden sie einen treffenden Titel für das Diagramm. b) Die S denken über die Eigenschaften eines Freundes nach und erstellen ein Balkendiagramm, für das sie wiederum einen Titel finden. c) Im Plenum erläutern die S ihre Diagramme in knappen Sätzen und benutzen bei Bedarf die *Word bank*. d) Bevor die S mit der Aufgabe beginnen, benennen sie die beiden Themen, die in der Aufgabenstellung gemeint sind, damit es nicht zu Unsicherheiten kommt. Die Bearbeitung der Aufgabe und die damit verbundene Durchführung einer Umfrage können mit einem Partner erfolgen. Die Diagramme werden auf Postern festgehalten und in der Klasse ausgestellt.
Differenzierung	▲ Zu d): Leistungsstärkere S können sich weitere Themen für ihre Umfragen überlegen und zusätzliche Diagramme anfertigen.
Lösung	a)–d) Individuelle S-Lösungen.

S. 41 LANGUAGE
5 What will the future bring?

Einstieg	L bittet die S, sich das Bild von Jay auf S. 37 anzusehen und schreibt zwei Satzanfänge an die Tafel: *If I want to go to the party …* / *If I take the laptop …* Die S vervollständigen die beiden Sätze und stellen ggf. Fragen zu den *conditional clauses type 1*.
Methodisches Vorgehen	✏ Die S bearbeiten die Aufgabe in EA und vergleichen ihre Ergebnisse mit einem Partner. Bei der Besprechung der Ergebnisse im Plenum werden einige Sätze exemplarisch an der Tafel festgehalten.
Differenzierung	△ Leistungsschwächere S sehen sich vor Bearbeitung der Aufgabe noch einmal G2, S. 154–155, an. ▲ Leistungsstärkere S können dem Muster von Satz 6 folgend weitere Aussagen über die Zukunft machen.
Lösung	2. *If I study a lot, I'll become a vet.* 3. *If I drop out of school, I'll never succeed in life.* 4. *If I push myself, I'll play in a famous football team.* 5. *If I save a lot of money, I'll open a restaurant.* 6. Lösungsvorschlag: *If I work hard, I'll be a famous actor.*

S. 42 LANGUAGE
6 Talking about each other → WB 27/2

Methodisches Vorgehen	✏ Die S setzen die richtigen Pronomen im Text ein. Die Ergebnisse werden im Plenum verglichen.
Differenzierung	△ Leistungsschwächere S kontrollieren ihre Lösung mit einem Partner. Die *peer correction* schafft Sicherheit vor einem möglichen Austausch in der Klasse.
Lösung	1. *myself* 2. *themselves* 3. *themselves* 4. *them* 5. *me* 6. *her* 7. *herself* 8. *you* 9. *me* 10. *myself* 11. *them* 12. *themselves* 13. *myself* 14. *yourself* 15. *you* 16. *myself* 17. *me* 18. *him* 19. *me* 20. *herself* 21. *me* 22. *me*

S. 42 MEDIATION
7 Role play: Your place somewhere else

Materialien	Bild eines Pfadfinders auf Folie; zweisprachiges Wörterbuch
Einstieg	L fragt nach Pfadfindern in der Klasse, zeigt ein Bild eines Pfadfinders auf Folie und sammelt erste Eindrücke zum Bild. Wichtige Vokabeln werden an der Tafel gesammelt. L gibt darüber

‹B›

hinaus einen Hinweis auf die Arbeit mit dem Wörterbuch und lässt die S zur Sicherheit ein Wort exemplarisch suchen. Die Partner sollten nach Möglichkeit so zusammengesetzt werden, dass jeweils ein leistungsschwächerer mit einem leistungsstärkeren S zusammenarbeitet.

Methodisches Vorgehen Die S arbeiten in PA und erhalten genügend Zeit für die Bearbeitung der Aufgabe und zum Üben des Rollenspiels, bevor einige der Ergebnisse in der Klasse vorgespielt werden können.

Differenzierung △ Leistungsschwächere S erhalten von L eine Stichwortliste mit den wichtigsten Aspekten des Textes. So müssen sie nicht kleinschrittig die Informationen filtern, sondern können sofort mit der Mediation beginnen (*10 days Jamborette in Netherlands; 10–17 years; scouts from all over the world; get food and drink for meals; prepare with group; scouts need cooking gear; location near Amsterdam; lots to do there; active and varied programme*).

Lösung Lösungsvorschlag:
Kind: Mama, ich möchte gerne etwas mit dir besprechen.
Mutter: Was gibt es denn?
Kind: Es gibt ein zehntägiges Pfadfindercamp in den Niederlanden, an dem ich gerne teilnehmen möchte.
Mutter: Wie viel würde das denn kosten?
Kind: Nur 335 €.
Mutter: Der Preis ist in Ordnung für zehn Tage, wenn die Fahrt schon dabei ist.
Kind: Leider ist die Fahrt noch nicht dabei, aber es ist trotzdem günstig. In Japan gibt es so ein Camp, das 4.000 € kostet!
Mutter: Aha, das ist kein gutes Argument, finde ich. Warum möchtest du an dem Camp teilnehmen?
Kind: Es werden Pfadfinder im Alter von 10–17 Jahren aus der ganzen Welt teilnehmen. Bestimmt können wir viel voneinander lernen. Es gibt ein tolles Programm mit viel Sport, aber auch Kunst und Kultur. Sicher könnte ich viele neue Erfahrungen sammeln und eine Menge Spaß haben.
Mutter: Und wie ist das Essen organisiert? Bräuchtest du noch Geld für Lebensmittel?
Kind: Nein, wir bekommen die Lebensmittel, aber müssen selbst kochen.
Mutter: Das klingt interessant. Bisher hast du ja noch nicht oft in der Küche geholfen. Wo genau liegt das Camp denn?
Kind: In der Nähe von Amsterdam.
Mutter: Gut, wir machen einen Kompromiss. Du zahlst das Zugticket von deinem eigenen Geld. Wenn du dich frühzeitig darum kümmerst, wird das nicht so teuer. Das Camp bezahlen dein Vater und ich, aber du musst uns vorher ein paar Mal in der Küche helfen, damit du auch etwas kochen kannst, wenn du dort bist.
Kind: Das klingt gut. Danke, Mama!

S. 43 LANGUAGE

8 Why I can't go to the school dance → WB 27/2

Materialien ggf. vorgefertigtes Lösungsblatt

Einstieg L: *Who can write down an example for a conditional clauses type 1? And who can write down an example for type 2?* Nachdem beide S-Beispiele an der Tafel stehen, vergleichen die S diese miteinander und unterstreichen die Unterschiede farbig. Ggf. übersetzen sie die Beispiele mündlich, um den Unterschied zu antizipieren. Durch dieses Vorgehen wird das Vorwissen der S reaktiviert und leistungsschwächere S haben die Möglichkeit, die Unterschiede nachzuvollziehen.

Methodisches Vorgehen Die S arbeiten in EA und schreiben die Sätze in ihr Heft; ein kooperativer Austausch der Lösung mit einem Partner und die gegenseitige Korrektur bieten leistungsschwächeren S die Möglichkeit zur Schließung von Lücken. Das **Lerntempoduett** ist hierfür eine gute Wahl.

Differenzierung △ Leistungsschwächere S kontrollieren ihre Sätze mit Hilfe eines Lösungsblatts, wenn sie sich nicht sicher genug für die *peer correction* fühlen.

⟨B⟩

▲ Leistungsstärkere S können bei gutem Klassenklima als Helfer bei der Korrektur eingesetzt werden. Darüber hinaus können diese S einen an die Aufgabenstellung angelehnten Text schreiben (z. B. *Why I can't go shopping / swimming / inline skating with you*).

Lösung 1. If I **weren't** grounded, I'd go to the school dance. I love to dance. 2. If I had better marks, I **wouldn't be** grounded. It's so boring here at home. 3. If I **paid** attention at school, **I'd have** better marks. I'd really like to succeed. 4. If I **enjoyed** class more, **I'd pay** attention. But it's so hard. 5. If we **didn't have to** learn so much grammar, **I'd enjoy** class more. Cars would be an interesting topic for class. 6. If English **were** easier, we **wouldn't have to** learn so much grammar. Who needs grammar? 7. If we **compromised** and made German and English the same, English **would be** so much easier. 8. German isn't as hard as English. I bet if I **asked** my teacher, she**'d disagree** with me. So you see – it's all because of English. That's why I can't go to the school dance!

S. 43 9 Different kinds of smart
VOCABULARY

Einstieg L: *When you visit a new or foreign city, how do you explore it? How do you find interesting places?* Die S tauschen sich per **Meldekette** darüber aus, welche Erkundungsstrategien sie in fremden Städten anwenden und welche Erfahrungen sie damit gemacht haben. Ggf. kann eine Abstimmung erfolgen, welche Methode größeren Erfolg hat.

Methodisches Vorgehen
a) Die S lesen die Texte über einen Besuch in der fiktiven Stadt *Lonchester* still für sich.
b) Nach einem sehr kurzen Austausch über das globale Textverständnis schreiben die S die Tabelle in ihr Heft und füllen sie aus; die Kontrolle dieser Tabelle erfolgt mit einem Partner.
c) Die S diskutieren die Fragestellung mit ihrem Nachbarn.

Differenzierung △ Zu c): Leistungsschwächere S sollten die Antwort zuerst aufschreiben, bevor sie ihre Meinung kommunizieren.

Lösung b)

Street smart	Book smart
– Every underground is the same → no map; just follow colours and numbers.	– Know facts about the city: 625,000 people, more than 1 million work in city, huge biscuit company.
– For lunch follow kids your age and eat what they have; don't follow tourists.	– Know about times: underground trains leave every hour at half past, train station by famous architect.
– If a street looks like trouble, look for a different way that is more safe.	– Lunch at 12 o'clock for £3.
– Ask people for help or free tours.	– The harbour is the biggest in the south of England and 20 ships arrive and depart every day.

c) Individuelle S-Lösungen.

S. 44 10 Best friend?
LANGUAGE

Materialien Leerfolie zur Ergebnissicherung

Einstieg Die S beschreiben zunächst das Bild auf S. 34. L: *What's great about best friends?* Die Schüleräußerungen erfolgen mit Hilfe einer **Meldekette** oder als **Blitzlicht**.

Methodisches Vorgehen Die S bearbeiten die Aufgabe in EA. Die Sicherung der Ergebnisse erfolgt mit Hilfe einer Folie, in die die S ihre Lösungen eintragen. Sie nehmen sich gegenseitig dran (**Meldekette**) und reichen den Stift weiter. L bleibt – wie in der ersten Phase – im Hintergrund und beobachtet (*fly on the wall*).

Differenzierung △ Leistungsschwächere S benötigen bei der Auseinandersetzung mit mehreren Zeiten Hilfekärtchen, auf denen L einige Eckpunkte der jeweiligen Zeit notiert (Signalwörter, Stichpunkte zur Verwendung). Sie können dann in einem ersten Schritt die Signalwörter im Text suchen und anschließend die Zeiten einsetzen. Ggf. ist es auch hilfreich, wenn sie mit einem leistungsstärkeren S zusammenarbeiten können.

Lösung 1. behaves 2. will ('ll) give 3. felt 4. studied 5. told 6. don't push 7. will ('ll) never get 8. has ('s) ever got 9. will ('ll) meet 10. hung out 11. ignored 12. have ('ve) been stressed out 13. feel 14. listened 15. relies 16. doesn't need 17. is 18. will ('ll) chill out 19. will ('ll) enjoy

S. 44 WRITING

11 Follow or don't follow the crowd → WB 28/3

Einstieg L leitet einen ersten Austausch über die Cartoons an. Die S reaktivieren dabei bekanntes Vokabular zur Bildbeschreibung und können ggf. auf ihr Vorwissen zu Cartoons zurückgreifen, indem sie erste Rückschlüsse auf die Aussage ziehen.

Methodisches Vorgehen
a) Die S setzen sich in EA mit einem der beiden Cartoons auseinander und notieren ihre Gedanken.
b) In der Klasse unterhalten sich die S über ihre Beobachtungen aus a) und diskutieren fundiert über die Bedeutung des jeweiligen Cartoons.
c) Die S schreiben einen Kommentar auf Grundlage der erarbeiteten Aspekte.

Differenzierung △ Leistungsschwächere S benötigen bei der Bildbeschreibung und auch beim Kommentar Vokabelhilfen. Der Gedankenaustausch in Kleingruppen gibt zusätzliche Sicherheit. Alternativ kann auch eine PA erfolgen, bei der je ein leistungsschwächerer S einen leistungsstärkeren S an seiner Seite hat.

Lösung
a) Lösungsvorschlag:
Cartoon 1: *The cartoon shows six men who are walking in a circle, one behind the other. The men's faces look almost the same and they're wearing the same long shirt. On the back of each man, there's a sign that says, "FOLLOW ME".*
Cartoon 2: *In the picture you can see a crowded room. It's probably a party because the people are wearing nice clothes, and some people are holding drinks in their hands. Almost everybody in the picture is crying and the caption of the cartoon says, "Crying is cool now".*

b) Lösungsvorschlag:
Cartoon 1: *In my opinion, the cartoon's message is that you shouldn't just follow other people. I think the cartoonist wants to show that it's important to have your own ideas and opinions. If everybody just followed the others, we'd all be the same and never be able to discover anything new. I agree/don't agree with the cartoon's message because …*
Cartoon 2: *In my opinion, the cartoon's message is that we shouldn't just follow the crowd, but develop our own way of life. The cartoonist wants to make fun of the fact that if something is 'in' or 'cool', everybody starts doing it, even if it's something silly. I agree/don't agree with the cartoon's message because …*

c) Lösungsvorschlag: *I think you should always be yourself and you should always try to have your own way of life. Peer pressure isn't positive for you and it can make you feel sad and unhappy. It doesn't matter if everybody else wears the same pair of shoes, for example, or if everybody else likes a special band. You have to do what you think is cool, and you should always try to have your own way of doing things.*

⟨B⟩

S. 45
LANGUAGE

12 Stay out of my bedroom!

Materialien ggf. Leerfolie zur Ergebnissicherung

Methodisches Vorgehen
- **a)** Die S tauschen sich selbstständig mit einem Partner aus und fertigen die Liste an.
- **b)** Zunächst schreiben die S die *conditional clauses* in ihr Heft und tauschen sich anschließend mit ihrem Partner aus. Sie korrigieren ihre Sätze gegenseitig.
- **c)** Die S lesen den Text und verfassen die Sätze eigenständig. Ein Vergleich der Ergebnisse erfolgt mit dem Partner. Als Sicherung können 1–2 Schülerpaare ihre Lösungen zusätzlich auf einer Folie notieren, die dann für den Vergleich im Plenum verwendet wird.
- **d)** Die S tauschen sich mit ihrem Partner aus.

Differenzierung ▲ Zu b): Besonders leistungsstarke und sichere S schreiben die Sätze nicht auf; sie formulieren sie mündlich und wechseln sich mit ihrem Partner ab.

Lösung
- **a) + b)** Individuelle S-Lösungen.
- **c)** 2. *If I tidied up my bedroom once a month, I'd use my imagination more.* 3. *I'll get good marks at school if I use my head to find different ways to solve a problem.* 4. *We wouldn't be so stressed out if we didn't have so many arguments about how clean a bedroom should be.* 5. *If we compromised, everyone could chill out.* 6. *I'll learn how to push myself if I am in charge of my own room.* 7. *If I learn how to deal with freedom, I'll succeed in life.* 8. *If we didn't have so many arguments, I wouldn't behave so badly.* 9. *I'll have a strong personality if I can have a messy bedroom.* 10. *You'll lose your sense of humour if you judge me too hard.*
- **d)** Individuelle S-Lösungen.

Introduction / TS 1

Text smart 1 Poems and songs

Didaktisches Inhaltsverzeichnis

Kompetenzziele	Sprachliche Mittel	Materialien
Introduction (S. 46)		
LISTENING Einen Dialog über einen poetischen Text verstehen WRITING Eigene poetische Zeilen verfassen		– Lehrer-Audio-CD 2, Track 3 – Diff pool, S. 120/1 – Skills, S19–21, S. 146–147 – Folie 3/6: Warm-up: Thinking about the message – KV 41: Poems
Station 1 (S. 47–48)		
READING Die Struktur eines Gedichts erkennen; Reimschema, Rhythmus und Betonung erkennen WRITING Ein Gedicht umschreiben		– Schüler-Audio-CD 1, Tracks 19–20 – Lehrer-Audio-CD 2, Track 4–5 – WB 29/1 – Diff pool, S. 120/2–3 – Skills, S4, S. 136; S7, S. 137–139; S15, S. 143–144; S19–21, S. 146–147 – KV 41: Poems
Station 2 (S. 49–50)		
LISTENING Einen Popsong verstehen; Reimwörter erkennen	VOCABULARY Word bank: Themes in pop songs	– Lehrer-Audio-CD 2, Track 6 – WB 29/2 – Diff pool, S. 121/4 – Skills, S3, S. 135; S19–21, S. 146–147 – KV 42: Present a song
Options (S. 51)		
A. Die Hintergrundgeschichte zu einem Gedicht schreiben B. Einen passenden Song zu einem Bild finden C. Einen Song präsentieren D. Ein Gedicht vortragen		– Schüler-Audio-CD 1, Track 21–22 – Lehrer-Audio-CD 2, Track 7–8 – WB 30/3–4 – Diff pool, S. 121/5

Introduction

S. 46 **1 Warm-up: Thinking about the message** → S19–21
LISTENING

HV-Text
→ L 2/3

JON: Hey look: Some words with real meaning on a shopping street! The sign makes you stop and think, doesn't it? It reads like a poem.
MARIO: Who needs real meaning on a shopping street?! I'm more into songs anyway.
JON: Well, just because you're into songs doesn't mean you can't be open to other things too, right?
MARIO: Sure. But you know how I love music, almost any kind of music – I can never get enough! I don't know: I guess you could say I'm 'music smart', but not really 'word smart'.
JON: But songs have words. I mean, you like your favourite songs for the music and the words, don't you?

TS 1 — Introduction

MARIO: Yeah, of course. But for me, I like the combination of words and music. There's just something missing if there are words but no music.

JON: Something missing? Really? But read this line here: "Live, like heaven is on earth!" It's a short, simple sentence – but it's powerful, you know? I think it's more powerful without the music. It sticks in your head and you think about it again and again. Well, I do. Especially when you read it nice and slow: "Live, like heaven is on earth." That's why I love poems; every word counts, there's no music that gets in the way.

MARIO: Wow, you're a real Shakespeare, Jon! Anyway, I can see what you mean. These lines are kind of cool, you're right. Er, let me see … Oh, I like this line here the best: "Dream, like there are no impossibilities." I like that. I'm a happy person, and for me, the glass is always half full, not half empty, you know? Everything is possible, and that's what the message is here.

JON: Maybe you're a little bit 'word smart' after all? Anyway, come on, let's go get a cheeseburger.

MARIO: Good idea, Shakespeare. Maybe we'll find some real meaning at the cheeseburger place?

Wortschatz *board, fair play, generous*

Materialien Lehrer-Audio-CD 2, Track 3; ggf. Folie 3/6; ggf. KV 41: Poems

Einstieg Da die S zum ersten Mal mit einem *Text smart* arbeiten, bietet es sich an, kurz in die besondere Struktur einzuführen.
SB geschlossen. Der Einstieg in den HV-Text kann auf verschiedene Weise stattfinden:
Variante 1: L fragt die S, ob es für sie bestimmte Gedichte, Sprüche oder Songs gibt, die sie bewegen/bewegt haben. Nach einem kurzen UG legt L **Folie 3/6** auf. Die S lesen sich den Text auf dem Schild still durch. Mögliche Impulse von L: *Do you like the text? Explain why/why not. What do you think: Is it a poem, a quote, a song or a piece of advice? What do you think the text wants to tell us?* Die S teilen ihre Vermutungen im Plenum mit. L: *Let's listen to Jon and Mario who see this sign outside a shop.* Der HV-Text wird abgespielt. L: *What are the boys talking about?* Die S öffnen das SB und lesen die zwei Fragen in Aufgabe b). (Die Fragestellung in Aufgabe a) ist in diesem Vorgehen schon integriert und wird daher übersprungen.)
Variante 2: Zeitlich aufwendiger, aber gewinnbringend ist es, die einzelnen Verben und Sprüche zusammenbringen zu lassen. Welche interessanten Verbindungen ergeben sich dadurch? Hierbei kann Aufgabe 1 auf **KV 41: Poems** zum Einsatz kommen. Entweder bearbeiten die S die Aufgabe in PA oder als **Marktplatz**: Jeder S bekommt einen Zettel und sucht sich einen anderen S, um eine passende Aussage zu erhalten. Diejenigen S, die sich jeweils zusammengefunden haben, können dann ihre Wahl der Paarung begründen und ihre jeweilige Aussage erklären.

Methodisches Vorgehen
a) Die S lesen die Aussagen auf der Tafel zunächst leise für sich; dann lesen sie sich diese in PA gegenseitig laut vor. Im Plenum wird darüber gesprochen, ob die S diese Zusammenstellung als Gedicht definieren würden. Dies kann als *pre-listening activity* dienen.
b) ⊙ Anschließend lesen die S zunächst die Aufgabenstellung, dann wird der Text einmal angehört. Beim zweiten Hören machen sich die S Notizen zu den beiden Fragen, die im Anschluss im Plenum besprochen werden.
c) Die S äußern sich im Plenum über die Aussagen auf der Tafel. Ggf. kann eine **Murmelphase** in PA vorgeschaltet werden.

Differenzierung △ Zu b): Beim Hörverstehen können die S in zwei Gruppen eingeteilt werden und sich jeweils nur auf eine Frage konzentrieren.
Zu c): Für leistungsschwächere S ist es sinnvoll, sich vor der Beantwortung von Aufgabe c) Notizen zu machen bzw. ausreichend Zeit zu erhalten, um sich eines der Statements auszusuchen und die Auswahl zu begründen.

Introduction / TS 1

Vertiefung — Vielleicht haben die S in ihrer Schulzeit ein Gedicht auswendig gelernt? Dies kann in der Klasse besprochen werden, z. B. worum es dabei ging; ob es den S leicht oder schwer fällt, auswendig zu lernen; ob ihnen spontan Textpassagen aus einem Gedicht oder einem Lied einfallen, die sie abgespeichert haben; …

Tipps für junge Lehrer/innen — Das laute Lesen von Texten ist allgemein nur dann sinnvoll, wenn die S es zuvor geübt haben. Dies kann in mehreren Schritten erfolgen: zunächst stilles Lesen, dann murmelndes Lesen in EA, gefolgt von lauterem Vorlesen für den Partner, der an dieser Stelle korrigieren kann und darf. Anschließend können die Paare in 4er-Gruppen zusammengefasst werden und als „Mini-Wettbewerb" wird bestimmt, wer in der Gruppe den Text am besten vorlesen kann.

Lösung
a) Lösungsvorschlag: *Yes, he's right because the sign makes you stop and think. You can't just read it; you have to read it slowly and think about every single part.*
No, he isn't right, because poems usually rhyme. The only thing that holds this sign together is the form: one word to start with, then the advice for life.
b) 1. *Jon likes poems because every word counts; there's no music that gets in the way. It sticks in your head; you think about the words again and again.* 2. *Mario is more interested in music or the combination of words and music.*
c) Individuelle S-Lösungen.

S. 46 2 Your turn: Poems and songs in your life → Diff pool △ 120/1
WRITING

Wortschatz — *(song) lyrics* (pl), *to sing along, to rhyme, advert*

Materialien — ggf. Folie 3/6

Methodisches Vorgehen
a) Die S erhalten kurz Gelegenheit, sich die Statements durchzulesen und zu entscheiden, welche auf sie zutreffen. Anschließend werden zwei S nach vorne geholt, die abwechselnd die Aussagen vorlesen und die Klasse um Handzeichen bitten, wenn eine Aussage zutrifft. Anschließend werden die Extremwerte dieser Mini-Umfrage herausgegriffen und im Plenum besprochen. Da es sich in erster Linie um einen Sprechanlass als Einführung in das Thema handelt, sollte den S ausreichend Gelegenheit gegeben werden, ihre eigenen Erfahrungen mit Gedichten und Liedern zu versprachlichen.
b) Die S sehen sich nochmals die Aussagen auf der Tafel aus Aufgabe 1 an. Ggf. kann L **Folie 3/6** erneut auflegen. Die S überlegen sich eigene Lebensweisheiten mit den vorgegebenen oder mit neuen Verben. Zur Ergebnissicherung eignet sich das **Blitzlicht**-Verfahren, bei dem die S der Reihe nach je eine Lebensweisheit im Plenum vortragen. Diese bleiben unkommentiert.

Differenzierung
> △ **Diff pool p. 120/1 Your turn: Poems and songs in your life** → Help with Introduction, p. 46/2b)
>
> **Methodisches Vorgehen:** Diejenigen S, denen es schwerfällt, eigene Ideen zu entwickeln, finden im *Diff pool* Anregungen für weitere Lebensweisheiten nach demselben Muster.

Tipps für junge Lehrer/innen — In dieser Altersstufe kann es vorkommen, dass die S nicht über ihre persönlichen Vorlieben sprechen wollen. So geben z. B. manche S ungern zu, dass sie selbst Gedichte schreiben. Das UG kann daher auch in eine PA oder GA umgewandelt werden, damit einzelne S sich weniger exponiert fühlen.

Lösung — a) + b) Individuelle S-Lösungen.

TS 1 Station 1 Poems

Station 1 Poems

Say it with a poem!

S. 47
READING
→ S 1/19
L 2/4

3 Happy Poem by James Carter (b. 1959)

Wortschatz rainbow, dolphin, bare, sunflower, peach, spoon, honey, tune, lazy

Materialien Schüler-Audio-CD 1, Track 19; Lehrer-Audio-CD 2, Track 4

Einstieg SB geschlossen. L zeichnet einen Regenbogen an die Tafel und fragt die S: *When you think about a rainbow, what comes to your mind?* Die S nennen Assoziationen, die um den Regenbogen herum notiert werden. Als Fazit sollte darüber gesprochen werden, ob diese Assoziationen eher positiv oder eher negativ sind. Dann erst wird das Buch geöffnet und die erste Strophe des Gedichts bearbeitet. Denkbar ist auch, dass L das Gedicht (oder nur die erste Strophe) bei noch geschlossenem SB vorspielt oder auch selbst vorträgt.

Methodisches Vorgehen Die S lesen das Gedicht leise für sich. Anschließend werden sie gebeten, das SB zu schließen und zu berichten, welche Bilder sie nun im Kopf haben bzw. an welche Formulierungen sie sich noch erinnern können. Dies stellt auch einen Rückbezug zum HV-Text auf S. 28 her (*It sticks in your head* and *you think about it again and again*). Anschließend wird die Fragestellung gemeinsam im Plenum besprochen. Eventuell kann an dieser Stelle bereits Aufgabe 5b) vorbereitet und an der Tafel festgehalten werden.

Vertiefung Je nach Einstieg können die S dazu angeregt werden, das Gedicht selbst auf geeignete Weise vorzutragen.

Tipps für junge Lehrer/innen Da Lehrkräfte immer auch als Sprachmuster für die S agieren, bietet es sich an, gelegentlich auch einen kleinen „Auftritt" im Englischunterricht einzustreuen. Dabei sollte L unbedingt darauf achten, dass die Situation „zelebriert" wird und nicht im Alltagslärm untergeht.

Lösung Lösungsvorschlag: *A rainbow has many different colours. Normally, there's a rainbow when the sun comes out. So we feel happy because the weather is nice again.*
A bee can fly so it seems to be free and happy. Bees also make honey, which is sweet and makes us happy.
Dolphins can be 'happy things' because it's great to watch them swimming in the sea. They're very clever animals too, and they can make happy sounds. They can also jump – and little children sometimes jump when they're happy.

S. 47
READING

4 The structure of poems: Some basics → S7, 15

Wortschatz to read / sing out loud

Einstieg Die S lesen die *Skills*-Box. Der Inhalt kann ebenso über einen Lehrervortrag bzw. am konkreten Beispiel ohne Zuhilfenahme des Buchs vermittelt werden.

Methodisches Vorgehen Die S bearbeiten der Reihe nach die Aufgaben 1–3. Anschließend werden die Ergebnisse im Plenum besprochen. Vor allem bei der Frage der Betonung wird es zu einigen Abweichungen und unterschiedlichen Auffassungen kommen.

Vertiefung An dieser Stelle kann thematisiert werden, wie sich die Betonung bzw. das Setzen von Pausen auf die Wahrnehmung eines Gedichts auswirkt. Die S können z. B. aufgefordert werden, das Gedicht möglichst monoton oder „leiernd" vorzutragen. Wodurch kommt diese Wirkung zustande?

Poems **Station 1** / **TS 1**

Tipps für junge Lehrer/innen — Die S werden evtl. aufstöhnen, wenn sie das Gedicht abschreiben sollen. Deshalb sollte L unbedingt erklären, dass das Abschreiben zum einen dem Kennenlernen des Gedichts dient, zum anderen aber auch als Ausgangspunkt für die nächsten Aufgaben im Heft benötigt wird (*rhyme scheme* sowie eigene Textproduktion).

Lösung
1. *rhyme scheme:* ABCB; DEFE; GHIH; JKLK; MNON
3. *stress:*
Verse 1: <u>Hap</u>py – <u>rain</u>bow / <u>Hap</u>py – <u>bee</u> / <u>Hap</u>py – <u>dol</u>phin / <u>Splash</u>ing – <u>sea</u>
Verse 2: <u>Hap</u>py – <u>feet</u> / <u>Run</u>ning – <u>beach</u> / <u>Hap</u>py – <u>sun</u> / <u>Hap</u>py – <u>peach</u>
Verse 3: <u>Hap</u>py – <u>pop</u>py / <u>Hap</u>py – <u>spoon</u> / <u>Drip</u>ping – <u>hon</u>ey / <u>Hap</u>py – <u>June</u>
Verse 4: <u>Hap</u>py – <u>ban</u>jo / <u>Pluck</u>ing – <u>tune</u> / <u>Hap</u>py – <u>Sun</u>day / <u>La</u>zy – <u>af</u>ter<u>noon</u>
Verse 5: <u>Hap</u>py – <u>mem</u>ory / <u>Shared</u> – <u>two</u> / <u>Hap</u>py – <u>me</u> / <u>I'm</u> – <u>you</u>

S. 47 WRITING

5 Your turn: What makes you happy? → S4; Diff pool △ 120/2

Materialien — ggf. KV 41: Poems

Einstieg — Wenn nicht bereits als Einstieg in das Gedicht geschehen, schreibt L *Happy as …* an die Tafel; die S vervollständigen den Satz mit ihren eigenen Assoziationen. Alternativ kann L auch an jeden S einen Zettel austeilen, auf dem *Happy as …* steht. Die S bewegen sich durch den Klassenraum, lesen sich ihre Assoziationen gegenseitig vor und erläutern diese (**Marktplatz**). Nach jedem Kontakt werden die Zettel ausgetauscht und mit einem neuen Partner besprochen. Nach fünf Kontakten setzen sich die S wieder.

Methodisches Vorgehen
a) Die S diskutieren die Fragestellung in PA.
b) Anschließend erstellen die S eine Mindmap mit *happy words*. Im Vergleich werden Unterschiede und Gemeinsamkeiten ermittelt.
c) + d) Zusammen mit dem Einstieg haben die S nun ausreichend Material, um ihre eigenen Gedichtzeilen verfassen zu können.

Differenzierung

> △ **Diff pool p. 120/2 Your turn: What makes you happy?** → Help with Station 1, p. 47/5c) + d)
>
> **Methodisches Vorgehen:** Weniger kreative S erhalten in der Aufgabe im *Diff pool* Reimwörter als Hilfestellung. Außerdem werden *Useful phrases* angeboten, damit sich auch leistungsschwächere S dazu äußern können, warum sie das Gedicht auf eine bestimmte Weise verändert haben.

Vertiefung — Ggf. kann hier der Begriff des *simile* eingeführt werden.
Aufgabe 2 auf **KV 41: Poems** bietet eine vertiefende Schreibaufgabe, in der die S ein *recipe for happiness* schreiben sollen. Sie eignet sich auch sehr gut als HA.

Tipps für junge Lehrer/innen — Falls die S wenig kreativ sind und keine eigenen Ideen beitragen können oder wollen, bietet es sich an, entweder eine eigene Liste in der Hinterhand zu haben bzw. Bilder und Werbeanzeigen mitzubringen, die fröhliche Menschen und Landschaften zeigen. Die S können auch als Zwischenschritt dazu aufgefordert werden, an einen wirklich schönen Traum zu denken oder an eine Situation, in der sie besonders fröhlich waren. Dabei sollte jedoch betont werden, dass man diese nicht hinterher in der Klasse bespricht.

Lösung
a) + b) Individuelle S-Lösungen.
c) Lösungsvorschlag:

Happy as a swimmer	Happy as a customer	Happy as a garden
Swimming in the sea	Finding something nice	With flowers in spring
Happy as a sunflower	Happy as a pullover	Happy as a child
Feeding a nice bee	Just the right size	Happy when I sing!

d) Individuelle S-Lösungen.

TS 1 — Station 1 — Poems

S. 48
READING
→ S 1/20
L 2/5

6 Understanding poems → WB 29/1; S7, 19–21

Wortschatz: arrow, to shoot, shot, shot (at), air, to fly, flew, flown, sight, flight, oak

Materialien: Schüler-Audio-CD 1, Track 20; Lehrer-Audio-CD 2, Track 5

Methodisches Vorgehen:
a) SB geschlossen. Das Gedicht wird von CD vorgespielt bzw. von L rezitiert. Die S beschreiben dann die Bilder, die sie im Kopf haben. Erste Spekulationen, worum es in dem Gedicht gehen könnte, werden verglichen.

b) SB geöffnet. Die S lesen nun das Gedicht sowie die *Useful phrases*. Im Plenum werden die Spekulationen des Einstiegs vertieft. Hierbei sollte der Begriff *lyrical I* eingeführt werden. Dann erfolgt die Aufteilung in Paare oder Kleingruppen und die Verteilung der Strophen 1–3. Die S sollten vor der Besprechung ihre Textzeilen noch einmal in der Gruppe laut lesen. Anschließend erfolgt der Vergleich der Ergebnisse in drei Schritten (Zeilen 1–4, 5–8 sowie 9–12).

Tipps für junge Lehrer/innen: Die Gruppeneinteilung sollte zügig vorgenommen werden. Am schnellsten geht das durch klare Vorgaben, die z. B. an der Tafel festgehalten werden. L sollte sicher stellen, dass auch wirklich jede Strophe bearbeitet wird.

Lösung:
a) Individuelle S-Lösungen.
b) Lösungsvorschlag:

Lines 1–4:
The lyrical I shoots an arrow into the air; it flies so fast that he can't see where it goes; the lyrical I doesn't know where it came down; the arrow is lost. Maybe the lyrical I is trying to reach somebody with the arrow. Maybe he wants to find love / a friend.

Lines 5–8:
The lyrical I sings a song; the song is gone; nobody can see where the song went; maybe the song is lost. Maybe the lyrical I is trying to reach somebody with the song. Maybe he wants to find love / a friend.

Lines 9–12:
The lyrical I finds the arrow again in a tree; it isn't broken; he finds the song too; it's still whole (from beginning to end); it's in the heart of a friend. The tree stops the arrow. It doesn't reach its goal. The song reaches its goal (the heart of a friend). This means a song can be more powerful than an arrow.

S. 48
READING

7 Taking a second look → Diff pool △ 120/3

Wortschatz: direct, simple

Methodisches Vorgehen:
a) Die S verbleiben in den ursprünglichen Gruppen und besprechen untereinander, wie sie die einzelnen Textzeilen umformulieren könnten. Dabei geht es darum, in altersgemäßer Form zu vermitteln, dass Gedichte sich häufig nicht der Alltagssprache bedienen, sondern die Dinge nachhaltiger (auch durch die Verwendung von Bildern und Vergleichen) auszudrücken versuchen. Auch dies stellt einen Rückbezug zum HV-Text auf S. 46 dar.

b) Die S vergleichen ihre vereinfachte Version mit dem Original und evaluieren, welche Version ihnen besser gefällt und wie sich die poetische Sprache auf das Gedicht auswirkt.

Differenzierung

> △ **Diff pool p. 120/3 Taking a second look** → Instead of Station 1, p. 48/7a)
>
> **Methodisches Vorgehen:** Leistungsschwächere S können anstelle der Unitaufgabe die Aufgabe im *Diff pool* bearbeiten. Hier werden vier Textstellen aus dem Gedicht mit je zwei vereinfachten Versionen zur Auswahl vorgegeben.
>
> **Lösung:** Individuelle S-Lösungen.

Songs | Station 2 | **TS 1**

Tipps für junge Lehrer/innen	Bei dieser Aufgabe ist es durchaus möglich, dass die S die „altmodische" Sprache des Gedichts nicht mögen und sich zu einer neuen, vereinfachten Variante bekennen. Negative Aussagen können aber auch hervorragend als Sprechanlässe genutzt werden.
Lösung	a) Lösungsvorschlag:

Original version	Simpler version
… I knew not where (l. 2)	… I didn't know / I had no idea where it fell.
For, so swiftly it flew … (l. 3)	Because it was so fast …
… the sight could not follow it in its flight (ll. 3–4)	… it flew too fast for the human eye.
For who has sight so keen and strong, that it can follow the flight of song? (ll. 7–8)	Whose eyes are so perfect that they can see how a song travels?
I found the arrow, still unbroke. (l. 10)	I found the arrow and it wasn't broken.
And the song, from beginning to end … (l. 11)	And the whole song …

b) Lösungsvorschlag:
- The original language is shorter and more beautiful.
- Nobody speaks like this; it's just language that you find in writing.
- The original language makes the poem special because we can see that the writer has thought about it for a long time. When he uses this special language, it becomes something that not just anyone can write.

S. 48 WRITING	**8 Your turn: Your idea of friendship**
Einstieg	SB geschlossen. Die beiden Gedichtzeilen werden an die Tafel geschrieben. L fordert die S auf, sich ein Bild zu überlegen und zu beschreiben, das zu diesen beiden Zeilen passen würde.
Methodisches Vorgehen	SB geöffnet. Die S versprachlichen zunächst, wie das Foto im Buch zu den Gedichtzeilen passt und vergleichen ihre zuvor beschriebenen Bilder. Welches Bild passt am besten? Anschließend erhalten die S Gelegenheit, eigene Ideen zu Freundschaft aufzuschreiben. Vor der Verschriftlichung sollte L die S auf jeden Fall darauf hinweisen, dass der eigene Text in Prosa verfasst werden soll, also keine Fortsetzung des Gedichts erwartet wird.
Tipps für junge Lehrer/innen	Das Auswendiglernen kleinerer Textpassagen kann dadurch erfolgen, dass diese zunächst an die Tafel geschrieben und von einzelnen S vorgelesen werden. Dabei wischt L immer wieder einzelne Wörter weg, so dass die S beim weiteren Lesen am Ende einen lückenhaften Text vor sich sehen, jedoch trotzdem den Gesamttext „vorlesen". Wer traut sich, den Text von der ganz leeren Tafel „abzulesen"?
Lösung	Lösungsvorschlag: *In my friend's heart, I'd like to find the sound of my voice. I'd also like to find a picture of me. Of course, a memory of our day in the park and the games we played there would be nice too. I hope there will always be happiness in my friend's heart.*

Station 2 Songs

Say it with a song!

S. 49 LISTENING → L 2/6	**9 Count on me** by Bruno Mars (b. 1985) → S19–21
Wortschatz	stuck in the middle of …, to sail, to guide, to be made of, to be called to do sth, to remind (sb of sth / sb), to cry

95

TS 1 — Station 2 — Songs

Materialien	Lehrer-Audio-CD 2, Track 6
Einstieg	SB geschlossen. Im UG wird zunächst gesammelt, worauf die S achten sollten, wenn sie ein Lied zum ersten Mal hören. Anschließend wird das SB geöffnet und die S-Ideen mit den Hinweisen in der *Skills*-Box verglichen.
Methodisches Vorgehen	⊙ Je nach Leistungsstand der Klasse kann das Lied bei geschlossenem SB einmal vorgespielt werden. Dabei haben die S die Aufgabe, auf *key words* und auf Reime, aber auch auf die Musik sowie das Zusammenwirken von Musik und Botschaft zu achten. Dies kann ggf. gruppenteilig erfolgen, da es eine Überforderung darstellen könnte, alle diese Aspekte gleichzeitig zu sammeln bzw. zu beobachten. Anschließend werden Ideen gesammelt und verglichen. Je nach Reichhaltigkeit der Ergebnisse wird das Lied bei geöffnetem SB ein weiteres Mal angespielt. Die S lesen den Text dabei mit und konzentrieren sich idealerweise auf eine andere Aufgabenstellung als beim ersten Hören. Bei der Besprechung der Ergebnisse ist darauf zu achten, dass die S neben inhaltlichen Aspekten vor allem auch ihrem Bauchgefühl Ausdruck verleihen können.
Vertiefung	Die S können versuchen, eine Verbindung zwischen den beiden Gedichten in *Station 1* und dem Lied herzustellen, z. B. über die Themen *happiness* oder *friendship*. Was sind Gemeinsamkeiten, wo liegen Unterschiede?
Tipps für junge Lehrer/innen	Wenn L mit gutem Beispiel vorangeht oder dies zulässt, ist es auch in dieser Altersstufe möglich, dass die S Teile eines Liedes mitsummen oder mitsingen. L sollte offensiv dazu einladen.
Lösung	Individuelle S-Lösungen.

S. 50 — READING
10 Understanding the song → Diff pool △ 121/4

Wortschatz	*play on words*
Materialien	3 Plakate mit den Interpretationsmöglichkeiten; 1 leeres Plakat
Methodisches Vorgehen	a) SB geschlossen. Sofern dies noch nicht in Aufgabe 9 erörtert wurde, diskutieren die S im UG, ob ihnen der Song gefällt, und ob die Musik mit der Botschaft des Songs zusammenpasst. b) Die drei Interpretationsmöglichkeiten werden auf Plakaten in drei Ecken des Klassenraumes aufgehängt. In der vierten Ecke hängt ein leeres Plakat. Die S bekommen genügend Zeit, im Klassenraum herumzugehen und sich bei der Interpretation, die ihrer Meinung nach am besten passt, zu positionieren. Gemeinsam mit den S, die sich genauso entschieden haben, versuchen sie, ihre Entscheidung zu begründen und notieren die Gründe auf dem Plakat. Die S, die sich am leeren Plakat positioniert haben, schreiben eine eigene kurze Interpretation der Textzeile auf das Plakat. c) ✏ Die S bearbeiten die Aufgabe zunächst in EA. Danach gleichen sie ihre Ergebnisse mit einem Partner ab. d) ✏ Die Aufgabe eignet sich gut als HA. Da es sich um sehr persönliche Aussagen handelt, sollte die Besprechung im geschützten Raum in PA erfolgen. Aussagen im Plenum sollten nur auf freiwilliger Basis getätigt werden.
Differenzierung	▲ Zu b): Leistungsstärkere S können dazu angeregt werden, sich bei dem leeren Plakat zu positionieren und eine eigene Interpretation der Textzeile zu schreiben.

Songs **Station 2** **TS 1**

> △ **Diff pool p. 121/4 Trouble usually finds me ...** → After Station 2, p. 50/10d)
>
> **Methodisches Vorgehen:** 👥 ✏ Diejenigen S, die Probleme damit haben, die bildliche Sprache des Songs zu verstehen, bearbeiten diese Aufgabe zur vertiefenden Übung. Die Aufgabe kann außerdem für alle S zur Wiederholung der *conditional clauses* eingesetzt werden
>
> **Lösungsvorschlag:** 1. *know what you are made of; be there for your friends; count on me – If I help my classmate with that bully, the bully will know what I'm made of!* 2. *be lost in the dark; be stuck in the middle of the sea – If I woke up in a part of the city I didn't know at all, I'd feel like I was lost in the dark.* 3. *need a shoulder to cry on – If I had the worst mark in class, I'd need a shoulder to cry on.* 4. *be there for your friends; count on me – If my friends need my help, they can always count on me.* 5. *need a shoulder to cry on – If I wanted to be a singer and people told me that I had no talent, I'd need a shoulder to cry on.* 6. *be the light to guide your friend – I'd be the light to guide my friend if he/she needed help with something I'm good at.*

Lösung
a) Individuelle S-Lösungen.
b) Lösungsvorschlag: *Definition C matches this line best because these three numbers also stand for counting before something surprising or important happens. So in this song, the singer promises to be there when you need him – you just count to three, and here he is. My idea is that waiting for a friend is like a countdown because in the song, the singer also counts backwards, but with him you don't have to wait long.*
c) 1. *stuck in the middle of the sea* 2. *what they're made of* 3. *be there* 4. *light to guide you*
d) Lösungsvorschlag: 1. *... in the middle of the sea, you can come to me and we'll find a way out of your problem together.* 2. *... I'll be there to hold you and to help you.* 3. *... you need someone to help you or when other people don't believe in you.* 4. *... that I'm your best friend and that I'm always there for you, just think of this song and you'll remember – you've got a friend.*

S. 50 **11 What makes a song catchy?** → WB 29/2; S3
VOCABULARY

Wortschatz *catchy, to dance to, to keep one's feet or hands still, over and over again, to get sth out of one's head, melody, You can do it!, to survive, to fall down, to die, champion*

Materialien einige Beispiele von *catchy songs*; KV 42: Present a song

Einstieg 3–4 (leistungsstärkere) S erhalten in der vorhergehenden Stunde den Auftrag, ein Lied mitzubringen, das sie mögen. Die Auflage ist, dass dieses Lied möglichst „Ohrwurmqualitäten" haben muss. Zur Vorbereitung einer kurzen Präsentation der Lieder erhalten diese S **KV 42: Present a song**. In der nächsten Stunde stellen sie ihr Lied eigenständig vor und führen in der Lehrerrolle durch die Aufgaben a) und b).

Methodisches Vorgehen
a) + b) 👥 In PA überlegen sich die S, welche der genannten Kriterien zu den vorgestellten Liedern passen. Die Kriterien können dann ggf. nach Wichtigkeit geordnet werden.
c) 👥 ✏ Anschließend überlegen sich die beiden Partner Textzeilen zu einem Lied, das zu den beiden Kategorien passen könnte.

Vertiefung Gemeinsam können weitere „Leitmotive" von Liedern gefunden werden, z. B. *love, sadness, lost love, being together, celebrating*. Zu einer dieser Kategorien kann dann zu Hause eine weitere Strophe getextet werden.

Tipps für junge Lehrer/innen In dieser Altersstufe unterscheidet sich der Musikgeschmack der S bereits erheblich, und die Toleranz, sich auf eine andere als die eigene Stilrichtung einzulassen, ist mitunter sehr gering. Trotzdem ist es ein sinnvolles Ritual, im Jahresverlauf jede Woche von einem anderen S ein Lied vorstellen zu lassen, wobei sowohl auf die Musik als auch auf die Botschaft eingegangen werden sollte. Denkbar ist auch, dass die S anhand der Lieder jeweils fünf neue Vokabeln vermitteln müssen.

TS 1 — Options — Poems and songs

Lösung a) + b) Individuelle S-Lösungen.

c) Lösungsvorschlag:

1. *I know we will fight / Oh yes, that's right, / We know you can't choose / If you win or lose. / But even if we fall down, / At the end we'll hold the crown!*

2. *Tonight I had a super dream: / The sun was shining, I wanted to scream / Because we all had so much fun / Sitting together in the sun. / And we were laughing, we were free, / And when I wake up, that's where I wanna be, / Oh baby, that's where I wanna be … together with you, happy and free.*

Options Poems and songs

S. 51 12 Poem and song options → WB 30/3–4, Diff pool △ 121/5

Materialien Schüler-Audio-CD 1, Track 21–22; Lehrer-Audio-CD 2, Track 7–8

Einstieg L: *Now you know a lot about poems and songs. Imagine you could choose how to continue working with them – what would you like to do?* Im Plenum werden mögliche Aufgaben genannt.

Methodisches Vorgehen a) + b) Da es sich hier um das erste *Text smart* handelt, sollten die S zunächst das Konzept der *Options* verstehen. Die Klasse erhält die Möglichkeit, alle Aufgaben auf S. 33 durchzulesen und zu vergleichen. Daraufhin sollten die S frei entscheiden können, mit welcher Aufgabe sie sich alleine oder mit einem Partner beschäftigen möchten. Es ist hier nicht sinnvoll, die Aufgaben so zu verteilen, dass zwingend alle einmal abgedeckt sind. *Options* bedeutet unter Umständen auch, dass einzelne Aufgaben in diesem Schuljahr unbearbeitet bleiben (und damit vielleicht zu einem späteren Zeitpunkt eingesetzt werden können).

Als Zeitpunkt für die Anbahnung der *Options* bieten sich die letzten 15 Minuten einer Unterrichtsstunde an. Die S sollten dann ihre Aufgabe wählen und sich kurz einarbeiten. Aufgrund der unterschiedlichen Aufgabenstellungen bietet es sich aber auch an, einen Großteil der Bearbeitung in die häusliche Arbeitszeit zu verlegen, z. B. die Vorbereitung einer Präsentation, die dann zu Beginn der Folgestunde besprochen und zusammengeführt werden kann. Der Zeitbedarf der *Options* unterscheidet sich zwar, ist jedoch so konzipiert, dass 30 Minuten nicht überschritten werden sollten. Im Anschluss an die kurze Phase der Zusammenführung in der Folgestunde erfolgt dann die Präsentationsphase, in der ausgewählte Ergebnisse präsentiert werden.

→ S 1/21
 L 2/7   **Option A:**
Die S lesen bzw. hören das Gedicht. In einem ersten Schritt überlegen sie sich Gründe für das Fortgehen des Freundes und machen sich dazu Notizen. In einem zweiten Schritt schreiben sie eine kurze Hintergrundgeschichte.

Option B:
Die S sehen sich die entsprechenden Fotos im SB an und erklären, inwiefern diese zu den dazugehörigen Texten oder Themen passen. Dann überlegen sie sich, welches Lied zu dem Bild auf S. 51 passen könnte.

Option C:
Die S suchen sich einen Song aus, den sie der Klasse präsentieren.

→ S 1/22
 L 2/8   **Option D:**
Die S lernen das Gedicht auswendig und tragen es mit einer angemessenen Betonung vor.

Differenzierung △ **Diff pool p. 121/5 Poem and song options** → Help with Options, p. 51/12

Methodisches Vorgehen: Leistungsschwächere S erhalten Vokabelhilfen bzw. Tipps zur Bearbeitung der *Options*. Dies beugt möglichen Frustrationserlebnissen vor.

Poems and songs | **Options** | **TS 1**

Vertiefung
Eine nicht gewählte *Option* kann gemeinsam im Plenum bearbeitet werden, z. B. das Auswendiglernen des Gedichts (*Option D*), das mit der gesamten Klasse durchgeführt wird.
Die S werden aufgefordert, weitere Bilder (*Option B*) mitzubringen, anhand derer in der Klasse Assoziationen und Lieder zusammengetragen und besprochen werden.

Tipps für junge Lehrer/innen
Rituale sind ein wichtiger Bestandteil des Englischunterrichts. Bilder und Lieder eignen sich hierfür hervorragend. Die S können beispielsweise in einer bestimmten Stunde in der Woche *the picture of the day* oder auch *the person of the week* vorstellen.

Lösung

Option A:
Lösungsvorschlag: **Ideas:** *The friend went away because …*
– *he wasn't happy with the friendship any longer.*
– *he had to find a new job in another country.*
– *he felt the friendship stopped him from meeting new people.*
– *he found a girlfriend.*
– *he was angry with his friend.*
Story: Tom and I were best friends for years. We first met at the sports club. We both loved football. It didn't take very long until we also met outside the club. We went to football matches together, went out at the weekend, and even got to know each other's parents. But then it happened: One evening, I met Julia. She was so beautiful! We started going out together, and I simply couldn't tell Tom about her. I didn't want him to be jealous. The situation was getting really more and more complicated because I had less time for Tom and I had to plan things really carefully so Tom and Julia wouldn't meet. In the end, I decided it would be a lot easier to just go away.

Option B:
Lösungsvorschlag: *Pictures to go with the exercises …*
Ex. 3 – The young man is happy, and it's a happy poem. He's on the beach and has no shoes on. You find both things in the poem too. Maybe it's in summer; the poem also talks about the month of June. The poem also mentions "splashing in the sea".
Ex. 8 – The picture shows four young people. They're standing very close together and are smiling at the camera. They seem to be friends.
Ex. 9 – In the picture we can see Bruno Mars with his guitar. He's performing his song (he's holding a microphone). He's also wearing a hat and a very colourful shirt.
Ex. 11 – The two pictures underline the aspects of "not giving up" in sports and "happiness". The woman is celebrating a successful tennis match, and five friends, who are probably on holiday, are taking a selfie.
Lösungsvorschlag: *The song I'd choose to go with the picture on p. 33 is "Somewhere over the rainbow" because it has a beautiful rainbow in it.*

Options C + D:
Individuelle S-Lösungen.

AC 2

Across cultures 2 Reacting to a new situation

Didaktisches Inhaltsverzeichnis

Kompetenzziele	Sprachliche Mittel	Materialien
Across cultures 2 (S. 52–53)		
VIEWING Eine Filmsequenz verstehen und Schlüsselbegriffe daraus notieren; zwei Versionen einer Szene vergleichen und bewerten **SPEAKING** *Role play:* Eine Filmsequenz nachspielen	**VOCABULARY** Word bank: Talking about food Word bank: Describing reactions Polite and impolite phrases	– Lehrer-DVD 3, Film 2 – WB 33/1–2 – Skills, S3–4, S. 135–136; S17, S. 144–145; S22–23, S. 147–148 – Folie 3/7: Warm-up: Talking about food; Folie 3/8: Breakfast with the host family – KV 43: Reacting to a new situation; KV 44: Food and eating customs

S. 52 **1 Warm-up: Talking about food** → WB 33/1; S3–4

VOCABULARY

Wortschatz *plate, mug, cup, knife, knives (pl), fork, bread roll, butter, jam, marmalade, muesli, ham, sausage, sugar*

Materialien Folie 3/7

Einstieg SB geschlossen. L reaktiviert das Vorwissen der S mit der Frage: *What do you know about British food?* Ggf. kann eine Mindmap an der Tafel erstellt werden und mehrere S ergänzen nacheinander alle Begriffe, die ihnen zu dem Thema *British food* einfallen.

Methodisches Vorgehen

a) 👥 Nachdem L das Vorwissen der S über britische Essgewohnheiten reaktiviert hat, wird **Folie 3/7** aufgelegt. Abbildung B bleibt zunächst noch abgedeckt. L: *What can you see in the picture? Do you think that this picture is of a British meal or a German meal? Why do you think so?* Die S beschreiben das Foto und äußern ihre Vermutungen. Unbekannte Wörter (z. B. aus der *Word bank* im SB) werden an der Tafel (ggf. in der bereits begonnenen Mindmap) gesammelt. Anschließend wird das zweite Foto aufgedeckt und die S beschreiben und ordnen dieses Bild ein. L: *Which breakfast would you prefer? Has anyone already tried an English breakfast?*

b) Die S befragen sich gegenseitig zu ihren Frühstücksgewohnheiten und vergleichen diese. Dies kann im UG erfolgen oder als **Marktplatz**, indem die S durch den Klassenraum gehen, andere S nach ihren Gewohnheiten fragen und sich diese kurz notieren. Die Ergebnisse werden im Plenum zusammengetragen.

c) L fragt im UG, was die S über andere Frühstückstraditionen wissen. Die S beschreiben die entsprechende Tradition kurz. Falls keinem S eine andere Frühstückstradition einfällt, gibt L Impulse zu anderen Ländern (z. B. *What's typical for a French breakfast? Have you ever had breakfast in another country? What was it like?*).

Lösung

a) ***Picture A:*** *There's a breakfast table with toast, jam, honey and some butter. A woman is pouring tea into a cup.*
Picture B: *The picture shows a plate with sausages, baked beans, a fried egg, grilled tomatoes and bacon.*

b) Individuelle S-Lösungen.

c) Lösungsvorschlag: **France:** *croissant, jam, coffee;* **Sweden:** *bread rolls, eggs, fish;* **China:** *rice / noodle soup, green tea, etc.*

AC 2

S. 52
SPEAKING

2 Your turn: Your experiences

Einstieg L leitet zum nächsten Thema über, indem er ggf. selbst von einer Situation erzählt, in der das Essen zum „Problem" wurde und wie er darauf reagiert hat. Dieses Beispiel hilft den S, sich selbst an ihre Erlebnisse zu erinnern.

Methodisches Vorgehen
a) Die S sprechen in PA über die Situation, von jemandem Essen angeboten zu bekommen, das sie nicht mögen und erzählen, wie sie sich (falls bereits erlebt) gefühlt haben und wie sie reagiert haben bzw. reagieren würden.

b) S2 gibt ein kurzes Feedback, ob er/sie die Reaktion von S1 als angemessen empfindet. Falls nicht, schlägt S2 eine alternative Reaktion/Lösung vor. Diese Aufgabe kann ggf. als **Kugellager** durchgeführt werden, indem Aufgabe a) und b) zusammengefasst werden. Dafür bilden die S stehend einen inneren und einen äußeren Kreis. Beim Ertönen des Signals rücken die S im Außenkreis einen Platz weiter und beginnen ein Gespräch mit dem neuen Partner. Nach Abschluss der PA fragt L: *Which experience did you find especially interesting?* 1–2 S äußern ihre Meinung im Plenum.

Differenzierung
▲ Sehr schnelle S benötigen ggf. neue Sprechimpulse. In Vorbereitung auf die Filmsequenz können diese S sich überlegen, wie sie selbst reagieren würden, wenn plötzlich ein traditionelles englisches Frühstück vor ihnen steht (vgl. S. 52, Standbild B).

△ Diejenigen S, denen keine Erlebnisse einfallen oder die Schwierigkeiten haben, ihre Erlebnisse zu formulieren, können durch Sprechimpulse von L zu einer Unterhaltung angeregt werden (z. B. durch *prompt cards*, auf denen eine „Problemsituation" geschildert und passendes Vokabular vorgegeben wird).

Lösung a) + b) Individuelle S-Lösungen.

S. 52
VIEWING

3 Breakfast with the host family (1) → S22–23

Materialien Lehrer-DVD 3, Film 2

Film-Transkript
→ DVD 3/2

INT. DINING ROOM – DAY
A nicely decorated dining room. Two young men, STEFFEN and BRAD, sit at the breakfast table, set with four mugs, four small plates, a jar of milk and knives and forks.
EDWARD puts toast and butter on the table. His mum, MRS DAWSON, brings over a large pot of tea. LAURA looks directly into the camera.

Laura: Hi! Have you ever stayed with a family in another country? Steffen from Germany is staying with the Dawsons for a few weeks in London. He arrived last night with Brad, another exchange student from the United States. This is their first breakfast with the host family. It's Sunday morning.

AT THE BREAKFAST TABLE
Mrs Dawson: I hope you both slept well?
Steffen: Yes, thank you!
Brad: I found it hard to fall asleep. It's probably jet-lag. It's 5 a.m. in Michigan now.
He looks at his watch.
Edward: You must be knackered! Lucky we don't have school today.
Mrs Dawson pours some milk into Brad's mug. She notices that Brad and Steffen look a bit surprised.
Mrs Dawson: Oh, is tea OK? Would you like anything else?
Brad: I usually drink milk at breakfast but I'll try some tea.
Mrs Dawson adds some tea to Brad's mug.
Mrs Dawson: What about you, Steffen?
Steffen: I normally have ... I don't know if you have it here ... I have cold milk mixed with ... chocolate powder. But I'm sure English tea is nice too.

101

AC 2

Mrs Dawson: Pass me your mug, please. Just let me know if you don't like it. It's not a problem! Try some milk with it.

Steffen holds out his mug and receives some tea.

Mrs Dawson: That's how we drink it here.

Mrs Dawson hands Steffen the mug back before following Edward into the kitchen. Steffen adds milk to his tea and takes a sip.

Steffen: (to Brad) It's good! It's much stronger than the tea we have in Germany.

Edward and Mrs Dawson return with English breakfast: baked beans, tomatoes, sausages, eggs and bacon. They set the plates on the table and sit down with the others.

Mrs Dawson: Enjoy your breakfast, everyone!

Intrigued, Edward watches how Brad cuts his sausages and bacon into small pieces, puts the knife down and switches the fork to his right hand to eat.

Edward: That's funny! I heard Americans cut up their food first and then eat with the fork in their right hand. You're actually doing it!

Brad: Is that not how you eat here?

Edward: No, we hold our knife and fork like this.

Edward demonstrates how English people usually hold their cutlery (knife in right hand, fork upside down in left hand). Mrs Dawson notices Steffen staring at his hot breakfast.

Mrs Dawson: Steffen, is something wrong?

INT. DINING ROOM, NEUTRAL – DAY

Laura: What do you think Steffen is thinking? Is there a problem? Let's look at what he says to Mrs Dawson. There are two different versions of his reaction. Here's the first one:

INT. DINING ROOM – DAY (REACTION 1)

Steffen looks up from his plate and smiles at Mrs Dawson.

Steffen: Oh, no, nothing's wrong at all! It's just … I'm surprised. It's a very big plate of food! And I'm not sure if I can eat it all – but I'll try.

Steffen starts eating.

INT. DINING ROOM, NEUTRAL – DAY

Laura: And here comes the second version of Steffen's reaction.

INT. DINING ROOM – DAY (REACTION 2)

Steffen looks up from his plate, very hesitant and doubtful.

Steffen: (flustered) Normally, I don't eat that much in the morning. And I don't eat hot food this early. But … I'm just not used to it.

Edward: What do you usually have then?

Steffen: Usually I have muesli or bread rolls with jam or honey.

Mrs Dawson: We have jam and honey. Do you like toast?

Steffen: Yes, I do.

Mrs Dawson: Have as much as you like.

Mrs Dawson passes Steffen the orange marmalade.

Steffen: Oh, thanks. This looks interesting.

Edward: It's orange marmalade. Don't you have it in Germany? It's great!

Steffen: We might have it in some shops. But I've never tried it.

Steffen butters some toast, spreads some marmalade on it and takes a bite.

Steffen: It's bitter. But I like it!

Brad: (cheeky grin) Steffen, if you're not eating your hot breakfast, do you mind if I help myself …?

Steffen hands over his plate.

Brad: Ah, great!

Wortschatz	*host family, exchange student, unfamiliar*
Materialien	*Folie 3/8; ggf. KV 43: Reacting to a new situation*

AC 2

Einstieg — Folie 3/8 kann als Einstimmung auf den Film eingesetzt werden, indem zunächst eines der beiden Standbilder abgedeckt bleibt. Die S beschreiben die Standbilder nacheinander und äußern erste Mutmaßungen, was die dargestellte Person jeweils gerade denken könnte und warum. L: *In your opinion, what might the boy be thinking in this situation? What feelings does he show in the picture?* (Erwartungshorizont: **Picture A:** *The picture shows a boy who is sitting at a table and looking at someone who is pouring tea into his cup. He looks relaxed but also interested; maybe he's following a conversation.* **Picture B:** *The picture shows another boy who is looking very surprised. He has his eyes wide open and seems to be worried about the food on his plate. Maybe he doesn't like the food or doesn't know what it is.*) Nach der ersten Präsentation des Films wird im Plenum abgeglichen, ob die Vermutungen sich bestätigt haben oder nicht.

Methodisches Vorgehen
a) Die S werden aufgefordert, sich beim ersten Sehen der Filmsequenz stichpunktartige Notizen zu den Grundinformationen (*Who? Where? What?*) zu machen. Nach der ersten Präsentation des Films beantworten die S die Fragen 1–3 schriftlich.
b) Die Aufgabe wird mit den Antwortmöglichkeiten laut vorgelesen und die Sequenz dann ein zweites Mal präsentiert. Die Ergebnissicherung erfolgt anschließend im Plenum.

Differenzierung — △ Aufgabe a) auf **KV 43: Reacting to a new situation** bietet ein geschlossenes Aufgabenformat zur Überprüfung des Globalverständnisses und kann von leistungsschwächeren S anstelle von Aufgabe a), Frage 3, im SB bearbeitet werden.

Lösung
a) 1. *Steffen and Brad are two exchange students from Germany and the United States.*
2. *Steffen and Brad are staying with a host family in London for a few weeks. In the film they have their first breakfast with their host family on a Sunday morning.* 3. *Brad usually drinks milk at breakfast but tries some English tea. Steffen normally drinks chocolate milk and notices after trying the English tea that it is much stronger than German tea. He is also unfamiliar with so much hot food in the morning because he usually has muesli or bread rolls with jam or honey.*
b) C. *to show different reactions to a new situation*

S. 53 — 4 Breakfast with the host family (2) → WB 33/2
VIEWING

Wortschatz — *to make angry, to upset, upset, upset, gratitude, impolite, this early, that much, to be used to (+ ing), I'm (not) sure …*

Materialien — ggf. KV 43: Reacting to a new situation; Folie 3/8

Einstieg — L: *Did you like the film? What did you find interesting?*

Methodisches Vorgehen
a) L teilt die Klasse in zwei Gruppen ein (z. B. nach Sitzreihen). Die Filmsequenz wird nochmals gezeigt. Gruppe A macht sich zu *Reaction 1* Notizen, Gruppe B zu *Reaction 2*. Mithilfe der *Word bank* beantworten die S Frage 1 und 2 mündlich. Die S der gleichen Gruppe können sich für einen kurzen Moment über die Antwortmöglichkeiten austauschen. (Falls Gruppen nach Reihen eingeteilt wurden: Die S sprechen mit dem übernächsten S links bzw. rechts von sich.) Anschließend werden die Antworten im Plenum besprochen.
b) Die S denken sich für beide Reaktionen eine passende Überschrift aus und schreiben sie auf. Die Vorschläge werden an der Tafel gesammelt und die S erklären, warum sie sich für diese Überschrift entschieden haben.
c) Die S der Gruppe A tauschen sich mit je einem Partner aus Gruppe B über die zwei verschiedenen Reaktionen aus und einigen sich, welche Reaktion am angemessensten ist (**Partnerpuzzle**). Im Anschluss tauschen sie sich über ihre eigene mögliche Reaktion in einer solchen Situation aus. L beendet die PA: *Who decided that reaction A / B is more appropriate? What would you do in Steffen's situation? Can you think of other possible reactions?*

AC 2

d) 🖉 Die S zeichnen eine Tabelle in ihr Heft mit den Spalten *More polite* und *Less polite*. Anschließend betrachten sie die zwei Standbilder auf **Folie 3/8**, ordnen die Sätze aus der Box der richtigen Spalte zu und schreiben den Buchstaben des dazugehörigen Bildes hinter den Satz. Ggf. können die Ausdrücke aus der *Word bank* in der Tabelle ergänzt werden (während der Ergebnissicherung).

Vertiefung — In den Aufgaben b) und c) auf **KV 43: Reacting to a new situation** werden die Wendungen aus Aufgabe d) im SB reaktiviert und umgewälzt.

Tipps für junge Lehrer/innen — Den S sollte verdeutlicht werden, dass das Beachten von Höflichkeitsregeln ein wesentlicher kultureller Bestandteil eines Landes ist.

Lösung
a) **Group A:** 1. Steffen notices that it's a really big hot plate with heavy food that he isn't used to in the morning. It seems difficult to him to know how to react.   2. He decides to act like nothing is wrong and says that he is just surprised that there is so much food. In order to stay polite he'll try the food.
Group B: 1. Vgl. oben, Group A.   2. Steffen decides to be honest and – without being rude – tells Mrs Dawson that he is not used to the food. She asks him what he normally eats and offers him jam, honey and toast.
b) Lösungsvorschlag: *Reaction 1: Be polite and say nothing; Reaction 2: Be honest and tell her*
c) Individuelle S-Lösungen.
d)

More polite	Less polite
– I usually drink milk but I'll try some tea. (A)	– I don't eat hot food this early. (B)
– Thank you. This looks interesting! (B)	– I can't eat that much in the morning. (B)
– I'm sure English tea is nice too. (A)	– I never drink tea. I'm not used to it. (A)
– I'm surprised. It's a very big plate of food. (B)	– What is it? I don't think I can drink it! (A)
– I'm not sure if I can eat it all but I'll try. (B)	– I don't want breakfast. (A + B)

S. 53 SPEAKING

5 Role play → S17

Materialien — Filmskript; ggf. Realien (gedeckter Frühstückstisch); ggf. KV 44: Food and eating customs

Methodisches Vorgehen — 👥👥👥 In ihren Gruppen aus Aufgabe 4 bereiten die S ihre Szene als Rollenspiel vor. Den S sollte hierfür ausreichend Zeit gegeben werden (eine Gruppe kann ggf. in einen anderen Raum ausweichen). L gibt bei Bedarf Hilfestellung.
Bevor die Szenen präsentiert werden, schreibt L Feedbackfragen an die Tafel: *What went well / not so well? What did / didn't you like? What could they improve next time?* Anschließend präsentieren die beiden Gruppen ihr Rollenspiel. Nach jeder Präsentation erfolgt ein kurzes Feedback.
Nachdem beide Szenen präsentiert wurden, kann L noch Fragen zur Selbstreflexion stellen, z. B. *Did you like your role? What skills do you feel you need to improve? What were the most difficult parts of the role play for you?*

Differenzierung — ▲ Leistungsstärkere S können das Rollenspiel abwandeln, indem sie andere Nationalitäten als die vorgegebenen annehmen (ggf. gelenkt durch *role cards*). Die übrigen S können in die Auswertung mit einbezogen werden, indem sie verschiedene Beobachtungsaufträge erhalten: *Was there a problem? What was it? What did … feel? Why?*).

Vertiefung — Nach den beiden Rollenspielen kann eine **Hot-Seat**-Phase eingebaut werden. Einer der Akteure setzt sich auf einen Stuhl vor die Klasse, um Fragen aus dem Plenum zu beantworten (z. B. *What were your feelings when …? Why did you react like this?* etc.).

AC 2

KV 44: Food and eating customs reaktiviert die hilfreichen Wendungen für eine Situation am Frühstückstisch in Aufgabe a). In den Aufgaben b)–e) wird der Kulturvergleich vertieft, indem die Perspektive auf einen britischen Austauschschüler in einer ähnlichen Situation in Deutschland (oder einem anderen Herkunftsland der S) gelenkt wird, in dessen Lage sich die S versetzen sollen.

Tipps für junge Lehrer/innen Wenn die S noch nicht wissen, wie ein differenziertes Feedback gegeben wird, können vorab Kriterien, wie Mimik, Gestik, Intonation (laut / leise) an der Tafel festgehalten werden. Außerdem sollten die S auf die **Sandwich**-Regel hingewiesen werden (1. *positive things*, 2. *things to improve*, 3. *some more positive things*). Wenn keine neuen Aspekte mehr hinzukommen, sollte das Feedback nicht unnötig in die Länge gezogen werden.

Lösung Individuelle S-Lösungen.

Unit 3 Let's go to Scotland!

Didaktisches Inhaltsverzeichnis

Kompetenzziele	Sprachliche Mittel	Materialien
Introduction (S. 54–55)		
LISTENING Eine Radiosendung verstehen; *Scotland and the UK* **SPEAKING** Über Sehenswürdigkeiten in Deutschland informieren	**VOCABULARY** Word bank: Describing photos	– ⊙ Lehrer-Audio-CD 2, Track 9–11 – WB 34/1–2 – Diff pool, S. 122/1 – Skills, S19–21, S. 146–147 – Folie 3/9: Let's go to Scotland! – KV 45a+b: Present your country; KV 46: Listening: Ideas about Scotland; KV 57: Working with vocabulary (Wortschatz Unit 3)
Station 1 (S. 56–58)		
LISTENING *Scotland's anthems*	**LANGUAGE** *present perfect progressive*	– ⊙ Lehrer-Audio-CD 2, Track 12, 15 – WB 35/3–4, 36/5, 37/6–8, 38/9 – Diff pool, S. 122–124/2–8 – Skills, S5–6, S. 136–137 – Grammar, G5, S. 159–161 – Folie 3/10: A new Holly? – KV 47a+b: Working with language; KV 48: I've been waiting for you!; KV 49: <A song: Flower of Scotland>
Station 2 (S. 59–63)		
READING Belegstellen im Text finden **WRITING** Über Sehenswürdigkeiten schreiben; <einen Reiseblog erstellen> **SPEAKING** <Einen Wissenswettbewerb durchführen>	**LANGUAGE** *passive forms; passive with by-agent*	– ⊙ Lehrer-Audio-CD 2, Track 16, 18–19 – WB 38/10–11, 39/12–14, 40/15–16 – Diff pool, S. 124–125/9–12 – Skills, S5–6, S. 136–137; S11–14, S. 140–143; S17, S. 144–145 – Grammar, G6, S. 162–163 – Folie 3/11: Holly's blog – KV 50: Working with language; KV 51: You weren't invited to the show!; KV 52: Mediation: Scottish dog breeds
Skills (S. 64)		
READING Wichtige Textmerkmale identifizieren **WRITING** Einen überzeugenden Text schreiben	**VOCABULARY** Strong adjectives	– WB 41/17–18 – Skills, S5–6, S. 136–137; S11–14, S. 140–143
Unit task (S. 65)		
Einen Reiseprospekt erstellen		– WB 42/19–20, 43/21 – KV 53: Visit Scotland!

Kompetenzziele	Sprachliche Mittel	Materialien
Story (S. 66–68)		
READING Den Höhepunkt einer Geschichte erkennen und bewerten **WRITING** Eine Episode in einer Geschichte ergänzen **SPEAKING** *Role play:* Ein Interview mit einem Reporter/einer Reporterin durchführen **MEDIATION** Eine schottische Legende nacherzählen		- Schüler-Audio-CD 1, Track 26–29 - Lehrer-Audio-CD 2, Track 20–23, 24 - WB 44/22–24 - Diff pool, S. 125/13 - Skills, S5–6, S. 136–137; S7, S. 137–139; S11–14, S. 140–143; S17, S. 144–145; S18, S. 145–146 - Folie 3/12: I don't believe in ghosts! - KV 54: I don't believe in ghosts!
Action UK! (S. 69)		
VIEWING Die Handlung einer Filmsequenz zusammenfassen		- Lehrer-DVD 3, Film 3 - WB 45/25 - Skills, S22–23, S. 147–148 - Folie 3/13: How times change - KV 55: Viewing for detail; KV 56: A famous Scottish inventor

3 Introduction

Introduction

Wortschatz *fringe*

Einstieg SB geschlossen. L schreibt *Scotland* an die Tafel. In einer 3-minütigen **Murmelphase** tauschen die S sich über ihre spontanen Einfälle aus. Währenddessen kann L verschiedene Kategorien in einer Mindmap vorgeben: *geography, landscapes, cities, sights, culture, etc.* Anschließend sammelt L die Antworten an der Tafel.

Differenzierung △ Bei Bedarf können sich die S Anregungen für die Mindmap auf der Karte von Schottland hinten im SB holen.

S. 54
SPEAKING

1 Pictures from Scotland

Wortschatz *historic, traditional*

Materialien Folie 3/9

Methodisches Vorgehen

a) SB geschlossen. **Folie 3/9** wird aufgelegt. Die S beschreiben die Fotos mithilfe der Wörter aus der *Word bank* auf S. 54, die L ihnen als Kopie oder an der Tafel bereitstellt, und nennen (falls bekannt) den Namen der Sehenswürdigkeit bzw. kulturellen Besonderheit. Tipp: L kann vorher Folienschnipsel vorbereiten, die die S den Sehenswürdigkeiten bzw. kulturellen Besonderheiten zuordnen. Danach fragt L: *Which of the photos would most make you want to visit Scotland? Explain why.* Es erfolgt ein Austausch im Plenum.
Zusatzinformationen für L:
Dunnottar Castle near Aberdeen: *medieval ruin in the south-east of Scotland; surviving buildings are from 15th / 16th century*
Modern Glasgow: *largest city in Scotland; in the photo: Clyde Auditorium for theatre and concerts; nickname: 'The Armadillo'*
Ben Nevis: *highest mountain in the British Isles*
Edinburgh: *capital of Scotland; second largest city in Scotland*
Fringe Festival: *arts festival for three weeks in August*

b) L fordert die S dazu auf, die Fotos noch einmal intensiv auf sich wirken zu lassen und / oder die Karte von Schottland hinten im SB zu betrachten. Die S begeben sich in ihrer Fantasie auf eine Reise nach Schottland und teilen dem Plenum ihre Gedanken darüber mit, was sie dort tun könnten.

Vertiefung Als HA können sich die S eine beliebige Sehenswürdigkeit in Schottland aussuchen und recherchieren die interessantesten Fakten dazu im Internet. In der nächsten Stunde berichten die S in einem **1-minute-talk** darüber und die Klasse entscheidet, welches Ziel am interessantesten ist.

Tipps für junge Lehrer/innen Zur Unterstützung kann L den S an der Tafel Redemittel zur Verfügung stellen: *I think you can … in Scotland. I think Scotland is good for …*

Lösung a) Lösungsvorschlag: **Picture A – Dunnottar Castle near Aberdeen:** *I can see the sea and a rocky coastline. On top, there's an old castle. (Picture A makes me most want to visit Scotland because the coastline is amazing and I love visiting historic buildings.)*
Picture B – Modern Glasgow: *I can see a part of a city with modern buildings. There's a river too. (Picture B makes me most want to visit Scotland because I love modern cities where I can go sightseeing and visit museums.)*
Picture C – Ben Nevis: *The picture shows a high mountain with a forest and a river or lake. (Picture C makes me most want to visit Scotland because it's a beautiful landscape and I love hiking and mountain biking.)*
Picture D – The Edinburgh Fringe Festival: *In the picture, there are two people who are giving a show in the street. A lot of people are watching them. (Picture D makes me most want to visit Scotland because it looks like a popular festival and I love festivals.)*

Introduction 3

Picture E – Going out in Edinburgh: In the picture, I can see four young people who are walking down a street. There are many buildings, so it's probably a big city. One of the teenagers is wearing a kilt. (Picture E makes me most want to visit Scotland because I like big cities where I can go sightseeing and shopping. I also like traditional clothes.)

b) *Lösungsvorschlag: I think in Scotland you can visit castles and festivals. I think Ben Nevis is good for hiking. Glasgow and Edinburgh are great for shopping.*

S. 54
SPEAKING

2 Your turn: Present your country

Wortschatz — to be like

Materialien — ggf. KV 45a+b: Present your country

Einstieg — L leitet zur Aufgabe über: *Now you know some interesting places you can visit in Scotland. Which places in Germany could be interesting for visitors?* Die S äußern einige Vorschläge im Plenum.

Methodisches Vorgehen
a) Der Arbeitsauftrag wird gemeinsam gelesen. Die S notieren 5–10 Vorschläge in ihrem Heft. Als HA suchen die S die entsprechenden Fotos im Internet / in Reiseführern oder aus ihrem persönlichen Fundus und bringen diese ausgedruckt zur nächsten Stunde mit.
b) In einer PA einigen sich die S auf die fünf besten / wichtigsten Fotos. Anschließend präsentieren sie diese im Plenum und begründen ihre Auswahl.

Differenzierung — △ Leistungsschwächere S erhalten **KV 45a+b: Present your country**. Hier finden die S Fotos von sechs beliebten Reisezielen in Deutschland. Diese verorten sie auf einer Umrisskarte. Die S recherchieren Informationen zu den Reisezielen und schreiben unter die Fotos, warum der Austauschpartner diese Orte besuchen sollte.

Lösung — a) + b) Individuelle S-Lösungen.

S. 55
LISTENING

3 Ideas about Scotland → WB 34/1–2; S19–21; Diff pool △ 122/1

HV-Text
→ **L2/9–11**

Presenter: **One.** Jean, from Glasgow.
Jean: When I talk to people from other places, they often want to talk about the Loch Ness Monster. "Oh, have you ever seen the Loch Ness Monster?" I think they think I'm going to say, "Aye, I see it every morning on my way to school." I've never even been to Loch Ness! The other thing they want to talk about is the referendum. You know, the vote about Scotland becoming an independent country. But that's old news now, and I was much too young to vote anyway! I'm quite happy that Scotland is part of Britain. But don't say it's part of England! I can tell you, that really annoys Scottish people!

Presenter: **Two.** Stuart, from Edinburgh.
Stuart: Some people have asked me if I eat haggis every day. Ha! I don't think so! In my family, we only eat haggis about once a month, or less, and that's often because we have a visitor from outside Scotland. I quite like it, and it's a nice tradition, but I don't think many people here eat it very often. It's quite heavy, and not really very healthy. The other thing is tartan. People have asked me if I wear a lot of tartan clothes. Or they ask me what I wear under my kilt. Excuse me?! Look at a photo of a Scottish shopping street. Is anybody wearing tartan? No, probably not. Some people wear tartan for special events, like weddings, and sometimes musicians wear tartan when they play Scottish music. But mostly, I don't think people wear tartan any more here than they do in London, New York or Tokyo.

Presenter: **Three.** Carol, from Aberdeen.

3 Introduction

Carol: I find people are quite interested in the Scottish accent. And that's good. I'm proud of my Scottish accent. But some people think we use a lot of different words. OK, there are a few – 'aye' for 'yes' and 'wee' for 'small', for example. But mostly Scottish English is exactly the same as English English. In the past there were more different words, but people don't use most of them now. It's mostly only the accent that's different. A lot of people think that everybody here knows how to play the bagpipes. I don't know anybody who plays the bagpipes. OK, I like music for the bagpipes, but it's something we have sometimes … you know, for special occasions and events. Not all the time. And actually, it's not easy to play the bagpipes.

Wortschatz *typically, haggis, tartan, kilt, bagpipes* (pl), *independence* (no pl), *loch, referendum, independent, flag, thistle*

Materialien Lehrer-Audio-CD 2, Track 9–11; ggf. KV 46: Listening: Ideas about Scotland;; ggf. Folie mit vorgegebener Tabelle

Methodisches Vorgehen

a) SB geschlossen. L liest die Aufgabenstellung vor. Die Ideen der S werden im Plenum kurz besprochen. L leitet über zur *Across culture*-Box: *Let's get some more information about Scotland*. Das SB wird geöffnet und die Box gemeinsam gelesen. Ggf. auftauchende Fragen und Anmerkungen der S werden in einem kurzen UG diskutiert (*German national symbols: flag and eagle = national coat of arms*). Anschließend leitet L zur nächsten Aufgabe über: *Let's listen to three Scottish teenagers and find out what they say and think about being 'typically Scottish'.*

b) L und die S lesen den Arbeitsauftrag gemeinsam. Bevor der Text abgespielt wird, gibt L an der Tafel / auf Folie eine Tabelle vor (vgl. Lösung). In die erste Spalte trägt L die Namen der Jugendlichen ein und bittet die S, zwischen den Namen ca. 5–7 Zeilen Platz zu lassen. So können sie die entsprechenden Informationen später gezielter zuordnen. Nun präsentiert L die einzelnen Abschnitte des Textes hintereinander mit kleinen Pausen dazwischen. Während des Hörens ordnen die S nun die Vorgaben aus dem SB den einzelnen Namen zu. Zum Abgleich der Ergebnisse bietet es sich an, dass L die Tabelle von einem zuverlässigen S auf Folie ausfüllen und anschließend im Plenum besprechen lässt.

c) L präsentiert den Text ein zweites Mal und die S notieren die Informationen zu den einzelnen Themen in der dritten Spalte der Tabelle. Bei Bedarf kann L die Sprechpausen der Jugendlichen durch Drücken der Stopp-Taste verlängern und / oder den jeweiligen Text gleich zwei Mal hintereinander abspielen.

d) In PA tauschen die S sich darüber aus, welche typischen Vorstellungen es in Bezug auf Deutschland und dessen Bewohner gibt.

Differenzierung

△ Diff pool p. 122/1 Typically German? → Help with Introduction, p. 55/3d)

Methodisches Vorgehen: Die Aufgabe im *Diff pool* bietet Ideen und Redemittel, um über Vorstellungen von Deutschland und dessen Bewohnern zu sprechen.

Tipps für junge Lehrer/innen Erfahrungsgemäß wirkt es auf die S sehr motivierend, wenn bei der Besprechung der Ergebnisse ein S die Verantwortung für die Anfertigung der Folie und anschließend die Rolle des L übernimmt.

Differenzierung **KV 46: Listening: Ideas about Scotland** bietet standardisierte Aufgabenformate zum Verständnis des Hörtextes.

Lösung
a) Individuelle S-Lösungen.
b) + c)

Name	Topic	What they say about the topic
Jean	the Loch Ness monster	has never been to Loch Ness
	Scottish independence	old news; was too young to vote; is happy that Scotland is part of Britain; don't say Scotland is part of England – annoys Scottish people

110

Describing actions which started in the past and continue into the present — **Station 1** — **3**

Stuart	haggis	eats haggis when there are visitors from outside Scotland; quite heavy, not really healthy
	tartan clothes / kilts	people ask him what he wears under his kilt; few people wear tartan; some people wear tartan for special events, and sometimes musicians wear tartan when they play Scottish music
Carol	Scottish accents	people are quite interested in the Scottish accent; is proud of her accent; some people think they use a lot of different words, but there are only a few; mostly only the accent is different
	bagpipes	a lot of people think that many Scottish people play the bagpipes; doesn't know anybody who plays them; likes music for the bagpipes, but it's only for special events; not easy to play the bagpipes

d) *Lösungsvorschlag: People from other countries think that most Germans are always on time and work very hard. People also say that Germans make high quality products. They believe that Germans often wear lederhosen and dirndl and love beer. Some people from other countries think that Germans love expensive cars and drive fast.*
I think some of these ideas are / aren't true, for example …

Station 1 Describing actions which started in the past and continue into the present

S. 56 **A new Holly?**
→ L 2/12

Wortschatz *son, backpack, since* (+ Zeitpunkt), *for* (+ Zeitraum)

Materialien Lehrer-Audio-CD 2, Track 12; Folie 3/10

Methodisches Vorgehen SB geschlossen. L legt **Folie 3/10** auf und fordert die S auf, die Fotos zu beschreiben und Mutmaßungen über den Text anzustellen. L: *Who is in the picture? What are the girls doing? What are they thinking?* Anschließend wird der HV-Text ein erstes Mal abgespielt. L stellt Fragen zum globalen Hörverständnis, z. B. *What are the girls talking about? (They're talking about their trip to Scotland and Holly's problems with Amber.)* Danach lässt L sie Vermutungen über Hollys Erfahrungen auf der bevorstehenden Reise anstellen.
Der Text wird ein zweites Mal abgespielt, die S öffnen dazu das SB. Es folgt die Bearbeitung von Aufgabe 1.

Differenzierung △ In leistungsschwächeren Lerngruppen kann L die Einleitung des Textes vor der Bildbeschreibung laut vorlesen, damit die S eine inhaltliche Orientierung haben. Außerdem können leistungsschwächere S beim ersten Hören des Textes im SB mitlesen.
▲ Leistungsstarke S können die Fragen in Aufgabe 1 bereits nach dem ersten Abspielen des Textes beantworten.

Vertiefung Als zusätzliche Aufgabe können die S die auf dem Foto dargestellte Situation zwischen Holly und Amber in einem kurzen Dialog verschriftlichen, den sie ggf. auch präsentieren. So wird der Perspektivwechsel von Holly zu Amber angeregt.

Lösung Lösungsvorschlag: *The picture shows Gwen and Holly. They're sitting on a sofa. Gwen is smiling and showing Holly something on her tablet – maybe a picture of a beautiful landscape in Scotland. Holly looks a bit sad because she's thinking about a discussion at home with her sister, Amber. I think Holly is going to have a nice time with her friend, Gwen, but maybe she will fight with Amber.*

3   Station 1   Describing actions which started in the past and continue into the present

S. 57
READING

1 Understanding the text → WB 35/3; S5–6; Diff pool △ 122/2

Methodisches Vorgehen

a) + b) Die S beantworten die beiden Fragen zum Textverständnis mündlich im Plenum und beziehen Stellung zu Hollys Gefühlslage.

Differenzierung

> △ **Diff pool p. 122/2 Talking about Holly and Amber** → Help with Station 1, p. 57/1
>
> **Methodisches Vorgehen:** Die Differenzierungsaufgabe dient dazu, die persönlichen Merkmale von Holly und Amber herauszuarbeiten und dadurch den Konflikt zwischen den beiden besser zu verstehen. Sie kann als EA oder PA durchgeführt werden.
>
> **Lösung:** Vgl. Lösung Aufgabe a), Frage 2.

Lösung

a) 1. 'Old Holly' was into pink; 'new Holly' is wearing orange and blue.   2. **Holly:** doesn't want to do what Amber says; worried about the trip; thinks Amber is going to be the boss of the trip; doesn't remember why they invited Amber; **Amber:** always tells Holly what to do; likes to show she's the older sister; has been talking about the trip since Gwen invited them; has been chatting with Ethan online and has been sending him messages

b) Individuelle S-Lösungen.

S. 57
LANGUAGE

2 What have people been doing? → WB 35/4; G5; Diff pool △ 122/3, ▲ 123/4

Materialien

ggf. KV 47a: Working with language; *English folder*

Einstieg

SB geschlossen. Bevor L das *present perfect progressive* einführt, wiederholt er die bereits bekannten Verlaufsformen. L schreibt zunächst den Satz *Gwen is running.* an die Tafel und fragt nach der Zeitform. Danach vervollständigt L den TA im Rahmen eines UG.

Revision: The progressive forms		
Present progressive	Gwen *is running*.	Dies tut sie gerade.
Past progressive	Gwen *was running* when she suddenly had a cramp.	Dies tat sie gerade, als …
Rule:	You use the progressive forms to say that something is going on (present progressive) or was already going on when something else happened (past progressive).	

Anschließend leitet L über zur Aufgabe: *Today we're going to talk about what Gwen and Holly have been doing and we learn a new progressive form.*

Methodisches Vorgehen

Variante 1:

a) SB geöffnet. Die Arbeitsanweisung und die vorgegebenen Beispiele werden gemeinsam gelesen. Anschließend durchsuchen die S den Text nach Beispielen des *present perfect progressive* und schreiben diese in ihr Heft / ihren *English folder*.

b) Die Aufgabenstellung wird gemeinsam gelesen. Die S untersuchen ihre Beispielsätze aus a), um herauszufinden, wie die neue Zeitform gebildet wird. L verwendet die S-Antworten und schreibt die Regel zur Bildung an die Tafel / auf Folie. Anschließend gibt L ein Raster an der Tafel / auf Folie vor (vgl. TA). Die S ordnen das jeweilige Beispiel aus a) in das Raster ein und L entwickelt zusammen mit den S den folgenden TA. (Die Entscheidungsfrage gibt L vor, da eine solche im Text nicht vorkommt. Die Signalwörter *for* und *since* werden erst nach Bearbeitung von Aufgabe 3 ergänzt.)

Describing actions which started in the past and continue into the present — **Station 1** — **3**

The present perfect progressive	
Positive statement:	We'**ve been planning** things we can do together.
Negative statement:	You **haven't been talking** about the trip much.
Question with question word:	How long **has** she **been doing** that?
Yes/No question with short answer	**Have** they **been talking** to each other on the phone too? Yes, they have. / No, they haven't.

Form: You form the present perfect progressive with have/has + been + present participle (verb + -ing).
Rule: You use the present perfect progressive to say that an action has started in the past and is going on in the present and probably will be going on in the future.
Signal words: since (point in time), for (period of time)

Variante 2: Alternativ kann auch **KV 47a: Working with language** eingesetzt werden, die die S durch die einzelnen Schritte leitet, sodass sie sich die Bildung und Verwendung des *present perfect progressive* selbstständig erarbeiten können.

Differenzierung

△ **Diff pool p. 122/3 He has been doing that since ...** → After Station 1, p. 57/2

Methodisches Vorgehen: Die Differenzierungsaufgabe dient dazu, das Wissen über die Verwendung des *present perfect progressive* zu festigen. Sie wird mündlich als PA durchgeführt.

Lösung: 2. *Has Andy Murray been singing and writing his own songs since he was very young? – No, he hasn't been singing and writing his own songs. He's been playing tennis. / He's been doing sports.* 3. *Has KT Tunstall been playing football and training hard since she was very young? – No, she hasn't been playing football and training hard. She's been singing and writing her own songs.* 4. *Has David Beckham been working hard to become an actor / acting in plays and in films since he was very young? – No, he hasn't. He's been playing football. / He's been training hard. (David Beckham isn't a Scot. He's English.)* 5. *Have the Simple Minds been playing tennis and doing other sports since they were young? – No, they haven't been playing tennis and doing other sports. They've been making music and playing in a band.*

▲ **Diff pool p. 123/4 Scots and kilts** → After Station 1, p. 57/2

Methodisches Vorgehen: Die Differenzierungsaufgabe dient leistungsstärkeren S dazu, die korrekte Anwendung von *present perfect simple* und *present perfect progressive* kontrastiv zu üben. Die Aufgabe wird schriftlich und in EA durchgeführt.

Lösung: 1. *has been* 2. *have been joking* 3. *have been wearing* 4. *has been wearing* 5. *has had – have been telling – have bought*

Vertiefung Zur Vertiefung wird gemeinsam die erste Hälfte von G5 (S. 159–161) im Grammatikanhang gelesen.

Lösung a) *We'**ve been planning** things we can do together./You **haven't been talking** about the trip much./She **hasn't been talking** about anything else since you invited us./And she'**s been telling** you what to do for years, **hasn't** she?/I know, but it'**s been getting** worse./Did you know she'**s been chatting** with him online?/How long **has** she **been doing** that?/They'**ve been sending** each other messages since the weekend, and he'**s been sending** her photos of himself and his band.*
b) Vgl. TA.

113

3 Station 1 — Describing actions which started in the past and continue into the present

S. 57 LANGUAGE

3 Find the rule: *for* or *since*? → WB 36/5; G5; Diff pool △ 123/5, ▲ 123/6

Wortschatz *period*

Materialien ggf. KV 47b: Working with language; *English folder*

Methodisches Vorgehen

a) **Variante 1:** L und die S lesen gemeinsam die Aufgabenstellung und die beiden Beispielsätze. L verweist die S auf die *Tip*-Box und die S erklären die Regeln für den Gebrauch von *for* und *since*. Anschließend vervollständigen sie den Eintrag im *English folder* zum *present perfect progressive* aus der vorangegangenen Aufgabe um die Signalwörter *for* und *since*.
Variante 2: Alternativ kann **KV 47b: Working with language** zur Erarbeitung der Verwendung von *for* und *since* eingesetzt werden.

b) Die S übersetzen die beiden Sätze aus a) ins Deutsche, schreiben diese in ihr Heft und erklären den Unterschied in der Verwendung von Zeitformen in den beiden Sprachen. Anschließend leitet L weiter zur nächsten Aufgabe: *Let's practise the present perfect progressive with 'for' and 'since'.*

Differenzierung

△ **Diff pool p. 123/5 Point in time or period of time?** → After Station 1, p. 57/3

Methodisches Vorgehen: Leistungsschwächere S können mithilfe dieser Differenzierungsaufgabe ihr Wissen zur Verwendung von *for* und *since* vertiefen.

Lösung:

Point in time: since	Period of time: for
he was a small boy; half past ten; the 16th century; September 7th, 1565; last July; November last year; last week; she was in kindergarten; he was ten; yesterday; his birthday last year; the break	ages; some months; a few days; a second; as long as she can remember; centuries

▲ **Diff pool p. 123/6 Scary castles** → After Station 1, p. 57/3

Methodisches Vorgehen:

a) Leistungsstärkere S können mithilfe dieser Differenzierungsaufgabe die korrekte Verwendung der Zeitformen *simple past*, *present perfect simple* und *present perfect progressive* vertiefen, indem sie einen Text über schottische Schlösser schreiben.

b) Als weiterführende HA können leistungsstarke S Informationen zu schottischen Geisterschlössern und den dazugehörigen Legenden recherchieren, welche sie in der nächsten Stunde präsentieren.

Lösung:

a) *Scottish clans have been living in castles for centuries. Awful things happened there. In Ethie Castle, some men killed Cardinal Beaton in 1546. Mysterious sounds have been scaring visitors since then. In Duntrune Castle, people have been hearing sounds of bagpipes since the death of a bagpiper in the 17th century. In Meggernie Castle, a white lady has been kissing men in their sleep for hundreds of years. Her husband killed her and cut her in half centuries ago. The upper part of the body has been walking upstairs while the lower part has been walking downstairs since that time.*

b) Individuelle S-Lösungen.

Tipps für junge Lehrer/innen Eine gute Eselsbrücke für die korrekte Verwendung von *since* und *for* ist folgende: Über dem „i" in *since* ist ein Punkt, deswegen verwendet man *since*, um den Zeitpunkt anzugeben, an dem eine Handlung begann. Das „o" in *for* beschreibt einen Raum, weshalb man *for* verwendet, um den Zeitraum anzugeben, den eine Handlung bereits andauert.

Vertiefung Zur Vertiefung werden die zweite Hälfte von G5 im Grammatikanhang (S. 159–161) gemeinsam gelesen und anschließend die dazugehörigen *Test yourself*-Aufgaben in EA bearbeitet.

Describing actions which started in the past and continue into the present — **Station 1** — **3**

Lösung a) *You use 'since' to talk about a point in time. You use 'for' to talk about a period of time.*
b) 1. Gwen freut sich schon seit langem auf die Reise nach Schottland.
2. Ihr Onkel und ihre Tante leben schon seit 1996 in Schottland.
Unterschied: Im Deutschen gibt es diese Zeitform nicht. Stattdessen verwendet man das Präsens und betont die Dauer des Vorgangs mit „schon".

S. 57 LANGUAGE

4 Did you know? → Diff pool △ 124/7, ▲ 124/8

Wortschatz *to produce, litre (l), party, to campaign (for), shinty*

Materialien ggf. KV 48: I've been waiting for you!

Methodisches Vorgehen
a) In EA vervollständigen die S die Sätze mit dem *present perfect progressive* und *for* bzw. *since* und schreiben diese in ihr Heft. L verweist die S darauf, dass sie bei Unsicherheiten die *Tip*-Box zu Rate ziehen können.
b) Die S üben die Verlaufsform des *present perfect progressive* mündlich und erzählen sich in einer PA gegenseitig interessante Begebenheiten aus ihrem Leben.

Differenzierung

△ **Diff pool p. 124/7 Let's dance!** → After Station 1, p. 57/4

Methodisches Vorgehen: Diejenigen S, die noch Schwierigkeiten mit der Verwendung von *for* und *since* haben, bearbeiten diese Aufgabe nach S. 57, Aufgabe 4. Sie müssen hier nur *since* und *for* einsetzen. Der Dialog wird komplett mit den einzusetzenden Präpositionen ins Heft abgeschrieben. Der Abgleich der Ergebnisse kann mit einem Partner erfolgen, indem die beiden S den Dialog gemeinsam durchspielen.

Lösung: 1. *for* 2. *since* 3. *since* 4. *since* 5. *since* 6. *for* 7. *since*

▲ **Diff pool p. 124/8 A strange country** → After Station 1, p. 57/4

Methodisches Vorgehen: Diese kreative Schreibaufgabe über ein Fantasieland eignet sich gut zur Vertiefung des *present perfect progressive* für leistungsstärkere S. Die S bearbeiten die Aufgabe in EA und stellen ihr Ergebnis anschließend im Plenum vor.

Lösungsvorschlag: *In the strange country of Galumphia, men have been living in very small houses for over 500 years. All the people have been wearing yellow hats with colourful flowers on them since the age of seven. The king of the country has been wearing a crown on his head for many years, but when he saw the beautiful flowers in his garden, he decided to wear flowers instead of a crown. Flowers have been a national symbol of Galumphia since that day.*

Vertiefung Zur weiteren Festigung des *present perfect progressive* kann **KV 48: I've been waiting for you!** eingesetzt werden. Die KV eignet sich auch gut als vertiefende HA.

Lösung
a) 1. *have been looking – since* 2. *has been producing – for* 3. *has been organising – since* 4. *has been campaigning – for* 5. *have been playing – since*
b) Individuelle S-Lösungen.

S. 58 LANGUAGE

5 Chat with Ethan → WB 37/6–8, 38/9

Wortschatz *gig, drums* (pl)

Einstieg Als Einstieg lässt L die S Vermutungen über Ethan und Amber anstellen: *Ethan and Amber have been chatting online for quite some time. What do you think they've been talking about?* L sammelt und würdigt die S-Antworten und leitet anschließend zum Chat im SB über: *Let's see what they've really been talking about.*

115

3 Station 2 — Using passive forms

Methodisches Vorgehen ✏ Die S vervollständigen den Chat mit den richtigen Formen des *present perfect progressive* und mit *for* und *since*. Zum Abgleich der Ergebnisse lesen zwei S ihren Dialog laut im Plenum vor. L kann die S dazu ermutigen, den Dialog in einem koketten/coolen/nervösen Ton vorzulesen. Erwartungsgemäß wird es dabei zu Gelächter und einer heiteren Stimmung bei der Ergebnissicherung kommen.

Lösung 1. *have you been living*   2. *for*   3. *have ('ve) been practising*   4. *have you been playing*   5. *For*   6. *have you been playing*   7. *Since*   8. *have ('ve) been planning*   9. *for*

S. 58 **6 ⟨A song: Flower of Scotland⟩**
LISTENING
→ L 2/15 🔘

Wortschatz *official, anthem, unofficial, to defeat, soldier*

Materialien Lehrer-Audio-CD 2, Track 15; KV 49: ⟨A song: Flower of Scotland⟩; ggf. vorbereitete Folie zur Ergebnissicherung

Einstieg 🔘 SB geschlossen. Zur Bearbeitung der Aufgabe kann **KV 49: ⟨A song: Flower of Scotland⟩** hinzugezogen werden. Als *pre-listening activity* bearbeiten die S Aufgabe a) auf der KV. Um das Hörerlebnis zu steigern, präsentiert L nun das Lied einmal im Ganzen: *There is a song about the difficult relationship between England and Scotland. Let's listen to it!*

Methodisches Vorgehen 🔘 Nun präsentiert L den Song ein zweites Mal, wobei die S Aufgabe b) auf **KV 49** bearbeiten und stichpunktartig ihre Vermutungen darüber aufschreiben, was zwischen den Schotten und König Edward und dessen Soldaten geschehen ist. Die Ergebnisse werden im Plenum besprochen. Während L das Lied ein drittes Mal präsentiert, vervollständigen die S den Liedtext, indem sie die Lücken von Aufgabe c) mit den korrekten Wörtern füllen. Der Abgleich der Ergebnisse erfolgt über eine vorgefertigte Folie oder L lässt einen zuverlässigen S die Aufgabe auf Folie bearbeiten.

Differenzierung ▲ Leistungsstärkere S bearbeiten in PA Aufgabe e) auf **KV 49** und tauschen sich über Probleme aus, die entstehen können, wenn das Lied als inoffizielle schottische Hymne bei Fußball- und Rugbyspielen gespielt und gesungen wird.

Vertiefung Je nach Interessenlage der Lerngruppe oder einzelner S kann Aufgabe d) auf **KV 49** vertiefend bearbeitet werden.

Tipps für junge Lehrer/innen Besonders für das Abspielen von Liedern ist es ratsam, auf die Qualität des Abspielgerätes bzw. der Boxen zu achten.

Station 2 Using passive forms

S. 59 **Is that made with meat?**
→ L 2/16 🔘

Wortschatz *meat (no pl), vegetable, vegetarian, jacket, to pull down, musical, shipbuilding, industry*

Materialien Lehrer-Audio-CD 2, Track 16

Einstieg Zur Einstimmung auf den neuen Text aktiviert L das Vorwissen der S: *Tell me what Holly's problem with her sister Amber was. (Amber always tells Holly what to do. She likes to show that she's the older sister.)* Dann leitet L zum Text über: *Gwen, her parents, Holly and Amber have arrived in Scotland. Let's find out what they're doing there and how the situation between Holly and Amber is now.*

Methodisches Vorgehen 🔘 SB geschlossen. Damit die S einen Eindruck von den Unterschieden zwischen *London* und *Glasgow accent* bekommen, ist es sinnvoll, den Text nach einer kurzen Wortschatzentlastung

| | Using passive forms | **Station 2** | **3** |

(L: <u>Vegetarians</u> don't eat <u>meat</u>, but they eat fruits and <u>vegetables</u>. Can anybody give an example of a vegetable in English or German?) zunächst nur als Audio zu präsentieren. Dies hat den weiteren Vorteil, dass durch aufmerksames Zuhören die Spannungen zwischen Holly und Amber deutlich zu erkennen sind.
L hält das Abspielgerät nach Z. 24 "… said Holly in a cold, quiet voice." kurz an, um erste Verständnisfragen zu stellen:
- *What has Gwen's aunt prepared for dinner? (Haggis)*
- *What does Holly think about haggis? (She can't eat it because she's a vegetarian.)*
- *What does Amber say about Holly? (She likes to be different and always wears pink.)*

Nun spielt L den zweiten Teil des Textes vor und stellt anschließend weitere Verständnisfragen:
- *What does Ethan say about the London accent? (He likes the London accent.)*
- *What does Amber say about Holly and her friends? (She says she looks after Holly and tells her and her friends about the cool places to go and teaches them how to be cool.)*
- *How do you think Holly feels? (She feels embarrassed and angry.)*
- *What do the others do when Amber says these things about Holly? (Ethan laughs, but the others don't.)*

Anschließend wird der Text noch einmal gemeinsam im Plenum gelesen.

Tipps für junge Lehrer/innen
Erfahrungsgemäß lesen die S Texte gerne laut, auch dann, wenn jeweils nur ein S an der Reihe ist. Dem gemeinsamen Lesen im Plenum sollte deshalb und auch zur Verbesserung der Aussprache ausreichend Zeit eingeräumt werden.

S. 59
READING

7 Big sister – little sister → S5–6; S17

Methodisches Vorgehen
a) Gemäß dem Arbeitsauftrag suchen die S Textstellen, die Ambers Reaktionen auf Hollys Aussagen enthalten und schreiben diese in ihr Heft. Der Abgleich der Ergebnisse erfolgt mündlich im Plenum.
b) Die S stellen Vermutungen darüber an, warum Amber sich gegenüber Holly so verhält. Sie überlegen, welche Ratschläge sie Amber geben möchten und halten diese stichwortartig fest. Partner A gibt Amber Hinweise, wie sie sich in Zukunft sozialverträglicher verhalten könnte und Partner B schlüpft in Ambers Rolle.

Vertiefung
Zur Vertiefung können sich die S über persönliche Erfahrungen mit Geschwistern austauschen. Hierzu teilt L die Lerngruppe in drei Gruppen ein. In Gruppe 1 finden sich S mit älteren Geschwistern zusammen. In Gruppe zwei kommen S mit jüngeren Geschwistern zusammen. In Gruppe 3 können sich Einzelkinder austauschen.
Die Gruppeneinteilung erfolgt über eine Verteilung der S im Raum: *Which of you has got an older sister or brother? Go and stand together next to the door. Which of you has got a younger sister or brother? Go and stand together in the corner over there. Who is an only child? Go and stand together in the other corner.* In den Gruppen tauschen die S sich über die Vor- und Nachteile von Geschwistern bzw. davon, ein Einzelkind zu sein, aus.

Lösung
a) *Amber makes fun of Holly, e.g. ll. 21–22: "You can see her in her pink jacket with her little pink backpack from a mile away."*
Amber plays older sister, e.g. ll. 36–38: "She's got me to look after her," said Amber. "I tell her and her friends about all the cool places to go. I teach them how to be cool."
Amber shows off, e.g. ll. 55–57: "I showed Holly how to find things out on the internet," said Amber quickly. "That's how she knows all this stuff."
b) Lösungsvorschlag: *Amber likes Ethan and wants him to think that she's really cool. That's why she shows off and says embarrassing things to Holly.*
Advice:
– *Be nicer to Holly.*
– *Let Holly be the way she wants to be.*
– *Stop playing cool.*
– *Focus more on what is nice about Holly.*
– *Tell Ethan about yourself without mentioning Holly.*

3 Station 2 — Using passive forms

Dialogue:
A: *Hi Amber, I saw how you were behaving towards Holly. Why do you always say embarrassing things to her?*
B: *Why? I'm her big sister and she's not as cool as me. It's true.*
A: *I think as the older sister, you should be nicer to Holly. You want to be individual and that's why you should also let Holly be the way she wants to be. Even if you don't like everything about her, there are a lot of good things about her character.*
B: *But I want Ethan to think that I'm cool – not Holly.*
A: *Then tell Ethan about yourself, but don't mention Holly. You don't need to compete with her.*
B: *I'll think about it.*

S. 60 LANGUAGE

8 Find the rule: Passive forms → G6

Materialien ggf. KV 50: Working with language; *English folder*

Einstieg **Variante 1:** Als Einstieg zeichnet L ein einfaches Schiff an die Tafel / heftet einen Ausdruck oder eine Zeichnung von einem Schiff an die Tafel und fragt: *What's this? Do they build ships in Scotland?* L schreibt die korrekte S-Antwort im Aktiv an die Tafel. Rechts daneben schreibt er den Satz im Passiv:

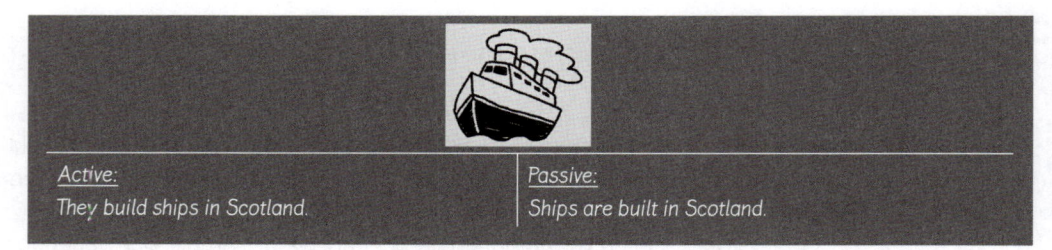

Active:
They build ships in Scotland.

Passive:
Ships are built in Scotland.

Nun fragt L nach dem Unterschied zwischen den beiden Sätzen und schreibt die Kategorien *active* und *passive* über den jeweiligen Satz. L fragt auch nach der verwendeten Zeitform und lässt die beiden Sätze von den S ins *simple past* übertragen. L kann den Tipp geben, dass im Passiv nur die Form von *be* ins *simple past* gesetzt werden muss.
Variante 2: L teilt **KV 50: Working with language** aus.

Methodisches Vorgehen **Variante 1:** L leitet über zur Aufgabe: *Let's see if you can find more passive sentences.* Im Anschluss lesen L und die S gemeinsam G6 im Grammatikanhang (S. 162–163).
Variante 2: Die S erarbeiten sich die *passive forms* selbstständig anhand von **KV 50**.

Lösung

Simple present			Simple past			Present perfect		
Subject	'to be'	Past participle	Subject	'to be'	Past participle	Subject	'to be'	Past participle
Haggis	is	made	The house	was	built	Houses	have been	pulled down
Whisky	is	produced				No ships	have been	built
Ships	are	built						

S. 60 LANGUAGE

9 Hogmanay → WB 38/10

Wortschatz midnight, to set off, set off, set off

Materialien ggf. vorbereitete Folie zur Ergebnissicherung oder vorgefertigte Lösungsblätter

Methodisches Vorgehen Die S übertragen die vorgegebenen Sätze ins Passiv (*simple present*) und schreiben diese in ihr Heft. Der Abgleich der Ergebnisse kann über Folie oder vorgefertigte und im Klassenzimmer ausgelegte Lösungsblätter erfolgen.

Using passive forms — Station 2 — 3

Tipps für junge Lehrer/innen
Erfahrungsgemäß ist es für die S hilfreich, wenn sie von L vor der Bearbeitung der Aufgabe darauf hingewiesen werden, dass bei der Umwandlung vom Aktiv ins Passiv das Objekt des Aktivsatzes zum Subjekt des Passivsatzes wird.

Lösung
1. *In Scotland, the last day of the year is called Hogmanay.* 2. *This event is celebrated with street parties.* 3. *At midnight, bells are rung and fireworks are set off.* 4. *Then hands are held and 'Auld Lang Syne' is sung.*

S. 60 LANGUAGE — 10 Famous Scots → WB 38/11; Diff pool △ 124/9

Wortschatz
Scot, invention, discovery, by, to clone, scientist, raincoat, to invent, penicillin, steam engine, to start

Einstieg
Vor der Bearbeitung der Aufgabe sollte eine kurze Wortschatzentlastung stattfinden. Dies kann mithilfe eines **Teacher talk** geschehen. L: *You already know the word 'science'. A person who works in science is called a scientist. Scientists often make discoveries. This means they find out about things. They also create new things. They invent things. These new things are called inventions.* Nach der Wortschatzentlastung fragt L: *Which important inventions can you think of? Do you know who made them?* Nach einem kurzen UG leitet L weiter zur Aufgabe: *Let's find out which inventions were made by Scots.*

Methodisches Vorgehen
a) L und die S lesen gemeinsam die Aufgabenstellung und die *Tip*-Box. Im Anschluss bearbeiten die S die Sätze schriftlich und in EA. Die Überprüfung der Ergebnisse erfolgt in Form einer **Meldekette**: Ein S liest seinen Passivsatz vor und gibt mit einer Frage an den nächsten S weiter: *The first raincoat was invented by Charles Macintosh. What about penicillin?* Die S hören aufmerksam zu und berichten die Ergebnisse ggf. selbstständig im Plenum.

b) Die S recherchieren im Internet, um Informationen über weitere berühmte schottische Erfinder zu sammeln. Diese Informationen notieren sie nach dem gleichen Schema wie in Aufgabe a) vorgegeben. Dieser erste Schritt der Aufgabe eignet sich gut als HA. In einem zweiten Schritt tauschen die S ihre Rechercheergebnisse mit einem Partner aus und formulieren Passivsätze (schriftlich oder mündlich).

Differenzierung
△ **Diff pool p. 124/9 Famous Scots** → Help with Station 2, p. 60/10b)

Methodisches Vorgehen: Diese Hilfestellung ist an leistungsschwächere S gerichtet, die mit der Recherche und der Anfertigung einer eigenen Aufgabe Schwierigkeiten haben.

Lösung: *The radar was invented by Robert Wattson-Watt. Tunnels, canals and roads were built by Thomas Telford. Scottish castles were designed by Robert Adams. James Bond was played by Sean Connery. Lots of money was given to charity by Andrew Carnegie.* Treasure Island *was written by Robert Louis Stevenson.*

Lösung
a) 1. *The raincoat was invented by Charles Macintosh.* 2. *Penicillin was discovered by Alexander Fleming.* 3. *The first steam engine was built by James Watt.* 4. *Sherlock Holmes was created by Sir Arthur Conan Doyle.* 5. *The first television station was started by John Logie Baird.*
b) Individuelle S-Lösungen.

S. 60 LANGUAGE — 11 Facts about haggis → Diff pool △ 125/10, ▲ 125/11

Wortschatz
to fill, vegetarian, mashed potatoes (pl), *sauce, to ban*

Materialien
ggf. vorbereitete Folie zur Ergebnissicherung oder vorbereitete Lösungsblätter; ggf. KV 51: You weren't invited to the show!; ggf. KV 52: Mediation: Scottish dog breeds

3 Station 2 — Using passive forms

Einstieg Als Einstieg knüpft L an das Vorwissen der S an: *Tell me everything you know about haggis.* L sammelt die S-Antworten und leitet mit einer weiteren Frage über zur Aufgabe: *What kind of meat is a haggis made of?*

Methodisches Vorgehen Bevor die S mit der schriftlichen Bearbeitung der Aufgabe beginnen, kann L bei Bedarf zur Erinnerung für jede der in der Aufgabenbeschreibung genannten Zeitformen einen Passivsatz als Beispiel an der Tafel vorgeben. Der Abgleich der Ergebnisse kann mündlich, über Folie oder vorgefertigte und im Klassenzimmer ausgelegte Lösungsblätter erfolgen.

Differenzierung

△ **Diff pool p. 125/10 Scottish heroes and heroines** → After Station 2, p. 60/11

Methodisches Vorgehen: Diese Aufgabe funktioniert nach dem gleichen Prinzip wie die Unitaufgabe. Sie ist an leistungsschwächere S gerichtet, die noch weiteren Übungsbedarf zur Verwendung der verschiedenen Zeitformen im Passiv haben.

Lösung: 1. *have been told* 2. *was put up* 3. *was kidnapped* 4. *was brought* 5. *was told* 6. *is always described* 7. *was defeated* 8. *was hidden*

▲ **Diff pool p. 125/11 The story of Greyfriar's Bobby** → After Station 2, p. 60/11

Methodisches Vorgehen: Während leistungsschwächere S Aufgabe 10 auf S. 125 bearbeiten, können leistungsstärkere S den kurzen Text lesen und dann, nach dem Anfertigen einiger Notizen, mündlich zusammenfassen. L sollte die S darauf hinweisen, dass sie auch Passivformen verwenden sollen. Der Abgleich der Ergebnisse kann in PA erfolgen und ein paar Beispiele später im Plenum präsentiert werden.

Lösung: Individuelle S-Lösungen.

Vertiefung **KV 51: You weren't invited to the show!** bietet weiteres, gemischtes Übungsmaterial zu den *passive forms* und kann im Unterricht oder als vertiefende HA eingesetzt werden.

KV 52: Mediation: Scottish dog breeds bietet eine Mediationsaufgabe, bei der Beschreibungen schottischer Terrier sprachmittelnd ins Deutsche übertragen werden sollen. Die S üben hier u. a. das Verstehen und Wiedergeben von Passivsätzen.

Lösung 1. *is made* 2. *is usually eaten* 3. *is made* 4. *probably wasn't invented* 5. *was brought* 6. *is sold* 7. *has ('s) been banned*

S. 61 12 Active or passive?

LANGUAGE

Materialien *English folder*

Methodisches Vorgehen a) Die S lesen die Aufgabenstellung aufmerksam durch und finden heraus, weshalb im einen Satz das Aktiv und im anderen das Passiv verwendet wird. In einem kurzen UG wird die entsprechende Regel formuliert (vgl. Lösung). Die Regel übertragen die S in ihren *English folder*.

b) Die Bearbeitung der Aufgabe erfolgt in Form eines UG.

Lösung a) 1. *It's important that it's the mother who makes the best haggis in Scotland.*
2. *It isn't important who makes the haggis, but how it is made.*
Rule: *You use the active when it is important to know who does the action. You use the passive to stress what is done. Often it isn't important or clear who does the action.*

b) 1. *The passive is used because it isn't clear who stole the bagpipes.* 2. *The passive is used because it isn't important or clear who found Amber's tartan bag.* 3. *The passive isn't used because it's important who does the action.* 4. *The passive is used because it isn't important who took Andy Murray to hospital.*

Using passive forms | **Station 2** | **3**

S. 61
LANGUAGE

13 In Mary King's Close → WB 39/12

Wortschatz close, hundreds of, narrow, to lead off, to lead, led, led, to leave behind

Materialien vorbereitete Folie zur Ergebnissicherung

Einstieg L stimmt die S inhaltlich und motivational auf die Aufgabe ein: *What do you think about ghosts?* Nach einem kurzen UG leitet L über zur Aufgabe: *Holly and Gwen are planning a trip to Edinburgh. Maybe they will see a ghost there too? Let's find out!*

Methodisches Vorgehen Die Aufgabenstellung wird im Plenum gelesen. Bei Bedarf kann L nochmals die in der vorangegangenen Aufgabe erarbeiteten Regeln zum Gebrauch von Aktiv und Passiv von einem S für die anderen gut hör- und verstehbar wiederholen lassen. Die Bearbeitung erfolgt in EA und schriftlich. Die Überprüfung der Ergebnisse sollte sehr gründlich über eine vorbereitete Folie erfolgen, da die Aufgabe eine Vorbereitung auf die *Unit task* ist.

Differenzierung △ Leistungsschwächere S ziehen G6 im Grammatikanhang (S. 162–163) zu Rate.

Lösung *Hundreds of years ago, very high houses were built in Edinburgh. They stood on dark and narrow streets or 'closes' which led off from the main street. Sometimes a close was named after a person who lived there, like Mary King. Over the centuries many stories about Mary King's Close have been told. One of the most famous is about a little girl called Annie, who died there in 1645. Her ghost has been seen many times since. She isn't scary, but she always looks sad. That's why so many toys are left behind for her by visitors.*

S. 61
WRITING

14 Glasgow is amazing! → Diff pool △ 125/12

Wortschatz crane

Einstieg L aktiviert die S, indem er sie nach ihren persönlichen Vorlieben fragt: *When you are on the internet, which texts do you find interesting and which ones do you find not so interesting?* L verweist noch kurz darauf, dass es bei dieser Frage weniger um den Inhalt des Textes, sondern um die Art und Weise geht, wie diese Texte geschrieben sind: *It isn't so much about what the text is about but how it tries to get your attention, e.g. by using a special kind of language.* Nach einem kurzen UG leitet L zur Aufgabe über: *Let's see if the following text about Glasgow can get your attention.*

Methodisches Vorgehen
a) L und die S lesen die Aufgabenstellung gemeinsam durch. L gibt den S Redemittel an der Tafel vor:

> *question – superlative – challenge – curious*

In einer kurzen **Murmelphase** tauschen die S sich über ihre Eindrücke aus und teilen ihre Gedanken anschließend in einem kurzen UG mit dem Rest der Lerngruppe.

b) Die S recherchieren im Internet nach einer weiteren Sehenswürdigkeit in Glasgow und schreiben über diese 2–3 Sätze in ihr Heft. L verweist auf die Merkmale des Textes in a), die die Aufmerksamkeit des Lesers erregen, und fordert die S dazu auf, diese in ihrem persönlichen Text auch zu verwenden. Diese Aufgabe eignet sich ideal als HA.

Differenzierung △ **Diff pool p. 125/12 Glasgow is amazing!** → Help with Station 2, p. 61/14b)

Methodisches Vorgehen: Leistungsschwächere S nutzen die Vorgaben, um ansprechende Texte über Glasgows Sehenswürdigkeiten zu schreiben.

Lösung
a) Lösungsvorschlag: *The text uses a language that tries to get the attention of younger people. It uses questions to get the reader's attention. In the second sentence, there is a superlative which makes the reader curious.*
b) Individuelle S-Lösungen.

3 ⟨Station 2⟩ Writing about your holiday

S. 62 **Holly's blog**
→ L 2/18–19

Materialien Lehrer-Audio-CD 2, Track 18–19; Folie 3/11

Methodisches Vorgehen ◉ SB geschlossen. L legt **Folie 3/11** auf und erklärt den S, dass sie versuchen sollen, die durcheinander geratenen Fotos den gehörten Passagen zuzuordnen, indem sie jeweils die Nummer des Fotos notieren: *The pictures in Holly's blog aren't in the right places. Write down the number of the picture that goes with the different parts of her blog.* L spielt den HV-Text ab und pausiert nach jedem Abschnitt kurz, um den S die Möglichkeit zu geben, die Nummer des Bildes aufzuschreiben. Die Bildfolge wird im Plenum verglichen, indem der HV-Text nochmals abgespielt wird. Nach jedem Blogeintrag wird kurz pausiert, damit ein S zur Folie gehen und auf das dazugehörige Foto zeigen kann.

Differenzierung ▲ Leistungsstärkere S können sich zusätzlich zu der Bildnummer eine kurze Notiz machen, was auf dem Bild gezeigt wird.

Lösung Vgl. Text, SB S. 62–63.

S. 63 **15 How much do you know about Scotland?** → WB 39/13–14, 40/15–16
READING

Materialien ggf. vorbereitete Kärtchen / Urkunden für die Gewinnergruppe

Einstieg L: *Which of you thinks that he/she is a Scotland expert? To see if this is true, you're going to do your own quiz about Scotland.*

Methodisches Vorgehen
a) ✏ Gemäß der Aufgabenstellung schreibt jeder S zehn Fragen zum Themenbereich *Scotland* auf.
b) 👥 Nun teilt L die Klasse in zwei Gruppen auf. Diese stellen sich gegenseitig ihre Fragen und jede Gruppe bekommt pro korrekt beantworteter Frage einen Punkt (diese vermerkt L an der Tafel). Um zu verhindern, dass die gleiche Frage doppelt oder mehrfach gestellt wird, kann L ankündigen, in einem solchen Fall der Gruppe einen Punkt abzuziehen.

Tipps für junge Lehrer/innen Bei Aufgaben mit Spielcharakter sind die S erfahrungsgemäß noch motivierter, wenn man dem Gewinner bzw. der Gewinnergruppe zu Beginn einen nicht genauer beschriebenen Preis in Aussicht stellt. In diesem speziellen Fall bietet es sich an, verschiedene Kärtchen oder Urkunden mit dem Gewinnertitel anzufertigen, z. B. *Scotland fans*, *Scotland experts*, *Practically Scottish*. Die Gruppe mit der niedrigeren Punktzahl bekommt dann bspw. die Urkunde mit dem Titel *Scotland fans*, die Gewinnergruppe den Titel *Scotland experts* oder *Practically Scottish* verliehen.

Lösung a) + b) Individuelle S-Lösungen.

S. 63 **16 Your turn: Write your own travel blog** → WB 40/16; S11–14
WRITING

Materialien *English folder*

Methodisches Vorgehen 📝 Die S fertigen nach dem Vorbild von Hollys Blog ihren eigenen, persönlichen Reiseblog für ihren *English folder* an. Dazu recherchieren sie im Internet nach passenden Bildern. Zu den Texten können sie sich aus eigenen Erfahrungen oder Anregungen aus dem Internet inspirieren lassen. L weist die S darauf hin, dass sie ihre Aufzeichnungen von S. 61, Aufgabe 14, zu Hilfe nehmen können. Diese Aufgabe eignet sich sehr gut als HA.

Differenzierung △ Leistungsschwächere S beschränken sich auf 2–3 Blogeinträge.

Lösung Individuelle S-Lösungen.

Skills Writing a persuasive text

How to write a persuasive text

S. 64 1 Criteria for a good persuasive text → S5–6

Wortschatz *humour (no pl), final, further, north, fascinating, present, spectacular, cliff, tiny*

Einstieg Als Einstieg kann L Bezug auf den zuvor als HA angefertigten Reiseblog nehmen: *Look at your travel blog. What did you do to get the reader's attention? How could you change the text to make it so interesting that other people want to go to these places?* In einem kurzen UG äußern die S ihre Ideen, anschließend leitet L zum Text über: *Let's see how you can make your text really persuasive!*

Methodisches Vorgehen In EA finden die S Beispiele für die Kriterien eines guten, überzeugenden Textes und schreiben diese in ihr Heft. In einer anschließenden PA vergleichen sie ihre Ergebnisse.

Lösung **Talking to the reader personally:** *Well you can, …; Did you know …?; If history isn't your thing …; Take a boat trip …; But please make sure …; So come and see us – and leave …*
Local tips: *Shetland Crofthouse Museum in Dunrossness; amazing coastlines; spectacular cliffs*
Longer sentences with linking words: *Explore fascinating museums which tell …; Take a boat trip along the amazing coastlines or improve your climbing skills …; After your personal adventure, you can relax …*
Humour: *Our islands may be small but we have big hearts!*
An interesting final sentence: *… – and leave everything behind …*
Strong adjectives: *fascinating, exciting, amazing, spectacular, world-famous*

S. 64 2 Strong adjectives → WB 41/17

Materialien ggf. zweisprachiges Wörterbuch

Einstieg L fragt die S, was sie sich unter *strong adjectives* vorstellen und was, ihrer Meinung nach, den Unterschied zwischen diesen und „schwachen" Adjektiven ausmacht.

Methodisches Vorgehen
a) Die S übertragen die Tabelle in ihr Heft und ordnen die vorgegebenen Adjektive der entsprechenden Kategorie in der Tabelle zu.
b) Die S finden, ggf. mit Hilfe eines zweisprachigen Wörterbuchs, weitere Beispiele für jede Kategorie und schreiben diese in die Tabelle.

Lösung a)

small	good	nice	big
tiny	amazing beautiful exciting fascinating fantastic spectacular interesting wonderful	amazing beautiful fascinating interesting wonderful	large huge

b) Lösungsvorschlag:

small	good	nice	big
little short …	great awesome brilliant …	lovely pretty …	great vast wide …

3 Unit task — Making a travel brochure

S. 64 **3 Write your own text** → WB 41/18; S11–14

Materialien — *English folder*

Methodisches Vorgehen — 📄 Unter Beachtung der Kriterien von Aufgabe 2 und 3 erstellen die S ihren eigenen Text zu den vorgegebenen Themenvorschlägen für ihren *English folder*. Bei Bedarf ziehen sie dabei S11–14, S. 140–143, zu Rate. L sollte eine grobe Vorgabe für die Anzahl der Wörter geben (ca. 150–200 Wörter). Diese Aufgabe eignet sich gut als HA. In einer *peer correction*-Phase geben sich die S anschließend gegenseitig Feedback.

Tipps für junge Lehrer/innen — Gerade in der ersten Hälfte des Schuljahres ist es im Hinblick auf die Arbeitshaltung der S förderlich, deren Hefte / Portfolios in regelmäßigen Abständen einzusammeln und den S eine Rückmeldung über den Inhalt und ihre Heftführung zu geben. Statt die Rückmeldung durch einen anderen S zu bekommen, wäre an dieser Stelle auch eine kurze im Heft / Portfolio festgehaltene Rückmeldung durch L denkbar.

Lösung — Individuelle S-Lösungen.

Unit task Making a travel brochure

Visit Scotland!

Wortschatz — *to rent (out), travel agency*

Einstieg — Im Plenum werden gemeinsam die einführenden Erläuterungen zur *Unit task* gelesen. Anschließend erhalten die S mehrere Minuten Zeit, um sich die verschiedenen Schritte durchzulesen und sich einen ersten Überblick zu verschaffen. L teilt die Klasse in mehrere Gruppen zu jeweils 4–5 S auf. Ggf. kann L bereits einen konkreten Zeitrahmen vorgeben (z. B. 3–4 Unterrichtsstunden).

Tipps für junge Lehrer/innen — Bei Gruppen, die zu unorganisiertem Arbeiten neigen, ist es hilfreich, einen der zuverlässigeren S zum *time manager* zu ernennen. Dieser ist dann dafür verantwortlich, dass die Gruppe ihr Ziel innerhalb der vorgegebenen Zeit auch erreicht.

S. 65 **Step 1 Get organised** → WB 42/19

Methodisches Vorgehen — 👥 Die S suchen sich eine Region oder Stadt in Schottland aus, die sie in ihrer Broschüre vorstellen wollen. Um allzu lange Diskussionen innerhalb der Gruppen zu vermeiden, sollte L den Zeitraum für eine Entscheidungsfindung (ca. 10–15 Minuten) transparent und diesen durch ein Gongsignal deutlich machen. Sollten zwei oder mehrere Gruppen das gleiche Thema wählen, entscheidet das Los und die Gruppe(n) müssen ggf. ein neues Thema finden.

Differenzierung — △ Leistungsschwächeren Gruppen kann L einige Sehenswürdigkeiten vorgeben, z. B. *Shetland Islands, Orkney Islands, Highlands, Glasgow, Edinburgh, etc.*

Lösung — Individuelle S-Lösungen.

S. 65 **Step 2 Find information about your place** → WB 42/20

Methodisches Vorgehen — Die S besprechen, welche Aspekte zu ihrer Region sie in der Broschüre verarbeiten wollen und einigen sich dann darauf, wer welche Informationen in Erfahrung bringen wird (ca. 10–15 Minuten). Für die Recherchearbeit während des Unterrichts sollte ein Computerraum zur Verfügung stehen.
Sollbruchstelle: Sollte nicht so viel Zeit zur Verfügung stehen, kann die Recherchearbeit der einzelnen Gruppenmitglieder sehr gut als HA erledigt werden.

Lösung — Individuelle S-Lösungen.

Story 3

S. 65 ### Step 3 Organise the information → WB 43/21

Materialien Rechercheergebnisse (z. B. Texte, Bilder, etc.)

Methodisches Vorgehen
a) Die S verschaffen sich einen Überblick über die Ergebnisse ihrer Recherchen und kontrollieren, ob alle relevanten Informationen vorhanden sind bzw. ob noch weitere Informationen in Erfahrung gebracht werden müssen (ca. 10–15 Minuten).

b) Als HA suchen die S im Internet oder in Reisebüros nach ansprechenden Beispielen für Reisebroschüren und bringen diese in der Folgestunde mit in den Unterricht. Diese werden in den einzelnen Gruppen diskutiert. Die S einigen sich darauf, wie sie das Layout ihrer Broschüre gestalten wollen (20 Minuten) und fertigen einen ersten groben Entwurf (mit Platzhaltern für Bilder und Texte) auf einem Blatt Papier an.

Lösung a) + b) Individuelle S-Lösungen.

S. 65 ### Step 4 Write your brochure

Materialien ggf. KV 53: Visit Scotland!, kopiert auf dickes, aber faltbares Papier (DIN A4 oder DIN A3) für die Broschüre

Methodisches Vorgehen Jedes Gruppenmitglied schreibt seinen Beitrag für die Broschüre (ca. 45 Minuten).
Sollbruchstelle: Um Zeit zu sparen, kann L den S die **KV 53: Visit Scotland!** austeilen. Auf dieser sind kleine Bausteine vorgegeben, auf die die S ihre Texte schreiben können. Die Bausteine werden später auf das Papier für die Broschüre geklebt. So können alle Gruppenmitglieder gleichzeitig arbeiten und es wird vermieden, dass jeweils nur ein S schreibt und die anderen warten müssen. Außerdem wird bei „Schönheitsfehlern" nicht gleich die ganze Broschüre in Mitleidenschaft gezogen und die S können bei Bedarf ihren Textbaustein nochmals nachbessern bzw. erneuern. Dies vermeidet auch Konflikte darüber, wer dafür verantwortlich ist, dass die Broschüre ggf. den ästhetischen Ansprüchen der Gruppe nicht genügt. L sollte also einige Textbausteine auf Lager haben. Die Anfertigung der Textbausteine kann sehr gut als HA erledigt werden.

Lösung Individuelle S-Lösungen.

S. 65 ### Step 5 Present your brochure

Materialien fertige Broschüren

Methodisches Vorgehen In einem **Gallery walk** betrachten die S die verschiedenen Ergebnisse der Gruppenarbeiten. Hierzu stellen sie der präsentierenden Gruppe Fragen und geben ihr ein Feedback zu ihrer Broschüre. Jedem S bleiben hierzu 10 Minuten pro Tischgruppe (L gibt alle 10 Minuten ein Signal). Schließlich entscheidet sich jeder S für eine Region oder Stadt, die er besuchen möchte und platziert sich an dem entsprechenden Tisch. Im UG werden die Gründe für die Entscheidung genannt.

Lösung Individuelle S-Lösungen.

Story

S. 66 ### 1 Before you read
SPEAKING

Methodisches Vorgehen SB schlossen. Zur Einstimmung auf die Abenteuergeschichte liest L die Aufgabenstellung laut vor und die S unterhalten sich in einer **Murmelphase** mit einem Partner über gefährliche Situationen, die sie oder ihnen bekannte Personen erlebt haben.

Lösung Individuelle S-Lösungen.

3 Story

→ S 1/26–29 ⊙
L 2/20–23 ⊙

I don't believe in ghosts!

Wortschatz sky, entrance, ticket office, empty, stone, pocket, signal, thick, perhaps, to go round in circles, wounded, tower, moonlight, stairs (pl), wooden, danger, to keep out (of), cracking, to realise, key ring, to tie (to), rope, to hold onto, crack, wood, heavy, definitely

Materialien Schüler-Audio-CD 1, Track 26–29; Lehrer-Audio-CD 2, Track 20–23; Folie 3/12

Methodisches Vorgehen ⊙ SB geschlossen. L präsentiert Teil A der *Story* (Z. 1–27). Der Inhalt kann über folgende Fragen gesichert werden:
- Where are Gwen and Holly? *(They're at a festival and in a castle.)*
- What's the problem in the castle? *(The lights go out, they can't see very well and they can't go back to the entrance hall because the door is locked. They don't have a phone signal, so they can't call anyone for help.)*

Schließlich liest L die erste *Stop-and-think*-Frage vor und die S stellen Vermutungen darüber an, wie Gwen und Holly wieder aus dem Schloss herauskommen können.

Nun präsentiert L Teil B der *Story* (Z. 28–51). Folgende Fragen dienen der Sicherung des Inhaltes:
- What kind of sound do the girls hear? *(It sounds like a wounded animal.)*
- What do they do when they hear the sound? *(They want to find out where it's coming from so they go up the stairs and into another room.)*

Nachdem die Verständnisfragen beantwortet sind, liest L die zweite *Stop-and-think*-Frage vor und die S stellen Vermutungen darüber an, wer oder was sich wohl hinter der Tür befindet.

Folie 3/12 wird erst nach der zweiten *Stop and think*-Aufgabe aufgelegt. Mithilfe dieses visuellen Impulses sollen die S nun mutmaßen, was sich zugetragen haben könnte, warum Amber sich in diesem Raum befindet und wofür Holly ihren Rucksack zerschneidet.

Danach präsentiert L Teil C der *Story* (Z. 52–101). Folgende Fragen können zur Sicherung des Inhaltes gestellt werden:
- Who is behind the door and why? *(It's Amber. She went up there to get a better view of Ethan's band.)*
- What happened when Amber was walking across the floor? *(The floor started to fall down.)*
- What does Holly do in this dangerous situation? *(She takes her key and cuts her backpack into long pieces to make a rope.)*
- How is Amber saved? *(Amber takes the rope and Gwen, Holly and Ethan pull her up.)*

Zuletzt präsentiert L Teil D der *Story* (Z. 102–120) und sichert das Textverständnis mit folgenden Fragen:
- What does the doctor say to Amber? *(He says that her leg isn't broken and that next time she sees a 'KEEP OUT' sign she should do what it says.)*
- What does Amber say to Holly? *(She thanks her for saving her life and says that she's sorry she's been saying stupid things to her. She's also going to buy her a new backpack.)*

Nun öffnen die S das SB und die gesamte *Story* wird gemeinsam im Plenum laut gelesen.

S. 67
SPEAKING

2 Your reaction

Methodisches Vorgehen In einem kurzen UG erzählen die S, welcher Teil der *Story* ihnen gefallen hat und welcher nicht und begründen diese Antwort.

Differenzierung △ Leistungsschwächeren S kann L als Hilfestellung einige Redemittel an der Tafel vorgeben:

> *I liked / didn't like Part A / B / C / D of the story because …*
>
> *exciting – stupid – boring – dangerous – scared*

Lösung Individuelle S-Lösungen.

126

# Story 3

S. 67 **READING**	**3**	**Understanding the story** → WB 44/22–23; S5–6

Materialien ggf. KV 54: I don't believe in ghosts!; Folie 3/12

Methodisches Vorgehen
a) L legt **Folie 3/12** erneut auf. Die S beschreiben das Bild und verorten es im Handlungsverlauf der Geschichte.
b) Zur Bearbeitung dieser Aufgabe kann L die vorstrukturierte **KV 54: I don't believe in ghosts!** heranziehen. Auf dieser ordnen die S den einzelnen Textabschnitten vorgegebene Überschriften zu. Dann schreiben sie auf, welche Gefühle die Charaktere in den einzelnen Textabschnitten haben. Abschließend unterhalten sie sich mit einem Partner und vergleichen die Empfindungen der Charaktere mit ihren eigenen in dieser oder einer ähnlichen Situation.

Differenzierung
△ In Vorbereitung auf S. 68, Aufgabe 4, kann als Zwischenschritt ein treppenartiger Handlungsablauf als TA oder auf der Folie dargestellt werden.
▲ Leistungsstärkere S können auf **KV 54** aus zwei Vorschlägen für ein Rollenspiel wählen und eine Szene, die nach dem Abenteuer von Holly und Gwen spielt, einüben.

Lösung
a) Lösungsvorschlag: *Holly and Gwen find Amber who is sitting in a corner of the tower. The floor all around her has fallen away and she looks very scared. Gwen is holding out her arms to tell Amber to stay where she is. Holly is cutting her backpack into pieces with the help of her keys. The picture shows Part C of the story. What happens before: Holly and Gwen get lost in the castle. Then they hear a strange sound. What happens afterwards: Amber takes the rope which was made from Holly's backpack and Holly, Gwen and Ethan pull Amber up to the side of the tower where the door is.*
b) Lösungsvorschlag: **Part A:** *Holly: happy, excited, worried; Gwen: happy, excited, confident*
Part B: *Holly: scared; Gwen: confident, brave, nervous; Amber: scared*
Part C: *Holly: confident, brave; Gwen: worried; Amber: scared; Ethan: confident*
Part D: *Holly: happy; Amber: thankful, sorry*

S. 68 **READING**	**4**	**The climax of the story** → S7

Methodisches Vorgehen
a) Die S lesen die Aufgabenstellung und die *Skills*-Box. Unter Angabe der genauen Zeilenzahl geben die S an, welcher Teil der Geschichte den Höhepunkt darstellt. Bei Bedarf bittet L die S, ihre Aussage mit den in der *Skills*-Box genannten Kriterien zu untermauern.
b) Nun beziehen die S persönlich Stellung zu der Frage, wie realistisch der Höhepunkt der Geschichte ist. Die vorgegebenen Redemittel helfen ihnen dabei, ihre Stellungnahme zu formulieren.
c) In PA entwickeln die S Ideen für einen alternativen Höhepunkt der Geschichte. Diese schreiben sie stichpunktartig in ihr Heft. L sollte hierfür einen Zeitrahmen von ca. 15–20 Minuten vorgeben. Anschließend werden die Ergebnisse im Plenum vorgestellt. Für das Feedback an das präsentierende S-Paar können die S auf die Redemittel aus Aufgabe b) zurückgreifen.

Differenzierung
▲ Leistungsstärkere S können ihre Ideen in Aufgabe c) ausformulieren und dabei auf die Gefühle der einzelnen Charaktere näher eingehen.

Lösung
a) Lösungsvorschlag: *The climax of the story is when Amber catches the rope, the floor falls down and Amber hits the side of the tower (ll. 81–85). Holly changes in the moment she makes the rope and throws it across to Amber. This is a turning point because in this situation, Holly is stronger than her sister and becomes more confident than before.*
b) Individuelle S-Lösungen.
c) Lösungsvorschlag:
– *Amber can't hold onto the rope and falls, but Ethan is there to catch her.*
– *Gwen and Holly say that Amber should jump. She tries, but can't jump that far. Holly grabs her hand and pulls her up.*
– *The girls find a ladder and Amber climbs down before the floor starts to fall.*

3 Story

S. 68
SPEAKING

5 Role play: An interview with Holly and Amber

→ S17; Diff pool △ 125/13

Materialien ggf. Requisiten für das Rollenspiel: Mikrofon (oder eine Attrappe), Decke

Methodisches Vorgehen
a) + b) 👥 ✏️ L und die S lesen gemeinsam die Aufgabenstellung. Danach gehen die S in 3er-Gruppen zusammen und bereiten das Interview vor. Anfang und Ende der Vorbereitungszeit sollte von L durch ein Signal markiert werden (15–20 Minuten). L weist die S auf die Ausführungen zu den mündlichen Aufgaben im *Skills*-Anhang (S17, S. 144–145) hin und vor allem darauf, dass es wichtig ist, sich vor Beginn des eigentlichen Rollenspiels in die jeweilige Rolle einzufühlen. Durch mitgebrachte Requisiten (siehe oben) kann die Interviewsituation noch realistischer gestaltet werden. Die Gruppen spielen der Klasse abwechselnd das Interview vor.

Differenzierung

> △ **Diff pool p. 125/13 An interview with Holly and Amber** → Help with Story, p. 68/5
>
> **Methodisches Vorgehen:** Die vorgegebenen Fragen dienen leistungsschwächeren S als Leitfragen für die Gestaltung des Rollenspiels.

Lösung
a) + b) Lösungsvorschlag:

- **Reporter:** *Amber, you've just had an accident, but you were lucky. Can you tell me what happened?*
- **Amber:** *I was in the tower of the castle. When I was walking across the floor in one of the rooms, it started to fall down.*
- **Reporter:** *Why were you up there in the room? Didn't you see the 'KEEP OUT' sign?*
- **Amber:** *Yes, I did, but I didn't think it would be dangerous in the room. I just wanted to have a good view of the concert.*
- **Reporter:** *What happened then?*
- **Amber:** *My little sister here saved my life.*
- **Reporter:** *Holly, how did you feel when you saw Amber in such a dangerous situation? Were you scared?*
- **Holly:** *There was no time to be scared. We had to do something very quickly.*
- **Reporter:** *What did you do?*
- **Holly:** *I made a rope out of my backpack and threw it over to Amber. She caught it and held onto it, but Gwen and I weren't strong enough to pull her up. Ethan arrived just in time to help us.*
- **Reporter:** *Amber, you're really lucky to have such a brave sister. Thank you for the interview, girls.*

S. 68
WRITING

6 Write an extra scene for the story → WB 44/24; S11–14

Materialien *English folder*

Methodisches Vorgehen
a) 📄 Die Aufgabenstellung und die Vorgabe werden gemeinsam gelesen. Bevor die S jedoch mit dem Schreiben der Szene beginnen, lesen sie die für diese Aufgabe hilfreichen Hinweise zu den *Writing skills* in einer Stillarbeitsphase durch (S11–12, S. 140–142). Anschließend planen und schreiben sie die Szene (150–200 Wörter) und heften sie in ihrem *English folder* ab. Diese Aufgabe eignet sich auch gut als HA.

b) 👥 Nach der Erläuterung der Aufgabenstellung kommen die S in 3er- oder 4er-Gruppen zusammen und lesen sich gegenseitig die von ihnen geschriebene Szene vor. Die Gruppe einigt sich auf die beste Szene. Die S lesen die Hinweise zur Überarbeitung von Texten und sprachlichen Verbesserungen im *Skills*-Anhang durch (S13–14, S. 142–143) und nutzen diese Hinweise, um den ausgewählten Text bei Bedarf zu verbessern. Anschließend präsentiert jede Gruppe ihre Szene dem Rest der Klasse.

… Story 3

Lösung **a)** Lösungsvorschlag: *"Where on earth did all these people come from?" Amber tried hard to see Ethan and his band, but she soon gave up. Then she had an idea. "I'm sure I'll have a great view from the tower," she thought. Amber quickly went into the castle and climbed up the tower. "From this room, you must have the best view of the stage," Amber thought, but there was a 'KEEP OUT' sign at the door. Amber opened the door and walked into the room. "I don't care about that sign," Amber said to herself. "I'm not a scared baby." Suddenly, she heard a cracking sound. The floor under her feet started to fall down. Amber made it to the other side of the room, but now she was trapped. "Oh no, what can I do?" she thought. "There's no way out and nobody knows that I'm here. Why did I do such a stupid thing?" She was really scared now and started to cry.*
b) Individuelle S-Lösungen.

S. 68 MEDIATION
7 A Scottish legend: The spider → S18

HV-Text → L 2/24

Narrator:
Many years ago, back in the 14th century, Robert the Bruce was the king of Scotland. He was fighting the English for Scotland to be free. The war was going very badly for King Robert. He and the last 36 of his men were living in a cave. They were hiding from the English.
"We can't give up and stay in this cave for the rest of our lives!" said one of King Robert's men. "We must leave here, and fight the English again!"
"But we've lost so many battles already," said Robert. "We don't have enough men to win against the English."
That night, Robert couldn't sleep. He sat and watched the fire in the cave. In the dying light of the fire, he saw a spider making a web between two rocks. After a few minutes, the spider's web broke. The spider started making the web again, but then the web broke once more.
So the spider just started making a new one. Again and again this happened. The spider never gave up. Robert finally fell asleep in front of the fire, while the spider kept on making new webs.
The next morning King Robert woke up. When he opened his eyes, the first thing he saw was a big, beautiful spider's web above his head. This moment changed Robert's life.
"I can be the same as the spider," he thought. "I'll never give up!"
That day, King Robert and his men left the cave, and they soon found more people to join them in the fight against the English. They started to win battles instead of lose them, and after a few months they pushed the English out of Scotland.

Wortschatz *spider, web*

Materialien Lehrer-Audio-CD 2, Track 24; ggf. Leerfolie

Einstieg L fragt die Klasse: *Which of you would like to spend a holiday in Scotland?* Die S, die sich melden, lässt L kurz erklären, was sie an Schottland reizt und was sie sich gerne ansehen würden. Die S, die sich nicht gemeldet haben, fragt L nach deren Gründen, warum sie Schottland weniger interessant finden und sagt diesen schließlich: *Maybe you'll want to go to Scotland when you've heard another of its interesting legends.*

Methodisches Vorgehen
a) L und die S lesen die Aufgabenstellung gemeinsam. Dann präsentiert L den Text ein erstes Mal und die S machen sich Notizen mit Hilfe der Vorgaben. L sollte den Text zwischendurch unterbrechen (z. B. nach *We don't have enough men to win against the English.* und *This moment changed Robert's life.*), damit die S ausreichend Zeit zum Schreiben haben. Schließlich präsentiert L den Text ein zweites Mal. Die Ergebnissicherung sollte an der Tafel oder auf Folie vorgenommen werden. Da der Text nicht schriftlich vorliegt, ist es wichtig, dass alle S ausreichende Informationen zu den einzelnen Punkten in ihrem Heft haben, damit sie die nächste Aufgabe bearbeiten können.
b) Die S nutzen ihre Notizen aus a), um die Legende auf Deutsch zusammenzufassen. Bei Bedarf ziehen die S die Hinweise zur Mediation im *Skills*-Anhang (S18, S. 145–146) zu Rate.

3 Action UK! Working with films

Lösung a) – Robert the Bruce; 14th century; king of Scotland
– fight the English; war was going badly; already lost many battles
– Robert and 36 men; hiding from the English in a cave; not enough men to win
– spider made a web; the web broke; spider started to make a new one, again and again; spider never gave up
– next morning: Robert saw a beautiful spider's web and thought: "I can be the same as the spider. I'll never give up!"; found more people to fight; won battles; pushed the English out of Scotland

b) Lösungsvorschlag:
Robert the Bruce war ein schottischer König im 14. Jahrhundert. Er und seine Männer kämpften gegen England, aber der Krieg verlief schlecht für die Schotten. Deshalb versteckten sich Robert und seine 36 Männer vor den Engländern in einer Höhle. Sie dachten darüber nach aufzugeben, da sie nicht genug waren, um die Engländer zu besiegen. Eines Nachts, als Robert nicht schlafen konnte, beobachtete er, wie eine Spinne ein Netz baute. Dieses ging nach einigen Minuten kaputt und die Spinne begann, ein neues Netz zu bauen. Dieses ging nach kurzer Zeit wieder kaputt, doch die Spinne ließ sich nicht entmutigen. Dieser Vorgang wiederholte sich einige Male und irgendwann schlief Robert ein. Am nächsten Morgen sah er ein wunderschönes Spinnennetz und sagte: „Ich kann wie die Spinne sein. Ich werde nie aufgeben!" Schließlich gewann er Schlachten und verjagte die Engländer aus Schottland.
Ich möchte nach Schottland fahren, weil das Land so eine interessante Geschichte hat. Die Legende von Robert the Bruce zeigt, wie entschlossen und stark die Menschen diese Landes sind. Deshalb möchte ich das Land und seine Menschen gerne kennenlernen.

Action UK! Working with films

How times change → S22–23

S. 69
SPEAKING

1 Warm-up: Helping out in the neighbourhood

Wortschatz *to help out, neighbourhood, to do the shopping, elderly*

Methodisches Vorgehen Im Plenum fragt L: *What people may need your help in your neighbourhood? (people with special needs, e.g. someone in a wheelchair; elderly people; people who have been in hospital and live alone, …) How can you help these people?* Die S tauschen sich in PA aus und im **Kreidestaffelverfahren** werden die Ideen an der Tafel gesammelt.

Helping out in the neighbourhood
– do the shopping for someone
– help in the garden
– help in the house (clean the windows, tidy up, …)
– read to someone
– spend time talking with someone
– have a meal together (prepare a meal, cook, wash up)
– go for a walk with someone
– …

Im Plenum berichten die S über ihre eigenen Erfahrungen und wie ihre Nachbarn reagierten und erzählen, wie sie selbst sich fühlten (vgl. Lösung).

Differenzierung △ Redemittel wie *helpless, alone, (to feel) lonely / bored / sad, friendly, thankful, (important) to care about sb / other people, to cheer sb up, to make sb happy, to look after sb, useful, helpful* können den S, die Hilfe brauchen, auf einer *language support card* angeboten werden.

	Working with films	**Action UK!** **3**

Tipps für junge Lehrer/innen Ist es besser, Hilfskarten (*support cards*) an die S auszuteilen oder auf dem Lehrerpult auszulegen? Einige S wollen sich nicht blamieren und scheuen den Gang zum Lehrerpult. Andererseits werden Hilfskarten, die ausgeteilt werden, vielleicht benutzt, obwohl eine Hilfestellung nicht notwendig wäre. Die Nutzung von Hilfskarten sollte geübt werden, um den vernünftigen und selbstverantwortlichen Umgang mit Hilfestellungen zu schulen.

Lösung Lösungsvorschlag: *I go shopping for my elderly neighbour every Friday afternoon. She can't walk very far and can't carry heavy shopping bags. She is really thankful. Her son lives in another city and she is often alone. She knows a lot of stories about the old days and I think she wants someone to talk to. I think it's important to care about people like her, and I'm happy because I can help her and cheer her up – and she always gives me a cup of tea and a piece of cake when I bring the shopping.*

S. 69
VIEWING

2 Scotland is famous for its inventors → WB 45/25

Film-Transkript
→ DVD 3/3

EXT. GREENWICH HIGH STREET, GROCERY SHOP – DAY
ALICIA exits a grocery shop, carrying shopping bags for ALVA.
Alicia: You got it? Oh, it's windy!
Alva: Really good of you to carry all the bags for me.
Alicia: It's all right.

EXT. GREENWICH STREET – DAY
They make their way down the street.
Alicia: So how's your son back in Scotland?
Alva: *(Scottish accent)* He's very well, thank you! He wants to have a video chat with me on Sunday so his kids can see their granny live. It sounds quite exciting! It's just that I've never had a video chat before.
Alicia: Really?
Alva: Do you know how it works?
Alicia: Yeah, I can show you. Sure.
Alva: Good, thanks! That'd be great.

INT. ALVA'S HOUSE, KITCHEN – DAY
Alicia and Alva sit in front of Alva's laptop.
Alicia: OK. To start, you click this button here. And then, that there is your username. So you just need to tell your son what your username is and then he can call you.
Alva: Aha. I'll do that then. Thank you! You're a very smart girl, aren't you?
Alicia: It's not that difficult. I could come around again on Sunday, just before your call.
Alva: That would be wonderful! Just in case I don't remember how it works.
Alicia: Yeah, sure!
Alicia rises from her chair. Alva puts an old rotary phone on the kitchen table.
Alva: Oh, look! This is my old telephone. And now I'm learning to use the internet to make a call. How times change … In the old days, we dialled like this.
She demonstrates the dial.
Alicia: That's cool! Can I try it?
Alva: Of course! You can even keep the phone. I don't need it any more.
Alicia: Are you sure? Thank you!
Alva: Did you know it was a Scottish man who invented the telephone?
Alicia: Was it Alexander Graham Bell?
Alva: That's right! And the television was invented by a Scottish man too: John Logie Baird.
Alicia: Really? I didn't know that.
Alva: Yes. Scotland is famous for its inventors – although it's only a small country.
Alicia looks impressed.

3 Action UK! Working with films

INT. ALICIA'S HOUSE, LIVING ROOM – DAY
MARLEY and LAURA are at Alicia's house. Alicia shows them the old phone.
Alicia: Look what Alva gave me.
Marley: Wow, that's a really old-fashioned telephone!
Alicia: Yeah, it's a rotary telephone!
Laura: Who's Alva?
Alicia: Our neighbour. She's an old lady from Scotland. I help her with hershopping sometimes. Or with her laptop.
Marley: What are you going to do with the old phone?
Alicia: I don't really know yet.
Marley: Can I try something? I have an idea!
Alicia and Laura look intrigued.
Later Marley is tinkering with the old phone, a wooden board and other items, facing away from Alicia and Laura. Laura has got a note book, Alicia flicks through a gossip magazine. Laura tries to sneak a look over Marley's shoulder.
Laura: So? Are you ready?
Marley: Almost … Just a second.
Alicia looks over Marley's shoulder as well.
Alicia: I want to see what you're up to!
Marley: Okay, I'm done. Here, check it out.
Laura: Wow! It looks interesting. What is it?!
Laura and Alicia admire Marley's construction consisting of a telephone receiver and cord, some magnet wire, a set of alligator leads, a diode, a glue stick, some electrical tape, some wire stripping pliers and an old TV antenna.
Marley: It's like a radio. It can catch radio signals.
Laura: Really?
Alicia: Great! Let's try it out!
Marley: Sure. Hold this.
Marley hands Alicia the telephone receiver.
Marley: Now I just need to touch this wire here.
Marley touches the free alligator clip to the wire that's wrapped around the glue stick.
Marley: Laura, can you hold up this clothes hanger, please? It's the antenna.
Laura holds the antenna high up in the air. Alicia's eyes light up as she hears an AM radio signal coming from the phone receiver.
Alicia: I can hear something. Wow, that's so cool!
Laura: Yeah! It's amazing what you can do with an old telephone!
Marley smiles proudly.

Wortschatz *inventor, tin can, switch*

Materialien Folie 3/13; Lehrer-DVD 3, Film 3; ggf. KV 55: Viewing for detail

Einstieg SB geschlossen. L legt **Folie 3/13** auf. Die S beschreiben die Bilder A und B und stellen Vermutungen über die Situation an:
A: *In the picture, I can see Alicia who is walking down a street with an elderly woman. They're talking to each other. Alicia is carrying two plastic bags. Maybe Alicia has been shopping with the woman in the picture (her grandmother, a neighbour, …?). The bags could be shopping bags. Maybe they're on their way home.*
B: *In the picture, I can see Laura, Alicia and Marley. Laura and Alicia are sitting on a chair. Laura is writing something and Alicia is reading. Marley is working on something with wires. Maybe Marley, Laura and Alicia are doing their homework. Perhaps Marley is doing an experiment and the girls are helping him. Maybe Laura is making notes and Alicia is giving instructions.*

Methodisches Vorgehen a) L leitet die Präsentation des Films ein: *When you watch the film, find headings for the two film stills. Can you remember the main ideas of the two different parts of the film? Make notes after you've watched the film.* Nach der Filmpräsentation fassen die S in PA zusammen, was im Film passiert (vgl. Lösung). Die Zusammenfassung erfolgt mündlich. Evtl. kann L die Musterantworten in der Lösung den S zur Verfügung stellen.

Working with films | **Action UK!** | **3**

b) In PA ordnen die S den schottischen Erfindern die jeweiligen Erfindungen zu. Die Ergebnissicherung erfolgt im UG.

Tipps für junge Lehrer/innen Zusammenfassungen können mündlich oder schriftlich erfolgen. Es ist immer ratsam, Notizen anfertigen zu lassen, allerdings nimmt eine schriftliche Zusammenfassung sehr viel Zeit in Anspruch. Eine schriftliche Zusammenfassung kann als ergänzende HA gegeben werden, vor allem wenn neue Vokabeln eingeführt wurden (vgl. Lösung).

Vertiefung **KV 55: Viewing for detail** bietet eine Ergänzung zu Aufgabe 2b). Nach dem ersten *global viewing* mit Aufgabe 2a) kann L den ersten Teil des Films ein zweites Mal präsentieren. Die Aufgaben a) und b) können zur Differenzierung verwendet oder als Arbeitsblatt für alle S eingesetzt werden.

Lösung a)

A: *A video chat*	B: *A 'telephone radio'*
Alicia helps a neighbour, Alva, an elderly lady from Scotland, with her shopping. The neighbour talks about a video chat she wants to have with her son and his children. When they get home, Alicia shows her how a video chat works on her laptop. The neighbour shows Alicia her old (rotary) phone and then gives it to Alicia.	*Alicia gives Marley the old (rotary) phone and he makes a radio with it. (He uses a clothes hanger as an antenna, and they catch radio signals.)*

b) 1d), 4c)

S. 69 ## 3 Old vs. new
SPEAKING

Wortschatz *versus (vs.), rotary phone*

Materialien ggf. KV 56: A famous Scottish inventor; zweisprachiges Wörterbuch

Methodisches Vorgehen
a) In PA oder in Kleingruppen sammeln die S Ideen und erstellen eine Tabelle (vgl. Lösung). Individuelle S- bzw. Gruppen-Antworten können im Plenum mündlich präsentiert werden. Evtl. kann diese Aufgabe als HA von einigen leistungsstärkeren S vorbereitet und am Anfang der Folgestunde in Gruppen und dann im Plenum präsentiert werden. Es sollten Wörterbücher eingesetzt werden, da zu erwarten ist, dass die S Probleme haben werden, ihre Ideen zu verbalisieren.

b) ✏ Die S beschreiben in einem kurzen Text, wofür ihr Heimatort oder ihre Region berühmt ist.

Vertiefung **KV 56: A famous Scottish inventor** bietet zusätzliches Material zu Alexander Graham Bell. Anhand des Lückentextes können die S einen eigenen Text über einen Erfinder ihrem Heimatort bzw. ihrer Heimatregion schreiben. Außerdem können technikinteressierte S versuchen, ihre Kenntnisse der Videotelefonie in einfachem Englisch zu erläutern.

Die S können sich selbst eine Erfindung / ein Gerät aus einem der Bereiche in Aufgabe 3a) aussuchen und dazu als HA im Internet Informationen zu dessen Entwicklung recherchieren, die sie zu Beginn der nächsten Stunde kurz vorstellen.

3 Action UK! Working with films

Lösung a)

Categories	Old	New
communication	– rotary phone – letters	– smartphone / internet / video chat – text messages / online messenger / e-mails
transport	– horses and carriages / waggons – steam trains – sailing ships / steam ships – hot air balloons	– cars / buses / coaches / lorries / trains / planes / space shuttle – high speed electric trains – ships with diesel engines – jets / spaceflight
free time	– board games	– computer games
music	– LP / cassette / CD	– streaming / MP3
travel	– by land and sea only	– air travel (planes)
media	– (analogue) radio – black and white TV – videos	– digital radio – colour TV – DVDs / Smart TV / video on demand

b) Individuelle S-Lösungen.

‹Revision C›

Didaktisches Inhaltsverzeichnis

Kompetenzziele	Sprachliche Mittel	Materialien
Revision C (S. 70–75)		
WRITING Die eigene Schule beschreiben **LISTENING** Eine Landschaftsbeschreibung verstehen **MEDIATION** Einen Text über deutsches Brauchtum ins Englische übertragen	**LANGUAGE** passive; present perfect progressive with 'for' and 'since'; simple past; past progressive; relative clauses; adjectives and adverbs	– ◉ Lehrer-Audio-CD 2, Track 25 – WB 47/1–2 – KV 58–61: Test yourself; KV 62–64: Speaking cards

Allgemeine Hinweise

Die Aufgaben der *Revision*-Seiten und die dazugehörigen Kopiervorlagen (**KV 58–61: Test yourself**) wiederholen und vertiefen die grammatischen und kommunikativen Strukturen der Unit 3. Sie können eigenverantwortlich von den S zur Übung oder vor Klassenarbeiten genutzt werden, finden aber auch Verwendung als Vertiefungsaufgaben im Unterricht bzw. als HA. Eine motivierende Möglichkeit der Bearbeitung ist es, die S vor Beginn der Arbeit mit diesen Seiten eine „Rallye" durch die Units 2 und 3 machen zu lassen. Dabei nehmen sich die S eine Unterrichtsstunde Zeit, sehen sich die erlernten Strukturen in Ruhe an und prüfen, wo sie ihren individuellen Wiederholungsbedarf sehen. Diesem Schwerpunkt folgend, üben und wiederholen die S selbstständig und kontrollieren ihre Ergebnisse mit Hilfe von Lösungsblättern, die von L bereit gestellt werden. Hierfür haben die S drei Unterrichtsstunden Zeit.
Zur Vorbereitung auf die mündliche Prüfung können **KV 62–64: Speaking cards** eingesetzt werden.
Die folgenden Erläuterungen beziehen sich auf eine gemeinsame Bearbeitung der Aufgaben im Unterricht.

S. 70
LISTENING

1 Landscapes → WB 47/1

HV-Text → L 2/25 ◉

Teenager:
I had a small accident (people should look after their old castles better!) and so here I am in hospital. I can't get out of bed; well, I could, but the doctor says I may not. I hurt my leg quite badly and so I'll be in hospital for a week. There's not much to do here, so I've been looking out of my window a lot. It really is quite a spectacular view and I realised that I live in quite a beautiful place.
When I look out of my window, which is big but not very clean on the outside, and when I look past the spiders in the corners outside, I can see some very interesting things. But before I give you lots of details, let me give you an idea of the landscape. It's hilly around here. People say our city was built on seven hills – just like Rome! The hill that I can see from my window has a funny shape. It looks like a big animal that is lying down. The animal's face is flat because there's a cliff at the front. I know because sometimes I go hiking there with my friends. We take a backpack with a picnic lunch and then hike in the hills. At the bottom of the cliff (the monster's face) there's an entrance to a cave. So it looks like a small mouth. The monster has a long neck and its back is like a big bump. You know, it looks a little bit like the monster Nessie lying down on the land. Hey, maybe I've found Nessie! People have been looking for the

135

monster in the wrong place. It's not in Loch Ness; it's here, on land! Wouldn't that be funny? Of course in front of my Nessie there are lots of buildings. I can see the Old Town from my window and a lot of the buildings are made of brown stone, have little towers and Scottish flags flying from them. On the left is a river with a big bridge over it. The bridge is quite pretty. It was built in 1831 and is held up by five towers.

Oh, and behind my Nessie there's a beautiful Scottish loch. I can just see a little corner of the blue water behind the monster's neck. And because there's a big shipbuilding industry here, I can also see a big crane. That's where the harbour is. The crane is even taller than my Nessie hill.

Not too far from the hospital and a little to the right is a shinty field. Today is Saturday so the team isn't practising – they're playing a match! Of course, the players look tiny from up here, but it's still fun to watch. On each side of the field there are fans who are watching the game and sometimes I can even hear them cheer loudly. I don't play shinty, but it sure is fun to watch.

Further to the right, between the shinty field and Nessie are the old castle and the huge church. At night they look even prettier when the moonlight shines on them.

But it's day now and the sky is a beautiful blue with a few white clouds. Down in the hospital gardens below my window, I can see the thistles with their big purple flowers. There are paths in the gardens where the patients can walk, but I can't. Maybe next week.

Materialien Lehrer-Audio-CD 2, Track 25; verschiedene Landschaftsbilder

Einstieg L: *What makes a landscape? Have a look out of the window and tell me what you can see.* Die Ergebnisse werden an der Tafel gesichert. Die S reaktivieren ihren Wortschatz und werden zusätzlich auf die *Word bank* auf S. 54 im SB hingewiesen.

Methodisches Vorgehen
a) Der HV-Text wird 2–3 Mal abgespielt, aber die S fangen erst während des zweiten Hörens mit der Anfertigung der Skizze an. Für ein Globalverständnis sollte der HV-Text einmal komplett angehört und dann mehrfach unterbrochen werden. Die S vergleichen ihr Bild mit einem Partner und ergänzen es bei Bedarf.
b) Zum Einstieg in die Aufgabe kann L mehrere Landschaftsbilder mitbringen. Diese sollten möglichst unterschiedlich sein in der Anzahl der Details, damit für alle S eine angemessene Beschreibung möglich ist. Die S arbeiten in PA und skizzieren die Bilder nach den Angaben des Partners. Anschließend ergänzen sie ggf. fehlende Details. Auch hier kann die *Word bank* aus Unit 2 genutzt werden.

Differenzierung Zu a): Leistungsschwächere S sollten ein Hilfekärtchen bekommen, auf dem einige der Details aufgelistet sind. Sie können gezielt auf diese Begriffe achten und bei einem weiteren Hören zusätzliche Details ergänzen.
Zu b): Leistungsschwächere S erhalten sehr einfache Bilder, bei denen nach Möglichkeit die Präpositionen mit angegeben sind.

Lösung a) + b) Individuelle S-Lösungen.

S. 70
LANGUAGE

2 Berlin then and now

Materialien ggf. Leerfolie zur Ergebnissicherung

Einstieg L schreibt zur Reaktivierung des Vorwissens zum *present* und *past passive* je zwei Sätze an die Tafel. Die S erkennen den Unterschied zwischen aktiven und passiven Strukturen ebenso wie die Unterschiede zwischen den Zeiten. Bei Bedarf können die S die Sätze ins Deutsche übersetzen und so die Unterschiede leichter nachvollziehen.

Methodisches Vorgehen Die S bearbeiten die Aufgabe in EA und sichern die Lösungen zusammen mit dem Tischnachbarn oder gemeinsam in der Klasse mithilfe einer Folie.

Lösung 2. *In a survey, Berlin was voted the most 'fun' city in the world.* 3. *150 years ago, there were no cars so everything was pulled by horses.* 4. *In the 1800s, industry was growing and a lot of machines were produced in Berlin.* 5. *Berlin is very popular and every year its sights are visited by millions of tourists.* 6. *The 'currywurst', a popular street food dish, was invented by Herta Heuwer.* 7. *Today, to make extra money, many flats are rented out to tourists.* 8. *The fall of the Berlin wall is celebrated at the Brandenburg Gate each year.*

S. 70 — 3 Word puzzles
VOCABULARY

Materialien ggf. Hinweisblatt mit den gesuchten Wörtern als Buchstabensalat

Methodisches Vorgehen Die S betrachten die Bilder und überlegen, welche Wörter sich hinter den drei Rätseln verstecken. Anschließend vergleichen sie die Wörter mit ihrem Nachbarn.

Differenzierung
△ Leistungsschwächere S bekommen ein Hinweisblatt mit den gesuchten Wörtern, bei denen die Buchstaben durcheinandergewürfelt sind (Buchstabensalat).
▲ Leistungsstärkere S erfinden eigene Bilderrätsel für ihre Mitschüler.

Lösung 1. *I understand* 2. *mashed potatoes* 3. *backpack* 4. *bagpipes*

S. 71 — 4 Time for a change → WB 47/2
LANGUAGE

Einstieg Die S erklären nach Aufforderung den Unterschied zwischen den Signalwörtern *since* und *for*.

Methodisches Vorgehen
a) In EA setzen die S die richtigen Wörter und Formen ein und suchen sich im **Lerntempoduett** einen Partner zum Vergleich der Ergebnisse.
b) Die Frage wird von den S im Plenum diskutiert. Zurückhaltende Klassen diskutieren die Frage in Kleingruppen.

Differenzierung
△ Zu a): Leistungsschwächere S lesen sich vor Bearbeitung der Aufgabe noch einmal G5, S. 159–161, im Grammatikanhang durch.
▲ Zu b): Kreative S können als Antwort auf die Frage ein Poster / eine Collage anfertigen, aus der die gewünschten Veränderungen hervorgehen, und diese der Klasse präsentieren.

Lösung
a) 1. *have ('ve) been giving* 2. *for* 3. *haven't been wearing* 4. *since* 5. *have ('ve) been saving* 6. *since* 7. *haven't been growing* 8. *since* 9. *has been improving* 10. *haven't been producing* 11. *for* 12. *have ('ve) been renting out* 13. *have ('ve) been thinking* 14. *have ('ve) been doing* 15. *for*
b) Individuelle S-Lösungen.

S. 71 — 5 Let's celebrate!
MEDIATION

Materialien zweisprachiges Wörterbuch

Methodisches Vorgehen Die Aufgabe eignet sich gut als schriftliche HA, kann aber auch genauso im Unterricht eingesetzt werden. Nach dem Lesen des Textes notieren sich die S die wichtigsten Aspekte und beginnen erst danach mit der Mediation. Besonders schwierige Wörter schlagen sie im Wörterbuch nach.

Differenzierung
△ Leistungsschwächere S erhalten von L eine Hilfestellung, wie man Texte sinngemäß und ohne zu viele Details für eine Mediation verfasst.
▲ Leistungsstärkere S müssen sich nicht unbedingt Notizen machen; sie fangen unmittelbar mit der Mediation an.

⟨C⟩

Lösung *Lösungsvorschlag: There are different words for this festival in the different areas of Germany. It's called 'Fastnacht', 'Fasching' or 'Karneval'. Traditions and customs are different as well, but the parades are all held at the same time between 11th November and the day before Ash Wednesday. Even the Romans celebrated this festival and it has been celebrated for centuries in Germany. The reasons for 'Karneval' are also different. Some people are happy that the winter is over and some just want to have lots of fun before Lent. But everybody wants to be loud, to sing and dance, be happy and celebrate in the streets. In some areas, there are even holidays during this time. In the first picture, you can see a typical float from Cologne and in the second, there are some masks. In the last picture you can see a very old mask.*

S. 72 6 Boring!
VOCABULARY

Materialien vorgefertigte Lösungsblätter

Einstieg L: *What are the typical elements of interesting texts?* L verweist auf die *Skills*-Seite in Unit 3 (S. 64). Unsichere S sollten die Zeit haben, sich diese Seite noch einmal in Ruhe anzusehen. Die wesentlichen Bestandteile werden an der Tafel gesammelt (*talking to the reader, long sentences with linking words, humour, interesting final sentence, strong adjectives*).

Methodisches Vorgehen
a) Die S überarbeiten den Text in EA. Die Sicherung der Ergebnisse erfolgt mittels eines Lösungsblattes.
b) Auch hier arbeiten die S zunächst in EA. Ein Austausch mit einem Partner kann anschließend erfolgen.
c) Die S überlegen sich Fragen und Antworten in Kleingruppen. L hält sich als *fly on the wall* im Hintergrund.

Differenzierung
△ Leistungsschwächere S bekommen für b) und c) Adjektive, die sie verwenden können.
▲ Leistungsstärkere S erzählen spontan eine spannende Geschichte in der Klasse.

Lösung
a) *Dear Sue, Edinburgh is **amazing**. I really feel **at home here**. […] I start walking and then I **go round in circles**. […] Sometimes you can still see people in **traditional clothes**, like the kilts. […] Edinburgh castle is **world-famous** and every August there's a **huge** festival here. The landscape is **fascinating** here too. If you go to the top of Calton Hill at night and look up, it feels like you're under **a shower of stars**. If you tell your friends about this, please try to **whisper**. I don't want **billions** of tourists here – just me! Best, Lilian*
b) + c) Individuelle S-Lösungen.

S. 72 7 Only in Scotland
LANGUAGE

Materialien ggf. Kopien des Textes, bei denen die entsprechenden Sätze unterstrichen sind

Einstieg Zur Reaktivierung des des Vorwissens der S schreibt L 2–3 einfache Aktivsätze an die Tafel, die von den S ins Passiv umgewandelt werden sollen.

Methodisches Vorgehen Die S entscheiden selbst, ob sie sich nach dem ersten, stillen Lesen des Dialogs zunächst Notizen machen wollen, oder ob sie es sich zutrauen, den Dialog ohne Notizen direkt im Gespräch mit einem Partner umzuwandeln.

Differenzierung △ Leistungsschwächere S sollten den Dialog unbedingt zuerst umschreiben, bevor sie ihre Ergebnisse mit einem Partner vergleichen. Wenn eine zusätzliche Hilfestellung benötigt wird, kann L den S eine Kopie des Textes geben, in der die zu verändernden Sätze bereits unterstrichen sind.

Lösung

Alan: *Lots of people enjoyed the concert last night. But a storm interrupted our gig. We were really disappointed by the weather.*
David: *Oh, that doesn't matter. Most of us just ignored the storm.*
Alan: *Did the roof keep out the rain?*
David: *Most of it! A lot of people put on raincoats.*
Alan: *Were they rented out?*
David: *Yeah, they usually do that at concerts. What's going on at the Highland Games tomorrow?*
Alan: *A bagpipe contest has been planned by some people. And there's a new contest where people walk on thistles. Sounds dangerous!*
David: *Well, now we can say thistle-walking was invented by the Scots!*
Alan: *And listen to this, this is great. The winners of the bagpipe contest judge the thistle-walking contest. Funny, isn't it?!*
David: *Yes, this can only be found in Scotland!*

S. 73 8 Scotland is the country which …
LANGUAGE

Materialien ggf. vorgefertigte Lösungsblätter

Methodisches Vorgehen
a) In EA vervollständigen die S die Sätze und reaktivieren damit ihr Vorwissen. Ein Lösungsblatt oder eine Sicherung im Plenum schließen sich an.
b) Diese Aufgabe kann mündlich mit einem Partner oder in der Klasse bearbeitet werden. Wenn die Bearbeitung in EA erfolgen soll, suchen sich die S anschließend per **Lerntempoduett** einen Partner zum Vergleich der Ergebnisse.

Differenzierung △ Leistungsschwächere und unsichere S erhalten bei größeren Schwierigkeiten mit a) die fertigen Merksätze aus der Grammatik und können diese wiederholen und bei Bedarf Fragen stellen. Sie beginnen mit Aufgabe b), wenn sie die Sätze aus a) verstanden haben.

Lösung
a) 1. *'who'* 2. *things and animals* 3. *'that'* 4. *object* 5. *subject*
b) 1i) *The fringe is one of the many festivals **which / that** are held in Edinburgh each year.*
2h) *Ewan McGregor is the Scottish actor **who / that** is best known for his role in* Star Wars.
3j) *Many people **who / that** are looking for an adventure go to Loch Ness.* 4a) *Independence from England is something **(which / that)** the Scots fought long and hard for in the 14th century.* 5d) *Shinty is a typical Scottish game **(which / that)** many people outside of Scotland have never played.* 6g) *Haggis is a Scottish meal **(which / that)** not everybody likes to eat.*
7b) *Glasgow is a very old city **whose** history goes back thousands of years.* 8f) *The dancing **(which / that)** they do at a ceilidh is easy to learn.* 9e) *The battle **(which / that)** English and Scottish soldiers fought in 1314 was won by the Scots.* 10c) *Alexander Fleming was a Scottish scientist **whose** discovery changed the world.*

S. 73 9 How I've changed
VOCABULARY

Methodisches Vorgehen
a) Die S setzen in EA die passenden Vokabeln in den Text ein. Anschließend suchen sie sich einen Partner, mit dem sie bisher selten zusammengearbeitet haben und tauschen ihre Texte zur *peer correction* aus.
b) Mit dem Partner aus a) sprechen die S über Veränderungen in ihrem Leben.

Differenzierung △ Zu b): Leistungsschwächere S sollten sich zunächst Notizen dazu machen, bevor sie kommunikativ interagieren. Dies gibt Sicherheit und verringert möglicherweise die Anzahl der Fehler.

Lösung
a) 1. *invented* 2. *realised* 3. *discovery* 4. *definitely* 5. *confident* 6. *vegetarian* 7. *independent* 8. *worry* 9. *independence*
b) Individuelle S-Lösungen.

10 At Balmoral Castle

S. 74
LANGUAGE

Materialien ggf. vorgefertigte Lösungsblätter; ggf. Leerfolie

Einstieg L: *What's the difference between an adverb and an adjective? Can you write down some examples?* Die S schreiben verschiedene Beispiele an und erkennen, wann welche Wortart eingesetzt wird.

Methodisches Vorgehen
a) In EA notieren die S die Adverbien und die möglichen Paarungen. Um ihre Ergebnisse zu sichern, tauschen sie sich mit ihrem Sitznachbarn aus. Fehler werden gemeinsam korrigiert.
b) Die S bearbeiten die Aufgabe in EA. Die Sicherung erfolgt mithilfe eines Lösungsblatts oder als **Meldekette** in der Klasse. L oder ein S notiert die Wörter auf einer Folie oder an der Tafel.

Lösung a)

Verb	Adverb
sing	awfully, happily, well, perfectly
run	fast
act	well, perfectly
smile	happily, thankfully
speak	well, fast
arrive	happily, safely, fast
answer	happily, well, thankfully, fast
eat	cheaply, fast

b) 1. *easy* 2. *warm* 3. *safely* 4. *confidently* 5. *little* 6. *expensive* 7. *bravely* 8. *perfectly* 9. *rudely* 10. *sweetly* 11. *personally* 12. *roughly* 13. *quickly* 14. *slowly* 15. *quickly* 16. *easily* 17. *friendly* 18. *successful*

11 Our school

S. 74
WRITING

Materialien ggf. Poster; ggf. Computer; *English folder*

Einstieg Die S sehen sich S. 65 im SB noch einmal an und tauschen sich kurz darüber aus. Mögliche Fragen werden gemeinsam geklärt.

Methodisches Vorgehen In Kleingruppen bearbeiten die S die Aufgabe eigenverantwortlich und präsentieren ihre Broschüre am Ende der Bearbeitungszeit (Poster, PPP, Handouts, etc.).

Differenzierung △ Diejenigen S, die Schwierigkeiten mit der Arbeit in Gruppen haben, sollten neben festen Gruppenregeln auch feste Rollen (*organiser, material manager, time manager, language manager*, etc.) innerhalb der Gruppe erhalten. Leistungsschwächere S werden in Gruppen mit leistungsstärkeren S integriert und erhalten eine Rolle innerhalb der Gruppe, die sie gut ausfüllen können (Neigungsdifferenzierung).

Lösung Individuelle S-Lösungen.

12 New interests

S. 75
LANGUAGE

Materialien Leerfolie zur Ergebnissicherung

Methodisches Vorgehen Die S bearbeiten die Aufgabe in EA. Anschließend erfolgt ein Vergleich der Sätze mit einer Folie, die die S per **Meldekette** selbstständig ausfüllen.

Lösung 2. *Here are all my clothes (which/that) I don't like any more.* 3. *I met a girl whose sister is a model.* 4. *She gave me some new ideas which/that will help me with my style.* 5. *She showed me her outfits which/that all looked great.* 6. *Together we bought some new T-shirts which/that were very expensive.* 7. *Before I met her I had other hobbies which/that were important for me.* 8. *Now I'm one of the fashionistas who/that think of nothing else but fashion.*

S. 75 ## 13 At the ceilidh
LANGUAGE

Materialien 2–3 Leerfolien

Methodisches Vorgehen
a) Die S überlegen, welche Sätze zu welchem Diagramm gehören und tauschen sich im Plenum darüber aus. Die richtige Lösung wird an der Tafel notiert.
b) In EA schreiben die S Sätze mit den richtigen Zeiten und suchen sich mittels **Lerntempoduett** einen Partner für die *peer correction*. Einige S schreiben die Sätze zur Visualisierung auf eine Folie.

Differenzierung △ Leistungsschwächere S sollten sich noch einmal die entsprechenden Grammatikregeln ansehen; ggf. hält L ein Hilfekärtchen für sie bereit.

Lösung
a) 1B, 2C, 3A
b) 1. *They were having dinner when Holly's mobile rang.* 2. *At 20:00 they were dancing at a ceilidh.* 3. *While the others were dancing, Ethan and Amber were flirting.* 4. *When Ethan was singing, Amber went red.* 5. *When Ethan and Amber were kissing, Holly took photos of them.* 6. *While Gwen was taking a break, Holly was showing her the photos.*

TS 2

Text smart 2 Factual texts

Didaktisches Inhaltsverzeichnis

Kompetenzziele	Sprachliche Mittel	Materialien
Introduction (S. 76)		
READING Erwartungen an einen Text formulieren **SPEAKING** Über Informationsquellen sprechen		
Station 1 (S. 77–78)		
READING Merkmale der Textsorte „Anweisungen" erkennen **WRITING** Eine FAQ schreiben		– ⊙ Schüler-Audio-CD 2, Track 1–4 – ⊙ Lehrer-Audio-CD 2, Track 30–33 – WB 49/1 – Diff pool, S. 126/1–4 – Skills, S5–6, S. 136–137; S11–14, S. 140–143 – KV 65: Hedgehog over-wintering instructions; KV 66: More instructions
Station 2 (S. 79–81)		
READING Merkmale der Textsorte „Bericht" erkennen **SPEAKING** Über Informationsquellen sprechen **MEDIATION** Einen Bericht zusammenfassen	**VOCABULARY** Information headlines	– ⊙ Schüler-Audio-CD 2, Track 5–6 – ⊙ Lehrer-Audio-CD 2, Track 34–35 – WB 49/2 – Diff pool, S. 127/6–7 – Skills, S12, S. 141–142; S18, S. 145–146 – KV 67: On the brink of extinction
Options (S. 81)		
A. Anweisungen für eine alltägliche Tätigkeit verfassen B. Einen Tatsachenbericht verfassen		– Diff pool, S. 127/8 – Skills, S11–14, S. 140–143

Introduction   TS 2

Introduction

S. 76
SPEAKING

1 Warm-up: Where to find information

Wortschatz *library*

Einstieg Vor dem Öffnen des SB kann L mit den S darüber sprechen, woher sie ihre Informationen beziehen. Bei der Behandlung dieses Themas ist es wichtig, das Internet als Quelle zu akzeptieren.

Methodisches Vorgehen a) + b) SB geöffnet. **Think:** Die S lesen sich den kurzen Dialog in a) durch und überlegen sich, wie und wo sie die gesuchten Informationen recherchieren würden. **Pair:** Die S besprechen ihre Ideen kurz mit einem Partner, dann bearbeiten sie gemeinsam Aufgabe b). **Share:** Die Ideen werden als Brainstorming an der Tafel gesammelt.

Lösung a) Lösungsvorschlag: *I'd use the internet. / We've got a lot of books at home that I could use. / My grandparents know a lot of things, so I'd ask them first …*
b) Lösungsvorschlag: **Situations:** *checking train/cinema times; finding out about towns, cities or countries I want to visit; finding out about my favourite singer; the weather forecast; menu of a restaurant our family wants to go to; what happened in my region today; …*
What media: *the internet (fastest way and a lot of information); books or encyclopaedias (information has been checked); news on the radio (local information) – I can use two or three different media and compare the results.*

S. 76
VOCABULARY

2 Different kinds of factual texts

Wortschatz *news report, entry, recipe, reference article*

Methodisches Vorgehen Die S bearbeiten die Aufgabe in EA. Die Ergebnissicherung erfolgt per **Meldekette**: Ein S liest die erste Satzhälfte vor und ruft den nächsten S auf, der den Satz beendet und den nächsten Satzanfang vorliest.

Differenzierung △ Leistungsschwächere S haben oft den Eindruck, den schnell reagierenden Klassenkameraden bei derartigen Zuordnungsübungen sowieso unterlegen zu sein. Sie sollten daher mehr Zeit eingeräumt bekommen, um zu überlegen und sich Notizen zu machen. Die Zeit dafür kann herausgeholt werden, indem die restliche Klasse den Dialog in 1a) durch eine andere Situation ersetzt und leicht modifiziert. Durch diese Differenzierungsmaßnahme kann ein besseres Gleichgewicht hergestellt werden, um die Motivation zu erhalten und auch die mündliche Mitarbeit der leistungsschwächeren S (wieder) zu steigern.

Lösung 1c), 2e), 3d), 4b), 5f), 6a)

S. 76
SPEAKING

3 Before you read

Wortschatz *headline, hedgehog*

Methodisches Vorgehen a) Die S sehen sich die Überschrift und die Bilder zum Text auf S. 77 an und machen sich kurz Notizen. Dann werden die Leseerwartungen im Plenum gesammelt. Damit die S den Text noch nicht lesen, kann L sie bitten, ein Heft oder das *Workbook* darüber zu legen.
b) **Think:** Die S überlegen zunächst in EA, was sie über Igel wissen und machen sich Notizen. **Pair:** Gemeinsam mit einem Partner vergleichen und ergänzen sie ihre Notizen. **Share:** Im Plenum wird das Vorwissen der S zusammengetragen.

143

TS 2 — Station 1 — Instructions

Tipps für junge Lehrer/innen Die S wissen möglicherweise bereits sehr viel über Igel und werden nach fachspezifischem Vokabular fragen. Es lohnt sich also, im Vorfeld der Stunde einen englischen Sachtext zu lesen, um sich entsprechende Lexik in Erinnerung zu rufen bzw. neu anzueignen. Es ist aber auch völlig in Ordnung, vor der Klasse zuzugeben, dass man bestimmte Wörter nicht weiß. Wichtig ist allerdings, diese Wörter dann nach der Stunde nachzuschlagen und der Klasse zeitnah mitzuteilen. Diese Aufgabe kann ggf. auch an einen S weitergegeben werden.

Lösung
a) *Lösungsvorschlag: The text will tell me something about hedgehogs. Perhaps it's about where to keep them during the winter, how to feed them, and what they need to survive.*
b) *Lösungsvorschlag: I've often seen hedgehogs. They're wild animals, but they don't live very far from humans. In a dangerous situation, they roll up into a ball.*

Station 1 Instructions

S. 77
→ S 2/1–4 ⊙
L 2/30–33 ⊙

What do the instructions say?

Wortschatz winter, hibernation, food, ill, weight, spring, warm, to avoid, run area, newspaper, dry, clean, layer (of), to soak up, to weigh, fearful

Materialien Schüler-Audio-CD 2, Track 1–4; Lehrer-Audio-CD 2, Track 30–33

Einstieg Die S sollten vor dem Lesen des Textes noch einmal auf S. 140, S10, verwiesen werden. Die Inhalte können natürlich auch unabhängig vom SB im UG wiederholt werden.

Methodisches Vorgehen ⊙ Die S lesen den Text (mit oder ohne CD) leise für sich. Bei Bedarf weist L sie auf S5–6, S. 136–137, hin.

S. 78 READING

4 Understanding the text → Diff pool △ 126/1; S5–6

Materialien ggf. die deutschen Wörter jeweils ausgedruckt auf Din A4; ggf. KV 65: Hedgehog over-wintering instructions; ggf. KV 66: More instructions

Einstieg **Variante 1:** Während die S den Text lesen, werden die deutschen Wörter mit Magneten an die Tafel geheftet (oder über das Whiteboard aufgerufen).
Variante 2: Während die S den Text lesen, teilt L **KV 65: Hedgehog over-wintering instructions** aus.

Methodisches Vorgehen
a) Den S ist bewusst, dass sie die englischen Bedeutungen vor dem Lesen des Textes nicht kennen und auch nach dem Anhören / der Lektüre nicht aktiv über diesen Wortschatz verfügen. Beim genaueren Lesen können jedoch alle Wörter im Text aus dem Gesamtkontext erschlossen werden.
Variante 1: Die Suche nach den Wörtern kann spielerisch erfolgen. Es werden zwei Teams gebildet. Je ein Mitglied des Teams kommt nach vorne und nimmt sich im Wechsel ein Wort, bis jede Mannschaft fünf Wörter auf ihrer Seite der Tafel hat. Dann wird gezielt nach diesen Wörtern gesucht. Die S dürfen nach vorne rennen und die englischen Wörter (ohne Buch!) an die Tafel neben die Wortkarte schreiben. Welche Mannschaft hat zuerst alle fünf Wörter gefunden und fehlerfrei an die Tafel geschrieben?
Variante 2: Die S bearbeiten Aufgabe a) auf **KV 65**. Durch die KV haben die S die Möglichkeit, direkt am Text zu arbeiten, Unterstreichungen und Markierungen vorzunehmen und diesen somit selbst zu „annotieren". Dieses Vorgehen eignet sich besonders für analytische Lerner. Die KV kann bei Aufgabe 5 nochmals zum Einsatz kommen.
b) Die S halten die Kurzzusammenfassung des Textes schriftlich fest.
c) In EA beantworten die S die Fragen in ihrem eigenen Tempo. Dann suchen sie sich per **Lerntempoduett** einen Partner zum Abgleich der Ergebnisse.

Instructions | Station 1 | TS 2

Differenzierung

△ **Diff pool p. 126/1 What's that in English?** → Help with Station 1, p. 78/4a)

Methodisches Vorgehen: Leistungsschwächere S, für die das Erschließen unbekannter Wörter noch eine große Herausforderung bedeutet, können diese Aufgabe anstelle der Unitaufgabe bearbeiten. Die englischen Begriffe sind hier schon vorgegeben und müssen ihren deutschen Pendants nur zugeordnet werden.

Lösung: Vgl. Lösung unten.

△ Diejenigen S, die die obige Differenzierungsaufgabe bearbeitet haben, da sie mit der Unitaufgabe nicht zurechtgekommen sind, sollten das Erschließen unbekannter Wörter noch weiter trainieren. Zu diesem Zweck kann **KV 66: More instructions** hinzugezogen werden. Hier bearbeiten die S einen ähnlichen Text wie im SB. Die KV schließt mit einer Mediationsaufgabe ab.

Tipps für junge Lehrer/innen

Spiel und Wettbewerb ufern in dieser Altersstufe leicht aus. Klare Regeln und die Annahme der Schiedsrichterrolle durch L halten die S hierbei im Zaum. L sollte sich darauf einstellen, auch unangenehme „richterliche" Entscheidungen gegen eine Mannschaft treffen zu müssen. (Was passiert z. B. bei einem „leichten" Schreibfehler, einer kleinen Unachtsamkeit, etc.?)

Lösung

a) Winterschlaf – *hibernation*; überleben – *survive*; vermeiden – *avoid*; Dosenfutter – *tinned food*; Schicht aus Zeitungspapier – *layer of newspaper*; zunehmen – *gain weight*; menschenscheu – *fearful of humans*; aufsaugen – *soak up*; Auslauf – *run area*; aktiv halten – *keep active*

b) *The text is about hedgehogs and how to help them through the winter if they're too small. There's an introduction which is followed by seven clear steps. The pictures also help the reader to understand these instructions.*

c) 1. *You should do that if you see small hedgehogs or hedgehogs that look ill or behave strangely. (ll. 4–7)* 2. *You can keep it in a shed or a spare room where it's warm. (ll. 16–17)* 3. *The hedgehog will die so it must be stopped from going into hibernation. (ll. 20–21)* 4. *You have to keep everything clean, and a lot of paper will soak up water or urine. (ll. 27–32)* 5. *Office paper is not good to use as it can cut the hedgehog's nose and feet. You should use shredded paper instead. (ll. 24–26)* 6. *You can use tinned cat or dog food to feed the hedgehog. (ll. 34–35)* 7. *You can release the hedgehog when it has gained enough weight. About 750g is enough. (ll. 42–43)*

S. 78 READING

5 The language of instructions → WB 49/1; Diff pool △ 126/2; S12

Materialien ggf. KV 65: Hedgehog over-wintering instructions

Methodisches Vorgehen

✏ Die S lesen die *Skills*-Box. Die Aufgabe kann anhand von Aufgabe b) Auf **KV 65: Hedgehog over-wintering instructions** bearbeitet werden. Die S können hier die Überschriften direkt neben die einzelnen *steps* schreiben und die *phrases* im Text markieren. Alternativ zeichnen die S eine Tabelle in ihr Heft und tragen die Überschriften und die *phrases* ein.

Differenzierung

△ **Diff pool p. 126/2 Writing instructions** → Help with Station 1, p. 78/5

Methodisches Vorgehen: Diejenigen S, die sich unsicher sind, wie die Aufgabe zu bearbeiten ist, werden von L auf die Hilfestellung im *Diff pool* hingewiesen. Hier sind schon einige Überschriften für die *steps* bzw. Satzanfänge für die *phrases* vorgegeben.

Vertiefung Im Internet finden sich viele Instruktionstexte. Bei ausreichend Zeit können die S (evtl. in Kleingruppen) weitere authentische Texte durchsuchen und ihre Spalte mit *phrases* erweitern.

TS 2 — Station 1 — Instructions and FAQs

Lösung Lösungsvorschlag:

Steps	Phrases
1. The right time to help	You can help it by … (+ -ing)/You should take it …/It is
2. A warm area for your hedgehog	necessary to …/Take care of …/Keep it in …/It is
3. Your hedgehog's bed	essential to …/Give …/Leave it …/It should
4. Keeping things clean	contain …/Line the run area …/Clean it out daily./Just
5. Food for your hedgehog	take up …/Always make sure …/They must have …/
6. Weighing is important	You must weigh it …/Only handle …/They must
7. A hedgehog is not a pet	remain fearful of humans./You should contact us …

S. 78 WRITING

6 Write a 'Hedgehog over-wintering FAQ'

→ Diff pool △ 126/3, ▲ 126/4; S11–14

Wortschatz treat

Materialien Papier in 2 Farben; *English folder*

Einstieg SB geschlossen. Die Lehrkraft schreibt FAQ an die Tafel. L: *Who knows what FAQ stands for? Where can we find FAQs and what are they used for?* Danach wird das SB aufgeschlagen und die Informationen in der *Tip*-Box werden mit den S-Antworten verglichen.

Methodisches Vorgehen Die S haben sich über die *steps* und *phrases* bereits intensiv mit dem Text auseinandergesetzt. Zunächst bilden die S Paare und erhalten je drei Kärtchen einer Farbe. Darauf werden, nach nochmaligem Lesen des Textes, Fragen notiert. Die S legen dann ihre Fragen zusammen und schreiben auf die Karten in der zweiten Farbe ihre Antworten. Nun entstehen aus den Paaren 4er-Gruppen. In diesen werden abwechselnd die Fragen verlesen und sollen zunächst mündlich beantwortet werden. Die Partner verlesen dann ihre schriftliche Antwort, die vom anderen Team ggf. sprachlich korrigiert und inhaltlich erweitert wird. Die Karten werden nun alle umgedreht auf dem Tisch ausgebreitet und vermischt. Es entsteht ein Memory-Spiel: Jeweils eine Frage wird umgedreht und die dazugehörige Antwort muss gefunden und verlesen werden. Für jede richtige Lösung gibt es einen Punkt. Am Ende werden alle Fragen im Plenum verlesen, um Doppelungen auszusortieren (ein S liest, alle Kärtchen mit der identischen Frage werden herausgenommen). Übrig bleiben wahrscheinlich ca. zehn Fragen. Als HA schreibt jeder S nun vier dieser FAQs mit den dazugehörigen Antworten in den *English folder*.

Differenzierung

△ **Diff pool p. 126/3 FAQs: Only important questions, please!** → After Station 1, p. 78/6

Methodisches Vorgehen: Leistungsschwächere S, die noch weiteren Übungsbedarf im Beantworten von FAQs benötigen oder denen das Konzept der FAQs noch unklar ist, bearbeiten diese Aufgabe zur Vertiefung.

Lösungsvorschlag: *Important questions:* 3. *The new model is faster and has got a larger memory. There's also a better camera and it's easier to handle.* 5. *Yes, the new model is waterproof down to five metres.* 7. *Yes, we've improved the camera for even better pictures.*

▲ **Diff pool p. 126/4 Time traveller with a smartphone** → After Station 1, p. 78/6

Methodisches Vorgehen: Während leistungsschwächere S Aufgabe 3 im *Diff pool* bearbeiten, schreiben leistungsstärkere S Fragen über ein Smartphone aus der Sicht von Menschen aus dem Jahre 1960 und ihre eigenen Antworten auf.

Lösung: Individuelle S-Lösungen.

Tipps für junge Lehrer/innen L sollte keine Scheu vor *peer correction*, *editing* und sinnvollen Wiederholungsschleifen haben – die S lernen bei jedem Durchlauf noch einmal dazu.

News reports | **Station 2** | **TS 2**

Lösung Lösungsvorschlag:
Q: *What kind of place does a hedgehog need?*
A: *It needs a warm area where it can sleep and wander around. Shredded newspaper is good to soak up its urine.*
Q: *What should I feed a hedgehog?*
A: *Feed a hedgehog tinned cat food or dog food. Hedgehogs need fresh food daily.*
Q: *What happens when hedgehogs are too small and go into hibernation?*
A: *They aren't strong enough and will die.*
Q: *What is the target weight for a hedgehog?*
A: *About 750g is OK; it will have a good chance of surviving.*
Q: *How long should I keep it?*
A: *The winter period is usually over by mid-April, and the hedgehog can then be released back into the wild.*
Q: *Is it safe to pick up a hedgehog?*
A: *Yes, but always wear gloves when you pick up a hedgehog. They have spines and they might be ill.*
Q: *How do I know if a hedgehog is sick?*
A: *If you see a hedgehog in the day, the hedgehog may well be sick – hedgehogs are only active at night. They might also walk strangely or have a cough.*

Station 2 News reports

Didn't you hear? It was in the news!

S. 79
SPEAKING

7 Warm-up: Your news and where you get it

Wortschatz *celebrity*

Einstieg L berichtet von einem aktuellen Ereignis, von dem die S „sicher" bereits gehört haben. L: *Have you heard about …? No? Well, it was in the news. What news are you interested in?*

Methodisches Vorgehen
a) Die S äußern spontan ihre Interessen im Plenum. Je nach Leistungsstand der Lerngruppe kann auch eine kurze PA vorgeschaltet werden.
b) Die S sammeln im **Blitzlicht** weitere Medien, die sie verwenden, um an Nachrichten zu kommen. Diese können an der Tafel notiert werden. Dabei sollten *news report* und *blog post* ggf. von L nachgesteuert werden (für Aufgabe 8).

Tipps für junge Lehrer/innen Es ist durchaus möglich, den Einstieg etwas theatralisch zu gestalten. L kann den S von einer Neuigkeit berichten, die er frei erfunden hat. In der Fremdsprache vermuten die S selten einen solchen Scherz und lassen sich meist willig in die Irre führen.

Lösung
a) Individuelle S-Lösungen.
b) *TV, the internet, my smartphone, the radio, the newspaper, from magazines, my grandparents, from billboards, etc.*

TS 2 — Station 2: News reports

S. 79 READING

8 What makes a news report a news report?

→ S5–6, 12; Diff pool △ 127/5

Wortschatz — *Australian, bush, fire, hot, to rescue, flame, thirsty, animal shelter*

Einstieg — L verweist auf die beiden Begriffe *news report* und *blog post* an der Tafel: *You're now going to read one of each. Find out which is which.*

Methodisches Vorgehen
a) Die S lesen die beiden Texte und beantworten die Fragen.
b) Ein S liest die *Skills*-Box im Plenum vor. Die S durchsuchen den Text nach *facts* und *passive forms* und erstellen je eine Liste.
c) Die S lesen den *blog post* nochmals durch und listen auf, welche Aussagen eine Meinung darstellen und was typische *phrases* dafür sind.
d) Die S suchen sich 2–3 Meinungen aus und schreiben sie mit Hilfe der *Skills*-Box um, sodass Fakten daraus werden.

Differenzierung

> △ **Diff pool p. 127/5 From blog to news report** → Help with Station 2, p. 79/8d)
>
> **Methodisches Vorgehen:** Leistungsschwächere S finden im *Diff pool* Tipps und Wendungen, um die Meinungen als Fakten umzuformulieren.

Lösung

a) Lösungsvorschlag:
 1. The texts are about bush fires in Australia and how difficult it is for koalas to survive these fires. Both texts talk about an injured koala.
 2. The first text is a blog post; the second one is a news report.
 The blog post has emoticons and is very emotional. It has words like "OMG" (oh my God) and also uses capital letters for emphasis ("LOOK"; "BREAKS MY HEART"; "OTHERS"; "AGAIN"). There are also a lot of exclamation marks. The blog sounds like spoken language (and uses "sooooo" to underline this).
 The newspaper article sounds like written English. It has longer sentences, has more information and not so many feelings. The language is also more varied and uses many adjectives ("confused", "helpless" and "thirsty").

b) **Facts:** there are bush fires every year; people die in them; most people are rescued; thousands of animals die; last week a koala was found in Moondarra and taken to an animal shelter; his paws were badly burnt
 Passive forms: are rescued; was found; was taken; were burnt

c) OMG, I've never seen anything so sad!; The poor little guy looks sooooo helpless and it BREAKS MY HEART!; At least this one was saved.; But I'm not sure people down there are doing enough to help the OTHERS!
 Typical phrases for opinions: I think …; I believe …; I'm (not) sure …; I've never …; It's hard to believe that …; etc.

d) Lösungsvorschlag:

Opinions	Facts
OMG, I've never seen anything so sad!	This picture shows a koala with injuries on its face and arms.
The poor little guy looks sooooo helpless and it BREAKS MY HEART!; At least this one was saved.	The cute animals are helpless in these fires and only a few of them can be saved.
But I'm not sure people down there are doing enough to help the OTHERS!	Many of the animals can't be rescued by the Australian firefighters and die in the flames.

News reports   **Station 2**   **TS 2**

S. 80
SPEAKING
→ S 2/5–6 ⊙
L 2/34–35 ⊙

9 Before you read → S 12

Wortschatz   *rhino, to kill, elephant, on the brink of, extinction* (no pl), *protest, illegal, poaching* (no pl), *tusk, ivory* (no pl), *to march, medicine* (no pl), *to become extinct; violent, those in power*

Materialien   Schüler-Audio-CD 2, Track 5–6; Lehrer-Audio-CD 2, Track 34–35; Überschriften A–E auf Folie oder an der Tafel

Methodisches Vorgehen   ⊙ SB geöffnet. L führt anhand der Bilder mit einem **Teacher talk** die neuen Wörter ein: *Have a look at the pictures. In the first picture, you can see an elephant. In the second picture, you can see two rhinos. These animals are on the brink of extinction. This means there are only a few of them left. You could also say they might soon become extinct. This happens because people kill them because of their ivory. Have a look at the third picture. Here you can see elephant tusks which are made of ivory. Killing these animals is illegal and it's called poaching.*
SB geschlossen. Die Überschriften werden an der Tafel oder auf Folie präsentiert. Die S spekulieren über den Text und den jeweiligen Informationsgehalt. L: *Which headline interests you the most?* Die S benennen die Überschrift, die für sie am interessantesten erscheint, und begründen kurz ihre Aussage. L: *Which headline gives the most information?* Die Überschrift *No elephants in ten years?* wird ergänzt. L: *What additional information does this headline give you?* Anschließend wird der Text von CD präsentiert, die S lesen ggf. mit.

Differenzierung   △ ▲ Die S dürfen entscheiden, ob sie den Text nur über das Hören verstehen wollen, oder ob sie das Buch aufschlagen.

Tipps für junge Lehrer/innen   Die Überschriften können jeweils geteilt werden und die Klasse muss zuerst die richtige Zuordnung finden. *No elephants in ten years?* kann bereits mit aufgenommen werden.

Lösung   Lösungsvorschlag:
Most interesting headline: C – because I want to find out about the protest.
Most information: A – because I didn't know that so many rhinos were killed every day.

S. 81
SPEAKING

10 Your reaction

Methodisches Vorgehen   Die Reaktionen der S werden mündlich im Plenum besprochen. Vermutlich benötigen die S im Vorfeld wieder etwas Zeit, um sich sprachlich in diese Aufgabe hineinzufinden.

Differenzierung   △ Leistungsschwächere S können diese Aufgabe vorbereiten, während der Rest der Lerngruppe den Text nach dem Anhören noch einmal leise für sich liest.

Vertiefung   L liefert weitere Informationen zu Elefanten und Nashörnern als Hintergrundinformation. Hier können auch kurze S-Referate zum Einsatz kommen.

Lösung   Lösungsvorlag:
– *I can't believe that people are still buying these awful things made from ivory.*
– *I can't believe that people didn't protest about this years ago.*
– *The article makes you think more about elephants and rhinos and how they are on the brink of extinction. It's a very sad news story.*
– *The article makes you feel hopeful and think more about the power of protest marches all over the world.*
– *I hope more people will change their views and join the Global March.*
– *Why do people do such terribly cruel and awful things to these animals?*

TS 2 — Station 2: News reports

S. 81 READING

11 Understanding the text → WB 49/2; Diff pool △ 127/6, △ 127/7; S18

Materialien: ggf. KV 67: On the brink of extinction

Methodisches Vorgehen:
a) Zunächst wird der Rückbezug auf die zuvor bearbeiteten Überschriften hergestellt und die S beantworten die beiden Fragen in EA oder PA.
b) Die S bearbeiten die Aufgabe schriftlich in EA. Anschließend werden die Lösungen im Plenum verglichen.
c) Die S bearbeiten die Aufgabe schriftlich in EA oder mündlich in PA nach vorheriger Anfertigung von Stichpunkten auf Deutsch.

Differenzierung:

△ **Diff pool p. 127/6 Understanding the text** → Instead of Station 2, p. 81/11b)

Methodisches Vorgehen: Leistungsschwächere S können diese geschlossene Aufgabe bearbeiten, anstatt eigene Sätze zu formulieren.

Lösung:
- Elephants and rhinos in Africa are on the brink of extinction.
- There's a danger that soon nobody will care about elephants any more.
- Those in power must learn about the situation in Africa.
- We must do something about poaching before it's too late.
- An elephant is killed for its tusk. / A rhino is killed for its horn.
- All the wild animals in Africa are on the brink of extinction.

△ **Diff pool p. 127/7 Is that a text about elephants?** → Help with Station 2, p. 81/11c)

Methodisches Vorgehen: Leistungsschwächere S erhalten hier Schlüsselbegriffe auf Deutsch, die ihnen helfen, die Hauptaussagen des Textes zusammenzufassen.

Vertiefung: Mit Hilfe von **KV 67: On the brink of extinction** kann das Thema „bedrohte Tierarten" vertiefend behandelt werden. In einem **Gruppenpuzzle** informieren sich die S gegenseitig über vier weitere Tierarten, die vom Aussterben bedroht sind. Dabei trainieren sie, sachliche Kurzvorträge zu halten. Abgeschlossen wird die Aufgabe durch die Erstellung eines Informationsposters über vom Aussterben bedrohte Tiere.

Lösung:
a) Lösungsvorschlag: 1. *I think Headline B matches best because it informs the reader about the main point of the article.* 2. *I think the writer used a different heading to get the reader's attention. He does this by asking a question which gives a negative view of the future.*
b) Lösungsvorschlag: Vgl. oben, Diff pool p. 127/6.
c) Lösungsvorschlag: Es geht in diesem Text um Elefanten und Nashörner. Jeden Tag werden ca. 100 Elefanten und 3 Nashörner getötet, um an deren Elfenbein zu gelangen. Das wird dann für Schmuck, Klaviertasten oder in asiatischer Medizin verwendet. Nun soll es einen weltweiten Protestmarsch geben, weil beide Tierarten unmittelbar vom Aussterben bedroht sind. Man hofft, dass man die Politiker so dazu bringen kann, den Wilderern das Handwerk zu legen und den Handel, der schon seit 1989 verboten ist, endgültig zu unterbinden.

Instructions and news reports — Options — TS 2

S. 81 READING

12 Comparing texts: Instructions and news reports → WB 50/3–4

Methodisches Vorgehen

Die beiden Texte werden zunächst im Plenum miteinander verglichen. Dabei können die S durch Impulse dazu gebracht werden, immer weitere Unterschiede oder Gemeinsamkeiten zu finden. Erst dann werden Listen erstellt.

Es bietet sich an, die Aufgabe arbeitsteilig zu stellen. Jeweils die Hälfte der Lerngruppe übernimmt eine Spalte (vgl. Lösung). Daraufhin erfolgt der Austausch mündlich mit einem Partner, der die jeweils andere Spalte bearbeitet hat. Als HA wird dann die noch leere Spalte von den S gefüllt.

Lösung

The same	Different
– Both texts are about how we can help animals.	– One text is a set of instructions, the other text a news report.
– They tell us what can happen if we make mistakes or don't act.	– The instructions tell you exactly what to do; the news report just informs us about what people are doing.
– They both say what has been done to help these animals.	– The instructions invite us to help in a much clearer way; the news report is more neutral.
– Both have three pictures of the animals.	– The first text has no date – it is true every year; the second text has a date – 3 October, 2015.

Options Instructions and news reports

S. 81 WRITING

13 Options: Write your own text → Diff pool △ 127/8; S11–14

Materialien ggf. einige Beispiele von *instructions* und *news reports*; English folder

Methodisches Vorgehen

Options A + B:
Die S arbeiten mit einem Partner zusammen. Hier ist es denkbar, nicht den Banknachbarn, sondern bewusst eine andere Paarung zu wählen. Die S wählen sich eine *Option* aus und bearbeiten diese. Eine Bearbeitungszeit von ca. 20 Minuten sollte berücksichtigt werden.

Differenzierung

△ **Diff pool p. 127/8 Writing your own texts** → Help with Options, p. 81/13

Methodisches Vorgehen: Leistungsschwächere S können die Aufgabe im *Diff pool* konsultieren, wo sie hilfreiche Tipps und Beispiele für beide *Options* finden.

△ Diejenigen S, die sehr große Probleme mit dem freien Schreiben haben, erhalten die Lösung (vgl. unten) als Lückentext und füllen nur noch einzelne Sätze ein.

Lösung

Option A:
a) Lösungsvorschlag: *manuals, FAQs on how to keep snakes, how to play a game, how to update the software on my computer, etc.*
b) Lösungsvorschlag:
How to brush your teeth:
1. *First you need to pick up your tooth brush.*
2. *Put some tooth paste on your tooth brush.*
3. *Hold your tooth brush under the water to make it wet.*
4. *Then put the tooth brush in your mouth.*
5. *After that you brush all around your mouth.*
6. *Next you clean your mouth with water.*
7. *Finally wash your tooth brush.*
8. *Put your tooth brush in a place where it can dry.*
9. *Repeat this every morning and evening and after your meals.*

c) Individuelle S-Lösungen.

TS 2 Options — Instructions and news reports

Option B:
a) Individuelle S-Lösungen.
b) Lösungsvorschlag:
Power cut at school dance
by Sandra Meier (Monday, 22nd February, 2016)
There was a short moment of shock on Saturday, 20 February, when all the lights went out at this year's school dance at Buchen Gymnasium, Hafenbach. The school band was performing when suddenly, at 8.30 p.m., the music stopped and there was no light. Some students were scared, but the teachers reacted in a good way and quickly calmed them down. After 15 minutes, the electricity was back and the lights and music were turned on again. The dance continued without any problems. It still isn't clear what caused the power cut, but we will inform you as soon as the reason has been found.
c) Individuelle S-Lösungen.

AC 3

Across cultures 3 Making small talk

Didaktisches Inhaltsverzeichnis

Kompetenzziele	Sprachliche Mittel	Materialien
Across cultures 3 (S. 82–83)		
SPEAKING Merkmale von *small talk* kennen lernen; einen Cartoon erläutern; *A game: Small talk* spielerisch umsetzen **VIEWING** Eine Filmsequenz verstehen und erfolgreiche Gesprächsstrategien identifizieren **WRITING** Eine Filmszene über eine neue Begegnungssituation verfassen	**VOCABULARY** Useful phrases: Small talk	– Lehrer-DVD 3, Film 4 – WB 53/1–2 – Skills, S11–14, S. 140–143; S15–16, S. 143–144; S17, S. 144–145; S22–23, S. 147–148 – Folie 3/14: At a party (1); Folie 3/15: At a party (2) – KV 68: At a party; KV 69: Keep the ball bouncing

S. 82
SPEAKING

1 What went wrong? → WB 53/1; S17

Wortschatz *light, talker, to hog a conversation*

Einstieg SB geschlossen. L fragt beliebige S nach ihrem Befinden, was sie am Wochenende gemacht haben und wie das Wetter war. Im Anschluss lenkt er das Gespräch auf das Thema „Smalltalk": *What are these kinds of conversations called? What is small talk and why do we do it? Who's already made small talk today?*

Methodisches Vorgehen
a) Die S öffnen ihr Buch und lesen, jeder für sich, die *Speaking skills*. L lässt sie anschließend in eigenen Worten zusammenfassen, was Smalltalk ist und was es dabei zu beachten gilt.
b) 👥 Die S sehen sich in PA den Cartoon an und beschreiben mündlich, was dargestellt ist und was die Pointe sein könnte. Anschließend werden die Ergebnisse im UG zusammengetragen, indem ein S den Cartoon beschreibt und mit den übrigen S die Aussage des Cartoons diskutiert.

Lösung b) *The cartoon shows two men on a bus who are probably on their way to or from work. You can see this from their clothes and because one of them is carrying a bag. One man looks surprised when he says to the other man: "I just said how are you – I didn't think you'd get on the bus to tell me." This man probably just wanted to ask a polite question to make small talk. He didn't want to know any details about the other man's health or feelings. But the other person took the question seriously and jumped on the bus to tell him everything.*

S. 82
SPEAKING

2 A game: Keep the ball bouncing → WB 53/2; S15–16

Wortschatz *to keep the ball bouncing, to bounce, next door, to check out* (coll), *worried, Cheers!, to catch, caught, caught*

Materialien kleine Bälle

153

AC 3

Einstieg L: *So the cartoon in Ex. 1 has shown us how small talk can go wrong. But how can we make good small talk? Let's find some topics that we can use and some that we shouldn't use at all.*
L sammelt im UG Ideen, welche Themen in eine Smalltalk-Situation gehören und welche nicht. Die Ergebnisse werden an der Tafel festgehalten (z. B. Tabelle, Mindmap). Die S übertragen den TA in ihr Heft.

Small talk

You can talk about …
- family
- weather
- travelling
- hobbies
- news
- films and TV shows
- home town

You shouldn't talk about …
- difficult relationships
- personal problems
- health problems
- money
- religion
- politics

Methodisches Vorgehen
a) In PA suchen sich die S eine der drei vorgegebenen Situationen aus.
b) L teilt den S kleine Bälle aus, die den Verlauf des Smalltalk-Gesprächs veranschaulichen sollen. Die S nutzen die *Useful phrases* für ihre Unterhaltung und werfen sich nach jeder Frage / Antwort den Ball zu. Ziel ist es, das Gespräch so lange wie möglich aufrecht zu erhalten.

Differenzierung ▲ Leistungsstarke S können die Aufgabe ohne die Hilfe der *Useful phrases* bearbeiten. Außerdem können sie sich nach Bearbeitung einer Situation andere Themen überlegen, die sie im Anschluss der Klasse vorstellen.

Vertiefung Die Aufgabe kann vertieft werden, indem die S jeweils 2–3 weitere Smalltalk-Situationen auf einem Zettel notieren. Diese Zettel werden in einer Box gesammelt. Anschließend formieren sich die S zu einem **Kugellager** (Box in der Mitte). Die S aus dem inneren Ring ziehen beim Ertönen des Signals einen Zettel aus der Box, über dessen Inhalt sie sich mit ihrem gegenüberstehenden Partner unterhalten. Nach Ertönen des Signals werden die Zettel zurückgelegt, der äußere Kreis rutscht eine Person weiter und ein neuer Zettel wird gezogen (der Inhalt des Smalltalks muss natürlich nicht der Wahrheit entsprechen).

Lösung a) + b) Individuelle S-Lösungen.

S. 83
VIEWING

3 At a party → S22–23

Film-Transkript
→ DVD 3/4

EXT. GARDEN – DAY
LAURA talks directly to the camera. Party guests gather around a table with snacks.

Laura: Hello and welcome back! Remember Steffen, the exchange student from Germany? He has been in London for a week now and today his host brother Edward has taken him to a party. Do you think he'll be good at small talk? Let's see …

NEAR TABLE
The kitchen is covered in snacks, party food and drinks. BRAD serves himself.

Brad: Mm, great snacks! I love quiche!
Edward: The pasta salad is very tasty too. Have you tried it?
Brad: Not yet. But I will. Mm, it's great! What's in this?

He lifts up a small dish of pasta salad.

Brad: Mm, it's great! What's in this?

JULIE and NINA are in conversation with STEFFEN.

Nina: Do you like it here in England, Steffen?
Steffen: Yes, it's great!
Julie: What differences are there between here and home?

AC 3

Steffen: Erm, actually … The food is a little different.
Julie: Oh! What's different about the food?
Steffen: We … In Germany, we eat a lot of dark bread and people, maybe, here eat more white bread.
Julie: Oh, that's interesting! Can you think of any other differences?
Steffen: The cars drive on the left side of the road.
Nina: People drive on the right side in Europe, don't they?

Steffen nods.

Julie: Do you miss anything from home?
Steffen: No, not really!

Steffen's face shows that he would like to say more but he doesn't have the words. Julie smiles politely. Nina and Julie walk up to Edward.

Nina: Steffen seems nice, but he's a bit shy, isn't he?
Edward: He's only been here a week. Maybe he isn't really used to speaking English yet.
Nina: But his English is pretty good!

Edward walks over to Steffen with some drinks.

Edward: Are you enjoying the party?
Steffen: Yes. The people are nice and the food is very good!
Edward: Great. I think if you want to make new friends, you should try and open up a bit more. You know – ask people questions, keep the ball bouncing.
Steffen: Hmm, yeah, I'll try. I just worry that my English is not good enough.
Edward: Don't worry, it's much better than my German!

They laugh.

EXT. GARDEN, NEUTRAL – DAY

Back to Laura.

Laura: What do you think? How good is Steffen's English? Is it as good as yours? Do you think he was good at small talk? Let's see if Steffen takes Edward's advice. Look out for any differences to the previous scene!
Bethany: Hey, you're Steffen from Germany, aren't you?
Steffen: Yes, that's right. What's your name?
Bethany: Bethany. But you can call me Beth.
Steffen: Hi Beth.

They smile at each other.

Bethany: Is this your first time in England?
Steffen: Yes, it is. It's very interesting for me. Many things are the same but there are also some differences. *(pause)* For example, I've noticed that people don't seem to wear warm jackets here, even if it's very cold outside. I've seen girls going out in dresses, not wearing any jackets at all!

Bethany laughs.

Bethany: Maybe you're right! I didn't wear a coat when I came here either. It's interesting to compare countries, isn't it?
Steffen: Yes, it is. Have you been on a student exchange?
Bethany: No, I haven't. I'd like to. It's much more interesting than a normal holiday!
Steffen: Yeah, you should come to Germany.
Bethany: I'd love to. Maybe we should get a coffee before you go home. I can show you a part of London you don't know yet.
Steffen: That sounds very nice, yeah!

Smiles and glances are exchanged.

Wortschatz student exchange

Materialien Lehrer-DVD 3, Film 4; Folie 3/14; Folie 3/15; ggf. KV 68: At a party; ggf. KV 69: Keep the ball bouncing

Einstieg L leitet von den *Useful phrases* (S. 82, Aufgabe 2) zum Thema „Körpersprache beim Smalltalk" über. L: *Do you think that you only need to know the right words to make good small talk? If not, what else do you need to know?* **Folie 3/14** wird aufgelegt. L: *Do you remember Steffen from*

AC 3

Germany? Here he's trying to make small talk with two girls. Describe his body language and that of the girls by looking at their facial expressions and gestures. How do you think they're feeling? What might they be thinking? Die S machen sich Notizen; der Vergleich erfolgt im Plenum. (Erwartungshorizont: *The stills show the body language between Steffen and two girls: Steffen seems to be very shy because he's staring at the ground. He may be a bit nervous and perhaps doesn't know what to say. Maybe he finds the girls interesting/pretty, which makes him feel even more embarrassed. The two girls seem to be talking to him; one is smiling with interest, but with folded arms. Maybe they don't know what to think about Steffen and his shy behaviour. In the other picture, the girls seem to turn away to end the conversation. They're looking at the ground. Maybe they're thinking that Steffen is boring or not interested in them.*) Anschließend legt L **Folie 3/15** auf. L: *We've just talked about scenes in which Steffen tried to make small talk for the first time. Let's have a look at his next conversation. Are there any differences in the facial expressions of the two young people when you compare them to the first conversation? What might they be talking about?* Die Meinungen werden mündlich im Plenum gesammelt. Im Anschluss wird der Film abgespielt. (Erwartungshorizont: *I think this conversation is much better than the first. Steffen's facial expression is much more open. He's smiling and seems to be looking the girl in the eyes. She's smiling back at him and she seems to be enjoying the conversation. I imagine they're making typical small talk such as what hobbies they have and what Steffen has done in England so far. Maybe he's asking her interesting questions or saying something nice which is making her very happy.*)

Methodisches Vorgehen

a) L präsentiert das Video zunächst als Ganzes. Ggf. kann der Film angehalten werden, wenn Laura sich an die S wendet. In diesem Fall werden kurz die S-Meinungen zu Lauras Fragen eingeholt, bevor der Film bis zum Ende gezeigt wird. Danach sehen die S sich in EA die Standbilder A–D an und lesen sich die beiden Gesprächsausschnitte durch. In PA entscheiden sie, welcher Dialog zu welchen Bildern gehört. Bei Unsicherheiten können sich die S an den Zeitangaben zu den Standbildern orientieren.

b) L zeigt den Film erneut, jedoch nur bis 01:24. Anschließend äußern die S im UG, warum das Gespräch zwischen Steffen, Julie und Nina nicht optimal lief.

c) Die S sehen den Rest des Films an und diskutieren danach im UG, was Steffen im zweiten Gespräch mit Bethany besser gemacht hat.

d) L zeigt die letzte Szene zwischen Steffen und Bethany nochmals. Die S machen sich Notizen, welche Sätze Steffen gebraucht hat, um die Unterhaltung am Laufen zu halten.

Differenzierung

△ In leistungsschwächeren Lerngruppen können die Aufgaben b) und c) mit Hilfe von Aufgabe a) auf **KV 68: At a party** vorentlastet werden.
Leistungsschwächeren Lerngruppen sollte außerdem bei Aufgabe d) die Szene ggf. nochmals präsentiert werden, um ihnen die Möglichkeit zu geben, alle Sätze zu notieren.
Vertiefend können in Lerngruppen, die Probleme mit dem freien Sprechen haben, die Aufgaben b) und c) auf **KV 68** bearbeitet werden. Aufgabe b) geht noch einmal gezielt auf die Fragen ein, die in den Dialogen im Film vorkommen. In Aufgabe c) schreiben die S einen Dialog. Dies dient als Vorübung für ein Rollenspiel (vgl. **KV 69: Keep the ball bouncing**, Aufgaben c) und d)).

Vertiefung

KV 69: Keep the ball bouncing bietet mit den Aufgaben a) und b) ein weiteres Spiel zum Thema „Smalltalk". In den Aufgaben c) und d) führen die S ein ähnliches Partygespräch wie im Film als **Rollenspiel** durch.

Lösung

a) 1B, D; 2A, C

b) *Julie and Nina try their best to make small talk with Steffen and ask him some light questions. Steffen always gives an answer but forgets to ask something back or to offer some more information. That's why the conversation between them quickly comes to an end.*

c) *Steffen takes Edward's advice and thinks of some extra questions to keep the ball bouncing. When he answers, he offers more information than just 'yes' or 'no'. They have a good conversation, and Bethany offers to show Steffen a part of London on another day; it's a nice end to the small talk for both of them.*

d) *What's your name? / It's very interesting … / For example, I've noticed … / Have you been on a student exchange? / You should come …*

AC 3

S. 83 **4 Writing a film script** → S11–14
WRITING

Wortschatz *script, stage direction, hint, facial expression, to the point*

Materialien zweisprachiges Wörterbuch; *English folder*

Einstieg L: *Imagine you're making a film and you're discussing the next scene. You need a scene in which the characters meet and make small talk. Write down your film script with all the stage directions and rehearse the scene. At the end, you will act it out to the class.*

Methodisches Vorgehen

a) L teilt die Klasse in Gruppen von 3–4 S ein. Die Gruppeneinteilung kann z. B. mithilfe von Smalltalk-Gesprächsfetzen erfolgen: S1 stellt die erste Frage, S2 gibt die passende Antwort, S3 stellt die nächste Frage, S4 gibt die Antwort. Die S mit den Fragen finden die S mit den richtigen Antworten, indem sie durch die Klasse gehen und verschiedene S befragen (**Marktplatz**). Wenn der richtige Gesprächsverlauf gefunden ist, stehen die Gruppen fest. Die Gruppen schauen sich nochmals die Situationen aus Aufgabe 2 an und wählen eine Szene zur Bearbeitung aus.

b) L lässt S die *Skills*-Box laut vorlesen und klärt Unsicherheiten. Anschließend kann anhand von S11–14, S. 140–143, wiederholt werden, wie ein Dialog oder Filmskript aufgebaut ist (vor allem S12). L gibt den S ausreichend Zeit, eine kleine Filmszene über die ausgewählte Situation zu schreiben (evtl. mit Hilfe eines Wörterbuchs). L hilft ggf. bei auftretenden sprachlichen Schwierigkeiten.

c) Die S präsentieren ihre kurzen Szenen vor der Klasse. Ein S kann z. B. mithilfe eines Smartphones die Szenen filmen. Nach jeder Szene geben sich die S ein kurzes Feedback, welches durch L mit entsprechenden Frageimpulsen (*What small talk phrases did they use? Was the conversation natural?*) an der Tafel angeleitet werden kann. Hier sollte die sogenannte **Sandwich**-Regel (*positive things – things to improve – positive things*) zum Einsatz kommen. Die aufgenommenen Filmszenen können zum Ende der Stunde oder zu Beginn der nächsten Stunde angeschaut werden und die S dürfen selbst reflektieren, was ihnen bereits gut gelungen ist und was sie das nächste Mal verbessern sollten.

Differenzierung ▲ Kreative S können sich eine eigene Situation ausdenken.

Lösung Individuelle S-Lösungen.

Unit 4 What was it like?

Didaktisches Inhaltsverzeichnis

Kompetenzziele	Sprachliche Mittel	Materialien
Introduction (S. 84–87)		
READING Hauptaussagen aus kurzen Statements herausarbeiten **LISTENING** Eine Unterhaltung über einen Aktionsplan verstehen **SPEAKING** Über vergangene Zeiten sprechen	**VOCABULARY** Useful phrases: Speculating about the past Important periods in a country's history	– Lehrer-Audio-CD 3, Track 1–3 – WB 54/1–2 – Diff pool, S. 128/1 – Skills, S19–21, S. 146–147 – KV 70: Milling around: Objects in your life; KV 83a+b: Working with vocabulary (Wortschatz Unit 4)
Station 1 (S. 88–90)		
WRITING Eine Bildergeschichte versprachlichen **SPEAKING** Ein persönliches Erlebnis beschreiben	**LANGUAGE** past perfect; past perfect vs. simple past	– Lehrer-Audio-CD 3, Track 4 – WB 55/3–4, 56/5–6, 57/7–8, 58/9 – Diff pool, S. 128–130/2–8 – Grammar, G7, S. 164–165 – KV 71: Tudor characters; KV 72: Working with language; KV 73: Talking about the order of past events
Skills (S. 91)		
WRITING Einen informativen Text schreiben **SPEAKING** Über historische Menschen, Orte und Gegenstände sprechen	**VOCABULARY** Presenting facts and figures	– WB 58/10–11 – Diff pool, S. 131/9 – Skills, S3–4, S. 135–136; S12, S. 141–142; S17, S. 144–145 – KV 74: How to talk about history: A talking frame
Station 2 (S. 92–94)		
READING Historical buildings **LISTENING** Eine Stadtführung verstehen **SPEAKING** Über die eigene Reaktion auf hypothetische Situationen spekulieren **MEDIATION** Zuschauerkommentare zu einem Spielfilm zusammenfassen	**LANGUAGE** conditional clauses type 3	– Lehrer-Audio-CD 3, Track 10–13 – WB 59/12–13, 60/14–15, 61/16–17 – Diff pool, S. 131–132/10–13 – Grammar, G8, S. 165–166 – Skills, S18, S. 145–146; S19–21, S. 146–147 – Folie 3/16: If I hadn't talked so much … – KV 75: Listening: Where's Jay?; KV 76: If I hadn't talked so much …; KV 77: Working with language; KV 78: Talking about how things would have been

Kompetenzziele	Sprachliche Mittel	Materialien
Unit task (S. 95)		
Einen historischen *gallery walk* gestalten		- WB 62/18, 63/19–20 - KV 74: How to talk about history: A talking frame; KV 79: Peer evaluation: A historical gallery walk
Story (S. 96–98)		
READING Zeitliche Strukurierungsmerkmale eines Textes erkennen		- ⊙ Schüler-Audio-CD 2, Track 14–15 - ⊙ Lehrer-Audio-CD 3, Track 15–22 - WB 64/21–22 - Skills, S5–7, S. 136–139 - KV 80: It's a mystery!
Action UK! (S. 99)		
VIEWING Eine Filmsequenz verstehen; audio-visuelle Effekte erkennen		- Lehrer-DVD 3, Film 5 - WB 65/23 - Skills, S12, S. 141–142; S22–23, S. 147–148 - Folie 3/17: The girl from the past (1); Folie 3/18: The girl from the past (2) - KV 81: The girl from the past; KV 82: Talking about the dream sequence

4 Introduction

Introduction

Wortschatz *object, What was it like?, tribe, smoky, BC (= before Christ), empire, emperor, underfloor heating (no pl), baths (pl), AD (= Anno Domini), belt, Norman, lord, to grow, grew, grown, Tudor, monarch, to found, to marry, daughter, Spanish, golden age, play, Victorian, noisy, factory, less, to experience*

S. 84
SPEAKING

1 Warm-up: What was it like? → Diff pool △ 128/1

Wortschatz *back then*

Einstieg SB geschlossen. L wählt eine der drei Aufgaben a), b) oder c) aus – je nachdem, wo der Schwerpunkt im Einstieg liegen soll – und schreibt die Überschrift der Unit *What was it like?* und die entsprechende Aufgabenstellung an die Tafel.

Methodisches Vorgehen
a) Die Aufgabe bietet einen individuellen Zugang über die Familiengeschichte der einzelnen S. Sie kann, nachdem die S Zeit zum Überlegen hatten, im UG bearbeitet werden. L sollte dabei die Verwendung der *Useful phrases* einfordern.
b) 🖊 Der Fokus dieser Aufgabe liegt auf der Schriftlichkeit. Die S schreiben in EA einen kurzen Text über den ältesten Gegenstand in ihrem Haushalt.
c) 👥 Die Aufgabe bietet einen lokalgeschichtlichen Zugang. Die S überlegen in PA, wie ihre Stadt oder Region in einer entfernten Vergangenheit ausgesehen haben könnte.

Differenzierung
> △ **Diff pool p. 128/1 Look what I found in the attic!** → Help with Introduction, p. 84/1b)
>
> **Methodisches Vorgehen:** Diejenigen S, die in Aufgabe b) Schwierigkeiten haben, ein Objekt zu finden, über das sie schreiben möchten, oder die der Meinung sind, dass es in ihrem Haushalt kein altes Objekt zu finden gibt, können sich ein Objekt aus dem *Diff pool* aussuchen und darüber schreiben. Außerdem werden ihnen Vokabeln und *Useful phrases* dafür an die Hand gegeben.

Tipps für junge Lehrer/innen Die S sollten genug Zeit zum Sammeln von Ideen und zur Wahrnehmung der *Useful phrases* haben, bevor sie zur Verbalisierung im Plenum aufgefordert werden. Die Wahrscheinlichkeit der Nutzung der Vokabelboxen erhöht sich signifikant, wenn die Aufgabe um eine Mindestzahl an zu verwendenden *phrases* ergänzt wird, z. B. *One is OK, two is good, three is great.*

Lösung
a) Individuelle S-Lösungen.
a) Lösungsvorschlag: *This soft toy belonged to my grandma. It was very important to her because it was her only toy. She used to take it everywhere when she was a child and she never threw it away. Today it's sitting on our sofa in the living room – as a memory of my grandma.*
c) Individuelle S-Lösungen.

S. 85
READING

2 British history: Important periods → WB 54/1

Wortschatz *to smell, smelt, smelt*

Einstieg L und die S betrachten zunächst gemeinsam die Bilder der Fotostrecke. Anhand der Fotos kann L die Wörter *tribe, smoky, belt, Norman, Tudor, monarch, Victorian, factory, noisy* und *to smell* einführen.

Methodisches Vorgehen
a) **Think:** Die S bekommen Zeit, die Bilder nochmals eingehend zu betrachten (ohne die Texte zu lesen) und sich in die verschiedenen Situationen einzufühlen. **Pair:** Mit einem Partner sprechen sie über ihre Eindrücke. Dabei können die S die *Word bank* zur Formulierung heranziehen. **Share:** Die Gesprächsrunde wird auf das gesamte Plenum ausgeweitet.

Introduction 4

b) + c) In einem weiteren Schritt lesen die S in EA die Sprechblasen zu den Fotos, formulieren Überschriften zu den Charakteristika der Epochen und wählen in Kleingruppen die beste Überschrift aus. L kann diese an der Tafel in Form eines Zeitstrahls zusammentragen.

Vertiefung Am Ende von Aufgabe 2 kann L eine Verknüpfung zur Kompetenzbox herstellen und auf die zentralen Lernziele der Unit verweisen. Die S könnten gefragt werden, inwiefern dies mit den bisherigen Aufgaben 1 und 2 angebahnt wurde. Die S könnten dann, auf Basis der Bildbeschreibungen, eine Mindmap zum Wortfeld *history words* beginnen, die im Verlauf der Unit sukzessive fortgeführt wird.
Der *Across cultures*-Bereich (vgl. Box, S. 87) bietet hier Möglichkeiten zur Vertiefung und interdisziplinäre Bezüge zum Fach Geschichte: Die S könnten entweder ein Bild zu einer bedeutenden deutschen Epoche heraussuchen und eine Sprechblase dazu schreiben oder ein Bild von sich vor einem historischen Gebäude ihrer Stadt aufnehmen und eine Sprechblase dazu ergänzen.

Tipps für junge Lehrer/innen Möglicherweise werden die S zur Beschreibung der Bilder bzw. zur Bezugnahme darauf mehr Vokabeln nachfragen als hier angegeben sind. Zum einen sollte L sich auf mögliche Vokabelfragen, z. B. zur abgebildeten Kleidung oder Objekten, vorbereiten, zum anderen sollten nicht zu viele Vokabelfragen zugelassen werden, da diese vom Thema ablenken und die nachgefragten Vokabeln nicht immer zwingend gebraucht werden.

Lösung
a) Individuelle S-Lösungen.
b) Lösungsvorschlag: **Photo A:** *Beautifully designed jewellery in Celtic Britain (500 BC);* **Photo B:** *Roman soldiers in Britain (43 AD–410 AD);* **Photo C:** *Society and cultural changes in Norman Britain (1066–1154);* **Photo D:** *A golden age for Britain during the Tudor period (1485–1603);* **Photo E:** *Victorian Britain (1837–1901) – A golden age in travel or a difficult time for the environment?* **Photo F:** *Modern Britain – A rich historical tradition and new fun things – London has got it all!*
c) Individuelle S-Lösungen.

S. 86 LISTENING
3 The community centre needs help: Claire's plan → S19–21

HV-Text
→ L 3/1–3

Presenter: **Part 1.**
Claire: Hi everyone. Thanks so much for coming. For those of you who don't know me, I'm Olivia's mum. I work in this community centre and, as you can see, it's very old and it needs a lot of work to repair and decorate it. Actually, it's a Victorian building and I'm sure you agree with me that we need to look after our old buildings. So, we've decided to try and make enough money to make the building beautiful again. We want to make a calendar to sell to our families and friends. Each month will have a photo of a different historical era – and you will pose as characters from that era! So … what ideas have you got?

Presenter: **Part 2.**
Boy 1: Why don't we do the Norman era? I've been to the field where the Battle of Hastings took place in the year 1066, and they acted out the battle, with all the soldiers in costumes. In the museum there, you can see an axe they used to fight in the battle – I think it's the only one left. We could make copies of the axe and do a battle scene for the calendar – that would be really cool!

Girl 1: No, I'm not dressing up as a soldier! I don't care if it was a very important event in English history. I want to do Tudor England, when Elizabeth I was queen, but not when her father Henry was king. There's a map about the Tudor period on the wall at school – just think about those sailors and how they discovered new countries far away and came back with so many stories.

Girl 2: I think we should do the Celtic era. There was a great TV programme about them last month – they talked about all the different designs they used on their jewellery. My sister has got a cool Celtic necklace – I'm sure she'll lend it to me for the photo.

4 Introduction

Boy 2:	Well, obviously we should do the Romans. I mean, they invented the calendar so we have to do them! If you look at any pictures of the Romans, they were always wearing sandals on their feet. We could all buy cheap Roman sandals and wear sheets with belts – we'd look great!
Girl 3:	There are so many objects we could find if we decided to do the Victorian period. I have a mirror that belonged to my great-great-grandmother. When I look in it to brush my hair, I always imagine her in her Victorian clothes and wonder what her life was like. Sometimes I imagine I see her face instead of mine! – And Jay, you like the Victorian period too, right?
Claire:	OK, thanks everyone. Great ideas – but which one is best? Olivia, what do you think?
Olivia:	The Tudor period, when Elizabeth was queen!
Claire:	And Jay?
Jay:	Oh, the Victorian period, for sure …
Claire:	Mmm – it looks like we'll have to vote …
Claire:	Well, we have a decision. It was very close but the Tudors have won! And don't worry, other groups will do the other eras. The calendar will be fantastic!

Wortschatz calendar, boot, axe, mirror, necklace, sandal, hairbrush

Materialien Lehrer-Audio-CD 3, Track 1–3

Einstieg SB geschlossen. L leitet in die Aufgabe ein: *History is also important for the characters in your book this week. They are at a community centre where Olivia's stepmum works. The centre needs help. Let's find out in what way, and what this has got to do with history …*

Methodisches Vorgehen

a) ⊙ L kann die S die Hinweise im *Skills*-Anhang (S19–21, S. 146–147) vorbereitend lesen lassen. Anschließend erfolgt das erste Vorspielen der Tonaufnahme (*Part 1*) bei geschlossenem SB. Die S hören nur zu und machen keine Notizen. L überprüft das Globalverstehen anhand von Frage 1: *How can Olivia and her friends help?* Die S werden dann von L zu einer kurzen begründeten Stellungnahme in Frage 2 aufgefordert: *What do you think of the plan for the calendar?*

b) ⊙ Vor dem Abspielen von *Part 2* sollten die S die Aufgabe lesen und selbst Vorschläge für ein Raster für ihre Notizen machen (oder L sollte ein Raster an der Tafel vorgeben). Die Aufnahme sollte 2–3 Mal vorgespielt werden. Beim ersten Hören sollten die S nur zuhören, beim zweiten Hören Notizen anfertigen. Ein drittes Hören von *Part 2* kann zum Überprüfen und Ergänzen der Notizen dienen.

Differenzierung △ Für eine Stellungnahme zu Frage 2 kann L vorab geeignete Adjektive sammeln lassen, um den S das mündliche Formulieren zu erleichtern.

Tipps für junge Lehrer/innen Vor der Bearbeitung von Aufgabe b) sollte L darauf hinweisen, welche Sprecher in dem HV-Text vorkommen: *Listen to what two boys and three girls say. Number them because we don't know who they are.*

Lösung

a) 1. *Claire wants to make money to repair things and make the community centre's Victorian building beautiful again. She needs help to make a calendar to sell to families and friends. Olivia and her friends can pose as characters from different historical eras.* 2. Individuelle S-Lösungen.

b) 1. + 2.

Speaker	Historical period	Photo	Object
Boy 1	Norman era	C	axe people used to fight with in the Battle of Hastings
Girl 1	Tudor period	D	map of Tudor England
Girl 2	Celtic era	A	her sister's Celtic necklace
Boy 2	Roman Britain	B	Roman sandals
Girl 3	Victorian period	E	her grandmother's Victorian mirror

3. *Olivia's group is going to do the Tudor period for the calendar.*

| | | Talking about the order of past events | **Station 1** | **4** |

S. 87 VOCABULARY	**4 Your turn: Objects in your life** → WB 54/2	
Wortschatz	*generation, lifestyle*	
Materialien	KV 70: Milling around: Objects in your life	
Einstieg	L: *In the photos on these pages, we can see objects that are typical of the historical periods we've read about. Can you give some examples? (…) Which objects are typical of your life today?*	
Methodisches Vorgehen	Die Aufgabe kann mit Hilfe von **KV 70: Milling around: Objects in your life** als **Marktplatz** angelegt werden, um den Sprachumsatz in dieser Phase erheblich zu erhöhen und möglichst viele individuelle Schülerergebnisse zu würdigen. Die S machen sich zunächst in EA Notizen in Bezug auf die Fotos und die in der Aufgabe genannten Kategorien *clothes/jewellery*, *free time activities* und *gadgets*. Dann gehen sie im Klassenraum umher und präsentieren sich gegenseitig ihr Objekte.	
Tipps für junge Lehrer/innen	Bei Durchführung des **Marktplatzes** ist es wichtig, die S darauf hinzuweisen, dass sie mit möglichst vielen Partnern und nicht nur mit ihren Freunden reden und dabei nicht zu laut sprechen sollen.	
Lösung	Individuelle S-Lösungen.	

Station 1 Talking about the order of past events

→ L 3/4 ⊙ He hadn't finished his game

Wortschatz	*favourite, to change one's mind, tobacco* (no pl), *to taste, stage, writer, to invade, to play bowls, battle, dress, crown*
Materialien	Lehrer-Audio-CD 3, Track 4; ggf. KV 71: Tudor characters
Einstieg	SB geöffnet. L stellt einen Rückbezug zum in der *Introduction* bearbeiteten HV-Text her: *What is the friends' project at the community centre? The photo might help you remember. What can you see? What might they be talking about? What do their faces tell you?* Ein Teil des Wortschatzes zum Text (*dress, crown, to change one's mind*) kann anhand des Fotos eingeführt werden. L: *Let's read and find out what the friends think about the calendar project.*
Methodisches Vorgehen	⊙ Im Anschluss wird der Text bei weiterhin offenem SB auf CD präsentiert. Die S lesen parallel dazu mit. L sichert das Globalverständnis mit dem Abgleich der vorhergegangenen Spekulationen der S über die Gedanken/Gefühle von Olivia, Jay, Holly und Gwen.
Vertiefung	Mit Hilfe von **KV 71: Tudor characters** ordnen die S weitere Informationen über die im Text genannten Persönlichkeiten und erstellen *information cards*.

S. 89 1 Olivia, Jay and the calendar project
SPEAKING

Einstieg	L: *Why are Olivia and Jay happy or unhappy about the project? Let's listen again.*
Methodisches Vorgehen	Die S rufen sich zunächst die Tipps zum Hörverstehen ins Gedächtnis (S19–21, S. 146–147). Anschließend hören sie den Text nochmals an und machen sich Notizen zur Aufgabenstellung.
Differenzierung	△ Je nach Leistungsstärke der Klasse oder nach Häufigkeit des Hörens kann der Fokus für das Hörverstehen aufgeteilt werden, z. B. paarweise nach *Jay's/Olivia's thoughts*.
Vertiefung	Als Zusatzaufgabe können auch *Gwen's thoughts and statements* erfragt werden.

163

4 Station 1 — Talking about the order of past events

Lösung *Olivia is happy about doing the Tudor period for the calendar. She wants to be Queen Elizabeth because she was a strong and intelligent person and a powerful woman.*
Jay isn't as happy as Olivia. He likes the Victorian period better: At the time of the Tudors, fun things hadn't been invented yet, and he's also unhappy about a woman as the star of the Tudor period because he can't be a star in the photo. He doesn't want to be any of the Tudor characters the girls talk about.

S. 89 READING

2 Understanding the text: Match the sentence parts → WB 55/3

Methodisches Vorgehen Die Aufgabe überprüft das Detailverständnis des Textes zu historischen Informationen und kann, abhängig vom Schwerpunkt der Stunde, mündlich bearbeitet werden. Wenn die Aufgabe schriftlich bearbeitet wird, können die Sätze sehr gut zur Herleitung der Regeln für das *past perfect* genutzt werden (vgl. Aufgabe 3).

Tipps für junge Lehrer/innen Es sollte im Sinne authentischer und sinnhafter Kommunikation darauf geachtet werden, dass die S nicht Zahlen- und Buchstabenkombinationen vorlesen, sondern komplette Sätze.

Lösung 1b), 2f), 3a), 4e), 5d), 6c)

S. 89 LANGUAGE

3 The past perfect → G7; Diff pool △ 128/2

Wortschatz *Celt*

Materialien *English folder*; ggf. KV 72: Working with language

Einstieg **Variante 1:** SB geschlossen. L schreibt mindestens drei Beispielsätze (z. B. aus der vorhergehenden Aufgabe) an die Tafel (vgl. TA).
Variante 2: L teilt **KV 72: Working with language** aus.

Methodisches Vorgehen **Variante 1:** Die S äußern sich spontan. Sie erklären die Bildung der Zeitform als Kombination aus *had + past participle*. L ergänzt dies unter Nennung des *past perfect* auf der entsprechenden Seite an der Tafel. Die S identifizieren die anderen Zeitformen als *simple past* (ebenfalls Ergänzung durch L an der Tafel) und bringen Ereignisse und Verwendung der beiden Zeiten in Zusammenhang. L ergänzt die so gemeinsam erarbeitete Regel.

The past perfect	
This action (↓) happened before	this one (↓) in the past.
After Elizabeth <u>had decided</u> not to marry,	she never <u>changed</u> her mind.
After Drake <u>had defeated</u> the Armada,	he <u>was</u> a hero.
There <u>had</u> never <u>been</u> such a powerful queen	before Elizabeth <u>reigned</u>.
Form: past perfect (had + past participle)	simple past
Rule: You use the past perfect to show that one event or action happened before another one in the past.	

Die S übertragen den TA in ihren *English folder*. Dann erstellen sie ein ähnliches Diagramm wie im SB vorgegeben für die Sätze 1–4.
Variante 2: Alternativ bearbeiten die S **KV 72** und leiten sich so selbstständig die Bildung und Verwendung des *past perfect* her.

Talking about the order of past events — Station 1 — 4

Differenzierung △ **Diff pool p. 128/2 The past perfect** → Instead of Station 1, p. 89/3

Methodisches Vorgehen: a) + b) ✏ Zur induktiven Einführung dieses Grammatikthemas eignet sich ebenso die kleinschrittigere Aufgabe im *Diff pool*. Das methodische Vorgehen ist analog zu dem in der Unitaufgabe beschriebenen zu sehen.

Lösung: a)

	Simple past forms	Past perfect forms
1.	came	had been
2.	spoke	had lived
3.	learned	had become
4.	were able to	had made

b) Vgl. Lösung unten.

Vertiefung Die S formulieren eigene Sätze mit dem *past perfect* und dem *simple past*.

Tipps für junge Lehrer/innen Farbliche Hervorhebungen und eine strukturierte Darstellung der verschiedenen Zeiten an der Tafel erleichtern den S die Unterscheidung.
Falls die S keine Spontanreaktionen im Hinblick auf die Erarbeitung der Zeitform zeigen, unterstreicht L die Verben in den Sätzen in zwei Farben oder bittet die S, die Verbformen in den Sätzen herauszusuchen. Falls zunächst auf die Bildung der Zeitform eingegangen werden soll, unterstreicht L zunächst nur die *past perfect*-Formen.

Lösung

This action (↓) happened after this one (↓) in the past.	
1. Before the Romans <u>came</u>,	the Celts <u>had</u> already <u>been</u> in Britain for a long time.

This action (↓) happened before this one (↓) in the past.	
2. Elizabeth's mother, Anne, <u>had lived</u> in France,	so she <u>spoke</u> very good French.

This action (↓) happened before this one (↓) in the past.	
3. After William of Normandy <u>had become</u> king of England in 1066,	more and more people <u>learned</u> French.

This action (↓) happened after this one (↓) in the past.	
4. People in Victorian Britain <u>were able to</u> see more and more of their own country	after the steam trains <u>had made</u> it quicker and easier to travel.

S. 89 LANGUAGE

4 The Tudor period: Everyday life in Queen Elizabeth's time

→ WB 55/4; Diff pool △ 129/3, ▲ 129/4

Wortschatz *everyday, to grow up, education* (no pl)

Methodisches Vorgehen ✏ Die S schreiben den Text ab und setzen dabei die korrekten Verbformen ein. L weist darauf hin, dass es hier zunächst nur um die korrekte Bildung des *past perfect* gehen soll. Anschließend wird der Text im Plenum vorgelesen und gemeinsam besprochen.

4 Station 1 — Talking about the order of past events

Differenzierung

△ **Diff pool p. 129/3 Shakespeare's school days** → After Station 1, p. 89/4

Methodisches Vorgehen: Falls einige S zusätzliche Übungsmöglichkeiten zur Bildung des *past perfect* benötigen, kann die Aufgabe im *Diff pool* genutzt werden.

Lösung: 1. *had lived* 2. *hadn't learned* 3. *had understood* 4. *had sat* 5. *had learned*

▲ **Diff pool p. 129/4 Where was he?** → After Station 1, p. 89/4

Methodisches Vorgehen: Diese halboffene Aufgabe kann im Anschluss an die Unitaufgabe für leistungsstärkere S genutzt werden. Die S wählen eine der Ideen a)–c) aus und bilden eigene Sätze mit dem *past perfect* unter Verwendung der angebotenen Satzbausteine.

Lösungsvorschlag:
a) *I think that before Shakespeare came to London, he had joined a group of actors and had travelled across England. He had acted in lots of different plays and he had seen many different cities. I think this is right because …*
b) *I think that before Shakespeare came to London, he had worked as a teacher for a rich man and he had read a lot of books. He had met a lot of famous and important people and he had become a friend to some of them. I think this is right because …*
c) *I think that before Shakespeare came to London, he had travelled to Italy and had got the idea for his play* Romeo and Juliet *there. He had learned more about Roman history and he had visited a lot of Italian cities. I think this is right because …*

Tipps für junge Lehrer/innen

Es sollte darauf geachtet werden, dass die S bei schriftlicher Bearbeitung der Aufgabe komplette Sätze und nicht nur Lücken in ihr Heft schreiben. Zur Unterstützung leistungsschwächerer S kann es Teil der Aufgabe sein, *had* und *past participle* jeweils farblich unterschiedlich zu markieren.

Lösung 1. *had had* 2. *had died* 3. *had had* 4. *had been able* 5. *had helped* 6. *had fed*

S. 90 LANGUAGE 5 Simple past or past perfect? → WB 56/5–6; Diff pool △ 129/5, ▲ 130/6

Wortschatz *reign*

Materialien ggf. KV 73: Talking about the order of past events

Methodisches Vorgehen Die Aufgabe wird von den S in EA im Unterricht oder als HA bearbeitet. Die Besprechung erfolgt anschließend im Plenum.

Differenzierung

△ **Diff pool p. 129/5 A boy who loved the stage** → After Station 1, p. 90/5

Methodisches Vorgehen: Die geschlossene Aufgabe bietet eine weitere Übungsmöglichkeit zur Verwendung von *simple past* und *past perfect* in EA – im Plenum oder als HA.

Lösung: 1. *was* 2. *were* 3. *travelled* 4. *performed* 5. *had* 6. *didn't trust* 7. *had often talked* 8. *died* 9. *hadn't seemed* 10. *had built* 11. *began* 12. *had just turned* 13. *joined* 14. *was* 15. *became* 16. *had already acted* 17. *had become*

▲ **Diff pool p. 130/6 A superstar of the stage** → After Station 1, p. 90/5

Methodisches Vorgehen: Die halboffene Aufgabe kann von leistungsstärkeren S bearbeitet werden, während leistungsschwächere S mit Aufgabe 5 im *Diff pool* beschäftigt sind.

Lösung: Vgl. Text + Lösung *Diff pool* p. 129/5.

Tipps für junge Lehrer/innen

Geschlossene Aufgaben bieten sich an, um die Selbstevaluationskompetenz der S zu stärken. Sie können auch gut als Aufgabe für ein **Lerntempoduett** genutzt werden.

Station 1 — Talking about the order of past events

4

Vertiefung	**KV 73: Talking about the order of past events** bietet weitere Aufgaben zur Übung des *past perfect* in Verbindung mit dem *simple past*.
Lösung	1. *had become* 2. *had* 3. *were* 4. *had* 5. *died* 6. *had been* 7. *had been* 8. *felt* 9. *had been* 10. *had also been* 11. *had written* 12. *died*

S. 90 WRITING
6 Write the story about Francis Drake → WB 57/7–8; Diff pool △ 130/7

Wortschatz	*to attack, slave, to capture*
Methodisches Vorgehen	L bespricht die Aufgabenstellung im Plenum und weist besonders auf die zu verwendenden *linking words* hin. Aufgrund des halboffenen Charakters der Aufgabe kann den S freigestellt werden, die Aufgabe in EA oder PA zu lösen.
Differenzierung	△ **Diff pool p. 130/7 Tell the story** → Help with Station 1, p. 90/6

Methodisches Vorgehen: Die in die richtige Reihenfolge gebrachten Satzteile können den S helfen, die Bildergeschichte zu Francis Drake sinnvoll zu vervollständigen. Das Augenmerk in der Aufgabe liegt weiterhin auf dem Einsatz von *simple past* und *past perfect*.

Lösung: Vgl. Lösung unten. |
| Lösung | *Correct order:* D, F, B, E, A, C

Picture D: *After Francis Drake had seen so many ships as a boy, he wanted to have his own adventures at sea.* **Picture F:** *Then, on his first big adventure, he went to America and sold slaves he had captured in Africa before.* **Picture B:** *In America, the Spanish attacked his ships. He never forgot that because it had made him so angry.* **Picture E:** *The Spanish hated him because he had sailed around the world and had stolen gold and silver from Spanish ships in 1577.* **Picture A:** *After he had returned to England in 1580, he wasted no time and gave the queen his treasure, and so she was very happy.* **Picture C:** *After he had defeated the Spanish Armada in 1588, England felt safe again and Francis Drake was a national hero.* |

S. 90 SPEAKING
7 Your turn: Funny or interesting things in your life
→ WB 58/9; Diff pool △ 130/8

Wortschatz	*snow*
Einstieg	L erzählt eine lustige oder interessante Geschichte und lässt die S die Zeitformen nennen und identifizieren, oder L bespricht mit den S das abgedruckte Beispiel.
Methodisches Vorgehen	**Think:** Die S überlegen sich eine eigene Geschichte (real oder erfunden). Sie schreiben sich ein paar Stichpunkte auf, aber keine ganzen Sätze. **Pair:** Im Anschluss formulieren die S ihre Geschichte mündlich und präsentieren diese dem Partner. **Share:** Einige Geschichten werden im Plenum vorgetragen. Als Hörauftrag konzentriert sich eine Hälfte der Klasse auf den Inhalt, während die andere Hälfte auf die korrekte Verwendung von *past perfect* und *simple past* achtet.

4 Skills — Talking about historical people, places and things

Differenzierung △ **Diff pool p. 130/8 Your turn: Funny or interesting things in your life** → Help with Station 1, p. 90/7

Methodisches Vorgehen: Falls die S keine eigenen Ideen entwickeln, gibt der *Diff pool* drei Möglichkeiten zur Auswahl, die mit Bild und Satzteilen ausgestaltet sind.

Lösungsvorschlag:
1. *Last summer, I met my friends at the pool. When I arrived, I realised that I'd taken the wrong bag because I'd asked mum for money and hurried to meet my friends. At the pool, people were having fun, but I opened my bag and found my tennis clothes. It was the wrong bag! I went home, got the right bag and returned to the pool.*
2. *Before I went to my first concert, I'd taken my phone with me and told my parents not to worry. When I was there, I didn't hear the phone ring because I was enjoying the loud music. I saw later that I had received lots of calls and angry text messages from my parents.*
3. *I'd been really excited about a party at my school. I hadn't been sure what to wear because I hadn't read the whole invitation. When I arrived, I was the only one in colourful clothes and I felt really stupid. After I'd left the party, I looked at the invitation again and saw that there had been a 'dress code'.*

Tipps für junge Lehrer/innen Den S kann freigestellt werden, ob sie von einer wahren oder einer erfundenen Begebenheit erzählen, sodass der Partner raten kann. L sollte eine Anzahl an zu verwendenden Verben vorgeben, z. B. *Four is OK, six is good, eight is fantastic.*

Lösung Lösungsvorschlag: Vgl. Lösung *Diff pool* p. 130/8.

Skills Talking about historical people, places and things

How to talk about history

S. 91 **1 Useful phrases for presenting facts and figures**

→ WB 58/10; S3–4; Diff pool △ 131/9

Wortschatz *entertainment* (no pl), *to reign, to be born, to burn down, to burn, burnt, burnt, to rebuild, rebuilt, rebuilt, biographical*

Materialien ggf. KV 83a+b: Working with vocabulary

Einstieg L: *In the unit task, you're going to present a historical object to the class. You need phrases and words to help you with this. Let's collect some from the text on p. 91.* Die S lesen den Text laut vor und fassen ihn in eigenen Worten zusammen.

Methodisches Vorgehen a) + b) ✏ Die S extrahieren aus dem vorgegebenen Text passendes Sprachmaterial schriftlich in der vorgegebenen Tabelle in EA oder als HA und ordnen die weiteren *phrases* den entsprechenden Spalten in der Tabelle zu.

Differenzierung △ **Diff pool p. 131/9 Useful phrases for presenting facts** → Instead of Skills, p. 91/1b)

Methodisches Vorgehen: ✏ Leistungsschwächere S bekommen in der Aufgabe im *Diff pool* weitere Hilfestellungen zur Bearbeitung von Aufgabe b).

Lösung: Vgl. Lösung unten.

Vertiefung Die S lesen erneut die Texte in der *Introduction* und ergänzen weitere *words* und *phrases* in der Liste. Zur Festigung von *history words* kann auch das Partner-Kreuzworträtsel auf **KV 83a+b: Working with vocabulary** herangezogen werden.

Talking about how things would have been — Station 2 — 4

Tipps für junge Lehrer/innen: Manche *phrases* können ggf. mehreren Kategorien zugeordnet werden (z. B. *was used for, moved to*, etc.). Außer den fett gedruckten *phrases* könnten die S auch weitere Formulierungen für passend halten, z. B. *400 years ago, to burn down, to be rebuilt, to open in, along the river, around the corner, wrote and acted, which perhaps belonged to*, etc.

Lösung a) + b)

Prepositions with times and dates	Descriptions of places/objects	Biographical information	Typical history verbs
in 1564 in the 16th century for 200 years from 1066 to 1154 at the beginning of at the end of	was used for was built was made of was worn by it has was given to it looks you can see a/an was brought from	was born in 1878 was born on 15th April 1878 moved to invented	reigned was built was used for was born moved to

S. 91 2 Preparing to speak about an object → WB 58/11; S12, 17

Wortschatz: quill, feather

Materialien: ggf. KV 74: How to talk about history: A talking frame

Einstieg: L: *Look at the photo on p. 91. Describe the picture.* L führt anhand des Bildes die Wörter *quill* und *feather* ein. L: *This could be an example of a talk about a historical object. Use the prompts on the card on the right to write a short speech for a tour guide.*

Methodisches Vorgehen: Die S schreiben in EA einen kurzen Text über das Bild. Bevor einige Texte im Plenum vorgetragen werden, kann eine *peer correction*-Phase in PA erfolgen.

Differenzierung: ▲ △ L sollte hier den Umfang für den zu verfassenden Text vorgeben, z. B. mindestens vier eng an der Vorlage orientierte Sätze. Optimal wären ca. 6–7 komplexere bzw. dichter formulierte Sätze mit den vorgegebenen und eigenen Ideen (vgl. unten, Lösungsvorschlag).

Vertiefung: Die S können bereits an dieser Stelle kurz ein weiteres historisches Objekt präsentieren. Dafür erhalten sie **KV 74: How to talk about history: A talking frame**. Diese Kurzpräsentation ist als Vorübung für die *Unit task* zu sehen und sollte nicht zu umfangreich werden. Die KV kann außerdem als Differenzierungsmaterial während der Erarbeitung der *Unit task* zum Einsatz kommen.

Lösung: Lösungsvorschlag: *In this picture from the 1890s, you can see a Victorian student who is using a quill to write a letter. As you might already know, pens had not been invented yet, and quills were used for writing letters and other texts. Back then, quills were made from feathers and were sometimes difficult to use. The girl is focusing on her page and seems to be concentrating hard not to make any mistakes.*

Station 2 Talking about how things would have been

→ L 3/12–13 If I hadn't talked so much ...

Background information: *The Globe Theatre located on the south bank of the Thames is a replica of the Elizabethan building which was built in 1599 in Bankside – London's entertainment and theatre district at the time. The theatre was built by Shakespeare's theatre group 'The Lord Chamberlain's Men'. Not only did Shakespeare stage all of his plays there, but he also put on works of other playwrights.*

4 Station 2 — Talking about how things would have been

The Globe Theatre was a round three-floor building. It was an open-air theatre, but there were large columns on the sides which supported a roof. There was space for an audience of more than 3,000 people. The cheapest tickets for the groundlings were one penny. They had to stand in the open-air courtyard. The roofed seats in the gallery were more expensive. In any case, the audience was very close to the stage and the (exclusively male) actors.

The Globe was destroyed during a performance on 29th June, 1613 due to a cannon shot, which set the straw roof on fire. In the year 1642, the reconstructed theatre was shut down together with all the other theatres by the Puritan government of the time.

In 1997 the theatre was rebuilt about 230 metres away from its original spot and reopened as an open-air theatre and museum.

S. 92
LISTENING

HV-Text
→ L 3/10–11

8 Before you read: Where's Jay?

Tour guide: Hello and welcome everyone! Now I know all about the calendar project you're planning, and I think it's a great idea. It will really bring history to life for you, won't it? And I know that your group has chosen to do your photo about the Tudors and Queen Elizabeth's time, so our group is going to do a Tudor tour. The other group here today are going on a tour of Victorian London just a few streets from here. I'm sure you're hoping to go away today with a lot of ideas for your calendars, so, let's begin. Follow me please – and let's try to stay together. You never know what (or who!) you're going to meet in these dark, narrow little roads in this part of London. – And please, turn off your phones so that everyone can hear me.

Now, we're on Bankside and in the 16th century there were four theatres here along the river. In a moment, just around the corner, you'll see the famous Globe Theatre which was built in 1599. It was used for all kinds of entertainment – plays, musical events and animal fights … Of course, William Shakespeare wrote and acted here while Elizabeth I reigned. He was born in Stratford-upon-Avon in 1564 but moved to London as a young man after he had married Anne Hathaway. I have in my hand a diary which perhaps belonged to Shakespeare himself!

Anyway, the Globe is a round building with an open roof – of course they didn't have electricity then so they needed the light from the sun – but this meant that the audience got very wet when it rained! Rich people could pay to sit down, but poor people stood up – and they were allowed to eat, drink, talk and walk around during the plays. There were animals everywhere too – it was always very noisy! In Shakespeare's time, women and girls weren't allowed to act, so all the actors were men and boys. Isn't that funny? Good thing it's different in our time!

But anyway, it's sad to say that the first Globe was made of wood, and when a fire started 400 years ago, the theatre burned down in just two hours. That was in 1613. It was rebuilt the following year, but pulled down again in 1644–45. The modern Globe was opened in 1997 …

Olivia: Where's Jay?
Gwen: I don't know. He was with us just a moment ago …
Holly: We should wait for him.
Olivia: No, we'll lose our guide. Don't worry, he'll find us.

Wortschatz murder, What luck!, blood, dirt, forward, to pick up

Materialien ggf. KV 75: Listening: Where's Jay?; ggf. KV 76: If I hadn't talked so much much …; Folie 3/16

Einstieg L: *Today, the friends are preparing their Tudor photo. What are they doing? Listen.*

Methodisches Vorgehen
a) ⊙ SB geschlossen. L präsentiert den ersten Teil des HV-Textes von CD. Die S hören nur zu, ohne sich Notizen zu machen, und berichten dann über die Situation.

b) **Variante 1:** ⃒ Die S hören den Ausschnitt noch einmal an und machen sich auf einem vorbereiteten bzw. vorstrukturierten Blatt während des Hörens Notizen zum *Globe Theatre* (Gebäude, Zuschauer, Schauspieler), die dann im Plenum zusammengetragen werden.

Variante 2: KV 75: Listening: Where's Jay? bietet standardisierte Aufgabenformate und kann alternativ zur Festigung des Detailverstehens herangezogen werden.

Talking about how things would have been — Station 2 — 4

c) L präsentiert den nächsten Teil des HV-Textes, allerdings nur bis Z. 18. Anschließend legt er **Folie 3/16** auf. Die Geschichte befindet sich an einer spannenden Stelle und die S sollen nun Vermutungen abgeben, was Jay passieren wird. Als Impuls dafür dient ihnen das Bild auf der Folie. L: *What can you see in the picture? What can you say about the atmosphere in the picture?* (Erwartungshorizont: *The picture shows Jay with a group of people who are scared by a man who is walking past them in Victorian clothes. Jay is interested in the man. The picture creates a scary and mysterious atmosphere because the street is very dark. The man looks like a ghost.) How do you think the story will continue?* Die Ideen der S werden im Plenum gesammelt.

SB geöffnet. Die S lesen den Rest des Textes und vergleichen ihre Vermutungen mit dem tatsächlichen Handlungsverlauf.

KV 76: If I hadn't talked so much ... kann alternativ zur Festigung des Detailverstehens herangezogen werden.

Differenzierung ▲ △ Da ein Teil des HV-Textes identisch ist mit dem Text auf S. 91, Aufgabe 1, muss L – in Abhängigkeit von der Leistungsfähigkeit der Lerngruppe – abwägen, wie häufig der HV-Text tatsächlich präsentiert werden soll.

Tipps für junge Lehrer/innen Das Notizblatt kann z. B. als Mindmap gestaltet sein und weitere Informationen – z. B. aus der *Across cultures*-Box oder dem weiteren Verlauf der Geschichte – aufnehmen.

Lösung
a) *The friends are going on a tour of Tudor London to collect ideas for their calendar photos.*
b) **The building:** *built in 1599; one of four theatres along the river, on Bankside; a round building with an open roof; was used for all kinds of entertainment – plays, musical events and animal fights; made of wood; theatre burnt down in 1613; was rebuilt the following year but pulled down again; modern Globe was opened in 1997*
The audience: *got wet when it rained because of open roof; rich people could pay to sit down, poor people stood up; allowed to eat, drink, talk and walk around during the plays; animals everywhere*
The actors: *William Shakespeare wrote and acted there during the reign of Elizabeth I; women and girls weren't allowed to act, so all the actors were men and boys.*
c) *At the beginning of the tour, Jay becomes interested in the Globe and the Tudor period, but while he's talking, Jay gets lost and finds himself listening to the other student tour about Victorian London. The guide's stories are about blood and crime, which Jay finds very exciting. An actor in Victorian clothes walks by and loses a pipe, which Jay picks up and keeps for his photo. He is excited and maybe wants to join the Victorian group for their photo now. He isn't sorry that he has lost his group.*

S. 93 **9 What do you think?**
READING

Methodisches Vorgehen a) + b) Die Beantwortung der beiden Fragen erfolgt direkt im Anschluss an Aufgabe 8 im Plenum.

Vertiefung Der Text kann mithilfe der Methode **Paired reading** erschlossen werden. Die S lesen paarweise Abschnitt für Abschnitt leise vor; der zuhörende Partner korrigiert ggf. Lesefehler. Anschließend stellen und beantworten die beiden Partner abwechselnd Fragen zum Text.

Lösung
a) *Jay liked the stories about blood, crime, dirt and rats the tour guide told the group. Jay also liked the actor's performance and that he found an object to use for his photo: a Victorian pipe.*
b) Individuelle S-Lösungen.

4 Station 2 — Talking about how things would have been

S. 93
LANGUAGE

10 Find the rule: Conditional clauses type 3

→ G8; Diff pool △ 131/10, ▲ 132/11

Materialien *English folder*; ggf. KV 77: Working with language

Einstieg L schreibt die Überschrift der Geschichte an die Tafel und unterstreicht das *if*. Die S überlegen, wie der Satz sinnvoll weitergeführt werden könnte. Anschließend informiert L die S, dass im Text weitere Sätze dieser Art enthalten sind, die es zu finden gilt.

Methodisches Vorgehen
a) Die S identifizieren im Text sechs *conditional clauses type 3* und schreiben diese strukturiert untereinander in den *English folder*. L schreibt diese an die Tafel.
b) Die S suchen jeweils die Verben heraus, die L in zwei Farben (im *if-clause* und im *main clause*) unterstreicht. Die S identifizieren die Verbformen, die L anschreibt.
c) Anhand der Beispielsätze wiederholt L die Regeln zur Anwendung der drei verschiedenen *conditional clauses*. Die Regel für die Verwendung der *conditional clauses type 3* wird an der Tafel fixiert und der Aufschrieb in den *English folder* übernommen.

If I hadn't talked so much ... – conditional clauses type 3

If I <u>hadn't talked</u> so much, <u>I'd have</u> noticed that the others had gone somewhere else.
The others <u>could have helped</u> me if they <u>hadn't turned</u> off their phones.
Of course, they <u>would have lived</u> in a better part of the city if they <u>had had</u> money.
<u>I'd have missed</u> these cool stories if <u>I'd stayed</u> with the others!
If I <u>hadn't joined</u> the wrong tour, I <u>wouldn't have seen</u> a man in Victorian clothes with a pipe.
If I <u>hadn't been</u> so quick, I <u>wouldn't have got</u> a Victorian pipe for my calendar photo!

Rule: <u>If-clause:</u> past perfect (had + past participle)
<u>Main clause:</u> conditional perfect (would / could + have + past participle)
You use conditional clauses type 3 when the action in the if-clause is no longer possible because the situation took place in the past and you cannot change what has already happened.

Eine analoge Vorgehensweise findet sich in vorstrukturierter Form auf **KV 77: Working with language**.

Differenzierung

△ **Diff pool p. 131/10 English would have been different!** → After Station 2, p. 93/10

Methodisches Vorgehen: Diese geschlossene Aufgabe bietet leistungsschwächeren S eine Möglichkeit zur Übung der *conditional clauses type 3*.

Lösung: 1. *hadn't come – wouldn't have given* 2. *hadn't stayed – wouldn't have influenced*
3. *wouldn't have come – hadn't believed* 4. *wouldn't have given up – hadn't become*
5. *hadn't loved – wouldn't have written* 6. *wouldn't have invented – hadn't written*
7. *hadn't explored – wouldn't have brought*

▲ **Diff pool p. 132/11 The world would have been different!** → After Station 2, p. 93/10

Methodisches Vorgehen: Diese offene Aufgabe bietet leistungsstärkeren S eine Möglichkeit, die *conditional clauses type 3* spielerisch anzuwenden.

Lösung: Individuelle S-Lösungen.

Tipps für junge Lehrer/innen Ggf. kann die Einführung von *conditional clause type 3* und die Unterscheidung der Anwendung von *type 1–3* in unterschiedlichen Stunden erfolgen, da dies in der Regel ein schwieriges Grammatikkapitel für die S darstellt.

Lösung
a) + b) Vgl. TA.
c) **Conditional clause type 1:** *You use type 1 when the action in the if-clause is possible and probable.*
Conditional clause type 2: *You use type 2 when the action in the if-clause is possible, but not probable.*

Talking about how things would have been — Station 2 — 4

Conditional clause type 3: *You use type 3 when the action in the if-clause is no longer possible because the situation took place in the past and you cannot change what has already happened.*
Sentence 1: *The tourist wants to go on a Roman walking tour and there's one today. It is possible so we must use type 1.*
Sentence 2: *He/She finds out that he/she has missed the tour. He/She'd like to join another one, but there isn't another one on that day so we must use type 2.*
Sentence 3: *He/She is sorry that he/she has spent too much time on shopping earlier and that he/she has missed the tour. This can't be changed any more as it is in the past and so we must use type 3.*

S. 93 LANGUAGE — 11 Shakespeare's Globe → WB 59/12–13

Wortschatz: *electric*

Methodisches Vorgehen: Die S bearbeiten die Aufgabe in EA im Unterricht oder als HA. Die Ergebnisse werden im Plenum verglichen.

Tipps für junge Lehrer/innen: Da es sich um einen geschlossenen Aufgabentyp handelt, eignet sich diese Aufgabe für die Methode des **5-minute-teacher**. Hierbei übernimmt ein leistungsstärkerer oder selbstbewusster S die Lehrerrolle für die Zeit der gemeinsamen Kontrolle der Ergebnisse.

Lösung: 1c), 2d), 3e), 4f), 5b), 6a)

S. 93 LANGUAGE — 12 Imagine … → WB 60/14–15; Diff pool △ 132/12

Materialien: ggf. KV 78: Talking about how things would have been

Methodisches Vorgehen: Die S bearbeiten die Aufgabe in EA oder als HA. Die Ergebnisse werden im Plenum verglichen.

Differenzierung:

> △ **Diff pool p. 132/12 Imagine …** → Instead of Station 2, p. 93/12
>
> **Methodisches Vorgehen:** Diese geschlossene Lückentext-Aufgabe im *Diff pool* bietet leistungsschwächeren S alternativ die Möglichkeit, sich auf die Bildung der *conditional clauses type 3* zu konzentrieren. Eine Besprechung der beiden Versionen dieser Aufgabe ist im Plenum problemlos möglich.
>
> **Lösung:** Vgl. Lösung unten.

Vertiefung: Weiteres Übungsmaterial zu den *conditional clauses type 3* befindet sich auf **KV 78: Talking about how things would have been**.

Lösung: Lösungsvorschlag: 2. *If a Celtic king hadn't always worn beautiful jewellery, it wouldn't have been clear to others how important he was.* 3. *If the Romans hadn't built baths, they would have found Britain too cold for them.* 4. *If the Normans hadn't spoken French, the English language wouldn't have changed.* 5. *If Henry VIII hadn't wanted a son to be the next monarch, he wouldn't have married six times.* 6. *If Elizabeth hadn't wanted to know more about the world, she wouldn't have sent sailors to America.* 7. *If Queen Victoria hadn't reigned for 64 years, she wouldn't have seen so many changes in the time she lived.*

4 Station 2 *Conditional clauses type 3 / Mediation*

S. 94
SPEAKING

13 Your turn: What would you have done?

→ WB 61/16; Diff pool ▲ 132/13

Methodisches Vorgehen
a) + b) 👥 Die S bearbeiten diese Aufgabe in PA. Die Antworten können entweder bereits als HA vorbereitet werden oder spontan in PA erfolgen.

Differenzierung

> ▲ **Diff pool p. 132/13 A game: What would you have done?** → After Station 2, p. 94/13
>
> **Methodisches Vorgehen:** 👥 ✏️ Die Aufgabe im *Diff pool* hat die motivierenden Spielcharakter und spricht besonders den haptischen Eingangskanal des Lernens an, da die Karten für die richtig gebildeten Sätze behalten werden dürfen.
>
> **Lösung:** Individuelle S-Lösungen.

Tipps für junge Lehrer/innen
L sollte darauf achten, dass die S in ihren Antworten komplette *conditional clauses* verwenden, nicht nur Teilsätze.

Lösung
a) + b) Individuelle S-Lösungen.

S. 94
MEDIATION

14 A film about the Victorian period: Sherlock Holmes

→ WB 61/17; S18

Wortschatz
rating, detective

Einstieg
L zeigt den S das Filmposter zum Film *Sherlock Holmes* von 2009. Die S reagieren spontan und äußern sich zu ihrem Vorwissen über Sherlock Holmes. Falls sie den Film kennen, sollten sie jedoch an dieser Stelle noch keine Wertung vornehmen.
Die Aufgabe wird gemeinsam im Plenum gelesen. Anschließend sammeln die S wichtige Punkte, die sie für eine gelungene Mediation beachten müssen: keine Übersetzung, nur sinngemäß zusammenfassende Mitteilung der wichtigsten Informationen; Kommunikationszweck: Auswahl eines guten englischsprachigen Films für Teenager; Kommunikationspartner: englischsprachiger Teenager; Zieltextsorte: mündliche Mitteilung in einem Gespräch zwischen Teenagern; Fokus: gute und schlechte Kritik am Film in *online viewer ratings*; Umschreibung von unbekannten Wörtern und / oder Phrasen. L hält diese Punkte an der Tafel fest.

Methodisches Vorgehen
a) 👥 Die S bearbeiten die Aufgabe zunächst in PA und halten die Ergebnisse stichwortartig fest. Bei einer sich anschließenden Präsentation im Plenum dienen die an der Tafel festgehaltenen Kriterien als Anhaltspunkte für die S zur Bewertung und ggf. Optimierung der vorgestellten Lösungsvorschläge.
b) L: *Now that we've read comments about the film, do you think it's a film for you? Why / Why not? In your answer, use examples from the viewer ratings.* Die S nehmen im Plenum eine erste eigene kriterienorientierte Bewertung vor.

Vertiefung
Als HA können die S aufgefordert werden, ein eigenes *viewer rating* zu verfassen, das auf die gelesenen Kommentare Bezug nimmt. Ggf. sollten dann Kriterien für einen *blog entry* besprochen und bei der Präsentation von S-Lösungen in der Folgestunde zur Bewertung herangezogen werden.

Lösung
a) Lösungsvorschlag:
nils14_berlinboy thinks that the film is fast, entertaining and full of action. It cleverly mixes real places and scenes that were created with the help of a computer.
koolkatie16_koeln thinks this is a good film for kids and teenagers and for those who know and don't know Sherlock Holmes and the stories about him. She agrees with nils14_berlinboy about the quality of the action scenes.
jcm_hh17 doesn't like the film as much as the first two viewers. Although he or she also likes the action scenes, he or she doesn't like the fact that the film is rather modern instead of Victorian and that the actor is more like James Bond than Sherlock Holmes.
b) Individuelle S-Lösungen.

Unit task Presenting a historical object for a gallery walk

Our historical gallery walk

Wortschatz jewel, secret, weapon

Einstieg Im Plenum werden gemeinsam die einführenden Erläuterungen zur *Unit task* und das Beispiel laut vorgelesen. L kann das Textverständnis über (auch für die vorzubereitenden Präsentationen zentrale) Fragen sichern: *What do we learn about the object that is presented and about the historical person who presents this object? What makes the presentation of this object interesting/lively/easy to listen to?* L hält zentrale Kriterien für eine gute Präsentation an der Tafel fest.

Methodisches Vorgehen Als Ziel der *Unit task* präsentieren die S jeweils ein historisches Objekt als Realie oder in Form eines Fotos. Sie schlüpfen bei der Präsentation in die Rolle einer historischen Figur, die dieses Objekt verwendet hat, so wie dies auf den Fotos der Einstiegsseiten zu sehen ist. In der *Unit task* durchlaufen die S verschiedene Schritte – von der Auswahl des Objekts, über die Planung, die Erarbeitung von passendem Sprachmaterial, das Verfassen und Editieren des Textes bis hin zur tatsächlichen Präsentation in Form eines **Gallery walk**. Die S sollten bei der Vorbereitung ihrer Präsentation auf das erarbeitete Sprachmaterial von S. 73 zurückgreifen.

S. 95 Step 1 Choose a period, character and object → WB 62/18

Einstieg L: *Which steps do we have to follow to prepare our speeches? Our book gives you some help.* Die S erhalten genügend Zeit, um die vorgeschlagenen Schritte zur Vorbereitung durchzulesen und sich einen Überblick über die *Unit task* zu verschaffen. Sie können sich hierzu mit einem Partner in einer **Murmelphase** austauschen. Die S geben dann die *Steps 1–3* in eigenen Worten wieder und L hält diese nochmals an der Tafel fest. Fragen zum Ablauf werden gemeinsam geklärt. Ggf. kann an dieser Stelle ein Zeitrahmen bzw. Ort (Aufgaben zu Hause und in der Klasse) für die Bearbeitung der Schritte festgelegt werden.

Methodisches Vorgehen Die S wählen dann in EA *historical period*, *object* und *character* aus. L sollte zu einem frühen Zeitpunkt während der Arbeit an der *Unit task* schriftlich abfragen, wer sich für welches Objekt entschieden hat. Sollten sich zwei S für das gleiche Objekt interessieren, entscheidet das Los.
Sollbruchstelle: Einige S brauchen möglicherweise sehr lange, um sich ein Objekt oder eine Persönlichkeit auszusuchen. Daher ist es sinnvoll, diesen Schritt in die HA zu verlegen. L kann auch Objekte und Persönlichkeiten für unentschlossene S vorgeben.

Tipps für junge Lehrer/innen Je nach Schwerpunkt kann darauf geachtet werden, dass alle S Objekte aus der gleichen Epoche wählen oder dass diese gleichmäßig über die in der Unit vorgestellten Epochen verteilt sind.

Lösung Individuelle S-Lösungen.

S. 95 Step 2 Write a prompt card → WB 63/19

Materialien ggf. KV 74: How to talk about history: A talking frame; ggf. KV 79: Peer evaluation: A historical gallery walk

Methodisches Vorgehen Die S bereiten ihre Präsentation in EA vor. L sollte eine Arbeitsphase vorsehen, in der die S einem selbst gewählten Partner ihre Präsentation vorstellen und Feedback einholen.
Sollbruchstelle: Die Einarbeitung des S-Feedbacks und das weitere Einüben der Präsentation kann in die häusliche Arbeit verlegt werden.

Differenzierung △ **KV 74: How to talk about history: A talking frame** kann als Strukturierungshilfe für leistungsschwächere S angeboten werden.

4 Story

Tipps für junge Lehrer/innen	Falls **KV 79: Peer evaluation: A historical gallery walk** in der Präsentationsphase zum Einsatz kommen soll, bietet es sich an, diese den S bereits an dieser Stelle auszuteilen, sodass sie die Kriterien auf ihre eigene Präsentation bzw. die des Partners anwenden können.
Lösung	Individuelle S-Lösungen.

S. 95 Step 3 Make your speech → WB 63/20

Materialien	ggf. KV 79: Peer evaluation: A historical gallery walk
Methodisches Vorgehen	Die S präsentieren ihre Objekte in einem **Gallery walk**. Dafür sollte die Klasse in zwei Gruppen aufgeteilt werden. Zunächst präsentiert die erste Gruppe ihre Objekte und die zweite Gruppe geht herum; danach wird getauscht. Die Präsentationen können dabei z. B. in chronologischer Reihenfolge oder nach Epochen geordnet werden. Aufgrund der Anzahl und der Komplexität der Bewertungsaspekte können verschiedene Beobachtungsaufträge vergeben werden. Hierzu kann **KV 79: Peer evaluation: A historical gallery walk** herangezogen werden. Nach einer Thematisierung der Gewichtung der Kriterien kann ein Votum für die beste Präsentation erfolgen. **Sollbruchstelle:** Je nach Klassengröße und zur Verfügung stehender Zeit können die Präsentationen anstatt im **Gallery walk** auch in Kleingruppen durchgeführt werden.
Differenzierung	△ Zu Beginn der Präsentation kann L den S Zeit geben, ihre Präsentation nochmals mit einem Partner im geschützten Raum zu üben.
Tipps für junge Lehrer/innen	Es sollte darauf geachtet werden, dass das Feedback zu den Präsentationen konkret, angemessen gewichtet und nachvollziehbar ist und so sachlich geäußert wird, dass es von den präsentierenden S angenommen werden kann.
Lösung	Individuelle S-Lösungen.

Story

→ S 2/14–21 ⊙ L 3/15–22 ⊙	**It's a mystery!**
Wortschatz	*mystery*

S. 96 1 Before you read: What could go wrong?
VOCABULARY

Wortschatz	*photo shoot, photographer, set, chaos, to mix (up), lady-in-waiting, to take care of sb, plaster cast, to zoom in (on), to roll one's eyes, shot, nurse, boot, to drive off, to drive, drove, driven, half an hour, out of focus, flash, to edit out, to crop (a photo), to photobomb, to crash, ambulance*
Materialien	Schüler-Audio-CD 2, Track 14–21; Lehrer-Audio-CD 3, Track 15–22; ggf. KV 80: It's a mystery!
Einstieg	SB geschlossen. L zeigt Fotos von einem *photo shoot*. Die S äußern sich spontan und beschreiben die Fotos. L führt einen Teil der neuen thematisch passenden Vokabeln anhand der Fotos ein, z. B. *photo shoot, photographer, set, chaos, to mix (up), to zoom in (on), out of focus, flash, to edit out, to crop (a photo), to photobomb*.
Methodisches Vorgehen	SB geöffnet. Die S äußern im Zwiegespräch mit dem Partner Vermutungen, was bei einem *photo shoot* schief gehen könnte. Diese werden schriftlich festgehalten. Bei Bedarf weist L auf die gelb hinterlegten Ideen hin. ⊙ Anschließend präsentiert L die Geschichte *It's a mystery!* von CD. Die S lesen leise mit. Nach jedem der Teile A–H kann mit der Frage *What has gone wrong (so far)?* ein Rückbezug zu den eingangs gesammelten Ideen der S hergestellt und gleichzeitig das Globalverstehen des jeweiligen Textabschnitts überprüft werden. Die Thematisierung der *Stop and think*-Impulse können ebenfalls zum Gesamtverständnis der Geschichte beitragen.

Story 4

Vertiefung   Der Text kann mithilfe von **KV 80: It's a mystery!** auch zur Vertiefung der *reading skills* genutzt werden.

Lösung   Lösungsvorschlag:
- *Photographers could bring the wrong photo equipment.*
- *Models might not fit in the costumes.*
- *Models could become sick before or during the shoot or be late.*
- *Props could be lost.*
- *Equipment could be broken before or during the shoot.*
- *Accidents could happen during dangerous situations in the shoot.*
- *Other people on the set could walk into a photo shoot and ruin the photos.*
- *Things on the set could also fall down and ruin the photos.*

S. 98
VOCABULARY

2 What belongs, what doesn't belong in the scene?

Wortschatz   *to lighten*

Methodisches Vorgehen
a) Die S sammeln noch einmal die vorher bereits abschnittsweise identifizierten Probleme. L weist auf die als *pre-reading activity* gesammelten Ideen hin und lässt die S Vergleiche anstellen.
b) Die S bearbeiten die Aufgabe stichpunktartig in PA und nutzen dabei die *Word bank*. Anschließend werden die Ergebnisse im Plenum zusammengetragen.

Tipps für junge Lehrer/innen   Als Hörauftrag für die Besprechung im Plenum wird das Achten auf die Verwendung der Vokabeln aus der *Word bank* an *language watchers* vergeben.

Lösung
a) Individuelle S-Lösungen.
b)
- *Jay had photobombed the Tudor photo as a Victorian.*
- *You could see the photo equipment in the background.*
- *Somebody had forgotten a plastic bottle on the left.*
- *Somebody had left a blue bag on the right.*
- *You could see Gwen's yellow modern shoe from under her dress.*
- → *Jim has zoomed in on the scene so these modern things are out of focus.*
- *You could see Holly's green watch.*
- → *It's also from the wrong period so Jim has edited it out.*
- *Holly has drawn her dress over her plaster cast.*

The changes to the photo were important to make the scene look real.

S. 98
READING

3 Flashbacks and the order of events → WB 64/21; S5–7

Wortschatz   *flashback*

Einstieg   L schreibt das Wort *flashback* an die Tafel. Anhand der Wortelemente kann die Bedeutung ggf. (teilweise) von den S erschlossen werden.

Methodisches Vorgehen
a) Die Überprüfung der Vermutungen über die Bedeutung des Begriffes *flashback* kann dann durch die Lektüre der *Reading skills*-Box erfolgen. Das Verständnis des Begriffs wird durch das Beispiel in der Box und das Identifizieren anderer Beispiele in der Geschichte überprüft.
b) L: *Flashbacks can make a story more difficult to understand, but also more interesting, like a mystery.* L bespricht die Aufgabe im Plenum. Die S bilden dann 8er-Gruppen und ordnen die Teile der Geschichte in ihrer chronologischen Reihenfolge.
c) Die S schreiben in EA über ein Buch, einen Film oder eine TV Sendung, in denen *flashbacks* eine Rolle spielen. Diese Aufgabe eignet sich besonders gut als vertiefende HA.

4 Action UK! Working with films

Tipps für junge Lehrer/innen — Eine schnelle Überprüfung der korrekten Lösung kann über auf Zettel geschriebene Buchstaben erfolgen, die die S in den Händen halten, wenn sie als Gruppe in einer Reihe stehen. So können schnell Abweichungen zwischen den Gruppen festgestellt und diese im Plenum diskutiert werden. Im Sinne authentischer Kommunikation muss jedoch von den S auch eine Begründung erfolgen, warum diese Reihenfolge gewählt wurde.

Lösung
a) *Examples of flashbacks:*
   - *Parts A–D (ll. 7–68): Jim remembers what happened at the photo shoot.*
   - *Part C, ll. 46–49: Holly tells about her accident.*
   - *Part F, ll. 85–101: Claire remembers what happened at the photo shoot.*
   - *Part H, ll. 112–120: The girl with the broken leg remembers the accident.*

b) C, B, H, D, G, F, A, E
c) Individuelle S-Lösungen.

S. 98 SPEAKING

4 Key moments from the story: Freeze frames → WB 64/22

Einstieg — L: *Imagine we want to turn the story* It's a mystery! *into a photo story. You can choose one of these scenes.* Ein S liest die drei vorgegebenen Optionen A–C vor. L: *Discuss how you can present your scene as a freeze frame. Talk about what each of the characters is thinking / feeling / doing. Give examples from the text.*

Methodisches Vorgehen — Die S bilden Gruppen zur Darstellung der Standbilder und verteilen die Rollen. Sie diskutieren die Darstellung, die Figurenkonstellation, die Gesten, die Gesichtsausdrücke, etc. und proben ihr Standbild, bevor sie es im Plenum vorstellen. Entweder erläutert ein Regisseur die darstellerischen Entscheidungen oder jeder S erklärt jeweils relevante Aspekte der eigenen Rolle bzw. Darstellung.

Vertiefung — Die S können weitere Vorschläge für darzustellende Szenen machen, sodass alle Szenen der Geschichte verteilt sind und aus allen Standbildern tatsächlich eine Fotostory entsteht. Die S oder L können Requisiten mitbringen und ein S je Gruppe mit (den meistens vorhandenen) Smartphones Fotos von den Standbildern machen. Anhand dieser (z. B. auf einer Folie zusammengestellten) Fotos können die S die Geschichte in der Folgestunde noch einmal erzählen.

Lösung — Lösungsvorschlag: *Descriptions of the freeze frames:*
A: *Holly is excited to be the centre of attention. Everyone looks surprised, shocked and worried. Some girls and boys write their name on her plaster cast. Olivia is quiet and angry because Holly's plaster cast could spoil the photo.*
B: *Jay is excited to be the centre of attention. He enjoys the photo shoot a lot. He gets on the others' nerves, especially his partner's, who rolls her eyes. Jim shoots the photo and seems to be satisfied with the result. Others are watching and looking at the photo.*
C: *Claire is holding a camera, and she is shouting and waving her arms about to organise the photo. Nobody is in the right place for the photo and many wrong period props are lying around. Olivia and Holly are fighting. Gwen is not standing still. Jay is photobombing the shoot.*

Action UK! Working with films

The girl from the past → S 22–23

S. 99 SPEAKING

1 School or work?

Wortschatz — *to afford, I'd rather*

Einstieg — SB geschlossen. L liest die Einleitungssätze aus dem SB als Impuls vor und wartet auf spontane S-Beiträge (z. B. *Great, no school! Going to school is better than going to work. Life was hard for children. Life is easier for us today. That was unfair – only children from rich families went to school.*)

Working with films — Action UK! 4

Methodisches Vorgehen: SB geöffnet. Die S lesen die Aufgabe und tauschen sich in PA aus, bevor sie sich im Plenum äußern. L: *What points are there for and against Marley's opinion?* Evtl. kann L einen TA mit Argumenten für / gegen Marleys Einstellung anfertigen.

School or work?

Points for Marley's opinion	Points against Marley's opinion
– (history) homework boring	– better to get an education → get a job you want to do later → better life
– always the same subjects at school	– work can be boring too
– too much work to do at school	– always do the same thing in some jobs, especially without good education
– don't need everything you learn at school later	– must work harder sometimes in a job
– usually do something you're good at when you work	– can also have problems with people at work
– some students / teachers get on my nerves	– pressure at work → feel stressed out
– too many tests → feel stressed out	– lots of free time at school; must work longer hours at work
– earn money with a job	– meet friends every day and have fun at school
– can have a holiday when you want one	– …
– …	

Differenzierung: △ Einzelne Argumente aus dem TA können den S als *support card* angeboten werden, wenn sie Unterstützung brauchen.

Tipps für junge Lehrer/innen: Die Frage, ob die S sich mit Marley identifizieren können, bietet L die Möglichkeit, eine kurze Diskussion einzuleiten – mit Argumenten und Gegenargumenten (vgl. TA). Dabei können *discussion phrases* wie *(partly) agreeing / disagreeing* reaktiviert und geübt werden.

Agreeing	That's absolutely right. I share your / …'s point of view. I know exactly what you mean. …
Partly agreeing	I can see what you mean, but … You've got a point there. But … Well, maybe, but … …
Disagreeing	I completely disagree with … That's not how I see it. I have a very different opinion on that point. …

Lösung: Vgl. TA.

S. 99
VIEWING

2 This is the year 1888? → WB 65/23

Film-Transkript → DVD 3/5

INT. LIBRARY, AISLE – DAY

LAURA and MARLEY walk along an aisle of history books, reading the labels on one of the shelves.

Laura: Elizabethan era, Stuart period, Georgian era … Here we are: Victorian era.

Laura takes some books from the shelf. Suddenly Marley's phone starts vibrating on silent.

Marley: Jinsoo! What's up? *(pause)* Sorry, I can't. I'm stuck in the library with Laura. *(pause)* Yeah, we're preparing the history presentation. *(pause)* What?

A library STAFF MEMBER gives Marley a stern look and points at a 'no mobile phones' sign.

Marley: Oh, sorry! I've got to go. I'll call you later.

4 Action UK! Working with films

INT. LIBRARY, READING AREA – DAY

Marley sits down at one of the tables beside Laura, who has a pile of books in front of her and is writing notes.

Laura: This is interesting: Poorer children often had to work to earn money for their family. Lots of parents couldn't afford to send their children to school.

Marley: I'd rather work than go to school and do this history homework.

Laura scribbles down some notes while Marley takes a look at all the books in front of him and sighs. He rests his head on his crossed arms and closes his eyes for a moment. Then he rises from his chair.

Marley: I'll go (and) get some more books.

Laura: OK.

INT. LIBRARY, CORNER – DAY

While searching for more books, Marley hears a strange noise. He turns to sees a girl his age, VIOLET, appear from behind a curtain. She drops a pile of old clothes to the floor. She looks out of place, wearing old patched and mended clothing herself. She looks wide-eyed as Marley approaches.

Marley: Are you OK there?

Violet: *(slight cockney accent)* Where am I?

Marley looks around the library helplessly. He has obviously come across a crazy person.

Marley: This is the library.

Violet: I need to go to the pawn shop.

Marley: Pawn shop …?

Violet starts gathering up her clothes.

Marley: What are you doing with all those clothes?

Violet: I must take them to the pawn shop. I need some money so I can buy some food.

She disappears behind the curtain.

Marley: Hey! Where are you going?

Marley follows after her.

INT. VIOLET'S HOUSE – DAY

Violet enters a room from behind a curtain, followed by Marley. The room is tiny, dimly lit and sparingly furnished. In a wooden bed lies Violet's mother Jane, her cheeks flushed. She wears a hand-knitted scarf around her neck. Violet sits on the side of her bed. Jane turns her head and stares at Marley.

Jane: Who's that, Violet?

Violet stares at Marley, unaware he had followed her.

Violet: I don't know.

Marley: I'm Marley.

Confused, he sticks his head back behind the curtain.

INT. LIBRARY, CORNER – DAY

Marley's head pops out from behind the curtain. He can't believe it.

INT. VIOLET'S HOUSE – DAY

Marley enters the room from the cupboard again while Violet folds up her old clothes again.

Violet: Mother's terribly ill. She has a fever. So I have to look after her and get us food. We haven't eaten since yesterday. I'm going to take these clothes to the pawn shop and get some money for them. I'll buy them back later – hopefully.

Marley: Don't you have to go to school?

Violet: I wish I could go to school! But we can't pay the school fees.

Something begins to dawn on Marley but he can't quite believe it. He spots a calendar on the wall with the year 1888 in big, clear numbers.

Marley: This is the year 1888?

Violet: I believe so.

Marley: Wow! I think I can help you. Come on!

Marley grabs Violet's hand and they whizz back through the curtain.

Working with films **Action UK!** **4**

INT. LIBRARY, CORNER – DAY
They both appear from behind the curtain. Marley leads Violet towards the exit.
Marley: You see, we've just travelled through time – through that door. Welcome to the 21st century!
Violet: This is the 21st century?
Violet looks around, amazed. They pass the table where Laura had been sitting before but she's no longer there.

EXT. GREENGROCER'S SHOP – DAY
Marley leads Violet to a greengrocer's shop. They're both carrying shopping bags.
Violet stares at the large selection of exotic fruit and vegetables in front of the shop. She picks up a pineapple.
Violet: Oh, my! I've never seen one of these before!
Marley: That's a pineapple.
He smiles and takes the pineapple into the shop.

INT. VIOLET'S HOUSE – DAY
Marley and Violet return through the cupboard. They put all the food on the little table.
Violet: Mum, look at all this food we've got!
Jane is speechless at the sight of the food.
Marley: Fruit should help to make you feel better. It has lots of vitamins.
Violet: But first, how about a nice cup of camomile tea?
Jane nods. Violet takes a tea bag out of its box and looks at it doubtfully.
Violet: What's this?
Marley: A tea bag. I guess that's a new invention for you. Well, I'll show you how it works. All I need is a mug and some hot water.
Violet: I'll be right back.
Violet disappears into the kitchen.
Later Marley puts the tea bag into a cup and pours hot water over it from an old kettle.
Marley: You just put the tea bag in this cup and pour the hot water over it. Done!
Violet: Oh, that was easy! Well, thank you – for everything.
Violet gives Marley a hug.
Marley: Happy to help. In fact, let's meet again. Deal?
He holds out his hand. Violet smiles and they shake hands. Marley leaves through the curtain.

INT. LIBRARY, READING AREA – DAY
Laura closes her book with a bang. Marley wakes up with a start.
Laura: Welcome back. You've been asleep for almost an hour.
Marley: *(confused)* What?
Laura: Remember? The lives of children in the Victorian era?
Marley: Yeah! They didn't have tea bags back then!
Laura: How do you know that? I thought you were asleep.
Marley: I guess I … dreamt it.
He looks back at the open book in front of him. There's a black-and-white portrait of a girl who looks just like Violet. Marley does a double take. Laura glances at him, intrigued.

Wortschatz	pawn shop, school fees, tea bag, pineapple, vitamin, blurred, start, to wake up, woke up, woken up
Materialien	Lehrer-DVD 3, Film 5; Folie 3/17; ggf. KV 81: The girl from the past; ggf. KV 82: Talking about the dream sequence
Einstieg	SB geschlossen. In einem kurzen **Teacher talk** führt L die Vokabeln in der *Word bank* ein und leitet zum Film über: *In the 19th century, there were many poor people. When they were without money but had a piece of jewellery – a ring or a bracelet, or sometimes just their best clothes, they went to a <u>pawn shop</u>. They got some money for the jewellery or the clothes and could buy the things back later when they had money again. Their children didn't go to school because it was too expensive. Rich people paid money for their children to go to school – <u>school fees</u>. In this film we <u>travel through</u> time, back to the 19th century, a time when when there were no <u>tea bags</u> and <u>pineapples</u> – you can see a picture of a pineapple on p. 205 in your books – and <u>vitamins</u> were unknown to the poor.*

181

4 Action UK! Working with films

Methodisches Vorgehen

a) 🎬 Der Film wird bis 02:03 Min. gezeigt und dann angehalten. L legt **Folie 3/17** auf. L: *What do you think has just happened to Marley? What could be behind the door?* Die S äußern ihre Meinungen mündlich im Plenum. Diejenigen S, die bis dahin noch nicht bemerkt haben, dass es sich um eine Traumsequenz handelt, werden durch Bild A darauf aufmerksam gemacht. L zeigt den restlichen Film. Das SB wird geöffnet und die Aufgabe mündlich im Plenum bearbeitet.

b) Die S lesen die *Film skills*-Box. L: *We're making a film and one of the characters has a dream. How can we show the audience that it's a dream – a dream sequence? (audio-visual effects: music, sounds, light, colours, quality of the pictures / blurred pictures, but also action, dialogue, costumes, setting / props)* L fokussiert die Aufmerksamkeit der S auf die Fragestellung und die Traumsequenz im Film wird nochmals präsentiert (01:02–05:22 Min.). Anschließend kann **KV 82: Talking about the dream sequence** eingesetzt werden. Die S sollen erkennen, dass es es die *audio-visual effects* sind, die die Traumsequenz tragen. L: *Yes, the audio-visual effects are important for the dream sequence. But what other details in the film make you think of time travel?* Die S sammeln Ideen in PA. L kann als Hilfestellung mehrere Kategorien vorgeben: *action, costumes, scene / props, dialogue, body language*.

c) 👥 Die S besprechen die Fragestellung im Unterricht mit einem Partner oder bearbeiten sie schriftlich als HA.

Differenzierung

△ ▲ Aufgabe 2a) kann mit Hilfe von **KV 81: The girl from the past** differenziert bearbeitet werden. Die Notizen können evtl. als „Spickzettel" (*prompt card*) in einem Partnergespräch verwendet werden.

Tipps für junge Lehrer/innen

Bei einer kurzen Filmpräsentation sollten die S ihre volle Aufmerksamkeit dem Film widmen und sich nicht während der Präsentation Notizen machen. Es ist auch wichtig, dass die S nur das Wichtigste notieren und sinnvolle Abkürzungen verwenden.

Um die Wirkung von *audio effects* zu verdeutlichen, kann L Filmszenen mit einem *blank screen* (ohne Bild) präsentieren oder mit einem *mute screen* (ohne Ton), wenn die *visual effects* hervorgehoben werden sollen.

Lösung

a) *Laura and Marley are in the Greenwich Library to do some research for a school history presentation on the lives of children in Victorian England. Marley is bored and falls asleep – or does he? He meets a girl who needs to go to a pawn shop with her clothes because she needs money to buy food. She leaves and Marley follows her – and travels through time back into the 19th century to the year 1888. The girl, Violet, lives with her mother in an attic room. Violet's mother is ill and they need food. Marley has an idea about how to help the girl and he takes her back into the 21st century to buy some food – fruit with vitamins and camomile tea bags – for the girl and her mother. And then he wakes up in the library. Was it a dream?*

b) **How is the dream sequence shown in the film?** *At the beginning there is some music and you see Marley fall asleep – but it isn't really clear that it's a dream. At the end there is some music and then the sound of Laura's book when Marley wakes up and Laura says: "Welcome back." During the dream sequence, strange sounds and music are also used to create a special atmosphere. For example, there's a strange sound when Violet arrives in the library; a sound (like thunder) whenever Marley / Violet go through the door and there's background music when Marley / Violet are in the library / shopping.*

How does Marley travel through time? *The door with the curtain in the wall from the library to the room in the attic is the 'door' between the present and the past, so he travels through time when he passes through the door.*

What other details in the film make you think of time travel?

action: *Marley falls asleep; Marley wakes up.*

costume: *Violet's clothes*

scene / props: *furniture in attic room; wall calendar (1888)*

dialogue: *Marley: Welcome to the 21st century. / Violet: I've never seen one of these (a pineapple) before. / Violet: What's this? Marley: A tea bag. I guess that's a new invention for you. / Laura: Welcome back! / Marley: They didn't have tea bags back then.*

body language: *Violet sometimes looks confused / surprised (by all the new things).*

Working with films | **Action UK!** | **4**

S. 99 **3 Violet's diary** → S12
WRITING

Materialien Folie 3/18; *English folder*

Einstieg SB geschlossen. **Folie 3/18** wird aufgelegt. Zunächst denken sich die S für jedes Standbild eine passende Überschrift aus. Danach machen sie sich, mithilfe einer Tabelle, Notizen zum Arbeitsauftrag: *Compare Violet with Marley. What's new to them? What do they learn from each other?* Die Notizen werden im Anschluss mit dem Partner ausgetauscht und ergänzt / korrigiert.

Lösungsvorschlag:

Violet	*Marley*
– *is surprised when she sees the modern library* – *has never tried a pineapple before* – *doesn't know tea bags and how to make tea* → *learns this from Marley and finds it easy* – *is surprised that everything is much easier in the 21st century*	– *doesn't know what a pawn shop is* – *is surprised that Violet doesn't have to go to school but that she'd like to* – *is surprised by the conditions the people had back then* → *his life seems so easy (going to school without any school fees; being able to buy food at any time)*

Methodisches L weist auf S12, S. 141–142, hin: *Remember to use strong adjectives and adverbs to express your*
Vorgehen *thoughts and feelings.* Da es ein Tagebucheintrag ist, sollten die S den Text in EA schreiben.

Vertiefung Die Aufgabe kann wahlweise variiert werden, indem einige S (evtl. die Jungen) einen Tagebucheintrag aus Marleys Sicht schreiben und dabei seine Gefühle und sein Erstaunen über das viktorianische Zeitalter zum Ausdruck bringen.
Schnelle S können außerdem einen kurzen Text zu folgenden Fragen verfassen, den sie ebenfalls in ihrem *English folder* abheften können: *Would you like to time travel? If you could travel through history, which period would you choose or which historical person would you like to meet? Why? What would you ask him / her?*

Lösung Lösungsvorschlag:
Dear Diary,
What a very strange day it has been! I met this really nice boy, Marley, from the 21st century. You know, I think I really like him – but that's our big secret. Promise? It all started when I wanted to go to the pawn shop with some of my clothes. Mum is so ill and we need food. I don't know how it happened, but when I went through the door in the attic, I fell into a library in the 21st century – and there he was in a room full of books. I was so surprised, I ran back through the door, but he followed me back into the attic – and into the past. Well, it was my present. I'm a bit confused, I must say! He was so kind and helpful. He had a wonderful idea and before I knew it, we were shopping in the 21st century. We bought a pineapple and lots of other healthy fruit with vitamins – and camomile tea bags for my mum. She's much better now – thanks to Marley! Oh, I miss him so much. Will I ever see him again?

⟨D⟩

⟨Revision D⟩

Didaktisches Inhaltsverzeichnis

Kompetenzziele	Sprachliche Mittel	Materialien
Revision D (S. 100–105)		
WRITING Einen Text über das alltägliche Leben eines Mädchens während der Zeit des Römischen Reiches verfassen **LISTENING** Die Arbeitsanweisungen eines Lehrers bei einem Museumsbesuch verstehen **MEDIATION** Die Bedeutung von englischen Zitaten auf Deutsch wiedergeben	**LANGUAGE** simple past; present perfect; past progressive; past perfect; conditional clauses types 1, 2 and 3	– ⊙ Lehrer-Audio-CD 3, Track 23–24 – WB 67/1–2, 68/3–4 – KV 84–87: Test yourself

Allgemeine Hinweise Die *Revision*-Seiten und die dazugehörigen Kopiervorlagen (**KV 84–87: Test yourself**) bieten verschiedene Aufgabentypen mit unterschiedlichen Schwerpunkten zum eigenständigen oder angeleiteten Üben und Wiederholen. Die Aufgaben orientieren sich an den kommunikativen und grammatischen Strukturen der Unit 3. Die Entscheidung liegt bei L, auf welche Weise das angebotene Material eingesetzt werden soll.

S. 100
LISTENING

1 At the museum   → WB 67/1

HV-Text
→ L 3/23–24 ⊙

Teacher: So, everybody listen please. It's time to get organised and begin our visit to the British Museum. First I want to give you some general information. It was founded in 1753 and opened to the public in 1759. Before it was even opened, they had decided it would always be free to anyone who was interested. So in a way, we all own the museum.
Boy 1: Well, I don't know if I'm interested.
Girl 1: Yeah, if it's free, is there really anything good to see? Probably not.
Teacher: Just wait – you might change your mind! If you had visited the museum in 1759, you would have seen mostly books, coins and drawings, but since then they have added a lot of wonderful, original objects like a mummy from Egypt. At least 6 million people every year think the objects are interesting enough to look at.
Girl 2: Do we have to look at everything? That'll take years!
Teacher: Luckily, I've picked out special things for you to look at. But you're right. If I hadn't chosen special displays, it would probably take us not years but at least days to see the whole museum.
Boy 2: Can we decide which displays we want to look at? I've visited this museum before so I don't want to look at the same things again.
Teacher: Sorry, I've already divided you up into four different groups with four different topics so you don't end up in chaos. But we'll get to that later.
The first thing you need to do is to pick up your audio guide at the service desk. The location is to your right after you get in the museum.
Girl 3: What about our jackets and rucksacks? Do we have to carry them the whole time? It gets so hot.

Teacher: No, you can take them to the lockers before you find your display. But first some more information about the audio guides. After you get it, please test it. If there are any problems, please ask one of the museum assistants to help you.

Boy 3: And if it still doesn't work? Do we really need it? Can't we just read the displays?

Teacher: I'm sure the museum assistants will help you if it doesn't work. And yes, you do need it. Each student will get a worksheet with questions about your topic. The displays have lots of information but not all of the information. That's why you'll need the audio guide to complete the worksheet. And remember, please, do not be too noisy. There are lots of other visitors here too.

Girl 4: But where do we have to go?

Teacher: I was just getting to that. So, you have your audio guides and have put your things in a locker. Next you have to find your room which is written at the top of your worksheet. You'll have to look at the museum map to find your room. Then please look at the displays while listening to your audio guide and complete the worksheet.

Boy 4: How long will it take?

Teacher: That depends on you – how well you listen and how fast and carefully you read and answer the questions. When you're completely finished with your worksheet, you'll have free time in the museum. In the museum. You may not leave the building. But please take back your audio guide to the service desk first. We'll meet right here at 4:00 and please do not be late. Our tube leaves at 4:22. Any questions?

Okay, please be quiet and listen. I'm almost done. Here are your groups and please don't mix them up:

Group one: Meredith, Josh, Joel and Sarah. You'll go to room 26 and your topic, ah my favourite, is North America and how Europeans influenced the people and the land. Here are your worksheets and you may go.

Group two goes to room 27 and that is Kate, William, Henry and George. You'll learn about Mexico, its cultures and education system – what it was like before and after the 16th century.

Group three is in room 40. Monica, Mason, Ashley and Jude, you're going to discover some of Britain's greatest medieval treasures and what they say about those generations' lifestyles.

Now we've come to group four. Nathan, Sandi, Julian and Anne. Your worksheet is about British society and art in the Roman Empire. What did they do for entertainment back then, for example? Enjoy yourselves!

Am I glad that is over! If I hadn't taken care of all of that before we arrived, we would have needed hours to divide up the groups. So, free time for me!

Materialien Lehrer-Audio-CD 3, Track 23–24; ggf. Leerfolie; ggf. Plakate

Einstieg L aktiviert das Vorwissen der S im angeleiteten UG mit Hilfe der folgenden Fragen: *Who has been to a museum before? What was it like? Were there any audio guides?* L erklärt bei Bedarf den Begriff *audio guides*.

Methodisches Vorgehen

a) L spielt den HV-Text 2-3 Mal vor. Beim ersten Hören sollen die S nur zuhören und sich noch keine Notizen machen. Ab dem zweiten Hören können sie das *note-taking* üben und sich Stichpunkte notieren. Nach dem letzten Hören haben sie Zeit, die zehn Dinge zu notieren, die sie heraushören sollen. Besonders leistungsstarke S erhalten beim letzten Hören den Auftrag zu notieren, welche Gruppen welchen geschichtlichen Schwerpunkt im Museum haben. Alle Ergebnisse werden an der Tafel oder auf einer Folie von den S gemeinsam gesammelt und ggf. korrigiert.

b) Diese Aufgabe wird im Plenum diskutiert. Diejenigen S, die sich zu diesem Aspekt Notizen gemacht haben, schreiben die einzelnen Themen zur Visualisierung an die Tafel.

c) Zu Beginn ist es sinnvoll, die Klasse gemeinsam überlegen zu lassen, welche Museen sich in der Nähe der Schule befinden und welche davon sie bereits besucht haben. Anschließend kommen die S in Gruppen zusammen und machen kreative Vorschläge zu den Ausstellungen. Ihre Ergebnisse können sie auf Postern festhalten (wenn dazu Zeit im Unterricht ist) und diese in einem **Gallery walk** vorstellen.

⟨D⟩

Differenzierung △ Zu c): Leistungsschwächere S erhalten Broschüren und Informationen aus dem Internet zu den nahegelegenen Museen; bei dieser Gruppe kann der Fokus auf gestalterische Aspekte gelegt werden (Poster mit höherem Bildanteil, Stichworte, weniger ausformulierte Texte, etc.).

Lösung a) 1. *pick up audio guide* 2. *test audio guide* 3. *ask museum assistant to help if audio guide doesn't work* 4. *don't be too noisy* 5. *put things in locker* 6. *look at museum map to find room* 7. *listen to audio guide while looking at display* 8. *complete worksheet* 9. *take back audio guide* 10. *meet at 4:00; don't be late*

b) Individuelle S-Lösungen. (Themen: *North America and how Europeans influenced the people and the land; Mexico, its cultures and education system – what it was like before and after the 16th century; Britain's greatest medieval treasures and what they say about those generations' lifestyles; British society and art in the Roman Empire; what did they do for entertainment back then?*)

c) Individuelle S-Lösungen.

S. 100 LANGUAGE
2 What's new?

Einstieg In leistungsschwächeren Lerngruppen kann zu Beginn das *past perfect* anhand einiger Beispielsätze wiederholt werden. Hierzu kann die Zeichnung aus G6 (S. 171) herangezogen werden.

Methodisches Vorgehen a) Die S erschließen den vorliegenden Text und setzen die richtigen Verbformen ein. Anschließend vergleichen sie die Ergebnisse mit ihrem Nachbarn.

b) In PA führen die S, bevor sie an der Aufgabenstellung arbeiten, ein Brainstorming zum Thema *Foods and drinks in Germany* durch. Die Vorstellung der Ideen erfolgt im Plenum.

Differenzierung △ Zu b): Es empfiehlt sich, leistungsschwächeren S Kategorien zum Suchen vorzugeben, z. B. *exotic food, soft drinks, breakfast drinks (tea, coffee, milk, hot chocolate), spices, food from classmates' home countries.*

Lösung a) 1. *hadn't grown* 2. *had brought* 3. *had never seen* 4. *had ('d) never tasted* 5. *had travelled* 6. *had never heard* 7. *had defeated* 8. *had produced* 9. *had already taken* 10. *had seen* 11. *had never tasted* 12. *had thought*

b) Individuelle S-Lösungen.

S. 101 VOCABULARY
3 Which one doesn't belong?

Materialien vorgefertigte Lösungsblätter

Methodisches Vorgehen a) Die S arbeiten in EA und schreiben die neuen Wortgruppen in ihre Hefte. Unsichere S sollten nach einem ersten eigenen Versuch mit einem Partner zusammenarbeiten dürfen, da die Zuordnung der Wörter zu den neuen Gruppen relativ anspruchsvoll ist. Die Sicherung der Ergebnisse erfolgt mittels eines Lösungsblatts.

b) Bei der Bearbeitung dieser Aufgabe können auch die unsicheren S wieder alleine arbeiten und eigene Sätze formulieren.

c) Die S tauschen in PA ihre Sätze aus und vervollständigen/erweitern diese.

Differenzierung △ Zu a): Leistungsschwächeren S sollte transparent gemacht werden, in welchen Texten der Unit 4 (S. 84–87) sie die Begriffe nachlesen können, damit sie sich die Zusammenhänge besser vorstellen können.

Lösung a) 1. *Roman, bath, emperor,* **heating** 2. **entertainment**, *Globe, play, writer* 3. *to attack, Spanish Armada, battle,* **to defeat** 4. **Industrial Revolution**, *factory, British Empire, steam train* 5. **lady-in-waiting**, *dress, to take care of, queen* 6. *Norman, William the Conqueror, belt,* **French**

b) Lösungsvorschlag: 1. *The Roman emperor came to Britain. His soldiers built baths and underfloor heating.* 2. *The Globe was a famous theatre. A writer wrote plays for the theatre groups and they acted them out for entertainment.* 3. *The Spanish Armada attacked Britain. The British Empire was strong enough to win the battle and defeat the Armada.* 4. *During the Industrial Revolution, lots of factories were built. The steam train was invented and people travelled to other countries of the British Empire.* 5. *The lady-in-waiting took care of the queen. She helped her with her dress.* 6. *William the Conqueror was a Norman. His lords and men needed lots of belts. The Normans introduced French as a language in Britain.*
c) Individuelle S-Lösungen.

4 TTS Visitor's Day

S. 101
LANGUAGE

Materialien ggf. vorgefertigte Lösungsblätter

Einstieg Bei Bedarf geht L mit den S den Beispielsatz durch. Die S reaktivieren ihr Wissen zum *past perfect* und *simple past*.

Methodisches Vorgehen In EA setzen die S die richtigen Zeitformen ein und vergleichen ihre Sätze anschließend mit einem Partner. Eine gemeinsame Korrektur der Aufgabe im Plenum ist möglich. Alternativ bietet sich ein Lösungsblatt an.

Lösung 1. *had asked – she decided – found – had bought – was able* 2. *told – were – had planned – had found – were* 3. *had just finished – smelt – had left – had caught – had put out – realised – looked – showed* 4. *had just put up – invaded* 5. *didn't know – had never done* 6. *had left – relaxed – realised – had gone*

5 History – right or wrong?

S. 102
LANGUAGE

Einstieg Zur Vorentlastung stellt L die Frage: *What's the difference between the simple past and the present perfect?* Die S vergegenwärtigen sich die Unterschiede zwischen den beiden Zeitformen anhand verschiedener Beispiele und lesen bei Bedarf die Regeln nach.

Methodisches Vorgehen Die S bearbeiten die Aufgabe in EA. Anschließend erfolgt der Vergleich der Ergebnisse im **Lerntempoduett**.

Lösung 1. *wrong, correct verb form: Did he found* 2. *right* 3. *wrong, correct verb form: have invented* 4. *right* 5. *wrong, correct verb form: became* 6. *right* 7. *wrong, correct verb form: has become*

6 Picture puzzle

S. 102
VOCABULARY

Einstieg L: *Look at the picture. Do you notice anything unusual?* Erste Eindrücke werden im Plenum gesammelt.

Methodisches Vorgehen
a) Die S bearbeiten die Aufgabe schriftlich, indem sie alle historischen Objekte aufschreiben, die ihnen in dem Bild auffallen, und versuchen, sie einer historischen Epoche zuzuordnen. Ggf. können auch die modernen Objekte gesammelt werden, die in dem Bild zu sehen sind. Die Ergebnisse werden im Plenum verglichen und die Objekte werden an der Tafel notiert. L: *Where might you find such a room?* Die S äußern ihre Meinungen im Plenum.
b) Die S entwickeln in PA eine kurze Szene zu 1–2 historischen Gegenständen und präsentieren diese im Plenum.

Differenzierung ▲ Für leistungsstärkere S bietet sich folgende Variante an, die einen motivierenden Wettbewerbscharakter hat: Die S haben einige Minuten Zeit, sich das Bild einzuprägen. Dann schließen sie die Bücher und listen alle historischen Begriffe auf, die ihnen noch einfallen. Zusammen mit einem Partner vergleichen sie, wer die meisten Begriffe gesammelt hat.

Lösung a)

Historical objects	Modern objects
long dress (Elizabethan), hairbrush (Victorian), hand mirror (Victorian), map (Elizabethan), pipe (Victorian), quill and feather (Victorian), hair band (Elizabethan), diamond ring (Elizabethan), necklace (Elizabethan), axe (Norman), leather sandals (Roman), belt (Norman)	blue jeans, hoodie, jacket, cap, helmet, rucksack, T-shirt, skateboard, handbag, headphones, paper drinking cup, smartphone, chewing gum, poster

b) Individuelle S-Lösungen.

S. 103 — 7 The costume party
LANGUAGE

Materialien vorgefertigte Lösungsblätter

Einstieg Zur Motivation und zur Reaktivierung bekannter grammatischer Strukturen erfinden die S *conditional clauses*. Dabei sagt der erste S einen Satz (lustig, sinnvoll/sinnlos, unwahrscheinlich, etc.) und zeigt auf den nächsten S. Dieser muss den Hauptsatz übernehmen und daraus einen neuen *conditional clause* bilden. (S1: *I've won € 1000*. S2: *If I won € 1000, I'd go on a long holiday*. S3: *If I went on a long holiday, …*)

Methodisches Vorgehen 👥 ✏ Die S schreiben in einem ersten Schritt die Sätze mit den richtigen *conditional clauses* in EA in ihr Heft. Nach einem Abgleich mit dem Lösungsblatt üben sie den Dialog mit einem Partner. Wer Interesse daran hat, kann den Dialog im Plenum vorlesen.

Differenzierung △ Leistungsschwächere S lesen G2 und G3 im Grammatikanhang (S. 154–156), wenn sie das Gefühl haben, die *conditional clauses types 1* und *2* wiederholen zu müssen. Bei Bedarf fertigen sie ihre eigenen Hilfekärtchen an.
▲ Leistungsstärkere S können nach dem ersten Lesen den Text sofort mit einem Partner sprechen, ohne dass sie den Text in ihr Heft schreiben.

Lösung 1. *will ('ll) have to* 2. *wore* 3. *would you choose* 4. *were* 5. *will ('ll) feel* 6. *would ('d) win* 7. *won't go* 8. *will ('ll) tell* 9. *wear* 10. *hides* 11. *don't tell* 12. *won't have* 13. *listened* 14. *would ('d) save*

S. 103 — 8 Who said it and why? → WB 67/2
MEDIATION

Einstieg Zur Einstimmung nimmt L ein zeitaktuelles Zitat, welches den S auf jeden Fall bekannt sein sollte (z. B. *Yes, we can.*) und fragt die S, ob sie wissen, von wem das Zitat stammt. Die S sammeln weitere bekannte Zitate.

Methodisches Vorgehen a) 👥 Die S erklären arbeitsteilig auf Deutsch die Bedeutung von je drei der sechs Zitate und stellen Vermutungen darüber an, warum die Sätze gesagt wurden. Danach stellen sie sich gegenseitig ihre Zitate vor und korrigieren sich bei Bedarf.
b) Der Rechercheauftrag sollte als vorbereitende HA gestellt werden, damit sich die S in der Stunde mit den Zitaten beschäftigen können. Es ist davon auszugehen, dass die S nicht besonders viele Zitate aus ihrem eigenen Wissen heraus liefern können, daher ist eine Vorbereitung notwendig. Die gesammelten Zitate werden auf Postern gesammelt und in einem **Gallery walk** auf Englisch präsentiert und erläutert.

Lösung a) Lösungsvorschlag: 1. Das Zitat bedeutet, dass die ganze Welt eine Bühne ist. Shakespeare wollte damit sagen, dass die Menschen oft nur eine Rolle spielen. 2. Auf Deutsch würde man sagen: „Ich kam, sah und siegte." Cäsar schrieb diese Worte in einem Brief, um selbstbewusst seinen Sieg zu feiern. 3. Das Zitat „Rom ist nicht in einem Tag erbaut worden" bedeutet, dass es Zeit braucht, um etwas Wichtiges zu erschaffen. 4. Mit diesem Zitat wollte Queen Victoria ausdrücken, dass sie wichtiger und einflussreicher als andere Personen ist und dass es deshalb nicht von Bedeutung ist, was andere von ihr denken. 5. Mit dem Zitat wollte Napoleon ausdrücken, dass es wichtig ist zu gewinnen. Er dachte, dass sich später niemand an Verlierer erinnern wird. 6. Bei diesem Zitat handelt es sich um ein Wortspiel. In *history* steckt das Wort *his*, was auf Deutsch „sein" bedeutet. Das Wort *her* bedeutet „ihr". Das Zitat soll ausdrücken, dass Frauen in der Geschichte genauso viel Bedeutung haben wie Männer.

b) Individuelle S-Lösungen.

S. 104 WRITING
9 Vellibia: A girl in Roman Britain → WB 68/4

Einstieg Als Vorentlastung und zur Einstimmung beschreiben die S die einzelnen Bilder, ohne auf zu viele Details einzugehen. Bevor sie mit der Aufgabe beginnen, lesen sie das Beispiel und werden durch L noch einmal darauf hingewiesen, dass der Text aus der Ich-Perspektive geschrieben werden soll.

Methodisches Vorgehen
a) Die S bearbeiten die Aufgabe in EA. Anschließend erfolgt die Ergebnissicherung im Plenum.
b) Die S arbeiten in EA. Die Texte werden anschließend im Klassenraum aufgehängt.

Differenzierung △ Leistungsschwächere S brauchen sicherlich länger für die Bearbeitung von a). Den Text in b) schreiben sie dann zu Hause oder mit einem Partner in einem heterogenen Tandem.

Lösung a) **Picture A:** *When I was 12 years old, my parents had already found a husband for me. I married Tiberius when I was 14 years old.* **Picture B:** *Before I married him, I'd never left my village and I'd always worked for my parents in the field.* **Picture C:** *My parents had never gone to school so I didn't go. Only rich boys went to school.* **Picture D:** *When I was 14 years old, I'd already learned from my mother how to cook and do the housework.* **Picture E:** *Life in my village was hard because the Romans hadn't brought all the new things yet.* **Picture F:** *My father had grown up in the countryside. Sometimes he shot rabbits or other animals for their meat.*
b) Individuelle S-Lösungen.

S. 104 LANGUAGE
10 If Columbus had sailed east …

Einstieg Zur Vorentlastung dieser Aufgabe schreibt L pro *conditional clause type* einen Satz an die Tafel. Im Idealfall stammen diese Sätze von den S und sie erklären die Unterschiede zwischen den drei Satzarten. L: *Who can write down an example for each conditional clause type that you know?*

Methodisches Vorgehen Die Klasse vervollständigt die Sätze in EA; die Sicherung erfolgt im Plenum. Die S rufen sich per **Meldekette** selbstständig gegenseitig auf.

Differenzierung △ Leistungsschwächere S lesen sich vor der Erarbeitungsphase das entsprechende Grammatikkapitel (G8, S. 165–166) noch einmal durch und schreiben sich selbstständig eine Hilfekarte.

Lösung 1. *If Christopher Columbus **had sailed** east, he **wouldn't have discovered** America.* 2. *If the Spanish **had defeated** the English, my parents **would have named** me Juan and not John!* 3. *If the Romans **had built** their roads with wood, they'**d have been** ruined soon.* 4. *If Queen Elizabeth **had married** Robert Dudley, she'**d have been** very unhappy.* 5. *If the Roman emperor **had been** happy with his empire, he **wouldn't have invaded** Britain.* 6. *If the Africans **had had** guns, they'**d have attacked** the British.*

⟨D⟩

S. 105
LANGUAGE

11 The Queen's favourite: Sir Walter Raleigh → WB 68/3

Materialien ggf. Kopien des Aufgabentextes mit markierten Signalwörtern

Einstieg L: *Who knows anything about Sir Walter Raleigh?* Die Beiträge der S werden im UG gesammelt. Gegebenenfalls erfolgt ein kurzer, informativer Lehrervortrag zu dieser historischen Figur.

Methodisches Vorgehen Die S bearbeiten die Aufgabe in EA und tauschen ihre Ergebnisse mit einem Partner aus.

Differenzierung △ L sollte den Text als Kopie an leistungsschwächere S ausgeben. Auf dieser Kopie sind die Signalwörter der einzelnen Zeiten markiert oder L geht kleinschrittig mit den S noch einmal die Regeln durch und hilft ihnen mit den ersten beiden Sätzen.

Lösung 1. *had already sailed – have been* 2. *had fought – noticed – had been – became* 3. *had received – founded – didn't succeed – were waiting – has been* 4. *married – had found out – put* 5. *was searching – had already died – didn't like*

S. 105
LANGUAGE

12 The great 'ifs' of history

Methodisches Vorgehen
a) Die S verbinden die Satzteile in EA und vergleichen diese mit einem Partner.
b) Die S schreiben einen Text in EA. Anschließend tauschen sie ihre Texte mit einem Partner aus. Korrekturen werden innerhalb des Tandems vorgenommen.

Differenzierung △ Zu b): Leistungsschwächeren S sollten einige Ideen für den Text auf Hilfekärtchen vorgegeben werden, damit sie wissen, worüber sie schreiben können.

Lösung
a) 1f), 2d), 3b), 4g), 5a), 6h), 7c), 8e)
b) Individuelle S-Lösungen.

TS 3

Text smart 3 Fictional texts

Didaktisches Inhaltsverzeichnis

Kompetenzziele	Sprachliche Mittel	Materialien
Introduction (S. 106)		
SPEAKING Über die eigenen Lektürevorlieben sprechen	**VOCABULARY** Genres of fiction	− ◉ Lehrer-Audio-CD 3, Track 26–27 − Diff pool S. 133/1 − Skills, S19–21, S. 146–147 − KV 88: Crime, horror, romance or …?; KV 90: Working with vocabulary (*Useful phrases* für die Analyse und Bewertung fiktionaler Texte)
Station 1 (S. 107–108)		
READING Die Wirkung der ersten Zeilen eines Romans erkennen; erkennen, wie in einem Text die fünf Sinne angesprochen werden; Mittel zur Erzeugung von Spannung erkennen		− WB 69/1–2 − Diff pool, S. 133/2–3 − Skills, S5–6, S. 136–137; S7, S. 137–139
Station 2 (S. 109–111)		
READING Schlüsselstellen in einem Romanauszug erkennen und erläutern; die wichtigsten Erzählperspektiven erkennen ⟨ MEDIATION ⟩ Die wichtigsten Angaben zu einem Roman als Literaturtipp verfassen		− ◉ Schüler-Audio-CD 2, Track 23 − ◉ Lehrer-Audio-CD 3, Track 28 − WB 70/3–5 − Diff pool, S. 134/4–5 − Skills, S5–7, S. 136–139; S18, S. 145–146 − Folie 3/19: Pig-Heart Boy
Options (S. 111)		
A. Ein spannendes Bild als Auftakt eines Textes versprachlichen B. Einen Text aus einer anderen Erzählperspektive umschreiben C. Die fünf Sinne in einem Erzähltext ansprechen		− Diff pool, S. 134/6 − Skills, S11–14, S. 140–143 − KV 89: Creative writing

TS 3 — Introduction

Introduction

S. 106
SPEAKING

1 Why you like to read

Wortschatz — *teen, fiction* (no pl), *plot, escape, series, series* (pl), *fiction* (no pl), *to identify with*

Materialien — Statements A–E auf Plakaten

Einstieg — SB geschlossen. L leitet in die Thematik ein, indem er im UG die S nach ihren Vorerfahrungen mit Literatur befragt: *Are you reading any interesting books at the moment? How much time a week do you spend reading books? What's your favourite book? Why?* Je nach Leistungsstand der Lerngruppe erfolgt zunächst ein Austausch in PA oder in Kleingruppen, dann der Austausch im Plenum.

Methodisches Vorgehen — Die vorbereiteten Plakate mit den Statements werden von L an verschiedenen Stellen im Klassenraum aufgehängt. Die S bekommen Zeit herumzugehen und sich die Aussagen durchzulesen. Sie positionieren sich bei der Aussage, die am ehesten auf sie zutrifft und erörtern dort mit einem Mitschüler die Gründe für ihre Wahl.

Differenzierung — ▲ L kann für schnelle S ein weiteres, leeres Plakat aufhängen, auf das diese S eigene Statements schreiben, die später im UG abgerufen und genutzt werden können.

Vertiefung — Im Anschluss an dieses Kapitel kann ggf. eine im Schuljahr verankerte Ganzschrift sinnvoll platziert werden. Anknüpfungspunkte sind die Präferenzen der S (evtl. kann hier darüber abgestimmt werden, was man gemeinsam lesen wird) sowie die Frage, was einen Text spannend macht.

Tipps für junge Lehrer/innen — Es bietet sich an, vor der Auswahl einer Lektüre in einer benachbarten Buchhandlung oder Bibliothek nachzufragen, welche Bücher Jugendliche dieses Alters häufig kaufen bzw. ausleihen. L sollte bedenken, dass die S bisher mit dem schulischen Lesen ggf. schlechte Erfahrungen gemacht haben, weil Texte zu sehr zerlegt oder zu detailliert besprochen wurden.

Lösung — Lösungsvorschlag: *I can relate to Statement A. I hate boring stories. A book must be like a film. If there is no action for the first five pages, I just 'switch off', that means I close the book and don't want to read on.*

S. 106
VOCABULARY

2 Crime, horror, romance or …? → Diff pool △ 133/1

Wortschatz — *horror, romance, genre, detective, comedy, graphic novel, happy ending, death, violence* (no pl), *against all odds, enemy*

Materialien — *English folder*; ggf. KV 88: Crime, horror, romance or …?

Einstieg — SB geschlossen. L: *We're now going to look at different types of fictional texts. They are called genres. A genre is a particular type of book, for example crime or detective stories. Another genre would be comics. Do you know any other book genres?* Die S nennen ggf. weitere Genres, die sie kennen. Danach wird das SB geöffnet.

Methodisches Vorgehen
a) Die S arbeiten zu dritt oder zu viert und suchen sich gemäß der Aufgabenstellung zwei Genres aus, zu denen sie typische Merkmale sammeln. Sollte das Lieblingsgenre der S nicht im SB gelistet sein, dürfen sie dieses ergänzen und ebenfalls bearbeiten. Der Aufschrieb im *English folder* sollte mindestens dreispaltig erfolgen, damit in der späteren Auswertungsphase noch eine weitere Kategorie von den S ergänzt werden kann.
b) Einzelne S können als „Marktschreier" auftreten und ihr Genre, jedoch nicht ein einzelnes Buch, anpreisen. Beispiele dürfen natürlich genannt werden.

Introduction — TS 3

Differenzierung △ **Diff pool p. 133/1 Your turn: Your favourite genre** → Help with Introduction, p. 106/2b)

Methodisches Vorgehen: Leistungsschwächere S erhalten im *Diff pool* Satzfragmente, die ihnen helfen können, über ihr Lieblingsgenre zu sprechen.

Vertiefung **KV 88: Crime, horror, romance or …?** bietet drei unterschiedliche Textauszüge (nicht authentisch). Die S sollen entscheiden, um welches Genre es sich dabei handeln könnte.

Tipps für junge Lehrer/innen Falls es den S schwerfällt, Eigenschaften der verschiedenen Genres zu definieren, kann auf die Welt des Films/Fernsehens verwiesen werden, wo diese unterschiedlichen Genres auch zu finden sind.
Ein Standardfehler von deutschen S ist die Wiedergabe von „sich identifizieren mit" (im Englischen nicht reflexiv!). Auf diese Fehlerquelle sollte explizit hingewiesen werden.

Lösung a) Lösungsvorschlag:

Crime	Romance
– There's a death, often at the beginning of the story. – The murder is sometimes very violent, and often there's a second or even a third murder later on in the novel. – The police or a detective have to find out who the criminal is. – The reader becomes the detective because he/she also tries to find out who the criminal is.	– Boy meets girl – they fall in love. – Something happens that seems to destroy their love. – They go through a very difficult period. – Often there's a happy ending and their love survives against all odds. – The reader sometimes identifies with one of the characters.

b) Lösungsvorschlag: *My absolutely favourite genre is science fiction. This genre has everything – there can be romance, very often a romance that goes through different centuries and brings lovers from different planets together. Of course science fiction isn't just a love story. It is much deeper; it tells you about the life we're living now and of course also about the life that we might live in the future. Science fiction for me is the most intelligent genre because the writers have to be clever and imagine all kinds of inventions and gadgets. People often survive against all odds after a terrible accident or a disaster, for example on Mars, and usually friendship plays a big role. There are always problems to solve, and these are puzzles for the reader too. On top, there's a lot of action; sometimes these books read like adventure stories, and usually the main characters must fight against an enemy who wants to take over the world. Yes, there are murders too, so this means if you like to read about blood and deaths, you don't have to look far. This is why I think science fiction is simply the best.*

S. 106
LISTENING

3 What are you reading? → S19–21

HV-Text
→ **L 3/26–27**

Narrator: **Part 1.**
Boy: Hey, what are you reading?
Girl: The best book ever! I'm so glad there's a sequel!
Boy: Oh no, not that book! Sorry, but I've got the best book ever.
Girl: You think so? Why?
Boy: Well, because my book starts out with a lot of suspense.
Girl: So what's suspense for you? Don't tell me: Lots of violence and murder?
Boy: Well, yeah: Violence, murder and of course blood. Don't forget that! No, but a good horror story is more than just blood and murder. I mean, I like it when the first page is written in a way that makes you stop and say, "That's very strange, and very scary: I want to know more!"

TS 3 — Introduction

Girl: Well, I know what you mean, but I'm more interested in real people. You know, I like to read about what happens to other teenagers my age, in normal situations. For me, it's all about good characters. If they have interesting feelings and personalities on the first page, then that's interesting for me.

Boy: Hey, my stories are about real people too! My characters just die more often than in your books. It's great! – Anyway, I'll read you the first few lines. Just listen to this and you'll know what I'm talking about …

Narrator: **Part 2.**

Boy: What happened at the old house by the lake last summer is still difficult for me to talk about. Everything had started out so well before all the strange things began to happen. That terrible clown face. And my friends' screams! I can't get those screams out of my head. And all that blood! The blood was everywhere: on the floor, on the walls, on the beds, all over the bodies. My friends' bodies. My three best friends are dead. I'm alive. This is my story. And my story is your worst nightmare …
Well? Wasn't that awesome? Then the story goes on with a flashback to the beginning of the summer. You should read it!

Girl: Well, that's scary – and yes, it's kind of cool. But listen to the opening lines of my book now …
"You're so lucky!" all her friends had told Tara when she left England with her parents the week before. "Most teenagers would kill to be in your shoes. You're going to live in a big house in Los Angeles, right on the beach!"
"Yes, most teenagers would kill to be here," Tina thought to herself as she stared out at the ocean. "But I'm not most teenagers: I hate the sun, and I hate all these California girls who think they're movie stars or models. And of course, I hate the Royals. My friends back home have no idea …"
The day before, a group of girls from the neighbourhood had come by to welcome Tara. They had heard about the tall, beautiful new girl from England with the black hair, blue eyes, and super white skin. The welcome had been very, very strange.
"Hi. You must be Tara," the tall, blonde girl in the middle said as Tara opened the front door. "I'm Kiki." Tara had never seen such a beautiful girl with such beautiful clothes. And a beautiful black Mercedes. The other two girls were also beautiful. But they didn't speak. Did they have names? Kiki was the boss. She did all the talking.
"Hi. Er, how did you know my name?" Tara asked.
"We know everything. We're the Royals. And we hope you want to be our friend. Because if you don't, you're going to hate every second of every day here. So, are we friends, Tara?"

Wortschatz	*the best … ever*
Materialien	Lehrer-Audio-CD 3, Track 26–27; ggf. KV 88: Crime, horror, romance or …?
Einstieg	L: *Now that we know what kind of books you're interested in, let's find out more about two teenagers, Tina and Rick. Listen to their conversation about books.*
Methodisches Vorgehen	a) ⊙ Die S lesen vor dem Anhören die Aufgabenstellung. L präsentiert den ersten Teil des HV-Textes, und die S machen sich Notizen zu Frage 1. In leistungsschwächeren Lerngruppen kann dies auch arbeitsteilig für Tina und Rick geschehen. Nach der Besprechung der ersten Frage im Plenum schließt sich die Diskussion von Frage 2 im UG an. b) Anschließend wird Teil 2 angehört und darüber beraten, ob die S eher Tina oder Rick zustimmen.
Differenzierung	△ Diejenigen S, die generell sehr große Probleme mit dem Hörverstehen haben, erhalten den HV-Text als Skript zum Mitlesen und sollen mit einem Textmarker die Argumente anstreichen. ▲ Leistungsstarke S können sich bereits beim Anhören erste Notizen zu den Argumenten machen.
Vertiefung	Die S können ggf. eigene kleine Dialoge analog zum HV-Text erstellen oder eigene Textauszüge beisteuern.

A fictional text with a third-person narrator — Station 1 — TS 3

Lösung a) 1. ***Tina:*** *She thinks her book is the best book ever because the characters in the book feel real to her. They have interesting feelings and personalities right from the start, and they're in real life situations like other teenagers her age. She also likes the fact that there's a sequel to the novel.*
Rick*: He thinks his book is the best book ever because there is a lot of suspense. The book gets his attention right from the start, and he wants to find out more about the strange situation and what happens. Also, he likes to read about murders, blood and death, and there is a lot of this in his book.*

2. *Lösungsvorschlag: I also like a lot of suspense. But if the characters don't feel real, the suspense in a book doesn't work for me. I also don't like too much blood and death in stories because I can't sleep well when I read them before I go to bed. That's why I agree more with Tina.*

b) Individuelle S-Lösungen.

Station 1 A fictional text with a third-person narrator

Opening lines of a fictional text: Text 1

Among the Hidden: Chapter One by Margaret Peterson Haddix (b. 1964)

Background information
The American author Margaret Peterson Haddix has written more than 30 books for children and teenagers. Her books have achieved the New York Times bestseller status and have won numerous awards. They've been translated into more than twenty different languages.

Summary of the novel
Among the Hidden *is a dystopian novel set in a totalitarian world in the near future, where a family is not allowed to have more than two children. Every further child is tracked down by the authorities and killed. The protagonist of the novel is Luke, a third child who is hidden in his parents' house. Having been denied basic human needs for fresh air, sunshine, freedom, education and human companionship, it slowly dawns on him that he'll never be able to live a normal life like his two brothers. His brothers, Mark and Matthew, look very different from Luke, who is blond and of slight build. Luke's parents have been very careful about raising him away from the public eye and as a result, Luke is rather timid and worrisome. One day he meets Jen, another third child hidden in the neighbourhood. He finds out that there exists a network of illegal children planning to rebel against the Government. Luke has to decide whether to revolt against the oppressive rules of his world.*
The plot is told by a third-person narrator who takes on Luke's point of view, but sometimes also shows the characteristics of an omniscient narrator.
From the first page on, Among the Hidden *offers a wide range of interesting topics:*
– growing up; finding one's identity; puberty
– parents and children; friendship and love
– trust; self-reliance; relying on others
– the individual and society; totalitarian and democratic governments
– making a difference; justice; rebelling
– current political and social issues (birth control, world hunger, sustainability)
– media and government control (internet and surveillance)

Wortschatz *among, to disobey, order, backyard, wood, to hesitate, smoke, to turn, silent, shadow*

Methodisches Vorgehen SB geschlossen. L liest den Textauszug vor (aus rechtlichen Gründen kann hier leider keine Tonaufnahme angeboten werden). Die S hören zu. Dabei sollen sie die Augen schließen und sich im Kopf ein passendes Bild ausmalen. Bevor L den Text vorliest, sollte der Hinweis erfolgen, dass zwar viele Wörter im Text unbekannt sind, die Hauptaussage jedoch trotzdem verstanden werden kann. Die Wörter *to disobey, to hesitate* und *shadow* sollten ggf. vorentlastet werden.

TS 3 — **Station 1** — A fictional text with a third-person narrator

Anschließend schildern sich die S in PA ihre Bilder im Kopf. Die Verständnissicherung kann anhand von Leitfragen im Plenum erfolgen: *What happens in this text? What do we find out about Luke? What is still unclear, and what would you like to find out?*

Tipps für junge Lehrer/innen Der Roman kann als Ganzschrift ab Klasse 8/9 eingesetzt werden.

S. 107
SPEAKING

4 Your reaction

Wortschatz *to hook*

Methodisches Vorgehen SB geöffnet. Die Fragen 1 und 2 werden mündlich oder schriftlich beantwortet. Zum Abschluss erfolgt ein Vergleich der Bilder im SB mit den Bildern in den „Kopfbildern" der S. Welche Bilder sind geeigneter?

Vertiefung Im Anschluss an das Hörverstehen erhalten die S Gelegenheit, eine Skizze ihrer „Kopfbilder" anzufertigen. Diese wird im weiteren Verlauf der Arbeit mit dem Text immer wieder eingesetzt. Anhand eines weiteren, von L ausgewählten Textes verfahren die S analog, d. h. Hörverstehen – Bilder im Kopf – evtl. zweites Hörverstehen – Sicherung des Inhalts und Frage, welche weiteren Aspekte die S noch interessieren bzw. welche Fragen sie an den Text haben.

Tipps für junge Lehrer/innen Die Auftaktseite eines Jugendromans ist eine gute Nagelprobe dafür, ob der Text die S insgesamt anspricht. Wie viele Fragen haben sie an den Text? Wie spannend empfinden sie ihn? Wer würde gerne auf jeden Fall weiterlesen und mehr erfahren?

Lösung Lösungsvorschlag:
1. *The text hooks me because although the situation is an everyday situation, I find it totally strange that his mother calls him in like this. There are a lot of unclear questions, e.g. why there is fear in his mother's voice, or who is taking the wood away, and why? Why will he never be allowed outside again? And of course I want to know if he really won't be able go outside ever again. Why doesn't he disobey?*
2. *The pictures show a lot of trees and a very lonely farmhouse. There are also some animals (sheep and a horse). One of the trees in the photo is falling; perhaps someone is cutting it down. Because the setting isn't described at the beginning, the pictures show that we are in the country, not in a town. The atmosphere is one of isolation and loneliness but also fear. It seems that there's danger / a change in the air.*

S. 107
READING

5 Understanding the text → WB 69/1; Diff pool △ 133/2; S5–6

Materialien ggf. Bild aus einer Zeitschrift, das Luke verkörpern könnte

Einstieg L zeichnet ein Bild von Luke (grobe Skizze eines Jungengesichts) an die Tafel oder hängt das Bild eines Jungen auf. L: *Imagine this is Luke – go through the text and find out as much as you can about him.*

Methodisches Vorgehen a) + b) Die S lesen den Text ein weiteres Mal durch. In PA erstellen sie eine Liste: Was erfahren sie über Luke? Was möchten sie gerne noch über ihn wissen? Anschließend erfolgt ein Austausch aller Informationen und Fragen, die die S haben. Diese werden an der Tafel gesammelt (evtl. analog zu S. 133, Aufgabe 2, nach Kategorien sortiert, d. h. *Luke, family, home, friends*). Im Plenum wird darüber spekuliert, welche Antwort am wahrscheinlichsten sein könnte.

Creating suspense and reader interest — Station 1 — **TS 3**

Differenzierung	△ **Diff pool p. 133/2 Who is Luke?** → Help with Station 1, p. 107/5 **Methodisches Vorgehen:** a) Leistungsschwächere S können mithilfe dieser *Multiple choice*-Aufgabe Informationen über Luke erschließen. b) Die S erhalten hier anhand verschiedener Kategorien Ideen für Fragen über Luke. Diese können ggf. auch von der gesamten Lerngruppe herangezogen werden, wenn den S nicht genügend Fragen einfallen. **Lösung:** a) 1. *in the woods* 2. *old enough to work in the garden* 3. *is afraid when he's outside* 4. *is often told to go inside* 5. *go outside* 6. *are taking down the trees* b) Vgl. Lösungsvorschlag unten.
Vertiefung	L hängt weitere Bilder von „Luke" auf und diskutiert mit den S, welches Bild am ehesten ihren Vorstellungen vom Protagonisten entspricht.
Tipps für junge Lehrer/innen	Es empfiehlt sich, als L den Gesamtroman zu lesen. Die S dürfen dann zehn Fragen über den Roman oder über die Charaktere stellen (ggf. sollten nur *yes/no-questions* zugelassen werden), die L im Plenum beantwortet.
Lösung	1. – *He has a mother. He has never disobeyed her before so he's a 'good' child.* – *There's tall grass in the backyard so he probably lives in the country because he also uses a hoe, can smell flowers and walks with his bare feet.* – *He puts down the hoe gently so he's a gentle, careful child. He doesn't panic and doesn't throw the tool away.* – *He knows or thinks he knows that this is the last time he's allowed outside so he'll have to stay in the house, possibly for the rest of his life.* 2. Lösungsvorschlag (die Antworten in Klammern dienen als Hinweise für L): – *How old is he? (about twelve)* – *Does Luke have any brothers and sisters? (two brothers)* – *Where does he live? (in a farmhouse, somewhere in America, in the near future)* – *Why is there fear in his mother's voice? (She knows that if the Population Police find him, he'll be killed.)* – *Does he have any friends? (No, he doesn't. Nobody must know that he even exists.)* – *How can he be so calm? What does he think or feel about his situation? (Luke is twelve so he doesn't know that he has the power to change things, let alone the right to do so.)* – *Is his family rich? (No, they're farmers, and because of the Government and their rules and regulations, they don't have a lot of money.)* – *What about his father? (Yes, Luke has a father too, but his father prefers his older brothers, who are stronger and who are 'legal'.)* – …

S. 108 — 6 Key lines from the text → Diff pool △ 133/3
READING

Materialien	Schüsselzeilen aus dem Text auf Kärtchen oder Din A4 zum Anpinnen an die Tafel; leere Kärtchen
Einstieg	L pinnt die *key lines* an die Tafel. Gemeinsam mit den S wird exemplarisch ein Beispiel herausgegriffen und im Plenum besprochen. Wie muss man zwischen den Zeilen lesen oder hinter die Kulissen blicken, um die *key lines* richtig zu verstehen?
Methodisches Vorgehen	Die S arbeiten in Kleingruppen (max. 4 S) zusammen. Gut leserlich schreiben sie je *key line* eine Interpretation auf eine Karte und pinnen sie zu der entsprechenden Textstelle an die Tafel. Danach werden die Ergebnisse im Plenum verglichen, diskutiert und die treffendste Interpretation ausgewählt.

TS 3 — Station 1 — Creating suspense and reader interest

Differenzierung

> △ **Diff pool p. 133/3 Key lines from the text** → Instead of Station 1, p. 108/6
>
> **Methodisches Vorgehen:** In Lerngruppen, die Probleme beim „zwischen den Zeilen Lesen" haben, kann alternativ diese Aufgabe bearbeitet werden.
>
> **Lösung:** 1e), 2d), 3a), 4b), 5c)

Lösung Lösungsvorschlag:
- **He had never disobeyed the order to hide.** It's extremely important that Luke hides when he's told to do so. He's a 'good' child because he has always listened to what his mother says. But this time he hesitates – perhaps because he's changing or because he knows the situation is different now.
- **He had somehow understood the fear in his mother's voice.** Luke can feel that his mother is afraid that something outside might hurt him.
- **But on this day, he hesitated.** Luke thinks again. This means that he can feel that this day is different from the other days.
- **I will never be allowed outside again. Maybe never again as long as I live.** Something has changed in Luke's life that will stop him from going outside.
- **He turned and walked into the house, as silently as a shadow.** Luke obeys once again. He is used to being silent. Nobody should see or hear him.

S. 108 READING — 7 The five senses → S7

Wortschatz sense, to be in somebody's shoes

Materialien Kärtchen mit Symbolen: Nase, Auge, Ohr, Hand und Mund/Zunge

Einstieg SB geschlossen. Die Kärtchen werden an der Tafel befestigt. Die S erraten, wofür die Symbole stehen. Daraufhin schreibt L als Überschrift *The five senses* an die Tafel. Dann wird das SB geöffnet und die *Reading skills*-Box gemeinsam gelesen.

Methodisches Vorgehen L oder ein S liest den Text noch einmal langsam vor. Arbeitsteilig konzentrieren die S sich dabei auf je ein Sinnesorgan. Was kann Luke sehen, fühlen, riechen, hören und schmecken? Anschließend erfolgt eine kurze Besprechung der Ergebnisse im Plenum als Vorbereitung der EA. Die S legen dann im Heft eine Tabelle an (vgl. Lösung). Dies kann ggf. auch als HA erfolgen. Die Tabelle soll nicht als reine Sammelaufgabe verstanden werden, sondern als Grundlage für das UG: *How does Luke feel, and how would you feel in his shoes?*

Vertiefung Diese Aufgabe kann auch auf einen anderen literarischen Text übertragen werden.

Tipps für junge Lehrer/innen Es ist wichtig darauf hinzuweisen, dass die Formulierung *to be in somebody's shoes* im übertragenen Sinn gemeint ist. Da Luke barfuß im Garten steht, scheint die Formulierung zunächst ein Widerspruch zu sein.

Lösung

see	hear	smell	taste	feel
trees in the distance; they shudder; they fall	his mother's voice; the fear in her voice; his silent footsteps	the fresh air; the clover and honeysuckle; pine smoke	maybe the flowers or the smoke	the fear in his mother's voice; the warm soil; his bare feet in the soil

Lösungsvorschlag: Luke knows that this is a special day that will possibly change his life forever. His mother wants him to obey, but this time he isn't so sure. It's very difficult for him to go inside because he likes the fresh air and the feeling of the warm soil. He knows there's some danger, but he isn't quite sure what the consequences will be if he doesn't go inside. He just knows his mother is afraid. I think it would be difficult to be in his shoes. He seems to live a life of fear and danger and probably cannot make his own decisions.

Creating suspense and reader interest — **Station 1** — **TS 3**

S. 108
READING

8 Suspense in fictional texts → WB 69/2; S7

Wortschatz *sharp, strict*

Materialien Textauszug vergrößert auf Folie bzw. über den DUA

Einstieg L schreibt *It was a dark and stormy night …* an die Tafel. L: *What does this make you feel? What kind of story could begin like this? (…) This sentence is an example of how suspense or reader interest is created in texts.*

Methodisches Vorgehen
a) **Think:** Die S lesen die *Skills*-Box im SB und suchen dann nach Beispielen für *suspense* im Text. **Pair:** Ihre Ergebnisse vergleichen sie mit einem Partner. **Share:** Abschließend erfolgt die Besprechung im Plenum.
b) Die S suchen sich die Textstelle aus, die ihrer Meinung nach die meiste Spannung aufbaut, und fertigen eine Mindmap wie im Beispiel an.
c) Die S spekulieren zunächst mit einem Partner und dann im Plenum, wie die Geschichte weitergehen könnte.

Differenzierung Zu a): Die S erhalten zuvor von L ausgewählte Textpassagen (Doppelbelegung in der Klasse) und analysieren diese, anschließend erfolgt ein Vergleich mit der Partnergruppe.

Vertiefung An dieser Stelle kann auch auf die Rolle von Spannung in Filmen verwiesen werden. Ggf. wird der Klasse eine kurze Filmsequenz gezeigt und analog zum geschriebenen Text besprochen. Aufgabe c) kann als HA verschriftlicht werden, indem die S das Kapitel weiterschreiben. L weist darauf hin, dass die S besonders darauf achten sollen, die Spannung aufrecht zu erhalten.

Tipps für junge Lehrer/innen Die S wenden alle oben genannten Verfahren zum ersten Mal im Englischunterricht an. Es schadet also nicht, wenn bestimmte Verfahren und Zugänge wiederholt angewendet werden.

Lösung
a) Lösungsvorschlag:
- *"He saw the first tree shudder and fall …"* (l. 1) – The tree doesn't just fall, but it hesitates. It's the first tree so we know there'll be more.
- *"Luke! Inside. Now."* (l. 3) – The mother uses just three words, and there's nothing polite about what she says. She is very sharp with Luke and expects him to obey immediately.
- *"He had never disobeyed the order to hide."* (l. 4) – Why would his mother give him an order? He's only a child. Why does he have to hide? And why is his mother so worried?
- *"But on this day, that day they began taking the woods away …"* (ll. 7–9) – It's a special day. Who are "they"? Why are they taking the woods away? If they've started taking them away, it means they'll continue.
- *"I will never be allowed outside again."* (l. 15) – Why, and who should tell him so? Is his mother so cruel? What has he done? Is there anything wrong with Luke?
- *"… as silently as a shadow."* (l. 18) – Why does he obey? He seems more like a ghost than a real person.

b) Individuelle S-Lösungen (vgl. Beispiel SB S. 108).
c) Individuelle S-Lösungen.

TS 3 Station 2 A fictional text with a first-person narrator

Station 2 A fictional text with a first-person narrator

Opening lines of a fictional text: Text 2

S. 109
→ S 2/23
L 3/28

Pig-Heart Boy by Malorie Blackman (b. 1962)

Background information
Malorie Blackman is one of the most famous and respected contemporary British authors. She held the position of Children's Laureate from 2013 to 2015. Blackman primarily writes literature and television drama for children and young adults. Many of her books explore social and ethical issues, for example racism or teenage pregnancy.

Summary of the novel
In Pig Heart Boy (which has also been turned into a film), 13-year-old Cameron is dying of heart disease. Due to a viral infection caught two years before, his life is now at stake. A donor organ would be his only chance to lead a normal life again and do all the things other children his age do. One day, Dr Bryce offers Cameron's family the possibility of a heart. The problem is that the donor isn't human, but it will be a pig's heart. This operation bears many risks as nobody has ever done it before. Cameron has to make a difficult decision.

Wortschatz
to drown, roaring, silence (no pl), It might as well be …, to sting, stung, stung, the lungs (pl), to be on fire, to take a breath, to roar, to pray, to rise up in one's mind, to rise, rose, risen, mind, energy, to sink, sank, sunk

Materialien
Schüler-Audio-CD 2, Track 23; Lehrer-Audio-CD 3, Track 28; Folie 3/19

Einstieg
SB geschlossen. L legt **Folie 3/19** auf und fordert die S auf, das Bild zu beschreiben und auszudrücken, was für eine Stimmung es in ihnen auslöst. L: *Describe the picture. What feelings do you have when you look at the scene? What kind of story could fit this picture?* Die S-Meinungen werden im Plenum gesammelt. (Erwartungshorizont: *The picture shows a boy who has just fallen or jumped into the water. The light from above shines through the water down to the boy. He doesn't seem to be moving. Above the water there is a swimming pool with kids who are playing and a woman. They seem to be enjoying themselves. The picture makes me feel many different things. On the one hand there is the happy world above the water. The children are having fun and the mother is taking care of them. On the other hand, the boy in the water looks sad and lost. Maybe he can't come up any more. The story behind the picture could be one of a teenager who needs some help.*)

Methodisches Vorgehen
⊙ Anschließend wird der Romanauszug das erste Mal präsentiert. L: *What's the text about? Does it match the picture? Why?* (Erwartungshorizont: *The first-person narrator describes his or her feelings at the moment of drowning in the water. He or she cannot breathe any more. That's why the picture matches very well with the text because it makes us feel the same sad feelings as the text.*)

S. 109
SPEAKING

9 Your reaction → Diff pool △ 134/4

Materialien Folie 3/19

Methodisches Vorgehen
a) SB geschlossen. **Folie 3/19** liegt noch auf. Im **Blitzlicht** werden Adjektive gesammelt, mit denen die S die Situation beschreiben würden. Diese werden an der Tafel festgehalten. Anschließend wird der Text ein zweites Mal angehört. Währenddessen dürfen zwei S vorne an der Tafel die Adjektive unterstreichen, die auch beim Anhören des Textes zur dargestellten Situation passen. Ggf. werden weitere Adjektive ergänzt.
b) Danach spekulieren die S im Plenum, worum es in diesem Buch wohl geht. Würden sie weiterlesen wollen? Welche Fragen hätten sie an den Text?

A fictional text with a first-person narrator — **Station 2** — **TS 3**

Differenzierung

△ **Diff pool p. 134/4 Your reaction** → Help with Station 2, p. 109/9a)

Methodisches Vorgehen: Leistungsschwächeren S werden hier Adjektive vorgegeben, aus denen sie sich zunächst in EA fünf aussuchen sollen. Mit einem Partner diskutieren sie ihre Auswahl und suchen gemeinsam die drei Adjektive aus, die ihrer Meinung nach am besten zur dargestellten Situation passen.

Lösung: Vgl. Lösung unten.

Vertiefung

Ein weiterer Textauszug aus einem späteren Kapitel des Romans kann gelesen und analog bearbeitet werden.

Lösung
a) Lösungsvorschlag: ***above the water:*** *relaxed, cheerful, …;* ***in the water:*** *scary, terrible, depressing, confusing, sad, …*
b) Lösungsvorschlag: *Yes, I'd like to read a book like this. There are so many questions I still have. Why is the boy in the water, and why does he give up? Why does he have no energy left? And is he really going to die?*
No, I wouldn't like to read this book because I only like funny stories, and this is something I can't read without feeling terrible.

S. 109
READING

10 Key lines from the text → WB 70/3–4; Diff pool △ 134/5; S5–7

Methodisches Vorgehen

Diese Aufgabe ist eine Erweiterung von S. 90, Aufgabe 6, wobei die S hier deutlich mehr Eigenleistung zu erbringen haben. Gemeinsam mit einem Partner suchen die S die entsprechenden *key lines* heraus und erklären, warum sie diese als wichtig erachten. Dabei gehen sie insbesondere auf *suspense*, *characters* und *atmosphere* ein.

Differenzierung

△ **Diff pool p. 134/5 Key lines from the text** → Instead of Station 2, p. 109/10

Methodisches Vorgehen: Leistungsschwächere S bearbeiten diese Aufgabe anstelle der Unitaufgabe. Ihnen werden einige Textzeilen vorgegeben, aus denen sie die *key lines* begründet herausfiltern sollen.

Lösung: 1, 3, 4, 8, 9, 10 (Erklärung siehe Lösung unten.)

Lösung

Lösungsvorschlag:
– ***I'm going to die.*** *This sentence creates suspense by shocking the reader.*
– ***My lungs are on fire.*** *This line puts you in the character's shoes so you can almost feel what he feels.*
– ***Just one breath. Just one.*** *This line makes you enter the character's thoughts. It creates suspense because it underlines how dangerous the situation is.*
– ***After everything I've been through in the last few months, this is how I'm going to bow out.*** *This sentence gives you more background information. The character has had some difficult months.*
– ***Alex …*** *This line makes the reader curious. Who is Alex?*
– ***I stop fighting. I'm so tired. I can feel my body begin to sink.*** *This line underlines the dark atmosphere. The character is giving up; he cannot fight any more.*

TS 3 — Station 2 — A fictional text with a first-person narrator

S. 110
READING

11 The five senses → WB 70/5

Wortschatz — *focus, to have in common*

Methodisches Vorgehen — a) + b) 🖉 Die S suchen in EA nach passenden Textstellen und vergleichen dann die Texte 1 und 2. Anschließend tragen sie sich in Gruppen zu 3–5 S gegenseitig ihre Ergebnisse vor. Das beste Ergebnis wird in der Gruppe ausgewählt und von allen gemeinsam noch einmal verbessert. Anschließend stellt jede Gruppe ihre Ergebnisse im Plenum vor.

Differenzierung — △ Leistungsschwächere S arbeiten von Anfang an mit einem Partner zusammen und erstellen eine gemeinsame Lösung.

Tipps für junge Lehrer/innen — Die S erfragen in EA-Phasen häufig Wörter, die von L dann an die Tafel geschrieben werden. Dabei sollte bedacht werden, dass die S in ihre Aufgabe vertieft sind und nicht immer mitbekommen, was gerade angeschrieben wird. Daher sollte das Wort an der Tafel durch eine deutsche Entsprechung, ein Synonym oder eine kurze Erklärung/Zeichnung ergänzt werden. L sollte sich auch überlegen, auf welche Art und Weise dieses Vokabular weiter im Unterricht verankert werden kann.

Lösung

a)

see	hear	smell	taste	feel
grey-white shimmer of the swimming pool water; the quality of the light changes	roaring silence; blood is roaring	chlorine	perhaps water in his mouth	chlorine stings eyes; body is screaming for air; can feel body begin to sink

b) Lösungsvorschlag:
In Among the Hidden, *the story is told from the outside. There's also a second person, and she acts or shouts, and Luke just reacts. The focus is on the senses that make Luke experience the outside world.*
In Pig-Heart Boy, *the story is told by the drowning boy himself. He's totally alone in the water. He can see the light and hear some sounds, but the sounds are inside him. He's going to die – or that's what he thinks and says.*
What both texts have in common is that the main characters are both feeling alone and helpless. They both need to breathe freely. They're both giving up, but in different ways. Both texts use the five senses to draw us into the story; we can almost feel that we are there and we see and smell and feel things together with the characters.

S. 110
READING

12 Another look at suspense

Methodisches Vorgehen — a) Die Frage wird im Plenum besprochen.
b) Anschließend sollen die S entscheiden, welchen Text sie spannender finden. Für jeden Romanauszug wird eine Seite des Klassenzimmers festgelegt. Die S teilen sich, je nach Vorlieben, auf die beiden Seiten auf. Dann begründen sie gegenüber der anderen Gruppe, warum sie sich für diesen Romanauszug entschieden haben.

Vertiefung — Diese Aufgabe kann als Vorbereitung einer **Zig zag debate** fungieren. Dabei nennen die S der einen Seite ein Argument, auf dass die S der anderen Seite dann mit einem Gegenargument antworten müssen.

Lösung — a) Lösungsvorschlag: *Text 2 uses a lot of very short sentences and also repetition to draw the reader into the story. The first sentence already hooks you because you want to find out more about the situation of the main character. The situation feels very real because the writer uses the present tense and different senses to describe what the boy in the pool is going through. Because he's telling his own story, he can also tell us what he feels and thinks. That's why the reader feels to be almost inside the story (or the pool) themselves. The language is also very dramatic because there's a contrast between silence and noise, but*

Narrative perspectives Station 2 TS 3

also because the distance to getting out of the pool is getting greater and greater. This also gives the effect of telling the story in slow motion – first it's faster, then it's slowing down.

b) *Lösungsvorschlag: Text 1 hooks me more because I'd like to find out why Luke's mother is so sharp with him. I want to learn what reasons she has to never let him play outside again, and I want to know who's cutting down the trees and why.*
Text 2 hooks me more because the language inside the character's head is much more interesting. We don't really learn anything about him here, but because he says "after everything I've been through," we know that he must be in a difficult situation, and has been for some time. I want to know more about this situation.

S. 110
READING

13 Narrative perspectives → S7

Methodisches Vorgehen

a) + b) Die S lesen sich die *Reading skills*-Box in Ruhe durch. Offenen Fragen werden im Plenum geklärt. Dann arbeiten die S jeweils mit einem Partner zusammen. Sie losen aus, wer sich mit welchem Text intensiver beschäftigt. Beide Partner lesen ihre Texte noch einmal durch und legen in ihrem Heft eine Tabelle an. Diese wird gemeinsam ausgefüllt bzw. anhand der Ideen auf S. 110 begonnen. Anschließend wird im Plenum überlegt, welche Auswirkung eine Änderung des Erzählers auf den Text bzw. die beschriebene Atmosphäre hätte.

Lösung

b) 1.

First-person narrator	*Third-person narrator*
– *You jump into the action right away.*	– *The writer gives you time to think.*
– *It's always clear what the main character is thinking.*	– *The writer gives you time to get to know the atmosphere, setting, characters.*
– *You get close to the main character.*	– *You trust the narrator more because the story is told more from the outside.*
– *You can feel as if you are inside the story yourself.*	– *…*
– *You don't know whether the character is telling the truth or not.*	
– *…*	

2. *Lösungsvorschlag: I think if Text 1 was told by a first-person-narrator, it would be more difficult to understand the setting and the situation of the family. Instead, the reader would learn more about the protagonist's feelings, e.g. if he is sad or lonely.*
If Text 2 was told by a third-person narrator, the atmosphere wouldn't be so powerful. The reader wouldn't seem to feel the same things the main character feels, but we'd probably learn more about the background situation and why the main character has been through a difficult time.

S. 111
MEDIATION

14 ⟨Finding out more about the books⟩ → S18

Einstieg

L: *Now that you know the beginning of these two books, let's find out some more. Imagine you have to write a short article for your school's website.*

Materialien

ggf. KV 90: Working with vocabulary

Methodisches Vorgehen

a) Die S spekulieren im Plenum, um welches Genre es sich bei den beiden Texten handeln könnte.
b) Anschließend wählen die S einen der beiden Texte aus, recherchieren die nötigen Informationen und schreiben einen Literaturtipp auf Deutsch.

Differenzierung

▲ S mit gutem Sprachvermögen können eine kleine Buchempfehlung auf Englisch verfassen. Hierbei kann **KV 90: Working with vocabulary** eine gute Hilfestellung sein.

Lösung

a) Among the Hidden: *science fiction, adventure*; Pig-Heart Boy: *teen drama*
b) Individuelle S-Lösungen.

203

TS 3 Options — Fictional texts

Options Fictional texts

S. 111
WRITING

15 Writing options → Diff pool △ 134/6; S11–14

Wortschatz — to step into a story slowly

Materialien — ggf. KV 89: Creative writing; *English folder*

Einstieg — Der Einstieg in die kreativen Schreibaufgaben kann mit Hilfe von **KV 89: Creative writing** erfolgen. Die KV bietet zwei Aufgaben, bei denen die S auf spielerische Weise kurze Geschichten und Charaktere kreieren. Nach der intensiven Analysearbeit, die die S in den beiden *Stations* geleistet haben, bietet die KV eine willkommene Auflockerung und bereitet die S gleichzeitig auf die folgenden kreativen Schreibaufgaben vor.

Methodisches Vorgehen

Options A–C:
Die S lesen sich die *Options A–C* durch und entscheiden sich für eine der Aufgabenstellungen. Am Ende der Schreibphase trifft sich die Klasse in den drei Gruppen A, B oder C. Dort tragen sich die S ihre Ergebnisse gegenseitig vor. Die Mitschüler machen Verbesserungsvorschläge, die anschließend eingearbeitet werden. Die fertigen Schreibprodukte werden im *English folder* abgeheftet.

Differenzierung

> △ **Diff pool p. 134/6 Writing options** → Help with Options, p. 111/15
>
> **Methodisches Vorgehen:** Leistungsschwächere S finden hier Ideen für die *Options A* und *B*.

Vertiefung — In einer weiteren Runde können Vertreter der drei Gruppen zusammenkommen und sich ihre Ergebnisse gegenseitig vorlesen.

Tipps für junge Lehrer/innen — Die Zuordnung von vier S in eine sonst vorgesehene 3er-Gruppe ist unproblematisch, wenn man zwei S deutlich sagt, dass sie dieselbe Aufgabe bearbeiten und sich dadurch besser absprechen können.

Lösung — Lösungsvorschlag:

Option A:
Picture 1: *I knew I wasn't strong enough to hold on much longer – which was kind of funny because I'd spent so much time at the sports club. My friends said I was totally crazy about my health. And now I was going to be the first of us to die. Only five more seconds. I could feel the sweat on my skin. I could feel it running down my back. My shirt was wet. My mouth was dry. How does it feel to fall down, down a skyscraper, down over 100 feet? This is when I saw the hand. Was I dreaming? Was this hand there to help me, or to kill me? The muscles in my arm were screaming. And so was I …*

Picture 2: *"Greg, watch out!" That's what she wanted to say. But she just couldn't open her mouth. It was such a perfect holiday. After their nice walk, Tina had just put on her backpack when she thought she could smell something. It smelt like an animal. When she turned around, she saw this huge bear – it wasn't standing next to her, but it was standing right behind Greg. Oh my God, this was a huge monster of a bear. Why couldn't she say anything? How stupid was this? Her boyfriend would be killed by a bear, and she'd have to live for the rest of her life, thinking about him and the situation. Could she really save him? Or would she never forget this hiking trip – their last hiking trip together?*

Option B:

Among the Hidden: *I was out in the garden when I saw it – they were cutting down the trees. I saw the first tree shudder and fall, but they were still out there in the distance. I thought I had time. But then I heard my mother call out the kitchen window: "Luke! Inside. Now." I knew this was an order. I had never disobeyed the order to hide. Even when I was very young … I somehow understood the fear in her voice. But today, …*

Pig-Heart Boy: *Alex was standing there, looking down at the swimming pool. Where was Cameron? He had jumped in about a minute ago. Or was it longer? Now he could see him. There was a lot of water between them, but Alex felt as if Cameron was looking up through the grey-white shimmer of the swimming pool water, looking directly at him. "Why isn't he moving?" Alex thought. He knew that the boy had been through some horrible months and that he didn't have much energy left. Then he realised: "Oh my God, he's drowning!" He started to scream …*

Option C:
Individuelle S-Lösungen.

Lösungen Revisions A–D

‹Revision A›

p. 22/1 Offline for a month
a) 1. *media mad* 2. *spend* 3. *offline* 4. *stay in touch* 5. *social networks* 6. *sent* 7. *phone* 8. *posted* 9. *see* 10. *watched* 11. *downloaded* 12. *got* 13. *face-to-face* 14. *challenge*

b) Individuelle S-Lösungen.

p. 22/2 A new computer game
Erwartungshorizont: Das Ziel des Spiels ist es, als Affe so viele Früchte wie möglich zu sammeln. Es gibt aber auch gefährliche Orte und wilde Tiere, die es auf dich und deine Früchte abgesehen haben. Zuerst musst du einen Affen auswählen und einen Namen vergeben. Wenn du die Leertaste drückst, springt dein Affe und mit den Pfeiltasten kannst du ihn nach rechts und links oder nach oben und unten steuern. Je mehr Früchte du sammelst, desto mehr Punkte bekommst du. In den Bäumen gibt es verschiedene kleine Früchte, aber auch Schlangen. Am Boden gibt es größere Früchte, aber du musst auf die Tiger und Löwen aufpassen.

p. 23/3 A postcard from ...
Individuelle S-Lösungen.

p. 23/4 Travelling around the world: Announcements
a) Announcement 1: at a train station (delayed; platform; tickets)
Announcement 2: in an airport terminal (boarding call; British Airlines; gate; captain; aircraft)
Announcement 3: on a ferry (captain; on board; ferry; cruise; knots)
Announcement 4: on the Tube (station; Bond Street; change; Jubilee Line; Central Line train; mind the gap; train; platform)
Announcement 5: in a train station (information desk; entrance hall; train station)

b) Announcement 1: passengers with tickets for the 11:10 East Midland service to Birmingham → The train is delayed by about 20 minutes and will arrive on Platform 12.
Announcement 2: Deborah and Frank Miller, booked on British Airlines flight BA432 to London → They must go to Gate 3 immediately.
Announcement 3: all passengers → The captain is expecting to arrive in Rotterdam on time, in about 10 hours and 45 minutes. The shops and restaurants are open.
Announcement 4: passengers who want to get off or change at Bond Street → The next station is Bond Street and you can change here for the Jubilee Line.
Announcement 5: Louise Hamilton's parents → They can pick her up at the information desk in the entrance hall of the train station.

c) Individuelle S-Lösungen.

p. 23/5 The world 50 years from now
Lösungsvorschlag: In 200 years, people will live in digital houses. Computers will control everything in the house. Robots will do the housework and the fridge will order the food online. People will travel in flying cars. There'll be no real food as we have it today. People will just take pills. In 200 years, there won't be any schools, but one teacher will teach hundreds of students online. People will communicate online with a chip in their heads.

‹Revision B›

p. 40/1 The saxophone lessons
a) 1. Helen wants 45 pounds for saxophone lessons. Her mother thinks that she doesn't practise enough and she doesn't want to pay. 2. She thinks that practice makes progress and progress leads to more fun. She compares it with work and says that you sometimes have to do things even if you don't want to. 3. Helen is going to stop lessons for three months; if she misses her sax and if she practises, she can take lessons again.

b) **Good:** Missing something shows you that it is important. Helen learns to practise and how important it is. **Bad:** She'll have no lessons at all. Maybe she won't get back to the lessons.

c) Individuelle S-Lösungen.

p. 40/2 My succes
a)

Simple past	Present perfect
last year, yesterday, two years ago, in 1865, five minutes ago, last night, when I was a child, when I came home from school, in 2014	already, just, so far, (only) ever, never, (not) yet, three times

b) 1. I've never been a show-off, but I've had a lot of success in life! 2. When I was 16, I was fed up with life in a small town. 3. I believed in my talents as a dancer and dropped out of school. 4. Five years ago, I moved to London. 5. And I've never looked back on my old life. 6. In London I started my career as a backing dancer. 7. At the beginning, I entered lots of auditions. 8. Two years later, I got my big chance. 9. I've danced in 20 different shows so far. 10. I haven't been in the big shows yet, but I've just received an interesting offer. Life is great!

p. 40/3 I'm sorry
Lösungsvorschlag: Dear Jack and Diane, I'm sorry that I got home late yesterday. I know you were worried and afraid that something was wrong, but I really forgot to check the time. I was at the cinema and the film was longer than I thought. When I came out, it was already getting dark outside. I promise that this won't happen again. Yours, …

p. 41/4 What's important?
a)–d) Individuelle S-Lösungen.

p. 41/5 What will the future bring?
2. If I study a lot, I'll become a vet. 3. If I drop out of school, I'll never succeed in life. 4. If I push myself, I'll play in a famous football team. 5. If I save a lot of money, I'll open a restaurant. 6. Lösungsvorschlag: If I work hard, I'll be a famous actor.

p. 42/6 Talking about each other
1. *myself* 2. *themselves* 3. *themselves* 4. *them* 5. *me* 6. *her* 7. *herself* 8. *you* 9. *me* 10. *myself* 11. *them* 12. *themselves* 13. *myself* 14. *yourself* 15. *you* 16. *myself* 17. *me* 18. *him* 19. *me* 20. *herself* 21. *me* 22. *me*

p. 42/7 Role play: Your place somewhere else
Lösungsvorschlag:
Kind: Mama, ich möchte gerne etwas mit dir besprechen.
Mutter: Was gibt es denn?

206

Lösungen Revisions A–D

Kind:	Es gibt ein zehntägiges Pfadfindercamp in den Niederlanden, an dem ich gerne teilnehmen möchte.
Mutter:	Wie viel würde das denn kosten?
Kind:	Nur 335 €.
Mutter:	Der Preis ist in Ordnung für zehn Tage, wenn die Fahrt schon dabei ist.
Kind:	Leider ist die Fahrt noch nicht dabei, aber es ist trotzdem günstig. In Japan gibt es so ein Camp, das 4.000 € kostet!
Mutter:	Aha, das ist kein gutes Argument, finde ich. Warum möchtest du an dem Camp teilnehmen?
Kind:	Es werden Pfadfinder im Alter von 10–17 Jahren aus der ganzen Welt teilnehmen. Bestimmt können wir viel voneinander lernen. Es gibt ein tolles Programm mit viel Sport, aber auch Kunst und Kultur. Sicher könnte ich viele neue Erfahrungen sammeln und eine Menge Spaß haben.
Mutter:	Und wie ist das Essen organisiert? Bräuchtest du noch Geld für Lebensmittel?
Kind:	Nein, wir bekommen die Lebensmittel, aber müssen selbst kochen.
Mutter:	Das klingt interessant. Bisher hast du ja noch nicht oft in der Küche geholfen. Wo genau liegt das Camp denn?
Kind:	In der Nähe von Amsterdam.
Mutter:	Gut, wir machen einen Kompromiss. Du zahlst das Zugticket von deinem eigenen Geld. Wenn du dich frühzeitig darum kümmerst, wird das nicht so teuer. Das Camp bezahlen dein Vater und ich, aber du musst uns vorher ein paar Mal in der Küche helfen, damit du auch etwas kochen kannst, wenn du dort bist.
Kind:	Das klingt gut. Danke, Mama!

p. 43/8 Why I can't go to the school dance
1. If I **weren't** grounded, I'd go to the school dance. I love to dance. 2. If I had better marks, I **wouldn't be grounded**. It's so boring here at home. 3. If I **paid attention** at school, I'**d have** better marks. I'd really like to succeed. 4. If I **enjoyed** class more, I'**d pay** attention. But it's so hard. 5. If we **didn't have** to learn so much grammar, I'**d enjoy** class more. Cars would be an interesting topic for class. 6. If English **were** easier, we **wouldn't have** to learn so much grammar. Who needs grammar? 7. If we **compromised** and made German and English the same, English **would be** so much easier. 8. German isn't as hard as English. I bet if I **asked** my teacher, she'**d disagree** with me. So you see – it's all because of English. That's why I can't go to the school dance!

p. 43/9 Different kinds of smart
b)

Street smart	Book smart
– Every underground is the same → no map; just follow colours and numbers. – For lunch follow kids your age and eat what they have; don't follow tourists. – If a street looks like trouble, look for a different way that is more safe. – Ask people for help or free tours.	– Know facts about the city: 625,000 people, more than 1 million work in city, huge biscuit company. – Know about times: underground trains leave every hour at half past, train station by famous architect. – Lunch at 12 o'clock for £ 3. – The harbour is the biggest in the south of England and 20 ships arrive and depart every day.

c) Individuelle S-Lösungen.

p. 44/10 Best friend?
1. behaves 2. will ('ll) give 3. felt 4. studied 5. told 6. don't push 7. will ('ll) never get 8. has ('s) ever got 9. will ('ll) meet 10. hung out 11. ignored 12. have ('ve) been stressed out 13. feel 14. listened 15. relies 16. doesn't need 17. is 18. will ('ll) chill out 19. will ('ll) enjoy

p. 44/11 Follow or don't follow the crowd
a) Lösungsvorschlag:
Cartoon 1: The cartoon shows six men who are walking in a circle, one behind the other. The men's faces look almost the same and they're wearing the same long shirt. On the back of each man, there's a sign that says, "FOLLOW ME".
Cartoon 2: In the picture you can see a crowded room. It's probably a party because the people are wearing nice clothes, and some people are holding drinks in their hands. Almost everybody in the picture is crying and the caption of the cartoon says, "Crying is cool now".

b) Lösungsvorschlag:
Cartoon 1: In my opinion, the cartoon's message is that you shouldn't just follow other people. I think the cartoonist wants to show that it's important to have your own ideas and opinions. If everybody just followed the others, we'd all be the same and never be able to discover anything new. I agree / don't agree with the cartoon's message because …
Cartoon 2: In my opinion, the cartoon's message is that we shouldn't just follow the crowd, but develop our own way of life. The cartoonist wants to make fun of the fact that if something is 'in' or 'cool', everybody starts doing it, even if it's something silly. I agree / don't agree with the cartoon's message because …

c) Lösungsvorschlag: I think you should always be yourself and you should always try to have your own way of life. Peer pressure isn't positive for you and it can make you feel sad and unhappy. It doesn't matter if everybody else wears the same pair of shoes, for example, or if everybody else likes a special band. You have to do what you think is cool, and you should always try to have your own way of doing things.

p. 45/12 Stay out of my bedroom!
a) + b) Individuelle S-Lösungen.
c) 2. If I tidied up my bedroom once a month, I'd use my imagination more. 3. I'll get good marks at school if I use my head to find different ways to solve a problem. 4. We wouldn't be so stressed out if we didn't have so many arguments about how clean a bedroom should be. 5. If we compromised, everyone could chill out. 6. I'll learn how to push myself if I am in charge of my own room. 7. If I learn how to deal with freedom, I'll succeed in life. 8. If we didn't have so many arguments, I wouldn't behave so badly. 9. I'll have a strong personality if I can have a messy bedroom. 10. You'll lose your sense of humour if you judge me too hard.
d) Individuelle S-Lösungen.

⟨Revision C⟩

p. 70/1 Landscapes
a) + b) Individuelle S-Lösungen.

p. 70/2 Berlin then and now
2. In a survey, Berlin was voted the most 'fun' city in the world.
3. 150 years ago, there were no cars so everything was pulled by horses. 4. In the 1800s, industry was growing and a lot of

207

Lösungen Revisions A–D

machines were produced in Berlin.   5. Berlin is very popular and every year its sights are visited by millions of tourists.   6. The 'currywurst', a popular street food dish, was invented by Herta Heuwer.   7. Today, to make extra money, many flats are rented out to tourists.   8. The fall of the Berlin wall is celebrated at the Brandenburg Gate each year.

p. 70/3 Word puzzles
1. *I understand*   2. *mashed potatoes*   3. *backpack*   4. *bagpipes*

p. 71/4 Time for a change
a) 1. *have ('ve) been giving*   2. *for*   3. *haven't been wearing*   4. *since*   5. *have ('ve) been saving*   6. *since*   7. *haven't been growing*   8. *since*   9. *has been improving*   10. *haven't been producing*   11. *for*   12. *have ('ve) been renting out*   13. *have ('ve) been thinking*   14. *have ('ve) been doing*   15. *for*
b) Individuelle S-Lösungen.

p. 71/5 Let's celebrate!
Lösungsvorschlag: *There are different words for this festival in the different areas of Germany. It's called 'Fastnacht', 'Fasching' or 'Karneval'. Traditions and customs are different as well, but the parades are all held at the same time between 11th November and the day before Ash Wednesday. Even the Romans celebrated this festival and it has been celebrated for centuries in Germany. The reasons for 'Karneval' are also different. Some people are happy that the winter is over and some just want to have lots of fun before Lent. But everybody wants to be loud, to sing and dance, be happy and celebrate in the streets. In some areas, there are even holidays during this time. In the first picture, you can see a typical float from Cologne and in the second, there are some masks. In the last picture you can see a very old mask.*

p. 72/6 Boring!
a) *Dear Sue, Edinburgh is **amazing**. I really feel **at home here**. […] I start walking and then I **go round in circles**. […] Sometimes you can still see people in **traditional clothes**, like the kilts. […] Edinburgh castle is **world-famous** and every August there's a **huge** festival here. The landscape is **fascinating** here too. If you go to the top of Calton Hill at night and look up, it feels like you're under **a shower of stars**. If you tell your friends about this, please try to **whisper**. I don't want **billions** of tourists here – just me! Best, Lilian*
b) + c) Individuelle S-Lösungen.

p. 72/7 Only in Scotland
Alan: Lots of people enjoyed the concert last night. But a storm interrupted our gig. We were really disappointed by the weather.
David: Oh, that doesn't matter. Most of us just ignored the storm.
Alan: Did the roof keep out the rain?
David: Most of it! A lot of people put on raincoats.
Alan: Were they rented out?
David: Yeah, they usually do that at concerts. What's going on at the Highland Games tomorrow?
Alan: A bagpipe contest has been planned by some people. And there's a new contest where people walk on thistles. Sounds dangerous!
David: Well, now we can say thistle-walking was invented by the Scots!
Alan: And listen to this, this is great. The winners of the bagpipe contest judge the thistle-walking contest. Funny, isn't it?!
David: Yes, this can only be found in Scotland!

p. 73/8 Scotland is the country which …
a) 1. *'who'*   2. *things and animals*   3. *'that'*   4. *object*   5. *subject*
b) 1i) *The fringe is one of the many festivals **which/that** are held in Edinburgh each year.*   2h) *Ewan McGregor is the Scottish actor **who/that** is best known for his role in Star Wars.*   3j) *Many people **who/that** are looking for an adventure go to Loch Ness.*   4a) *Independence from England is something (**which/that**) the Scots fought long and hard for in the 14th century.*   5d) *Shinty is a typical Scottish game (**which/that**) many people outside of Scotland have never played.*   6g) *Haggis is a Scottish meal (**which/that**) not everybody likes to eat.*   7b) *Glasgow is a very old city **whose** history goes back thousands of years.*   8f) *The dancing (**which/that**) they do at a ceilidh is easy to learn.*   9e) *The battle (**which/that**) English and Scottish soldiers fought in 1314 was won by the Scots.*   10c) *Alexander Fleming was a Scottish scientist **whose** discovery changed the world.*

p. 73/9 How I've changed
a) 1. *invented*   2. *realised*   3. *discovery*   4. *definitely*   5. *confident*   6. *vegetarian*   7. *independent*   8. *worry*   9. *independence*
b) Individuelle S-Lösungen.

p. 74/10 At Balmoral Castle
a)

Verb	Adverb
sing	awfully, happily, well, perfectly
run	fast
act	well, perfectly
smile	happily, thankfully
speak	well, fast
arrive	happily, safely, fast
answer	happily, well, thankfully, fast
eat	cheaply, fast

b) 1. *easy*   2. *warm*   3. *safely*   4. *confidently*   5. *little*   6. *expensive*   7. *bravely*   8. *perfectly*   9. *rudely*   10. *sweetly*   11. *personally*   12. *roughly*   13. *quickly*   14. *slowly*   15. *quickly*   16. *easily*   17. *friendly*   18. *successful*

p. 74/11 Our school
Individuelle S-Lösungen.

p. 75/12 New interests
2. *Here are all my clothes (which / that) I don't like any more.*   3. *I met a girl whose sister is a model.*   4. *She gave me some new ideas which / that will help me with my style.*   5. *She showed me her outfits which / that all looked great.*   6. *Together we bought some new T-shirts which / that were very expensive.*   7. *Before I met her I had other hobbies which / that were important for me.*   8. *Now I'm one of the fashionistas who / that think of nothing else but fashion.*

p. 75/13 At the ceilidh
a) 1B, 2C, 3A
b) 1. *They were having dinner when Holly's mobile rang.*   2. *At 20:00 they were dancing at a ceilidh.*   3. *While the others were dancing, Ethan and Amber were flirting.*   4. *When Ethan was singing, Amber went red.*   5. *When Ethan and Amber were kissing, Holly took photos of them.*   6. *While Gwen was taking a break, Holly was showing her the photos.*

Lösungen Revisions A–D

⟨Revision D⟩

p. 100/1 At the museum
a) 1. *pick up audio guide*   2. *test audio guide*   3. *ask museum assistant to help if audio guide doesn't work*   4. *don't be too noisy*   5. *put things in locker*   6. *look at museum map to find room*   7. *listen to audio guide while looking at display*   8. *complete worksheet*   9. *take back audio guide*   10. *meet at 4:00; don't be late*
b) Individuelle S-Lösungen. (Themen: *North America and how Europeans influenced the people and the land; Mexico, its cultures and education system – what it was like before and after the 16th century; Britain's greatest medieval treasures and what they say about those generations' lifestyles; British society and art in the Roman Empire; what did they do for entertainment back then?*)
c) Individuelle S-Lösungen.

p. 100/2 What's new?
a) 1. *hadn't grown*   2. *had brought*   3. *had never seen*   4. *had ('d) never tasted*   5. *had travelled*   6. *had never heard*   7. *had defeated*   8. *had produced*   9. *had already taken*   10. *had seen*   11. *had never tasted*   12. *had thought*
b) Individuelle S-Lösungen.

p. 101/3 Which one doesn't belong?
a) 1. *Roman, bath, emperor,* **heating**   2. **entertainment**, *Globe, play, writer*   3. *to attack, Spanish Armada, battle,* **to defeat**   4. **Industrial Revolution**, *factory, British Empire, steam train*   5. **lady-in-waiting**, *dress, to take care of, queen*   6. *Norman, William the Conqueror, belt,* **French**
b) Lösungsvorschlag: 1. *The Roman emperor came to Britain. His soldiers built baths and underfloor heating.*   2. *The Globe was a famous theatre. A writer wrote plays for the theatre groups and they acted them out for entertainment.*   3. *The Spanish Armada attacked Britain. The British Empire was strong enough to win the battle and defeat the Armada.*   4. *During the Industrial Revolution, lots of factories were built. The steam train was invented and people travelled to other countries of the British Empire.*   5. *The lady-in-waiting took care of the queen. She helped her with her dress.*   6. *William the Conqueror was a Norman. His lords and men needed lots of belts. The Normans introduced French as a language in Britain.*
c) Individuelle S-Lösungen.

p. 101/4 TTS Visitor's Day
1. *had asked – she decided – found – had bought – was able*   2. *told – were – had planned – had found – were*   3. *had just finished – smelt – had left – had caught – had put out – realised – looked – showed*   4. *had just put up – invaded*   5. *didn't know – had never done*   6. *had left – relaxed – realised – had gone*

p. 102/5 History – right or wrong?
1. *wrong, correct verb form: Did he found*   2. *right*   3. *wrong, correct verb form: have invented*   4. *right*   5. *wrong, correct verb form: became*   6. *right*   7. *wrong, correct verb form: has become*

p. 102/6 Picture puzzle
a)

Historical objects	Modern objects
long dress (Elizabethan), hairbrush (Victorian), hand mirror (Victorian), map (Elizabethan), pipe (Victorian), quill and feather (Victorian), hair band (Elizabethan), diamond ring (Elizabethan), necklace (Elizabethan), axe (Norman), leather sandals (Roman), belt (Norman)	blue jeans, hoodie, jacket, cap, helmet, rucksack, T-shirt, skateboard, handbag, headphones, paper drinking cup, smartphone, chewing gum, poster

b) Individuelle S-Lösungen.

p. 103/7 The costume party
1. *will ('ll) have to*   2. *wore*   3. *would you choose*   4. *were*   5. *will ('ll) feel*   6. *would ('d) win*   7. *won't go*   8. *will ('ll) tell*   9. *wear*   10. *hides*   11. *don't tell*   12. *won't have*   13. *listened*   14. *would ('d) save*

p. 103/8 Who said it and why?
a) Lösungsvorschlag: 1. Das Zitat bedeutet, dass die ganze Welt eine Bühne ist. Shakespeare wollte damit sagen, dass die Menschen oft nur eine Rolle spielen.   2. Auf Deutsch würde man sagen: „Ich kam, sah und siegte." Cäsar schrieb diese Worte in einem Brief, um selbstbewusst seinen Sieg zu feiern.   3. Das Zitat „Rom ist nicht in einem Tag erbaut worden" bedeutet, dass es Zeit braucht, um etwas Wichtiges zu erschaffen.   4. Mit diesem Zitat wollte Queen Victoria ausdrücken, dass sie wichtiger und einflussreicher als andere Personen ist und dass es deshalb nicht von Bedeutung ist, was andere von ihr denken.   5. Mit dem Zitat wollte Napoleon ausdrücken, dass es wichtig ist zu gewinnen. Er dachte, dass sich später niemand an Verlierer erinnern wird.   6. Bei diesem Zitat handelt es sich um ein Wortspiel. In *history* steckt das Wort *his*, was auf Deutsch „sein" bedeutet. Das Wort *her* bedeutet „ihr". Das Zitat soll ausdrücken, dass Frauen in der Geschichte genauso viel Bedeutung haben wie Männer.
b) Individuelle S-Lösungen.

p. 104/9 Vellibia: A girl in Roman Britain
a) **Picture A:** *When I was 12 years old, my parents had already found a husband for me. I married Tiberius when I was 14 years old.* **Picture B:** *Before I married him, I'd never left my village and I'd always worked for my parents in the field.* **Picture C:** *My parents had never gone to school so I didn't go. Only rich boys went to school.* **Picture D:** *When I was 14 years old, I'd already learned from my mother how to cook and do the housework.* **Picture E:** *Life in my village was hard because the Romans hadn't brought all the new things yet.* **Picture F:** *My father had grown up in the countryside. Sometimes he shot rabbits or other animals for their meat.*
b) Individuelle S-Lösungen.

p. 104/10 If Columbus had sailed east …
1. *If Christopher Columbus* **had sailed** *east, he* **wouldn't have discovered** *America.*   2. *If the Spanish* **had defeated** *the English, my parents* **would have named** *me Juan and not John.*   3. *If the Romans* **had built** *their roads with wood, they*'**d have been** *ruined soon.*   4. *If Queen Elizabeth* **had married** *Robert Dudley, she*'**d have been** *very unhappy.*   5. *If the Roman emperor had been happy with his empire, he* **wouldn't have invaded** *Britain.*   6. *If the Africans* **had had** *guns, they*'**d have attacked** *the British.*

Lösungen Diff pool

p. 105/11 The Queen's favourite: Sir Walter Raleigh
1. had already sailed – have been 2. had fought – noticed – had been – became 3. had received – founded – didn't succeed – were waiting – has been 4. married – had found out – put 5. was searching – had already died – didn't like

p. 105/12 The great 'ifs' of history
a) 1f), 2d), 3b), 4g), 5a), 6h), 7c), 8e)
b) Individuelle S-Lösungen.

Lösungen Diff pool

Unit 1

△ p. 112/1 Talking about places
1. Lou should go to Wales. She can visit old castles there and learn something about the past. 2. Sandy should go to Ireland. She can do pony trekking there. 3. Andrew should go to Edinburgh. He can visit the Edinburgh Festival. 4. Ellen should go to Cornwall. She can go to the beach and swim in the sea.

△ p. 112/2 Frequently asked questions
1. **Will it** rain today? 2. What **will you** do ten years from now? 3. **Will you** meet friends after school? 4. Where **will you** spend your holidays? 5. When **will you** do your homework? 6. **Will you** watch a scary film with me? 7. **Will you** buy me some ice cream? 8. Where **will you** live when you're 30?

▲ p. 112/3 Mediation: At a German station
Lösungsvorschlag:
Boy: Excuse me, I need to take the next train to Cologne. Will it wait a few more minutes?
Man: Entschuldigung, ich spreche kein Englisch.
You: **Dieser Junge muss den nächsten Zug nach Köln nehmen. Er möchte wissen, ob er noch ein paar Minuten wartet.**
Man: Ach so. Nein, der Zug wartet nicht. Aber ich bin sicher, der nächste Zug wird ihm besser gefallen. Es ist ein Express-Zug.
You: Sorry, the train **won't wait**. But the man is sure **that you'll like the next train better because it's an express train.**
Boy: Express train? Won't **it be** expensive?
You: **Er fragt, ob ein Express-Zug nicht teuer ist.**
Man: Warte kurz, ich schaue nach.
You: **He'll check the price.**
Man: Nein, es wird sogar günstiger! Und er wird früher in Köln ankommen als der frühere Zug!
You: No, he says it'll **be cheaper**. And, he says **it'll arrive in Cologne earlier than the first train.**
Boy: Cool! **I'll arrive** earlier and **I'll have** more money for my visit in Cologne! – Yes, I think, **I'll** buy that ticket.
You: Great, but I must go now or my train **will leave** without me.

△ p. 113/4 Buying train tickets on the internet
1. return 2. price 3. one-way 4. inward 5. outward 6. arrive 7. depart 8. change 9. fee

△ p. 113/5 What will the weather be like?
Today the weather is still sunny. The temperatures are up to 30 degrees and there isn't any wind. But tomorrow it'll be partly cloudy. It'll still be warm and there won't be too much wind. The next day there will be a storm with thunder and lots of wind. The temperatures will fall to 17 degrees.

△ p. 113/6 Do we really need to leave Greenwich?
1. when 2. when 3. if 4. if 5. If 6. when 7. if

▲ p. 114/7 German tourist attractions
Lösungsvorschlag:
If you want to see lots of Roman buildings, you should visit Trier.
If you like fish, you'll enjoy the fish market in Hamburg harbour.
You can try a famous cake if you go to the Black Forest.
If you want to see Germany's capital, go to Berlin.
You'll see a big cathedral if you visit Cologne.
If you want to visit Germany's biggest island, you should go to Rügen.
Visit Loreley if you want to enjoy a boat trip to a famous rock.
If you visit Neuschwanstein Castle, you'll see a beautiful palace.

▲ p. 114/8 A poem about your home town
Individuelle S-Lösungen.

△ p. 114/9 Things to do in the country
Individuelle S-Lösungen.

Unit 2

△ p. 115/1 Your turn: Your kind of 'smart'
Individuelle S-Lösungen.

△ p. 115/2 Maybe in the next show …
1. is 2. didn't get 3. practises 4. will ('ll) get 5. make sure 6. won't have 7. don't get 8. won't find 9. work 10. practise 11. won't have

△ p. 115/3 Another chat comment for Jay
1. were 2. wouldn't worry 3. would ('d) worry 4. was 5. wouldn't earn 6. would put 7. didn't look 8. were 9. would ('d) make sure 10. would ('d) stop

▲ p. 115/4 What would an adult say?
Lösungsvorschlag: Jay, if I were you I'd practise hard to be a professional singer and dancer. If you want to be a super star, you'll have to learn a lot. There are many people who think they can sing. I'm a professional dancer too, and I had to learn a lot. If you left school early, you'd have problems to find a good job after your career as a dancer. Nobody can dance forever!

△ p. 116/5 Your friends need you!
Individuelle S-Lösungen.

△ p. 116/6 A model who works for Ivy
1. didn't love 2. wouldn't be 3. would ('d) find 4. were 5. didn't like 6. wouldn't work 7. weren't 8. would ('d) have

▲ p. 116/7 What would you do if …?
Individuelle S-Lösungen.

△ p. 117/8 A German talent show
Individuelle S-Lösungen.

▲ p. 117/9 More helpful tips for your English friend
Individuelle S-Lösungen.

210

Lösungen Diff pool

△ **p. 117/10 The Azads and the Frasers**

	Personality	Opinions	Problems
Olivia	bossy; strong; serious; clever; likes to get organised; is good at everything	school is important; you must work hard and get good marks; you should teach yourself new things	can only focus on important things like school
Jay	clever; creative; is good at singing and dancing; likes to dream; likes to have fun; messy	wants to have fun; hobbies are good for you	can't focus on important things like school; can't agree with parents; gets bad marks
Lucy	likes to play; messy	find time to enjoy yourself	room is messy
Claire	strong; likes to have fun; is good at compromising	hobbies are good for you; find time to enjoy yourself	
Jay's parents	serious; strong	school is important; you must work hard and get good marks; no good job without good marks; you're too laid-back	can only focus on important things like school

△ **p. 117/11 If I were Olivia, I'd ...**
Individuelle S-Lösungen.

△ **p. 118/12 What Olivia told Holly**
Individuelle S-Lösungen.

△ **p. 118/13 Help! I can't do it myself!**
1. me 2. yourself 3. her 4. myself 5. you 6. you 7. me 8. myself

△ **p. 118/14 *Themselves* or *each other*?**
1. themselves 2. each other 3. each other 4. themselves 5. themselves 6. themselves

▲ **p. 119/15 *Each other*? *Themselves*? There's a difference!**
a) 1. ... they were alone at home./... they were angry. 2. ... she was busy./... when they talked to each other. 3. ... play tennis./... learn about new grammar.

△ **p. 119/16 Act it out!**
a) Picture 1: disappointed; Picture 2: happy/excited; Picture 3: shocked; Picture 4: angry; Picture 5: not sure what to do
b) Individuelle S-Lösungen.

△ **p. 119/17 What happens next: Ideas for the ending**
Individuelle S-Lösungen.

Text smart 1

△ **p. 120/1 Your turn: Poems and songs in your life**
Individuelle S-Lösungen.

△ **p. 120/2 Your turn: What makes you happy?**
Individuelle S-Lösungen.

△ **p. 120/3 Taking a second look**
Individuelle S-Lösungen.

△ **p. 121/4 Trouble usually finds me ...**
Lösungsvorschlag: 1. *know what you are made of; be there for your friends; count on me* – If I help my classmate with that bully, the bully will know what I'm made of! 2. *be lost in the dark; be stuck in the middle of the sea* – If I woke up in a part of the city I didn't know at all, I'd feel like I was lost in the dark. 3. *need a shoulder to cry on* – If I had the worst mark in class, I'd need a shoulder to cry on. 4. *be there for your friends; count on me* – If my friends need my help, they can always count on me. 5. *need a shoulder to cry on* – If I wanted to be a singer and people told me that I had no talent, I'd need a shoulder to cry on. 6. *be the light to guide your friend* – I'd be the light to guide my friend if he/she needed help with something I'm good at.

△ **p. 121/5 Poem and song options**
Individuelle S-Lösungen.

Unit 3

△ **p. 122/1 Typically German?**
Individuelle S-Lösungen.

△ **p. 122/2 Talking about Holly and Amber**
Holly: doesn't want to do what Amber says; worried about the trip; thinks Amber is going to be the boss of the trip; doesn't remember why they invited Amber; **Amber:** always tells Holly what to do; likes to show she's the older sister; has been talking about the trip since Gwen invited them; has been chatting with Ethan online and has been sending him messages

△ **p. 122/3 He has been doing that since ...**
2. Has Andy Murray been singing and writing his own songs since he was very young? – No, he hasn't been singing and writing his own songs. He has been playing tennis./He has been doing sports. 3. Has KT Tunstall been playing football and training hard since she was very young? – No, she hasn't been playing football and training hard. She has been singing and writing her own songs. 4. Has David Beckham been working hard to become an actor/acting in plays and in films since he was very young? – No, he hasn't. He has been playing football./He has been training hard. (David Beckham is not a Scot. He's English.) 5. Have the Simple Minds been playing tennis and doing other sports since they were young? – No, they haven't been playing tennis and doing other sports. They have been making music and playing in a band.

▲ **p. 123/4 Scots and kilts**
1. has been 2. have been joking 3. have been wearing 4. has been wearing 5. has had – have been telling – have bought

211

Lösungen Diff pool

△ p. 123/5 Point in time or period of time?

Point in time: since	Period of time: for
he was a small boy; half past ten; the 16th century; September 7th, 1565; last July; November last year; last week; she was in kindergarten; he was ten; yesterday; his birthday last year; the break	ages; some months; a few days; a second; as long as she can remember; centuries

▲ p. 123/6 Scary castles

a) *Scottish clans have been living in castles for centuries. Awful things happened there. In Ethie Castle, some men killed Cardinal Beaton in 1546. Mysterious sounds have been scaring visitors since then. In Duntrune Castle, people have been hearing sounds of bagpipes since the death of a bagpiper in the 17th century. In Meggernie Castle, a white lady has been kissing men in their sleep for hundreds of years. Her husband killed her and cut her in half centuries ago. The upper part of the body has been walking upstairs while the lower part has been walking downstairs since that time.*

b) Individuelle S-Lösungen.

△ p. 124/7 Let's dance!

1. *for* 2. *since* 3. *since* 4. *since* 5. *since* 6. *for* 7. *since*

▲ p. 124/8 A strange country

Lösungsvorschlag: *In the strange country of Galumphia, men have been living in very small houses for over 500 years. All the people have been wearing yellow hats with colourful flowers on them since the age of seven. The king of the country has been wearing a crown on his head for many years, but when he saw the beautiful flowers in his garden, he decided to wear flowers instead of a crown. Flowers have been a national symbol of Galumphia since that day.*

△ p. 124/9 Famous Scots

The radar was invented by Robert Wattson-Watt. Tunnels, canals and roads were built by Thomas Telford. Scottish castles were designed by Robert Adams. James Bond was played by Sean Connery. Lots of money was given to charity by Andrew Carnegie. Treasure Island was written by Robert Louis Stevenson.

△ p. 125/10 Scottish heroes and heroines

1. *have been told* 2. *was put up* 3. *was kidnapped* 4. *was brought* 5. *was told* 6. *is always described* 7. *was defeated* 8. *was hidden*

▲ p. 125/11 The story of Greyfriar's Bobby
Individuelle S-Lösungen.

△ p. 125/12 Glasgow is amazing!
Individuelle S-Lösungen.

△ p. 125/13 An interview with Holly and Amber

a) + b) Lösungsvorschlag:

Reporter: Amber, you've just had an accident, but you were lucky. Can you tell me what happened?
Amber: I was in the tower of the castle. When I was walking across the floor in one of the rooms, it started to fall down.
Reporter: Why were you up there in the room? Didn't you see the 'KEEP OUT' sign?
Amber: Yes, I did, but I didn't think it would be dangerous in the room. I just wanted to have a good view of the concert.
Reporter: What happened then?
Amber: My little sister here saved my life.
Reporter: Holly, how did you feel when you saw Amber in such a dangerous situation? Were you scared?
Holly: There was no time to be scared. We had to do something very quickly.
Reporter: What did you do?
Holly: I made a rope out of my backpack and threw it over to Amber. She caught it and held onto it, but Gwen and I weren't strong enough to pull her up. Ethan arrived just in time to help us.
Reporter: Amber, you're really lucky to have such a brave sister. Thank you for the interview, girls.

Text smart 2

△ p. 126/1 What's that in English?

Winterschlaf – *hibernation*; überleben – *survive*; vermeiden – *avoid*; Dosenfutter – *tinned food*; Schicht aus Zeitungspapier – *layer of newspaper*; zunehmen – *gain weight*; menschenscheu – *fearful of humans*; aufsaugen – *soak up*; Auslauf – *run area*; aktiv halten – *keep active*

△ p. 126/2 Writing instructions
Individuelle S-Lösungen.

△ p. 126/3 FAQs: Only important questions, please!

Important questions: 3. *The new model is faster and has got a larger memory. There's also a better camera and it's easier to handle.* 5. *Yes, the new model is waterproof down to five metres.* 7. *Yes, we've improved the camera for even better pictures.*

▲ p. 126/4 Time traveller with a smartphone
Individuelle S-Lösungen.

△ p. 127/5 From blog to news report
Lösungsvorschlag:

Opinions	Facts
OMG, I've never seen anything so sad!	This picture shows a koala with injuries on its face and arms.
The poor little guy looks sooooo helpless and it BREAKS MY HEART!; At least this one was saved.	The cute animals are helpless in these fires and only a few of them can be saved.
But I'm not sure people down there are doing enough to help the OTHERS!	Many of the animals can't be rescued by the Australian firefighters and die in the flames.

△ p. 127/6 Understanding the text

– Elephants and rhinos in Africa are on the brink of extinction.
– There's a danger that soon nobody will care about elephants any more.
– Those in power must learn about the situation in Africa.
– We must do something about poaching before it's too late.
– An elephant is killed for its tusk. / A rhino is killed for its horn.
– All the wild animals in Africa are on the brink of extinction.

△ p. 127/7 Is that a text about elephants?
Individuelle S-Lösungen.

△ p. 127/8 Writing your own texts
Individuelle S-Lösungen.

Unit 4

△ p. 128/1 Look what I found in the attic!
Lösungsvorschlag: *This soft toy belonged to my grandma. It was very important to her because it was her only toy. She used to take it everywhere when she was a child and she never threw it away. Today it's sitting on our sofa in the living room – as a memory of my grandma.*

△ p. 128/2 The past perfect
a)

	Simple past forms	Past perfect forms
1.	came	had been
2.	spoke	had lived
3.	learned	had become
4.	were able to	had made

b)

This action (↓) happened after this one (↓) in the past.	
1. Before the Romans came,	the Celts **had** already **been** in Britain for a long time.

This action (↓) happened before this one (↓) in the past.	
2. Elizabeth's mother, Anne, **had lived** in France,	so she **spoke** very good French.

This action (↓) happened before this one (↓) in the past.	
3. After William of Normandy **had become** king of England in 1066,	more and more people **learned** French.

This action (↓) happened after this one (↓) in the past.	
4. People in Victorian Britain **were able to** see more and more of their own country	after the steam trains **had made** it quicker and easier to travel.

△ p. 129/3 Shakespeare's school days
1. had lived   2. hadn't learned   3. had understood   4. had sat   5. had learned

▲ p. 129/4 Where was he?
Lösungsvorschlag:
a) I think that before Shakespeare came to London, he had joined a group of actors and had travelled across England. He had acted in lots of different plays and he had seen many different cities. I think this is right because …
b) I think that before Shakespeare came to London, he had worked as a teacher for a rich man and he had read a lot of books. He had met a lot of famous and important people and he had become a friend to some of them. I think this is right because …
c) I think that before Shakespeare came to London, he had travelled to Italy and had got the idea for his play *Romeo and Juliet* there. He had learned more about Roman history and he had visited a lot of Italian cities. I think this is right because …

△ p. 129/5 A boy who loved the stage
When Nathan Field **was** born in 1587, there **were** only a few theatres. Most actors **travelled** around the country and **performed** their plays outside pubs. Back then, actors **had** a bad reputation and people **didn't trust** them. Nathan's own father, a priest, **had often talked** angrily about them too before he **died** in 1588. So, for Nathan, a career in acting **hadn't seemed** possible at first. But in the later years of the 16th century, after the Elizabethans **had built** a lot of theatres, opinions about acting and actors finally **began** to change. And in 1600, after he **had just turned** 13, Nathan **joined** a group of boy actors. Soon he **was** one of their best players and **became** very famous. By the age of 26, he **had already acted** in front of the Queen and **had become** one of the superstars of his time.

▲ p. 130/6 A superstar of the stage
Vgl. Lösung *Diff pool* p. 129/5.

△ p. 130/7 Tell the story
Correct order: D, F, B, E, A, C
Picture D: After Francis Drake had seen so many ships as a boy, he wanted to have his own adventures at sea. **Picture F:** Then, on his first big adventure, he went to America and sold slaves he had captured in Africa before. **Picture B:** In America, the Spanish attacked his ships. He never forgot that because it had made him so angry. **Picture E:** The Spanish hated him because he had sailed around the world and had stolen gold and silver from Spanish ships in 1577. **Picture A:** After he had returned to England in 1580, he wasted no time and gave the queen his treasure, and so she was very happy. **Picture C:** After he had defeated the Spanish Armada in 1588, England felt safe again and Francis Drake was a national hero.

△ p. 130/8 Your turn: Funny or interesting things in your life
1. Last summer, I met my friends at the pool. When I arrived, I realised that I'd taken the wrong bag because I'd asked mum for money and hurried to meet my friends. At the pool, people were having fun, but I opened my bag and found my tennis clothes. It was the wrong bag! I went home, got the right bag and returned to the pool.
2. Before I went to my first concert, I'd taken my phone with me and told my parents not to worry. When I was there, I didn't hear the phone ring because I was enjoying the loud music. I saw later that I had received lots of calls and angry text messages from my parents.
3. I'd been really excited about a party at my school. I hadn't been sure what to wear because I hadn't read the whole invitation. When I arrived, I was the only one in colourful clothes and I felt really stupid. After I'd left the party, I looked at the invitation again and saw that there had been a 'dress code'.

△ p. 131/9 Useful phrases for presenting facts

Prepositions with times and dates	Descriptions of places/objects	Biographical information	Typical history verbs
in 1564 in the 16th century for 200 years from 1066 to 1154 at the beginning of at the end of	was used for was built was made of was worn by it has was given to it looks you can see a/an was brought from	was born in 1878 was born on 15th April 1878 moved to invented	reigned was built was used for was born moved to

Lösungen Kopiervorlagen

△ **p. 131/10 English would have been different!**
1. hadn't come – wouldn't have given   2. hadn't stayed – wouldn't have influenced   3. wouldn't have come – hadn't believed
4. wouldn't have given up – hadn't become   5. hadn't loved – wouldn't have written   6. wouldn't have invented – hadn't written
7. hadn't explored – wouldn't have brought

▲ **p. 132/11 The world would have been different!**
Individuelle S-Lösungen.

△ **p. 132/12 Imagine …**
Lösungsvorschlag:
1. If a Celtic king hadn't always worn beautiful jewellery, it wouldn't have been clear to others how important he was.
2. If the Romans hadn't built baths, they would have found Britain too cold for them.
3. If the Normans hadn't spoken French, the English language wouldn't have changed.
4. If Henry VIII hadn't wanted a son to be the next monarch, he wouldn't have married six times.
5. If Elizabeth hadn't wanted to know more about the world, she wouldn't have sent sailors to America.
6. If Queen Victoria hadn't reigned for 64 years, she wouldn't have seen so many changes in the time she lived.

▲ **p. 132/13 A game: What would you have done?**
Individuelle S-Lösungen.

Text smart 3

△ **p. 133/1 Your turn: Your favourite genre**
Individuelle S-Lösungen.

△ **p. 133/2 Who is Luke?**
a) 1. in the woods   2. old enough to work in the garden
   3. is afraid when he's outside   4. is often told to go inside
   5. go outside   6. are taking down the trees
b) Lösungsvorschlag:
   – How old is he?
   – Does Luke have any brothers and sisters?
   – Where does he live?
   – Why is there fear in his mother's voice?
   – Does he have any friends?
   – How can he be so calm? What does he think or feel about his situation?
   – Is his family rich?
   – What about his father?
   – …

△ **p. 133/3 Key lines from the text**
1e), 2d), 3a), 4b), 5c)

△ **p. 134/4 Your reaction**
Lösungsvorschlag: **above the water:** relaxed, cheerful, …; **in the water:** scary, terrible, depressing, confusing, sad, …

△ **p. 134/5 Key lines from the text**
1. This sentence creates suspense by shocking the reader.   3. This line puts you in the character's shoes so you can almost feel what he feels.   4. This line makes you enter the character's thoughts. It creates suspense because it underlines how dangerous the situation is.   8. This sentence gives you more background information. The character has had some difficult months.   9. This line makes the reader curious. Who is Alex?   10. This line underlines the dark atmosphere. The character is giving up; he cannot fight any more.

△ **p. 134/6 Writing options**
Individuelle S-Lösungen.

Lösungen Kopiervorlagen

Unit 1

KV 1 Working with language
1) 1. 'll   2. 'll   3. 'll   4. Will   5. won't   6. won't   7. 'll
2) a) will/'ll + infinitive; won't + infinitive
   b) future
   c) 1. We'll text you.   2. I'll miss you so much.
   d) 1. 'll give   2. won't be   3. will win

KV 2 What will they do?
a)–b) Individuelle S-Lösungen.
c) 1. 'll close   2. 'll give/send you my   3. 'll show him   4. 'll ask
   5. 'll come and help you

KV 3 What Dave will and won't do
a) 1. Dave will phone Jay.   2. Dave will go to the beach.   3. Dave will take the bus to school.   4. Dave will find new friends.
   5. Dave won't play with Luke and Sherlock in Greenwich Park.
   6. Dave won't work with Jay at school.   7. Dave won't take the Tube.
b) Indiviuelle S-Lösungen.

KV 4 Listening: Preparing fort he trip
a) 1. false   2. false   3. false   4. true   5. true   6. true
b) 1. 50 and 55 pounds   2. doesn't go   3. much money   4. will help him   5. the neighbour's car
c) 1. ice skates   2. in three months   3. they're sisters   4. on the internet

KV 5 Talking about the weather
a) Lösungsvorschlag: … it'll be sunny, but it'll become cloudy in the afternoon and in the evening it'll be windy too. In the morning it'll be rainy in Exeter. In the afternoon there'll be thunder and lightning and in the evening it'll be cloudy. The weather in Plymouth will be cloudy in the morning. In the afternoon it'll rain and in the evening there'll be a storm with a lot of rain.
b) Individuelle S-Lösungen.

KV 6a A look at Cornwall – Before you watch
Individuelle S-Lösungen.

KV 6b A look at Cornwall – While you're watching
c) Individuelle S-Lösungen.
d) **Right:** 1, 4, 5; **Wrong:** 2. Cornwall is Britain's warmest and sunniest region.   3. The south coast is often called 'the Cornish Riviera'.   6. Visitors come to Cornwall for fresh air, huge waves, steep cliffs and very few people, far away from London and big city life.

Lösungen Kopiervorlagen

KV 7 Working with language
1) 1. *look/'ll find*   2. *aren't/can visit*   3. *visit/'ll learn*   4. *'ll be/hear*   5. *want/should try*   6. *'re/try*
2) a) *if-clause = simple present; main clause = will future or modal verb (can, should, …) or imperative*
   b) 1. b   2. c   3. a

KV 8 What will they do if …?
a) 1. … *they will see miles of beautiful coastline.*   2. … *they hear the old Cornish language.*   3. … *she can go pony trekking.*   4. … *the Baxters won't spend a lot of time on the beach.*   5. … *he doesn't find a good activity centre.*   6. … *eat real Cornish food.*
b)–c) Individuelle S-Lösungen.

KV 9 Announcements
a) *Right:* 3, 5, 7; *Wrong:* 1. *Mr Preston is on the wrong platform at the moment.*   2. *Mr Preston will catch the train if he runs.*   4. *Mr Preston finds his money in his bag.*   6. *The next stop is Redruth.*   8. *Mr Preston wants to have a coffee and a sandwich in a café.*
b) *Dialogue 1: Welsh; Dialogue 2: Scottish; Dialogue 3: Cornish; Dialogue 4: Irish*

KV 10 Writing your own poem
Step 1: *aqueducts* A; *roads* B; *legionaries* C; *loads* B; *heating* D; *home* E; *centuries* C; *Rome* E
Steps 2+3: Individuelle S-Lösungen.

KV 11 Things will get better
Individuelle S-Lösungen.

KV 12a Creative writing
Step 1: Individuelle S-Lösungen.
Step 2: a) *Dear Sally, …/ See you soon, …*
   b) *simple past* / individuelle S-Lösungen.
   c) *will future* / Individuelle S-Lösungen.

KV 12b Creative writing
Individuelle S-Lösungen.

KV 13 The caves
a) A4, B5, C6, D1, E2, F3
   A: *The noise*   B: *There was a ghost.*   C: *Grandad!*   D: *Waiting for the boys*   E: *What caves?*   F: *This is it.*
b) … *met at the train station. After the boys arrived, they all went back for tea in Grandad's garden. Grandad told them a spooky story about the caves. The friends decided to visit the caves and went there on scooters. In the caves, they got lost and heard strange noises. It was very spooky and they were scared because they thought that there was a ghost, so they ran out of the cave. Outside the cave they met Grandad. Maybe he played a trick on the friends.*

KV 14 Suspense: What's going to happen?
a) 1. *excited/worried*   2. *excited/worried*   3. *suspense*   4. *elements*
b) *The story: Laura's grandad: story about the caves; strange sounds in the cave: could be ghosts; Marley and Alicia: scared; hold hands; phones, maps, and torches: phone has no signal, useless map, torch goes on and off; Characters/actors: faces and voices show that they are scared; Audio-visual effects: darkness: creates a scary atmosphere; strange sounds, a voice in the caves: When you're not sure what the noise is, it creates a scary atmosphere. Dramatic music: Different types of music create different feelings (e.g. happy, scared, …)*

KV 15 Words, words, words
a) *activities: climbing, fishing, hiking, mountain biking, pony trekking, windsurfing; coast: beach, coastline, island, sandy, sea, shore; travelling: connection, fare, journey, platform, ticket, transport*
b) *coastline, countryside, landscape, outward, palm tree, return ticket, starting place, travel agent's, walking trail, weather forecast; c) return, journey, book, online, travel agent's, connections, change, departs, platform, arrives, fare, Station*

⟨Revision A⟩

KV 16a Test yourself
1 a) … *football training in the car. … to take the dog out. … eat healthy food for every meal. Katie and I won't be late for school.*
2 a) 1. … *need a good torch.*   2. … *visit museums if the weather is bad.*   3. … *will be worried if the boys don't call them.*   4. *They won't enjoy local food if they always eat in snack bars.*   5.+6. Individuelle S-Lösungen
   b) Individuelle S-Lösungen

KV 16b Test yourself
Lösungsbeispiel: 3 You: *I'd like to go to Cornwall for five days.* You: *We'd like to explore the coast and find nice beaches. We're very interested in history too.* You: *My parents, my sister and me.* You: *We'd like to go by train. We need return tickets.* You: *Yes, we'd like to book a holiday home – not too expensive, please! Not more than £80 a night.*
4 Individuelle S-Lösungen.

KV 17–19 Speaking cards
Individuelle S-Lösungen.

Across cultures 1

KV 20 British stories and legends
Individuelle S-Lösungen.

KV 21 A role play: Stories and legends
Individuelle S-Lösungen.

Unit 2

KV 22 A radio call-in
a) *Right:* 1, 6, 7, 8, 11; *Wrong:* 2. *People aged between 13 and 19 can call during the show.*   3. *A girl from Brighton called Jenna calls first.*   4. *Jenna thinks she hasn't got a special talent.*   5. *They always go to her when they've got a problem because she always has a good advice and is fair.*   9. *He was in a school musical two years ago.*   10. *He likes to be on stage and he's always been good at sports.*
b) + c) Individuelle S-Lösungen.

KV 23a+b Working with language
1) 1. *would be – was*   2. *wouldn't feel – had*   3. *believed – wouldn't tell*   4. *'ll get – get*   5. *didn't have – 'd go*   6. *make – 'll have*
2a) *Conditional clauses type 1: Sentence 4 and 6*
   If-clause: simple present; Main clause: will future
b) *If-clause: simple past; Main clause: would + infinitive*

215

Lösungen Kopiervorlagen

c) 1. *probably will come true* 2. *probable / possible*
3. *probable / possible* 4. *(probably) won't come true*
5. *possible* 6. *not probable*

3a) 1. *If I have more free time, I'll learn to play the sax.* 2. *I'd be able to get modelling jobs if I moved to London.* 3. *If John started a business, it wouldn't be a success.*

b) 1. *had – would ('d) buy* 2. *will ('ll) get – goes* 3. *rains – won't be able* 4. *wasn't/weren't – would ('d) be allowed* 5. *were – would ('d) do*

KV 24 What would you do if …?
a) + b) Individuelle S-Lösungen.

KV 25 Working with language
1) 1. *yourself* 2. *you – myself* 3. *myself – me* 4. *themselves – each other – themselves* 5. *herself*

2a) 1. *myself* 2. *yourself* 3. *herself* 4. *themselves* 5. *each other*

b) 1. *-self* 2. *-selves* 3. *reflexive pronoun* 4. *'each other'*

KV 26 Did you do it yourself?
a) 1. *myself* 2. *himself* 3. *ourselves* 4. *yourself*

b) *I love do-it-yourself but I'm not very good at done-it yourself.*

c) 1. *myself – me* 2. *them – themselves* 3. *itself – it* 4. *you – yourself* 5. *each other – them* 6. *us – ourselves*

KV 27 Can we meet halfway?
1. *I don't think we can do that.* 2. *I don't think that's a good idea.* 3. *You've got a point but* 4. *Why don't we* 5. *I think that's a good idea.* 6. *Would you mind* 7. *can we meet halfway?* 8. *If we did it this way, I could*

KV 28 Listening: Finding a compromise
a) 1. *competitive; show-off; likes winning* 2. *be on a team; be with people; winning is fun* 3. *has school too; expensive; can't have it all*

b) 1. C 2. A 3. A 4. C

c) *Matt wants to take up another new sport. Matt's parents think he is too interested in sport and in showing off. Matt explains why he loves team sports. Matt's parents say how expensive the new sport will be. Matt explains how he could do a beginner's course without spending his parents' money. His parents are prepared to try out Matt's plan.*

KV 29 Evaluate your group work
Individuelle S-Lösungen.

KV 30 Hang out with us instead!
a) *Right:* 2, 3, 5, 6; *Wrong:* 1. *He's grounded until next Friday.* 4. *Finn and Max are two years older than Jay.* 8. *At the party, Finn and Max ignore Jay.* 7. *Shahid has got an overnight modelling job in Manchester.* 9. *Jay runs all the way home.*

b) 1. *bad marks.* 2. *find a compromise.* 3. *the boys are part of the in-crowd.* 4. *his brother is a model and a DJ.* 5. *he's too young.*

c) Individuelle S-Lösungen.

KV 31 Laura and Sean
a) A: 2; B: 4; C: 1; D: 3

b) A: *I'm sure you're good at other things.* B: *See? That's what you're good at!* C: *This is awful. What can I do?* D: *You don't know how to delete a photo off your wall?*

c) *Laura feels sorry for Sean. She wants to help and so she suggests a break in which she tries to cheer him up. In the beginning, Sean feels really bad because he isn't good at basketball and Nathan is making fun of him. Later, when Nathan apologises and he understands that it is something special to be good with computers, he feels better and more confident.*

KV 32 Sinead – Sean's sister
a) 1. *smells* 2. *hungry* 3. *trip* 4. *missed* 5. *lunch* 6. *weekend* 7. *birthday* 8. *clothes* 9. *film* 10. *idea* 11. *basketball* 12. *point* 13. *fun* 14. *pizza* 15. *halfway* 16. *Practice* 17. *Irish stew*

b) *18 years old (birthday the next day); studies English at university; interested in shopping for clothes and the cinema*

c) **When:** *Friday evening;* **Where:** *at Laura and Nathan's house, dinner table;* **What:** *waiting for the Irish stew to be ready, making plans for Sinead's birthday*

KV 33 Working with vocabulary
a) *cover, rich, millionaire, recorder, funny, guest, blond, poor, anger, gadget, react, bench, honest, optimistic, overnight, argument, lie, themselves, bossy, freedom*

b) Individuelle S-Lösungen.

‹ Revision B ›

KV 34 Test yourself
1a) + b) Individuelle S-Lösungen.

2a) Lösungsvorschlag zu Problem 1:
*Dear Ben,
I understand your problem. It can be very difficult to find the time to do all the things which are important to you. First of all, you should always spend enough time on your homework. If you get good marks at school, you'll have better chances in the future. I also think that family meals are very important because they give you the time to relax and talk about important things. Have you got friends who also play the piano or another instrument? If you do, maybe you can play together. So you can both hang out with your friends and practise at the same time.
Yours, …*

b) Individuelle S-Lösungen.

c) Lösungvorschlag zu Problem 1:
Der 13-jährige Ben möchte ein erfolgreicher Klavierspieler werden. Leider findet er zwischen Hausaufgaben, Essen mit der Familie und Treffen mit Freunden nicht genug Zeit zum Üben. Er denkt, dass er so nie richtig gut sein wird. Ich habe ihm geraten, die Hausaufgaben und die Familie nicht zu vernachlässigen. Vielleicht gibt es in seinem Freundeskreis auch Leute, die ein Instrument spielen. Dann könnten sie sich treffen und zusammen üben.

KV 35 Test yourself
a) 1. *Have you ever been – have ('ve) never been – was – didn't visit* 2. *have ('ve) lost – had – Have you seen – saw – haven't seen* 3. *Have you heard – have ('ve) ever done – wasn't – didn't say*

b) + c) Individuelle S-Lösungen.

KV 36 Test yourself
1a) 1. *had* 2. *I'd* 3. *will* 4. *played* 5. *wouldn't* 6. *lost* 7. *ignore* 8. *it would* 9. *have* 10. *I'll* 11. *call*

b) 1. *If you worked a bit harder, you'd get better marks.* 2. *I think you'd be a better player if you weren't so competitive.* 3. *Maybe they'd like you more if you didn't start silly arguments.*

Lösungen Kopiervorlagen

c) Lösungsvorschlag:
Dave: *Hello?*
Luke: *Hi Dave, its Luke.*
Dave: *Hi! OK, tell me about your problems.*
Luke: *I don't know. It's all been a little bit much recently: school, football, trouble with Jay, ... I feel so stressed out and I worry about everything.*
Dave: *You wouldn't worry so much if you had more time for yourself. Maybe you shouldn't play football for a while.*
Luke: *But it's my favourite hobby. I couldn't live without football, even if I tried!*
Dave: *OK, so why do you worry about it? You love football and you're good at it, so just enjoy it! And school can stress you out sometimes, but with friends it isn't so bad. So if you didn't fight with Jay all the time and if you helped each other, it would be much easier.*
Luke: *You're right. Thank you, Dave.*
Dave: *You're welcome. Call me again next week.*

2) 1. *themselves – them – us* 2. *ourselves* 3. *me – myself*

KV 37 Test yourself
a) 1d), 2e), 3b), 4c), 5h), 6g), 7f), 8a)
b) 1. *billion* 2. *type* 3. *laid-back* 4. *dropped out* 5. *age* 6. *millionaire* 7. *hang out with* 8. *age* 9. *in charge of* 10. *fed up with* 11. *succeed* 12. *relied on* 13. *career* 14. *successful*

KV 38–40 Speaking cards
Individuelle S-Lösungen.

Text smart 1
KV 41 Poems
1) Individuelle S-Lösungen. (Für das Original vgl. SB, S. 28.)
2a) Lösungsvorschlag: *2 packets of good friends; 500 g of smiles; 2 cups of music; 100 ml of sun; a big piece of free time*
b) Lösungsvorschlag: *Open the packets of good friends and put them in a bowl. Mix the music with the sun and pour everything over the friends. Slice the free time and add it to the bowl. Then cook everything for 20 minutes. Finally, put the smiles on top. Now, your happiness is ready to enjoy.*

KV 42 Present a song
a)–d) Individuelle S-Lösungen.

Across cultures 2
KV 43 Reacting to a new situation
a) Right: 1, 3, 6, 8; Wrong: 2, 4, 5, 7
b) Lösungsvorschlag: **Showing interest:** *This looks/smells interesting.; What's this?; I've never seen/tried ...;* **Trying something new:** *Can I try...?; I don't know if I like ...; What does it taste like?;* **Saying 'no' in a polite way:** *I'm sorry, I'm not used to ...; I don't eat ...; I'm not sure I can eat it all.;* **Making someone feel better:** *It's no problem if you don't/ can't eat ....; I know how you feel. I don't like ... myself.;* **Saying the wrong thing:** *I don't like the way you cook ... here.; In my country ... tastes better.; Usually I have a lot for breakfast, but here ...*
c) Individuelle S-Lösungen.

KV 44 Food and eating customs
a) 1. *would you like* 2. *usually* 3. *try* 4. *Is anything* 5. *I'm not used to* 6. *get* 7. *tried* 8. *looks* 9. *like* 10. *Do you mind*
b)–e) Individuelle S-Lösungen.

Unit 3
KV 45a+b Present your country
a) 1. Rügen (English name: Rugia) 2. Berlin (English name: Berlin) 3. München (English name: Munich) 4. Neuschwanstein (English name: Neuschwanstein) 5. Heidelberg (English name: Heidelberg) 6. Köln (English name: Cologne)
b) Lösungsvorschlag: **Berlin:** *learn something about German history, see parts of the Berlin wall, visit the Reichstag building, ...;* **Cologne:** *visit Cologne Cathedral, celebrate Carnival, visit the Chocolate Museum, ...;* **Neuschwanstein:** *visit the castle, enjoy the landscape, go hiking, ...;* **Heidelberg:** *visit the castle, go hiking, ...;* **Munich:** *visit the Oktoberfest, go to a beer garden, visit museums, buy a dirndl/a pair of lederhosen, ...;* **Rugia:** *go swimming, go surfing, enjoy the landscape ...*

KV 46 Listening: Ideas about Scotland
a) 1. *true* (handschriftliche Korrektur von *false*) 2. *true* 3. *false* 4. *true* 5. *true* 6. *false*
b) 1. *independent country* 2. *part of England* 3. *heavy, healthy* 4. *special events* 5. *accent* 6. *play the bagpipes*
c) 1. b 2. c 3. c 4. b

KV 47a+b Working with language
1) 1. *'ve been planning* 2. *haven't been talking* 3. *hasn't been talking* 4. *'s been getting* 5. *'s been chatting* 6. *has – been doing*
2a) 1. *We've been planning things we can do together.* 2. *You haven't been talking about the trip much.* 3. *How long has she been doing that?* 4. *have/has* 5. *been* 6. *present participle (verb + -ing)*
b) 1B, 2A, 3C
3) 1. *since* 2. *for* 3. *since*
4a) 1. *point in time* 2. *period of time*
b) **for:** *20 seconds, a few minutes, a long time, about six months, hours, thousands of years*
since: *1998, 8 o'clock this morning, I heard the news, last June, the 15th century*

KV 48 I've been waiting for you!
a) 1. *have ('ve) been waiting – for* 2. *have been playing – since* 3. *has ('s) been raining – since* 4. *has been trying – since* 5. *have ('ve) been sitting – watching – for*
b) 1. *What have you been doing* 2. *How long have you been practising* 3. *Have you been using*
c) Individuelle S-Lösungen.
d) 1. *hasn't* 2. *haven't*

KV 49 ⟨A song: Flower of Scotland⟩
a) Lösungsvorschlag: *difficult relationship; some people want Scotland to become independent*
b) *The Scots fought against King Edward and his army and defeated them.*
c) 1. *will we see* 2. *against him* 3. *think again* 4. *hills are* 5. *is lost now* 6. *stood against him* 7. *Edward's army* 8. *think again* 9. *Those days* 10. *the past they must* 11. *That stood*
d) + e) Individuelle S-Lösungen.

217

Lösungen Kopiervorlagen

KV 50 Working with language
1) 1. Is – made 2. was – built 3. was built 4. have been pulled down 5. is produced 6. have been built
2) **simple present:** form of be (am/is/are) + past participle
simple past: form of be (was/were) + past participle;
Negative statement: This castle wasn't built in the 14th century. **Question:** When was this castle built?
Yes/no question: Was this castle built in the 14th century?
present perfect: form of be (have been/has been) + past participle; **Negative statement:** I haven't been invited to visit Ethan and his family. **Question:** Who has been invited to visit Ethan and his family? **Yes/no question:** Have you been invited to visit Ethan and his family?

KV 51 You weren't invited to the show!
a) 1. Has – been painted – was done 2. was invited – weren't offered 3. is – produced 4. hasn't – been seen – have been invented – was filmed – has been filmed – were – faked
b) I wanted to be an inventor but all the good ideas have already been done.

KV 52 Mediation: Scottish dog breeds
a) Lösungsvorschlag:
Scottish Terrier: *Scottish Terrier* werden auch *Scotties* genannt. Früher nannte man sie auch *Aberdeen Terrier*. Sie sind sehr intelligent und kinderfreundlich. Es gibt sogar eine Monopoly-Spielfigur von dieser Rasse, weil sie, als das Spiel 1930 erfunden wurde, zu den beliebtesten Haustieren in den USA gehörte.
Skye Terrier: Sie heißen so, weil sie von der *Isle of Skye* kommen. Es ist eine sehr alte Hunderasse. Ihr langes Fell schützte sie vor Verletzungen durch Ratten und Füchse und vor Wind und Regen auf der Insel. Ein Skye Terrier wurde berühmt, weil er 14 Jahre lang am Grab seines Herrchens saß.
West Highland White Terrier: Sie werden auch *Westies* genannt. Da sie mutige Hunde sind, wurden sie dazu verwendet, Tiere in den *Highlands* zu jagen. Durch ihr weißes Fell konnten sie dort gut gesehen werden. Heutzutage kann man sie überall auf der Welt finden. Sie sind an kaltes und windiges Wetter gewöhnt, aber Hitze kann problematisch für sie werden.
Cairn Terrier: Ihr Name kommt vom keltischen Wort für „Stein". Sie kommen ebenfalls von der *Isle of Skye*. Zunächst wurden sie nicht als eigenständige Rasse geführt. Die weißen Exemplare wurden zu den *West Highland White* Terriern gezählt und die dunkleren zu den *Scottish* oder *Skye* Terriern. Diese Hunde haben ein sehr freundliches Wesen.
b) Individuelle S-Lösungen.

KV 53 Visit Scotland!
Individuelle S-Lösungen.

KV 54 I don't believe in ghosts!
1) **Part A:** Darkness in the castle; **Part B:** What's that noise?; **Part C:** Brave little sister; **Part D:** Friends again
2a) Lösungsvorschlag:
Part A: Holly: happy, excited, worried; Gwen: happy, excited, confident; Amber: –; Ethan: –
Part B: Holly: scared; Gwen: confident, brave, nervous; Amber: scared; Ethan: –
Part C: Holly: confident, brave; Gwen: worried; Amber: scared; Ethan: confident
Part D: Holly: happy; Gwen –; Amber: thankful, sorry; Ethan: –
b) Individuelle S-Lösungen.
3) Individuelle S-Lösungen.

KV 55 Viewing for detail
a) A: *So, how's your son back in Scotland?* B: *OK. To start, you click this button here.* C: *In the old days, we dialled like this.* D: *Yes, Scotland is famous for its inventors – although it's only a small country.*
b) 1. Alicia – 4 2. Alva – 5 3. Alva – 2 4. Alva – 1 5. Alicia – 3

KV 56 A famous Scottish inventor
a) 1. inventor 2. born 3. died 4. invention 5. telephone 6. wire 7. sounds 8. succeeded 9. assistant 10. improved 11. prediction 12. see
b) Yes, Bell's prediction has come true. Today we can call somebody and have a video chat.

KV 57 Working with vocabulary
a) → tartan, Scot, bagpipes
↓ kilt, haggis, shinty, thistle, loch
b) + c) Individuelle S-Lösungen.

‹Revision C›
KV 58 Test yourself
1) 1. *Where are the Highland Games held?* – c) 2. *What is traditional haggis filled with?* – a) 3. *How much whisky is produced in Scotland each year?* – b) 4. *When was a monster first seen in Loch Ness?* – c)
2a) 1. *Have you been waiting* 2. *for* 3. *have ('ve) been waiting* 4. *since* 5. *have ('ve) been coming* 6. *for* 7. *have been visiting* 8. *since* 9. *since*
b) Individuelle S-Lösungen.

KV 59 Test yourself
1) 1. *The bagpipes are a musical instrument (which/that) I can't learn quickly.* 2. *'Flower of Scotland' is an unofficial anthem which/that is often sung at Scottish sports events.* 3. *Alexander Fleming was a Scottish scientist who/that discovered penicillin.* 4. *Sherlock Holmes is a famous detective (who/that) Scottish writer Sir Arthur Conan Doyle created.*
2) 1. *were you doing* 2. *was watching* 3. *saw* 4. *were driving* 5. *was robbed* 6. *did* 7. *was going* 8. *stole* 9. *heard*

KV 60 Test yourself
1) 1. *officially* 2. *independent* 3. *finally* 4. *independent* 5. *narrowly* 6. *spectacularly* 7. *traditional* 8. *heavy* 9. *clearly* 10. *confidently*
2) 1. *potato* 2. *vegetables* 3. *backpack* 4. *tower* 5. *cliff* 6. *flag* 7. *soldier* 8. *stairs* 9. *drums* 10. *pocket* 11. *jacket* 12. *rope* 13. *spider* 14. *crack* 15. *meat*

KV 61 Test yourself
a) Lösungsvorschlag zu Bild A:
Today we went hiking in Scotland's amazing landscape. There are many fascinating historical buildings like the one you can see on the cliffs. While we were standing there, we suddenly heard the sound of the bagpipes. Just imagine how surprised we were. It was a perfect moment.
b) Individuelle S-Lösungen.
c) Lösungsvorschlag zu Bild 1:
Der See auf dem Bild heißt *Loch Lomond*. Er ist nicht nur der größte See Schottlands, sondern von ganz Großbritannien. Holly ist dort Boot gefahren.

Lösungen Kopiervorlagen

KV 62–64 Speaking cards
Individuelle S-Lösungen.

Text smart 2
KV 65 Hedgehog over-wintering instructions
a) Winterschlaf – *hibernation*; überleben – *survive*; vermeiden – *avoid*; Dosenfutter – *tinned food*; Schicht aus Zeitungspapier – *layer of newspaper*; zunehmen – *gain weight*, menschenscheu – *fearful of humans*; aufsaugen – *soak up*; Auslauf – *run area*; aktiv halten – *keep active*

b) Lösungsvorschlag:
Steps: 1. *The right time to help* 2. *A warm area for your hedgehog* 3. *Your hedgehog's bed* 4. *Keeping things clean* 5. *Food for your hedgehog* 6. *Weighing is important* 7. *A hedgehog is not a pet*
Phrases: *You can help it by … (+ -ing) / You should take it … / It is necessary to … / Take care of … / Keep it in … / It is essential to … / Give … / Leave it … / It should contain … / Line the run area … / Clean it out daily. / Just take up … / Always make sure … / They must have … / You must weigh it … / Only handle … / They must remain fearful of humans. / You should contact us …*

KV 66 More instructions
a) gehorsam – *obedient*; baden – *bath*; Aufmerksamkeit – *attention*; kauen – *chew*; pflichtbewusst – *dutiful*; leiden – *suffer*; Verantwortung – *responsibility*; Kontrolluntersuchung – *checkup*; Verlustangst – *separation anxiety*; zerkratzen – *scratch*

b) + c) Individuelle S-Lösungen.

d) In dem Text geht es darum, wie man ein guter Tierhalter ist. Am wichtigsten ist, dass du deinem Haustier zeigst, dass du es liebst und Verantwortung übernimmst, indem du es immer fütterst und ihm Wasser gibst. Du solltest auch mindestens einmal am Tag mit ihm spielen, damit es nicht dick und faul wird. Halte es immer sauber und gesund. Einmal im Jahr solltest du dein Tier für eine Kontrolluntersuchung zum Tierarzt bringen. Außerdem sollten Tiere nicht den ganzen Tag lang eingesperrt sein. Wenn du weg bist, sollte dein Haustier etwas zum Spielen haben, damit es keine Verlustangst bekommt. Versuche mit ihm zu trainieren, damit es auf dich hört. Du solltest ihm dafür ein paar einfache Tricks beibringen.

KV 67 On the brink of extinction
a)–d) Individuelle S-Lösungen.

Across cultures 3
KV 68 At a party
a) 1. *answers their questions but doesn't ask anything back.* 2. *think Steffen doesn't feel at home in this social situation.* 3. *gives Steffen some advice.* 4. *different in some ways.* 5. *agrees with what Steffen says about girls' clothes.* 6. *says 'yes' to an invitation from Beth.*

b) 1. *Are you enjoying the party?* 2. *Is this your first time in England?* 3. *Do you miss anything from home?* 4. *What's different about the food?* 5. *Have you ever been on a student exchange?* 6. *What differences are there between here and home?* 7. *It's interesting to compare countries, isn't it?*

c) Individuelle S-Lösungen.

KV 69 Keep the ball bouncing
a)–d) Individuelle S-Lösungen.

Unit 4
KV 70 Milling around: Objects in your life
a) + b) Individuelle S-Lösungen.

KV 71 Tudor characters
Francis Drake: Picture D / ca. 1540–1596 / It is often said that this person first brought tobacco to England – before Walter Raleigh. / When the Spanish Armada came to invade England, Drake first finished his game of bowls before he started fighting – and he won.
Robert Dudley: Picture C / ca. 1532–1588 / This person was Queen Elizabeth's close friend from their childhood days. / He was the queen's favourite and wanted to marry her.
Elizabeth I: Picture A / 1533–1603 / This person could understand several languages, e.g. Latin, Italian and French. / She promised never to marry.
Walter Raleigh: Picture E / ca. 1552–1618 / This person named a place in America 'Virginia' after the Virgin Queen Elizabeth, who had promised never to marry. / He helped to found colonies and made potatoes and tobacco popular in England.
William Shakespeare: Picture B / 1564–1616 / This person was an actor and performed many of his plays to Queen Elizabeth I. / He invented hundreds of famous phrases like "To be or not to be" or "All the world's a stage".

KV 72 Working with language
1a) 1. *hadn't invented* 2. *had – been* 3. *hadn't tasted* 4. *had fought* 5. *hadn't finished*
b) **simple past:** *was; were; wasn't; had to*
past perfect: Vgl. Lösung Ex. 1a).
2a) Lösungsvorschlag: 1. *Drake had fought in a lot of battles before.* 2. *The English hadn't tasted potatoes before.* 3. *had + past participle*
b) 1. *past* 2. *simple past* 3. *before* 4. *past perfect*
c) *because, before, so, (after, as soon as, when)*

KV 73 Talking about the order of past events
a) 1. *hadn't called* 2. *was worried* 3. *was worried* 4. *hadn't called* 5. *hadn't* 6. *called* 7. *Had / Hadn't* 8. *called*
b) 1. *After I had come out of school, it started to rain.* 2. *I hadn't brought an umbrella with me so I started to run home.* 3. *As soon as I'd come through the front door, my mum said, "Don't forget to do your homework."* 4. *I was tired and wet because I'd run home from school in the rain.* 5. *I felt a bit angry because I'd done most of my homework for the week.* 6. *I hadn't done my Maths homework so I did it in the afternoon.* 7. *I hadn't finished it before football training started.* 8. *My coach was angry because I hadn't gone to training.*
c) Individuelle S-Lösungen.

KV 74 How to talk about history: A talking frame
Individuelle S-Lösungen.

KV 75 Listening: Where's Jay?
a) 1. *true* 2. *false* 3. *true* 4. *true* 5. *false* 6. *false*
b) 1. b 2. c 3. b 4. a
c) 1. *Bankside, London* 2. *in 1599* 3. *wrote and acted* 4. *wood* 5. *it burned down* 6. *in the middle of the 1990s*

Lösungen Kopiervorlagen

KV 76 If I hadn't talked so much …
a)–c) *Lösungsvorschlag:* **Animals:** *There were animals everywhere at the Globe, and there were animal fights too.* **Roads of London:** *The roads of this part of London are narrow.* **Rain:** *The audience got wet when it rained.* **Wood:** *The original Globe was made of wood.* **Audience:** *The audience got wet when it rained. Rich people could pay to sit down, but poor people stood up – and they were allowed to eat, drink, talk and walk around during the plays.* **Rich people:** *Rich people could pay to sit down.* **River:** *In the 16th century there were four theatres along the river.* **Women:** *Women and girls weren't allowed to act in Shakespeare's time.* **Fire:** *When a fire started there 400 years ago, the theatre burned down in just two hours.* **Queen Elizabeth I:** *William Shakespeare wrote and acted here during the reign of Elizabeth I.* **Bankside:** *They're on Bankside, and in the 16th century there were four theatres along the river.* **Electricity:** *The Globe had an open roof because back then they didn't have electricity so they needed the light from the sun.* **Diary:** *The guide has a diary which perhaps belonged to Shakespeare.*

KV 77 Working with language
1) 1. *hadn't talked – 'd have noticed* 2. *could have helped – hadn't turned off* 3. *'d have missed – 'd stayed* 4. *hadn't joined – wouldn't have seen* 5. *hadn't been – wouldn't have got*
2a) 1. *past perfect* 2. *had + past participle* 3. *would / could + have + past participle*
b) 1. *type 3* 2. *if-clause* 3. *no longer possible* 4. *in the past* 5. *can't change* 6. *has already happened* 7. *if-clause* 8. *first* 9. *second*

KV 78 Talking about how things would have been
a) 1. *If I hadn't left my money at home, I'd have bought that book of ghost stories. / I'd have bought that book of ghost stories if I hadn't left my money at home.* 2. *If Dave had come with us on the tour, he'd have found out about the Globe Theatre. / Dave would have found out about the Globe Theatre if he'd come with us on the tour.*
b) 1. *Could Jay's friends have helped him if they hadn't turned their phones off?* 2. *Would the Victorian people have lived in a better part of London if they'd had more money?* 3. *What would Jay have done if he hadn't been on the wrong tour?*
c) *Wouldn't it have been easier if you'd cut the top off the tree?*

KV 79 Peer evaluation: A historical gallery walk
Individuelle S-Lösungen.

KV 80 It's a mystery!
a) *Lösungsvorschlag:* 1. *focus on the gist; look for important key words; answer the wh-questions* 2. *find the parts with the information you need; look for the right key words that show you which part to read more closely* 3. *read the text closely; focus on the details*
b) *Lösungsvorschlag: The text is about what happens at the photo shoot for the calendar. The photographer, Jim, has an accident.*
c) *In the text: historical costumes; photo-editing; a calendar shoot; an accident*
d) *Right:* 1 (ll. 3–4), 3 (ll. 40–46), 5 (l. 64); *Wrong:* 2. *The photo shoot is at the community centre.* (ll. 17–19), 4. *Olivia is angry because Holly is late and has her arm in a plaster cast.* (ll. 27–28, ll. 51–53), 6. *Jim had an accident during the photo shoot.* (ll. 65–75), 7. *The Tudor photo can be used for the calendar after editing.* (ll. 106–109)
e) Individuelle S-Lösungen.

KV 81 The girl from the past
a) *Picture A fits after Picture 1. Picture B fits between Picture 2 and Picture 3.*
b) 1. *Picture 6* 2. *Picture 2* 3. *Picture 5* 4. *Picture 4* 5. *Picture 3* 6. *Picture 1*
c) *Lösungsvorschlag:* 1. *library* 2. *tired* 3. *a strange noise* 4. *a girl who seems confused* 5. *follows* 6. *ill* 7. *food* 8. *calendar* 9. *travelled* 10. *shopping* 11. *never seen before* 12. *dream*
d) *Lösungsvorschlag: research in library for presentation: children in Victorian England; Marley is tired; falls asleep; hears a strange noise; sees a girl who seems confused; Marley follows Violet through door into attic room: mother ill; need money for food; wall calendar (1888); travelled through time; Marley takes Violet shopping – for a pineapple (never seen before) and camomile tea bags; Violet thankful; all a dream?*

KV 82 Talking about the dream sequence
a) *Lösungsvorschlag:* 1. *background music* 2. *strange sound; background music* 3. *strange sound* 4. *background music* 5. *clapping of Laura's book; background music; picture of the girl in the book: She winks at Marley.*
b) *Lösungsvorschlag: The door with the curtain is the connection between the attic room in the 19th century and the library in the 21st century. Whenever Marley and Violet go through the door, they travel through time.*

KV 83a+b Working with vocabulary
Across: 1. *battle* 2. *reign* 3. *found* 4. *marry* 5. *weapon* 6. *invade* 7. *emperor* 8. *slave* 9. *attack* 10. *crown*
Down: 11. *lord* 12. *king* 13. *Norman* 14. *capture* 15. *empire* 16. *jewel* 17. *queen* 18. *monarch*

⟨Revision D⟩

KV 84 Test yourself
a) 1. *she'd already seen it.* 2. *Jay hadn't done his homework* 3. *I'd just finished writing an article for the school magazine – I hadn't clicked 'save'.*
b) 1. *loved* 2. *Had you been* 3. *Did you go* 4. *hadn't planned* 5. *walked* 6. *did you see* 7. *I'd seen* 8. *knew* 9. *Did you have* 10. *We'd just arrived* 11. *were* 12. *got* 13. *had made* 14. *had been*

KV 85a+b Test yourself
1b) *If the horse hadn't been lost, the rider wouldn't have been lost. If the rider hadn't been lost, the message wouldn't have been lost. If the message hadn't been lost, the battle wouldn't have been lost. If the battle hadn't been lost, the kingdom wouldn't have been lost.*
c) *Lösungsvorschlag: The message of the poem is that even details that don't seem to be important can influence other things in an important way.*
d) Individuelle S-Lösungen.
2) 1. *visit* 2. *will ('ll) see* 3. *will ('ll) probably smell* 4. *tried* 5. *wouldn't be able* 6. *had agreed* 7. *would have been given* 8. *hadn't been sent* 9. *would probably have succeeded* 10. *would have been*

KV 86 Test yourself
1a) → *invade; golden age; Industrial Revolution; empire; reign*
↓ *tribe; monarch; slave*
b) 1. *reigned* 2. *monarch* 3. *golden age* 4. *empire* 5. *Industrial Revolution* 6. *slaves* 7. *tribes* 8. *invaded*

c) Individuelle S-Lösungen.
2) 1e), 2i), 3g), 4b), 5d), 6a), 7f), 8c), 9h)

KV 87 Test yourself
1a)–c) Individuelle S-Lösungen.
2a) Lösungsvorschlag: Der Zeitraum nach dem Ende des Römischen Reiches, um 450 nach Christus, und 1066, als die Normannen in England einmarschierten, wird auch „das dunkle Zeitalter" genannt. Viele denken, dass die Menschen in dieser Zeit nicht sehr sauber waren, keine Bildung hatten und ein sehr einfaches Leben führten. Das stimmt so aber nicht. In dieser Zeit wurden wichtige Bücher geschrieben und Kunst hergestellt und das Straßennetz der Römer wurde genutzt, um Handel zu betreiben. Am Ende des 8. Jahrhunderts kamen die Wikinger nach Großbritannien. Der angelsächsische König Alfred war der berühmteste Monarch jener Zeit. Er kämpfte gegen die Wikinger und verhinderte, dass sie im Süden einfallen konnten. Jedoch gehörte der Norden von England 150 Jahre lang den Wikingern. Sie waren sehr gute Schiffsbauer und hatten viele andere Talente, auch im Bereich der Kunst. Wenn die Normannen nicht nach England gekommen wären und ihre Traditionen und die französische Sprache eingeführt hätten, wäre Großbritannien heute bestimmt anders als wir es kennen.
b) + c) Individuelle S-Lösungen.

Text smart 3

KV 88 Crime, horror, romance or …?
a) **Text 1:** Genre: crime; Features: death, murder, violence, fear
Text 2: Genre: science-fiction / fantasy; Features – science fiction: aliens, maybe gadgets (The aliens are building something.); Features – fantasy: fantasy animal (unicorn)
Text 3: Genre: romance; Features: boy meets girl, friendship, love, problem to solve?, happy ending?
b) + c) Individuelle S-Lösungen.

KV 89 Creative writing
1) + 2) Individuelle S-Lösungen.

KV 90 Working with vocabulary
Individuelle S-Lösungen.

Historical supplements: Focus on the UK

KV 91a–d England: From discovery to empire
1. *Erwartungshorizont: The pupils could suggest transport overland to the eastern Mediterranean or by ship through the Arabian Gulf or the Red Sea, overland to the Mediterranean coast, across the Mediterranean by ship and then overland again through western Europe.*
It may be necessary to remind pupils that the known world was limited to the lands surrounding the Mediterranean plus northern Europe. Not much was known about Africa south of the Sahara, and only fishermen after cod and herring knew Iceland and Greenland, with a few possible rumours of lands further west. Asia and particularly China and the Far East, 'Cathay', were known only through the reports of Marco Polo and a few others who had travelled there. America, Australia, the Pacific Ocean were not known in Europe.

2. *Sailors and others would probably have known that the earth is round, but nobody knew what the distance might be between Europe and Asia, or that there was a whole continent in between. Pupils may say:*
   – *We've been at sea for 14 days and we can't see land. What are we going to do? What's going to happen?*
   – *Are we just going to sail on and on? We want to find the land that silk comes from.*
   – *Have we got enough food and water? What happens if we don't find any land at all?*
   – *Do you think the captain knows how far it is? He's an Italian, he may know the Mediterranean, but what does he know about the Atlantic?*
   – *I've been north in a fishing boat. If we go on north we'll see the ice-mountains on the sea. They're dangerous. If we hit one at night the ship could sink in a few minutes.*
   – *Can we ask the captain to turn round and go back to Bristol? Have we got enough food to do that?*
   – *Or we just go on sailing until we're all dead.*
3. Individuelle S-Lösungen.
4. *1. When a company sells shares, then the people (merchants) who buy those shares are the part-owners, or 'shareholders', of that company. They get some of the profit, and if there are losses, they share those losses. So if the company loses a ship, then the different shareholders all lose some money, but no single person loses everything.*
2. This was a big step for world trade: The shareholder system made it possible for more and more people to invest smaller sums of money and become active in business. The results: an economy that became bigger and bigger, and a higher standard of living for more and more people.
5. Individuelle S-Lösungen.
6. *1. The first colony on Roanoke Island had 108 men. The soldiers knew how to fight and how to build a fortress, but they probably didn't know much about farming or growing food. They needed food and other supplies from England and when these did not come, they had nothing to eat. The native people helped them at first but the Native Americans must have got tired of giving them food all the time.*
2. The second colony could have been a success if there were more people in it who knew about growing food and they had taken the correct things with them. The women in the families would be used to running a household and preparing food. But it was late in the year when they arrived, so it was probably too late to start growing food for the winter. That meant that they needed help from the native people again.
3. The fight against the Spanish Armada was more important to Elizabeth than the supplies for a settlement in the New World because she had to make sure that England survived as a country. There were only a few English people in the 'New World' and they had not found any gold there. It was not yet important for England as a colony. Elizabeth had to think about the whole of England. There were so many Spanish ships in the Armada and so many Spanish soldiers that, if they landed and attacked London, they could take over England. The English had to defeat the Spanish ships at sea before they could land. Elizabeth did not have many ships, so she needed all the big ships that other people owned to help defeat the Spanish.
4. There were different reasons not to think of England as a small, weak country any more. English ships had defeated the great Spanish Armada. The Spanish had not been able to attack England as they had planned. English ships were also able to attack Spanish treasure ships and take the gold and silver that they carried. Drake had even attacked Spanish

ships in the Pacific. England could attack the Spanish Empire and win! By the end of the 16th century England had also sent ships to discover land in the New World and had started colonies there. Although there was not as much gold and silver for England in North America as the Spanish and Portuguese had taken from Central and South America, the English (and French) colonies meant that Spain could not start colonies in those areas.

8

verb	explore: •●	colonise: ●••	discover: •●•
noun – thing	exploration: ••●•	colony: ●•• colonisation: •••●•	discovery:# •●••
noun – person	explorer: •●•	colonist: ●••	discoverer: •●••

KV 92a–e   London through the ages

1 a) Individuelle S-Lösungen.
   b) **Lösungsbeispiel:** London grew up where traders could come by ship from other countries. There was a bridge over the Thames so that people from north and south could get to the market easily.
2 a) Text 1: 'Londinium', which was the Roman name for London, is the right heading for this text.   Text 2: 'Londenwic', the Saxon town near what is now Covent Garden, is the right heading for Text 2.   Text 3: The third text talks about 'burhs' and how King Alfred the Great made 'Londenburh' into a Saxon fort.
   b) It is easiest to start at the Tower of London, which was built near the Roman Wall. North of the Tower is **Aldgate**, then the line of the wall follows Houndsditch, which leads to a street called **Bishopsgate** and continues along London Wall. The next gate is **Moorgate**, from the Middle Ages. London Wall then goes on to the west, where **Cripplegate** and **Aldersgate** were quite close to each other. Cripplegate is not easy to find, but some maps may have the church of St Giles Cripplegate. Its full name is 'St Giles without Cripplegate' which means that it stood outside the gate. Aldersgate Street marks the position of that gate. The line of the wall then turns southwest until it reaches **Newgate**, where it turns to the south, going towards the river. **Ludgate** Hill is the road that leads from the west to St Paul's.
3 The text explains that the City of London was the trading centre, but Westminster was the centre of the king's government. Now the two cities of London and Westminster have grown together and there is no space between them. However, government and the monarch are still in Westminster and business and trade are still in the City.
4 The photo above shows London Bridge .
   1. In 1209 King John built the first stone bridge here. It had houses and a church on it!   2. In 1967 some Americans bought London Bridge and moved it to a lake in Arizona.   4. King John's bridge stood for over 600 years until a new stone bridge opened in 1831.   5. This new bridge opened in 1972.   7. The Danes pulled down the old Roman bridge here.
   The photo below is of Tower Bridge.
   3. It is the only Thames bridge that opens for ships.   6. It takes a minute to open.   8. It opens to let big ships through to the Pool of London.
5 Individuelle S-Lösungen.

6 a) In many of the novels of Charles Dickens and other writers of his time you get a picture of a dark, dirty city with lots of very poor people. There were lots of thieves and other bad people, too. All the transport, including the buses, used horses, so the streets were very dirty and smelled bad. Because of the coal fires, the air was bad too, and there was often thick fog.
   Pictures and films of Sherlock Holmes often show him in thick fog, too.
   b) Individuelle S-Lösungen.

KV 93a–b   The Industrial Revolution

1 a) In the picture you can see an idyllic place. There is a small stone bridge which leads across a small river. When I look at the picture, I feel relaxed because it seems to be quiet and remote. There is no industry and you can't see any cars. I like the picture because it shows a very peaceful scene.
   b) The look of the landscape changed because more and more areas were used for sheep. Trees were cut down for fires and to build ships, and the landscape was not peaceful and idyllic any more. Maybe the empty spaces were used for sheep, too.
2 a) Possible headings: The rise of industry; The Potteries'; Made in Britain; Competition; Living conditions
   b) **towns and cities:** People still live in towns and cities.; **mills:** There are still some mills but we do not use them any more.; **factories:** Factories still produce the things we use every day.; **coal:** We use coal today, but mostly for making electricity.; **steam engines:** Factories no longer use steam engines, they mostly use electricity. Sometimes we use steam engines to drive large ships.; **pottery:** We still use pottery, but today it is more for decoration.; **bottle ovens:** You can find some bottle ovens today, but they are no longer in use.

Transkripte zu den Hörverstehens-Aufgaben im Workbook

Unit 1: Goodbye Greenwich

3 Sounds: [əʊ] or [ɒ]?   S 1/1

Speaker: alone – cost – don't – forest – online – pony – post – rocky – Scotland – show

4 Cool things to do   S 1/2

Dave: I think it'll be really boring in Cornwall.
Luke: Dave, that's not true! You won't get bored. There are lots of cool things to do in Cornwall.
Dave: Like what?
Luke: Like going to the beaches. Your new house is in St Agnes. You'll be really near the beach. You can learn how to windsurf.

Dave: OK, the beaches will be nice in the summer, but what about the rest of the year? I won't want to go to the beach in January.
Luke: The landscape is beautiful! You'll love it. You can go for wonderful walks at all times of the year. Or you can go mountain biking.
Dave: Yeah, alone. I won't have any friends.
Luke: Yes, you will. You'll meet lots of interesting new people in your new school. There'll be school clubs you can join.
Dave: They'll all speak Cornish. I won't be able to understand them.
Luke: Oh, Dave! Don't be silly! Everyone speaks English in Cornwall. And a few people speak Cornish too. But not many. I think it's only a few thousand people in all of Cornwall.
Dave: OK, you're right. But there are so many things to do in London. Museums, parks …
Luke: I'm sure there are lots of museums in Cornwall too, and you won't need parks. You'll *live* in the middle of the countryside.
Dave: Maybe you're right. I just know I'll miss Greenwich.
Luke: I'm sure you will, but soon you'll start to love Cornwall too.
Dave: Hmm. I'm not so sure.

11 Let's plan our holiday   S 1/3

Olivia's mum: So, Olivia, where are we going to go for our holiday? Any ideas?
Olivia: What about Cornwall? I'm going to visit Dave in St Agnes, but I'll only be there for a short time, and Cornwall's big.
Olivia's mum: OK, good idea. If we go to Cornwall, we can see the Eden Project. That'll be interesting. And the Cornish landscapes are amazing.
Olivia: Hmm… now I'm not sure. I'm not really interested in plants and landscapes. I'm more interested in cities and museums, and there aren't any big cities in Cornwall. Maybe Cornwall isn't the best idea.
Olivia's mum: What about Scotland? Edinburgh is a big city. And you said you want to try windsurfing, and some of the lakes in Scotland are perfect for that.
Olivia: Won't it be a bit cold for windsurfing in Scotland? We'll be there at the end of August. Summer will nearly be over then. And you'll be bored if I go windsurfing every day.
Olivia's mum: Maybe you're right. I think it'll be warm enough, but I'm really not into windsurfing. But Edinburgh is very interesting. There's lots of art and culture and interesting sights. Let's go there. We'll have a great time.
Olivia: I think there'll be too many tourists in Edinburgh then. It's very popular with tourists in the summer. The museums will all be very full. What about Wales? Cardiff is an interesting city, and there won't be as many tourists there. It's not as popular as Edinburgh.
Olivia's mum: That's a good idea. I went on a wonderful pony trekking holiday in Wales when I was a child … We could see Cardiff and then go pony trekking in Wales.
Olivia: Hmm. I've never sat on a horse. Maybe I'll fall off. How about Cornwall? There are lots of things to do there, not just pony trekking.
Olivia's mum: Oh, Olivia! We're going round in circles! You're not usually this silly.
Olivia: Sorry, Mum. Look, I'll e-mail the tourist information offices and ask them to send us some information. If we have more information, maybe it'll be easier to choose.
Olivia's mum: OK, good idea. You do that and then we'll talk about it again later.

Unit 2

3 A chat with Dave → S 1/9

Jay: Hi Dave!
Dave: Hi Jay. I can see you. Can you see me?
Jay: No, I can't. I'm only getting sound.
Dave: OK, wait a minute. Is that better?
Jay: Yes, I can see you now. Hey, what's the T-shirt?
Dave: It's for Space Fighter 3. You know, the new computer game. It's really good.
Jay: You've got Space Fighter 3? But it isn't out yet!
Dave: I'm testing it. The games company sends new games to people like me to test before anyone can buy them.
Jay: Wow! That's so cool! Can I get it? If I had it too, we could play it together online.
Dave: It doesn't work like that. If anybody could get the testing version for free, nobody would buy the final version. There are only about a hundred testers for this game.
Jay: So do you still want to be a computer games designer when you leave school?
Dave: Oh yes! I'm going to enter a competition to go and visit a computer games company. You have to send them an idea for a new computer game which is different.
Jay: Different in what way?
Dave: They didn't say. All they said is that you have to start with: 'If I designed a new computer game, I would …" And then I think you have to surprise them with something really unusual.
Jay: Great. Got any ideas?
Dave: Not yet. But I'm thinking about it. Any suggestions?
Jay: No, not really. I like computer games, but I'm more into music and dancing.
Dave: Yeah, I know. Listen, when I've had an idea, can I send it to you? Then you can tell me what you think.
Jay: Yeah, sure. Good idea. So what will happen if you win?
Dave: There'll be five winners, and they'll spend a day in a computer design studio. The company will pay for everything – train, hotel, food, everything.
Jay: Sounds fantastic. Good luck!

10 Are you into DIY? → S 1/10

Interviewer: Excuse me. Can I ask you a few questions for a survey about DIY?
Mark: DIY?
Interviewer: Yes, you know, do-it-yourself.
Mark: Oh yeah, sure. What do you want to know?
Interviewer: Have you got a computer?
Mark: Yes, I have. I've got a laptop.
Interviewer: Great. If it stopped working, would you repair it yourself?
Mark: There's no 'would' about it. My laptop stopped working a few months ago. First, I went into a computer shop and asked them to fix it for me. But then I found out how much it would cost if they fixed it – almost as much as a new laptop! But I really didn't want to throw it away, so I decided to try and fix it myself. I found out how to do it on the

Transkripte Workbook

Interviewer: internet, and I bought the part I needed on the internet too. It wasn't very expensive. And then I fixed it myself. It took about twenty minutes, and my computer was as good as new. I'm really glad I didn't just throw it away.
Interviewer: That's great. Well done! Now, second question. Would you repair your own bike?
Mark: Well, I haven't got a bike. Erm … would I repair a bike? I'm good with electronic things like computers, but I'm not so sure about mechanical things. My dad loves fixing things himself, so if I needed to fix something like a bike, I'd probably ask him to help me. Together, I think we'd be able to fix it ourselves, no problem.
Interviewer: I see. Last question. If you were in the house alone, and water started coming out of a pipe in the bathroom or kitchen, would you try to fix it yourself or would you call a plumber?
Mark: That sounds awful! I don't know what I'd do. I wouldn't know where to get the number of a local plumber. Well, maybe on the internet, but it would take a long time for the plumber to get to the house. No, I think I'd just shout for help, and hope a neighbour would know how to stop the water.
Interviewer: Well, thank you for those answers.
Mark: You're welcome.

‹Revision B›

1 Problems, problems, problems! → S 1/18

Fiona: You're looking a bit sad. Are you having trouble with something?
Jeremy: It's my friends. They aren't pushing themselves at school, and they aren't getting good marks. Their marks aren't very bad, but if they did more work, they'd get much better marks. But they think it doesn't matter.
Fiona: Oh, I see … but why's that a problem for you?
Jeremy: After school, I want to come home and do my homework, but they always want to hang out in the park. They just want to have fun and enjoy themselves every evening.
Fiona: Oh. Are they putting peer pressure on you to spend too much time with them instead of doing your homework?
Jeremy: Mmm … no, not really. But if I told them that I didn't want to hang out with them every evening, they'd think I wasn't cool.
Fiona: Have you tried to explain to them that you need a bit more time for homework?
Jeremy: Yeah. They say I'm too stressed out, and I have no sense of humour.
Fiona: Ah … I see the problem.
Jeremy: You know I'm teaching myself how to design websites?
Fiona: Yeah, I think that's really great.
Jeremy: They say I'm more interested in computers and my future career than my friends, and I should be more laid-back …
Fiona: … and hang out with them in the park every day? Mmm. If my friends spoke to me like that, I think I'd look for some new friends. True friends don't talk to each other like that.
Jeremy: Yes, you have a point there.
Fiona: My advice is to stop worrying about it. Hang out with your friends when you want to, and don't hang out with them when you don't want to. It's very easy.
Jeremy: I don't want to become a boring person who only thinks about work.
Fiona: Don't be so hard on yourself. You're smart, you enjoy your school work and you want to be successful in future. That isn't a crime. Just be yourself and stop worrying.
Jeremy: Yeah, you're right. Fiona. Thanks, that's good advice.
Fiona: Hey, I've got an idea. Why don't you hang out with your friends and do your homework at the same time? If you wanted to, you could invite them home and all do your homework together.
Jeremy: Hmm … I don't think that's a very good idea. If we tried that, we wouldn't do any work. We'd just chat with each other. No, I've got to do this on my own. A bit more work, a bit less hanging out!

Unit 3

3 Amber's new friend → S 1/23

Holly: How's your new best friend?
Amber: New best friend?
Holly: Ethan. Mr Fantastic.
Amber: Ha ha! He's fine. But he's not my new best friend.
Holly: Isn't he? You've been chatting with him online every day for the last week.
Amber: We've just been talking about our visit. He's looking forward to meeting us. So is the rest of his family.
Holly: Yes, I'm looking forward to meeting them too.
Amber: I've been finding out about all the things we can do in Glasgow. On the first day we can go on a city sightseeing tour. On the second day we can go to the Museum of Transport and Travel. That looks interesting. Then on the third day we can go to …
Holly: Hey, wait a minute! Who decided you're the boss of the trip?
Amber: Well, I've been asking Ethan for his advice. They're his ideas too.
Holly: And why are all your ideas for things to do in Glasgow? We can go outside the city and see other things too.
Amber: You mean the countryside? Hiking through the hills, that type of thing. Eurgh!
Holly: Oh, Amber! Scotland has some amazing landscapes. I've been looking at photos online. There are some beautiful bits of coastline, wonderful old castles, all kinds of interesting things. And there's Edinburgh too. We don't have to spend every day in Glasgow.
Amber: Ethan says Glasgow is the best city in the world.
Holly: You've been behaving strangely since we decided to go on this trip.
Amber: Rubbish! I haven't been behaving strangely. You've been behaving strangely since Dave moved to Cornwall. Have you been missing him?
Holly: Arrgh! Why do I have to have a big sister?

9 Word stress → S 1/24

1. legend – legend
2. invention – invention
3. penicillin – penicillin
4. independent – independent
5. capital – capital
6. accent – accent

10 Festival plans → S 1/25

Festival organiser:
Thank you all for coming this evening. We're here to discuss the programme for the festival, and I want to hear your ideas too. But first I'll explain what has been organised so far.
The festival has been advertised in local newspapers and on tourist information websites, but please invite all your family and friends too – this is very important. It won't be a very good festival if not very many people come! We've been planning this for a long time, and we want it to be a big success. Now, you're all in bands, so I'm sure you want to know about the sound equipment. Some very good sound equipment has been borrowed from a local sound equipment shop. You'll be able to play nicely and loudly! To say 'thank you', the name of the sound equipment shop has been put at the top of all advertisements for the festival.
Next – food and drink. So far we've arranged one vegetarian food stall, but all the other food and drink stalls have not been organised yet. If you have any suggestions for that, please tell me later.
But now the main reason you're here. We need to agree on the order the bands will play. Last year this was decided by throwing two dice. The lowest number goes first, and the highest number goes last. Is everybody happy to do it the same way this year?
Audience: Yes.

‹Revision C›

1 Out and about → S 1/30–33

Narrator: Dialogue 1
Tourist: Excuse me, have you got a minute?
Local: Yeah, sure. How can I help you?
Tourist: How do I get to the museum from here?
Local: Which museum?
Tourist: Oh, yes, sorry. The Museum of the Shipbuilding Industry. My guide book says it's here in this street. I've been going up and down the street, but I just can't find it.
Local: Ah … that museum was closed last year. The building was changed to shops and flats. Look – you see that building with the travel agency and the mobile phone shop – that was the museum.
Tourist: Oh dear. That isn't mentioned in my guide book. I've been looking forward to visiting it.
Local: Oh well, bad luck!

Narrator: Dialogue 2
Tourist: Excuse me, can you help me?
Local: Yes, of course. What's the problem?
Tourist: I've been looking for an address, and the street name isn't written on this map.
Local: What's the address?
Tourist: 25 Bird Close.
Local: Bird Close … Bird Close … Ah … Do you mean Baird Close?
Tourist: Oh … yes, maybe that's it.
Local: Baird invented the TV. That's why some streets are named after him.
Tourist: How do I get from here to there, please? Do you know?
Local: Yeah, it's easy. Go down to the end of this street, turn left, then take the second right.
Tourist: End of the street, left, second right.
Local: Yup, that's it.

Tourist: Great. Thanks very much for your help.
Local: You're welcome.
Narrator: Dialogue 3
Assistant: What can I do for you?
Buyer: People have been telling me I should try haggis, but I'm a vegetarian. I've been trying to get some vegetarian haggis since I arrived in Scotland, but I haven't found any. Do you sell vegetarian haggis?
Assistant: Yes, we do.
Buyer: Fantastic! And there's absolutely no meat in it?
Assistant: It's made with vegetables and beans.
Buyer: What about the sheep's stomach? I heard that in normal haggis, the ingredients are all put into a sheep's stomach.
Assistant: Don't worry! It's cooked in small bowls. If you buy a vegetarian haggis here, you get a nice little tartan bowl that doesn't cost extra. No sheep's stomach!
Buyer: Perfect. I'll have two, please.
Assistant: That's nine pounds ninety-eight, please.

Narrator: Dialogue 4
Tourist: Would it be OK if I took one of these maps?
Assistant: Yes, sure. They're free.
Tourist: Great. And could I ask you for some information about the city centre?
Assistant: Yes, of course. That's what we're here for. What do you want to know?
Tourist: Well, which of the museums here are OK for wheelchairs?
Assistant: Right, erm … I think all the museums here are OK for wheelchairs. I'll just check. Mary …
Mary: Yes?
Assistant: All the museums are OK for wheelchairs, aren't they?
Mary: Yes, they are.
Assistant: Yeah, there's no problem with wheelchairs in any of the museums.
Tourist: OK, great. Thanks very much for your help.
Assistant: You're very welcome.

Across cultures 3

1 Small talk → S 2/7–10

Narrator: Dialogue 1
Boy 1: Hello. My name's Colin. Colin Chambers.
Boy 2: Hi. I'm Geoff. Nice to meet you. Are you new here?
Boy 1: Yes, I am. I moved here last week. Our new house is in Princeton Road, just near the school. Number 48. Dad and I came here in our car, but it was full of stuff, and there wasn't space for Mum, so she came by train. The journey took about eight hours.
Boy 2: Wow … you've come a long way. Where are you from?
Boy 1: I'm from Truro. It's a town in Cornwall. It's one of the biggest towns in Cornwall. Maybe the biggest. I'm not really sure.
Boy 2: Yes, I know Truro. I went there once, a long time ago. When I was on holiday in the area. Do you miss anything about it?
Boy 1: Well, I miss our old house, of course. We had a nice old house near the town centre, with a very nice little garden. It was next to a shop, and in the shop they had some amazing …

225

Transkripte Workbook

Narrator:	Dialogue 2
Girl 1:	Hi. I'm Annie.
Girl 2:	Hello.
Girl 1:	What's your name?
Girl 2:	Kelly.
Girl 1:	Are you new here?
Girl 2:	Yes, I am.
Girl 1:	Me too. My family moved here last month. We were in London before.
Girl 2:	OK. London's cool.
Girl 1:	So … are you enjoying it so far?
Girl 2:	Yeah, it's OK.
Girl 1:	What courses are you doing?
Girl 2:	Maths, English, Art and some others. You know, the usual courses.
Girl 1:	Which is your favourite?
Girl 2:	Art.
Girl 1:	So you're an artist. That's cool! Can you tell me a bit about the type of art you do?
Girl 2:	I do lots of different types of art.
Girl 1:	Wow … well, nice to meet you.
Girl 2:	Yeah.
Narrator:	Dialogue 3
Boy 3:	Hi. Is this your first day here?
Boy 4:	Yes, it is. Yours too?
Boy 3:	Yeah. What do you think of it so far?
Boy 4:	Well, it seems great. It's very different to the school I was at before.
Boy 3:	How was your old school different?
Boy 4:	It was much smaller, and the uniform was completely different.
Boy 3:	Do you miss it?
Boy 4:	No, not really, and I hated that uniform! It was a green jacket with brown trousers. Yuk! What about you? What was your last place like?
Boy 3:	Not so different to this one. It was about the same size, and the uniform was almost the same. But I'm still feeling a bit nervous about starting at a new place.
Boy 4:	Me too. My name's Joseph.
Boy 3:	I'm Harinder. Are you in Year 10?
Boy 4:	Yes, I am. What subjects are you doing?
Boy 3:	Maths, Computing, Science …
Boy 4:	Hey, me too! Which classes are you in?
Narrator:	Dialogue 4
Girl 3:	Hi. You're new here, aren't you?
Boy 5:	Yes, this my first day here. I'm feeling a bit nervous about studying in English. I'm doing …
Girl 3:	Have you tried the cafeteria yet? It's great. Excellent coffee.
Boy 5:	I don't drink coffee. I prefer …
Girl 3:	I think it's the best coffee in the whole city. Where are you from?
Boy 5:	I'm from Spain. I come from a village near …
Girl 3:	I had a great holiday in Spain two years ago. Or was it Italy? Yes, it was Italy.
Boy 5:	My family moved here for my mother's job. She works for …
Girl 3:	Italy's a wonderful place. The coffee there is amazing. Do you like coffee? I love it. You should try the coffee in …

Unit 4

3 Conversations from history → S 2/11–15

Narrator:	Dialogue 1
Servant 1:	Sir, Sir!
Francis Drake:	Yes, what is it?
Servant 1:	Look, Sir, there – on the sea! Hundreds of Spanish ships! They're coming to invade us!
Francis Drake:	Oh dear. I'm really enjoying this game. I think I'll win. Erm … give me a few minutes.
Servant 1:	Er … yes, Sir. Well done, Sir. You've won.
Francis Drake:	Yes, I have. That was fun! Now, what were you saying about those Spanish ships?
Narrator:	Dialogue 2
Servant 2:	Are you ready to go to Buckingham Palace, Your Majesty? Your private train is waiting.
Queen Victoria:	Yes, I'm ready now. Y'know, these stories about Sherlock Holmes really are very good. I think I'll take this with me to read on the journey.
Servant 2:	Yes, Your Majesty.
Narrator:	Dialogue 3
Mrs Raleigh:	I'm so happy you're home at last!
Walter Raleigh:	Look, here are some of the things we brought back.
Mrs Raleigh:	Ooh … what's this?
Walter Raleigh:	Well, it's a type of vegetable. They're very popular there. There are tribes who eat them every day.
Mrs Raleigh:	Hmmm. Can I try one?
Walter Raleigh:	Yes, of course. Here you are.
Mrs Raleigh:	Oh … it's hard!
Walter Raleigh:	Yes, usually they're cooked until they're soft.
Mrs Raleigh:	Mmm. I see. It doesn't taste of much.
Walter Raleigh:	No, but I think they will go very well with meat or fish.
Mrs Raleigh:	Well, maybe. What about that?
Walter Raleigh:	Ah yes. You see, I take these leaves, burn them like this, and then take a deep breath. Do you want to try?
Mrs Raleigh:	Oh, all right. Oh dear, no! I don't like that at all! Why did you bring that back?
Narrator:	Dialogue 4
Robert Dudley:	Marry me, Your Majesty!
Queen Elizabeth:	Oh, Robert, you're a dear, sweet man, but you know I'm never going to change my mind about that.
Robert Dudley:	I know, I know. But I had to ask one more time.
Narrator:	Dialogue 5
Shakespeare:	What did you think of it?
Friend:	Well … I quite liked it.
Shakespeare:	You quite liked it? It's my best play yet!
Friend:	It's very long, and I got cold and wet. The theatre doesn't have a roof, remember.
Shakespeare:	What about "To be, or not to be, that is the question." That was a good bit, wasn't it?
Friend:	Yes, that bit was OK.
Shakespeare:	Do you think my plays will be remembered after I'm dead?
Friend:	Er … who knows? Maybe.

12 A murder story: John Costain's walking stick
→ S 2/16

Tour guide:
Did you know, Ladies and Gentlemen, that in Victorian London, murder was an everyday event … or should I say an every night event, because most of them happened at night, in dark, narrow streets like this one. In fact, there was a really nasty murder in the next street we're going to go into … here we are … this is Kenton Lane, and a man was murdered here on the 7th of November, 1875.
On that night, at around 9 p.m., John Costain was walking home. He had been a successful actor, but he hadn't had any work for a long time, and he had become very poor. He was living in one tiny room in this street. Now, of course, this is a very nice part of London, but then it was very poor and dirty. He had sold almost everything he had to buy food, and he only had one valuable thing left.
It was a walking stick with a silver handle. Walking sticks were very popular then, for men. They weren't only used to help with walking. They were used to move rubbish out of the way when you wanted to walk down a dirty street. And in Victorian London, that was most streets!
Anyway, earlier that day, he had tried to sell it, but he hadn't been able to find a buyer. So he was walking back to his cold, dark, small room in this street with his walking stick still in his hand.
He stopped to take his pipe out of his pocket. It was a cold night, and his fingers were cold too.
He dropped his pipe. So of course, he went to pick it up. At that moment, a man came out of this door, put a knife into John Costain's neck, took his walking stick with the silver handle and ran away!
A woman saw everything from her window and told the police about it later.
So, what was unusual about this story? Nothing, really. Murders like this happened every day back then. John Costain was just unlucky. If he had sold his walking stick, he wouldn't have been murdered. If he hadn't stopped to take out his pipe, he probably wouldn't have been murdered. As I said, it was just bad luck. What makes this story special is that it's a ghost story. People say that on a cold, dark night, a man in Victorian clothes with a walking stick is seen walking down this street, and then a woman's scream is heard – the woman who saw the murder.

⟨Revision D⟩

1 A news report from history → S 2/25

News reader: Good evening, and welcome to the news from Tuesday the 29th of June, 1613. The main story tonight: a fire in the Globe Theatre! This afternoon London's most famous theatre caught fire during a performance of Henry the Eighth, and burned to the ground. With me is William Shakespeare, the leader of the Globe Theatre company and this country's most famous writer of plays. So, Mr Shakespeare, this is awful news for your theatre company.
Shakespeare: Well, yes it is in some ways. But it was just a building. Nobody was hurt in the fire. That's the most important thing.
News reader: Yes, the theatre was only half full, I heard.
Shakespeare: That's right. It was raining. People don't like going to the theatre when it's raining because the theatre has no roof. If it had been a sunny day, the theatre would have been full. If the theatre had been full, people would probably have died in the fire.
News reader: But it wasn't raining enough to put out the fire.
Shakespeare: No. If it had been raining a lot, it would have stopped the fire. Well, maybe.
News reader: Do you know how the fire started?
Shakespeare: Yes, I do. Erm … this is a bit embarrassing. As part of the audio-visual effects, we used some fireworks. One of those fireworks went the wrong way. Of course, the theatre is made of wood, and … the next thing we knew, there was smoke everywhere.
News reader: Fireworks were used in a wooden theatre?
Shakespeare: Yes.
News reader: I see. So, what about the play? Are you going to do it somewhere else?
Shakespeare: I hope so! It's a very new play. We'd only done it three times before. No four times – we also did it for King James at his palace.
News reader: Mr Shakespeare, good luck with finding a new theatre for your play, and thanks for talking to us this evening.
Shakespeare: You're very welcome.

Green Line 3 G9 — Unit 1, Station 1 — KV 1

KV 1 Working with language

1 Find the new forms
Complete the sentences from the text on page 10 in your book.

1. I' _____ ask my mum.
2. We' _____ text you.
3. I' _____ miss you so much!
4. _____ he [my dad] find work there?
5. I'm so sorry you _____ be able to go to the park with us.
6. And we _____ be able to play video games together.
7. And we' _____ come and visit you!

2 Find the rule

a) How do you form the **will future**? Fill in the grid below.

positive statement	_____ or (short form) _____	plus _____
negative statement	_____	plus _____

b) Are the sentences in ex. 1 about the past, the present or the future? _____

c) A sentence in the **will future** can be
  1. a **spontaneous decision** to do something or
  2. a **prediction** about the future.
  Write down one sentence from ex. 1 above for 1. and one for 2.

1. _____
2. _____

d) Complete the sentences with the will future. With a partner, discuss if each sentence is a spontaneous decision or a prediction.

1. Oh no! I've forgotten my mobile! – I _____ (give) you mine.
2. You don't need warm clothes. It _____ (not be) cold this afternoon.
3. I'm sure Jenny _____ (win) the competition.

3 Check the grammar
Now look at G1 in the Grammar Section, pages 152–153.

Green Line 3 G9 — Unit 1, Station 1 — KV 2

KV 2 What will they do?

a) *Read about these situations. Say what the people will/won't do. Write down two things.*

1.	Steve is in town and has lost his mobile.	☐ He'll buy a new one. ☐ He'll go to a police station and ask them to call his parents.
2.	The girls are on a trip to the beach, but now it's raining.	☐ They'll swim _____. ☐ _____.
3.	Amy wants to go on holiday to Cornwall, but she hasn't got enough money.	☐ She _____. ☐ _____.
4.	Tim has planned to meet Frank at the cinema, but Frank hasn't arrived.	☐ Tim _____. ☐ _____.
5.	Max has decided to take part in a talent show, but now he's feeling very nervous about it.	☐ He _____. ☐ _____.

b) *Compare your sentences with your partner. Discuss which prediction is most realistic.*

c) *Complete the sentences. Use the **will future**.*

1. It's very cold in your room. – Really? OK, I _____ the window.
2. I'd like to stay in touch with you when you move to Cornwall. – Me too! I _____ _____ e-mail address.
3. Mark wants to know how to make pizza. – OK, I _____.
4. Can you come on holiday with me and my parents? – I'd love to! I _____ my mum.
5. I have to look after my little sister tomorrow afternoon. That's so boring! – I _____ _____, if you like.

Green Line 3 G9 — Unit 1, Station 1 — KV 3

KV 3 What Dave will and won't do

Dave and Olivia are meeting again before Dave and his family move to Cornwall and they're talking about the future.

△ **a)** Look at the pictures and make sentences about what Dave **will** or **won't do**.
  Then think of two more things Dave won't do in the future.

▲ **b)** Look at the pictures and write a dialogue between Dave and Olivia about Dave's future.
  Think of two more things that Dave won't do.

Start like this:
Dave: Olivia, I'm so worried about my future in Cornwall. What will I do without Greenwich and my friends?
Olivia: Don't worry, Dave. I'm sure you'll do a lot of great things …

What Dave will do:

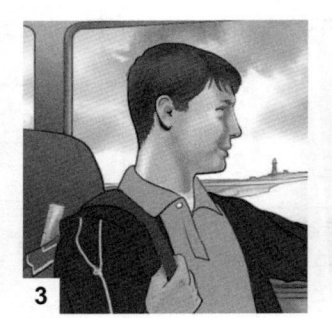

1   2   3   4

What Dave won't do:

5   6   7

Green Line 3 G9 — Unit 1, Station 1 — KV 4

KV 4 Listening: Preparing for the trip

a) *Listen to the first part of the dialogue again. (until Holly: "… the boys will stay in Dave's room.") True or false? Tick (✓) the right box.*

	true	false
1. Dave already lives in Cornwall.		
2. All the friends have already asked their parents about the trip.		
3. They are old enough to go without an adult.		
4. They will go by coach if it's cheaper than the train.		
5. There are enough bedrooms in Dave's new house for all the friends.		
6.		

b) *Listen to the next part of the dialogue again. (until Holly's mum: "… the old lady next door.") Complete the sentences.*

1. The tickets to Cornwall will cost between _____.
2. Holly doesn't want to be the only one who _____.
3. Holly's mum says they haven't got _____.
4. Luke's grandparents _____.
5. Maybe Holly can wash _____.

c) *Now listen to the last part of the dialogue. Tick the right box.*

1. Amber has saved some money for
   a) ☐ pair of jeans.
   b) ☐ ice skates.
   c) ☐ a trip.

2. Holly must pay Amber back
   a) ☐ next month.
   b) ☐ in three weeks.
   c) ☐ in three months.

3. Amber is being nice to Holly because
   a) ☐ she needs Holly's help.
   b) ☐ they're sisters.
   c) ☐ Holly will soon be away in Cornwall.

4. Holly can sell some things
   a) ☐ on the internet.
   b) ☐ to the neighbours.
   c) ☐ at the flea market.

Green Line 3 G9 — Unit 1, Station 1 — KV 5

KV 5 Talking about the weather

a) *You work for a local radio station. Look at the pictures and write the weather forecast for tomorrow. You can look at the useful phrases for help.*

Useful phrases

It'll be rainy / cloudy / sunny / windy / stormy / cold / warm / hot.
There'll be rain / clouds / sun / lightning / thunder / wind / a storm.

	Morning	Afternoon	Evening
Redruth	sun	sun behind cloud	cloud with wind
Exeter	rain cloud	lightning	cloud
Plymouth	cloud	rain cloud	rain cloud with wind

Start like this:
Here's the weather forecast for tomorrow. Let's start with Redruth. In the morning …

_____

_____

_____

_____

_____

_____

b) *Your English friend is going to visit you tomorrow. He / She wants to know what clothes to pack and asks you about tomorrow's weather. Check a local newspaper or the internet and send a text message to your friend. Tell him / her about tomorrow's weather in your home town.*

_____

_____

_____

_____

_____

_____

_____

Green Line 3 G9 — Unit 1, Station 2 — KV 6a

KV 6a A look at Cornwall – Before you watch

a) *What do you know about Cornwall? Make a mind map with your partner.*

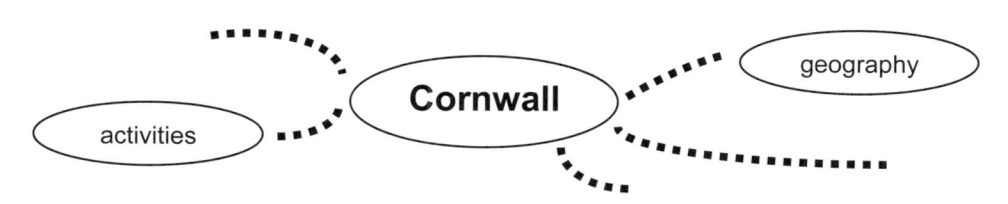

- activities — Cornwall — geography

b) *Have a look at the photos. What can the speaker in a film about Cornwall say about these places? Make notes for each picture.*

A

_____
_____
_____

B

_____
_____
_____

C

_____
_____
_____

D

_____
_____
_____

Green Line 3 G9 — Unit 1, Station 2 — KV 6b

KV 6b A look at Cornwall – While you're watching

c) *Watch the film without sound. Write a text for the speaker. The mind map and your notes from KV 6a can help you.*

_____
_____
_____
_____
_____
_____
_____
_____
_____
_____

d) *Right or wrong? Tick (✓) the right boxes. Then correct the wrong sentences.*

		Right	Wrong
1.	In Cornwall the sea is never more than about 20 miles away.	☐	☐
2.	The weather in Cornwall is very rainy.	☐	☐
3.	The west coast is often called 'the Cornish Riviera'.	☐	☐
4.	Cornwall has got almost 300 miles of coastline.	☐	☐
5.	West of Land's End, there is no land – just the sea.	☐	☐
6.	Visitors come to Cornwall for its big city life.	☐	☐

_____
_____
_____
_____

Green Line 3 G9 — Unit 1, Station 2 — KV 7

⚠ KV 7 Working with language

1 Find the new forms
Complete the sentences from the text on page 14 in your book.

1. If you _____ at a map of Great Britain, you _____ Cornwall in the far west.

2. And if you _____ into sports at all, you _____ a lot of very interesting sights.

3. If you _____ one of the museums, you _____ a lot about Cornwall's Celtic past or its mining history.

4. But you _____ lucky if you _____ it.

5. If you _____ to eat real Cornish food, you _____ pasties.

6. And if you _____ still hungry, _____ cream tea with scones, clotted cream and jam.

2 Find the rule
a) *How to **make conditional clauses type 1**:*
Look at the sentences in ex. 1 again. Which tenses/verb forms are used in the two parts of the sentences? Fill in the grid below.

If-clause	Main clause
	or _____
	or _____

b) *How to **use conditional clauses type 1**:*
Look at the sentences again. Match them with the meanings.

1. If you look at a map of Great Britain, you'll find Cornwall in the far west.
2. And if you aren't into sports at all, you can visit a lot of very interesting sights.
3. If you want to eat real Cornish food, you should try pasties.

a The speaker gives advice.
b The speaker makes a prediction.
c The speaker talks about a possibility.

3 Check the grammar
Now look at G2 in the Grammar Section, pages 154–155.

Green Line 3 G9 — Unit 1, Station 2 — KV 8

KV 8 What will they do if …?

a) *Match the half sentences with the phrases in the box. Then complete the sentences.*

the Baxters – not spend – time – beach	she – can go – pony trekking
eat – real Cornish food	he – not find – good activity centre
they – hear – old Cornish language	they – see – miles – beautiful coastline

1. If the Baxters go to Cornwall, _____.
2. But they'll be very lucky if _____.
3. Emma Baxter will have fun if _____.
4. If the weather is cold and wet, _____.
5. Andy will be very disappointed if _____.
6. A neighbour's advice: "If you find a good café, _____.

b) *Complete the sentences with your own ideas.*

1. I'll start playing badminton if _____
2. If my parents decide to plan a holiday in Cornwall, _____
3. I won't do my homework today if _____
4. I won't be surprised if _____
5. If my grandma starts telling me about her schooldays again, _____
6. I'll invite all my class to my birthday party if _____

c) *Compare your sentences with your partner. Ask each other: "Why …?"*

Example 1: Because my brother plays badly/always wants to decide everything//is embarrassing.

Green Line 3 G9 — Unit 1, Station 2 — KV 9

KV 9 Announcements

a) *Listen to the dialogues and tick (✓) the right boxes. Then correct the wrong sentences.*

	Right	Wrong
Dialogue 1:		
1. Mr Preston is on platform 3 at the moment.	☐	☐
2. Mr Preston has missed his train.	☐	☐
Dialogue 2:		
3. Mr Preston travels second class to London King's Cross.	☐	☐
4. Mr Preston doesn't find his money.	☐	☐
Dialogue 3:		
5. Mr Preston visited the Eden Project last week.	☐	☐
6. The next stop is St Agnes.	☐	☐
Dialogue 4:		
7. Mr Preston won't get back to Greenwich until late in the evening.	☐	☐
8. Mr Preston wants to go shopping in the airport.	☐	☐

_____

_____

_____

_____

b) *Listen to the dialogues again. The speakers all have different local accents. Match the numbers of the dialogues with the correct accents. Be careful: Two accents don't fit.*

Cornish | American English | Irish | Welsh | the Queen's English | Scottish

Dialogue 1: _____   Dialogue 3: _____

Dialogue 2: _____   Dialogue 4: _____

Green Line 3 G9 — Unit 1, Station 2 — KV 10

KV 10 Writing your own poem

Your task: On p. 16 in your book, you've read a poem about the Romans in Britain and you've completed a poem about Britain. Now it's time for your own poem about your school. Find out how to write it.

Step 1: Rhymes
Read the poem about the Romans in Britain on p. 16 in your book again. Then write down the last word of each line. Write down letters (A, B, C, ...). Use the same letter for the words that rhyme[1].

Line	Word	Letter	Line	Word	Letter
1	acqueducts	A	5		
2	roads	B	6		
3			7		
4	loads	B	8		

Step 2: Collecting ideas for your own poem
Collect ideas for your own poem about your school. Make a word web and write down words that rhyme. You can use these words in your poem at the ends of the lines.

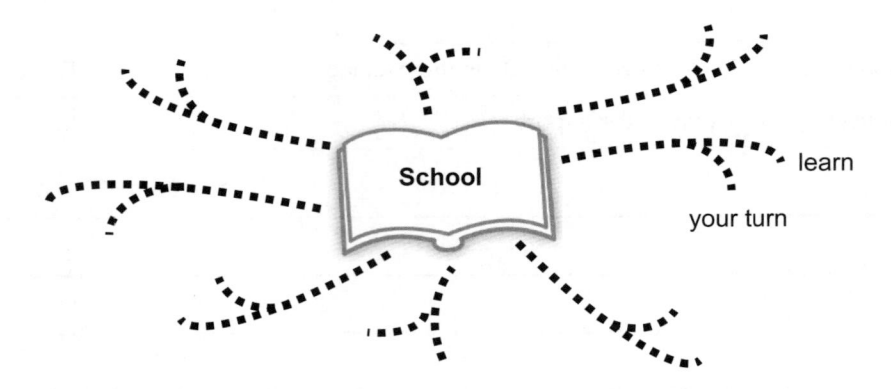

School — learn — your turn

Step 3: Writing your own poem about your school
Now write your own poem about your school. Use the words from the word web. The words in your poem can rhyme like the words in the poem about the Romans in Britain (Step 1). But you can also use a different pattern.

___

[1] to rhyme (sich) reimen

Green Line 3 G9 — Unit 1, Story — KV 11

▲ KV 11 Things will get better

a) *One month later, the friends visit Dave in Cornwall again. A lot of things have happened. Write a story about the friends' meeting[1]. Before you write your story, collect ideas in the grid.*

What has happened / changed in Dave's life?	What's the story about?	How does Dave feel?	How do the friends feel without Dave?

b) *Read S11 on p. 140 in your book. Then write your story. Try to make it as interesting and exciting as possible.*

_____
_____
_____
_____
_____
_____
_____
_____
_____
_____
_____
_____

c) *Read S12, S13 and S14 on pp. 141–142 in your book. Then give your text to your partner. Read your partner's story and give feedback. Correct mistakes and make suggestions for words or phrases your partner could add or change.*

d) *Improve your story with the help of your partner's feedback.*

1 meeting Treffen

Green Line 3 G9 — Unit 1, Story — KV 12a

△ KV 12a Creative writing

You're on holiday in Cornwall. You want to write a postcard to your English penfriend[1], Sally.

Step 1: Planning your text (content[2])

Write down …

… two things you did in Cornwall.	… one spontaneous idea for the evening.
_____	_____
_____	_____
_____	_____
… one sight you visited in Cornwall.	… what typical Cornish food you ate.
_____	_____
_____	_____
_____	_____

Step 2: Planning your text (language)

a) Have a look at the postcard on p. 20 in your book. Write down how you can start and finish your text.

_____

_____

b) Which tense do you need when you want to write about the things you did in Cornwall?
Write down two sentences about the two things you did.

_____

_____

_____

_____

c) Which tense do you need when you want to write about your spontaneous idea for the evening?
Write down one sentence and say something about your spontaneous idea.

_____

_____

---

1 penfriend Brieffreund/-in   2 content Inhalt

Green Line 3 G9 — Unit 1, Story — KV 12b

KV 12b   Creative writing

Step 3:   Writing your postcard
Use the sentences and phrases from Step 2 and write your postcard. Add two more sentences: one about another sight in Cornwall and one about typical Cornish food you ate.

Step 4:   Checking your text
Read S12, S13 and S14 on pp. 142–143 in your book. Then read your text again and correct mistakes or add new words, e. g. adjectives to make your text more interesting for Sally.

Green Line 3 G9 — Unit 1, Action UK! — KV 13

KV 13 The caves

a) *Put the pictures in the right order. Write the numbers 1–6 in the boxes. Then write the correct headings under the pictures.*

This is it.   Waiting for the boys   Grandad!   What caves?   There was a ghost.   The noise

A

B

C

D

E

F

b) *Use the notes to tell the story. Write it in your exercise book.*

weekend in the country   meet at the train station   go back for tea in Grandad's garden
story about caves   go to caves on scooters   get lost / hear noises / a ghost? / spooky
scared / run out   Did Grandad play a trick on the friends?

Start like this:
Jinsoo and Marley wanted to visit Laura and Alicia who were staying with
Laura's grandad in the country. They all …

Green Line 3 G9 — Unit 1, Action UK! — KV 14

KV 14 Suspense: What's going to happen?

a) *Complete the text with the words in the box.*

elements   worried   suspense   excited

When you feel _____ (1) or _____ (2) because you think something is going to happen – or maybe because you just don't know what's going to happen – we say there is _____ (3). This is what makes us want to read on or to watch the rest of the film.

Different _____ (4) can create suspense.

b) *Make your own notes about what creates suspense in the film. The stills can help you.*

There are lots of exciting things to do – as long as you stay away from the caves.

I think we're lost.

Don't touch it!

You heard that, right?

fast / quick, loud, dramatic, scary, spooky music

to scream, to whisper, a bird, water, a noise, a voice

Elements that create suspense	Notes
The story • what people do or say • things in the story	
Characters / actors • voices • faces	
Audio-visual effects • light / darkness • (strange) sounds • (dramatic) music	

KV 15 Words, words, words

a) *Write the words under the correct heading.*

beach   climbing   coastline   connection   fare   fishing   hiking   island   journey   mountain biking
platform   pony trekking   sandy   sea   shore   ticket   transport   windsurfing

activities	coast	travelling
_____	_____	_____
_____	_____	_____
_____	_____	_____
_____	_____	_____
_____	_____	_____
_____	_____	_____

b) *Which words go together? Make pairs (one word or two).*

agent's   coast   country   forecast   land   line   out   place   return
scape   side   starting   ticket   trail   travel   walking   ward   weather

_____   _____   _____
_____   _____   _____
_____   _____   _____

c) *Complete the text with the words in the box.*

arrives   book   change   connections   departs   fare   journey
platform   return   Station   travel agent's   online

Steve needs a _____ ticket for the _____ from London to Bodmin and

back again. He can _____ his ticket _____ or he can go to a _____

_____. The _____ between London and Bodmin are good. Steve

must only _____ trains once. His train _____ from London at 2:10 p.m. from

_____ 10. It _____ in Bodmin at 8:25 p.m. The _____ is £54.

Steve's aunt will meet him at Bodmin _____.

Green Line 3 G9 — Revision A — KV 16a

KV 16 a Test yourself

1 What will the family do?

a) *Mrs. Smith is worried about going away on a trip and leaving her family at home. What can they say to calm her down?*

"Don't worry, Mum. Dad will take us to _____."

"I won't forget _____."

"We'll _____."

" _____."

_____

b) *Compare your ideas with your partner. Discuss the situation in your family. Imagine you want to persuade your parents to let you stay at home for some time alone. What would you promise to your parents?*

2 Be prepared for everything!

a) *Marco and his brother Tony have decided to go to Cornwall together. They haven't made any plans yet. What should they think about? Complete the sentences, then find more ideas of your own.*

1. If the boys go camping, they'll _____. (need – torch)
2. They'll _____. (visit – museums / weather – bad)
3. Their parents _____.
   (parents – worried / boys – not call)
4. _____.
   (not enjoy – local food / eat – in snack bars)
5. _____
6. _____

b) *Imagine you can plan a trip round the UK. What places will you visit and what will you/won't you do there?*

1. If I go to Wales, I won't _____.
2. _____
3. _____

Green Line 3 G9 — <Revision A> — KV 16b

KV 16 b Test yourself

3 A dialogue

Marco and his brother Tony have decided to go to Cornwall together. They haven't made any plans yet. What should they think about? Complete the sentences, then find more ideas of your own.

Green Line 3 G9   <Revision A>, Speaking   KV 17

KV 17

A

a) Describe the photo. Where is the person? What is she doing? How important are modern media for her in this situation?
(1–2 minutes)

b) Compare the two photos. In what ways would the situation be better/worse for the two teenagers without the modern media? Can you think of any disadvantages (Nachteile) of using modern media like the internet when you're out and about?
(3–4 minutes)

B

a) Describe the photo. Where is the person? What is he doing? How important are modern media for him in this situation?
(1–2 minutes)

b) Compare the two photos. In what ways would the situation be better/worse for the two teenagers without the modern media? Can you think of any disadvantages (Nachteile) of using modern media like the internet when you're out and about?
(3–4 minutes)

A

a) Describe the photo. Think of people of your age who live here: talk about their everyday lives.
(1–2 minutes)

b) Compare the two photos. Discuss the pros and cons of living in each of the places. Which would you like better? Why?
(3–4 minutes)

B

a) Describe the photo. Think of people of your age who live here: talk about their everyday lives.
(1–2 minutes)

b) Compare the two photos. Discuss the pros and cons of living in each of the places. Which would you like better? Why?
(3–4 minutes)

KV 18

A

Places to visit

1. Give a short talk on the topics a), b) and c).
   Talk for about 2 minutes about each topic:

   a) What do you usually do in the summer holidays?
   b) Describe a place or region in the UK where you would like to go for a holiday.
      (Think of famous sights, the countryside, history, activities, the language.)
   c) Describe a typical day during your holiday there.

2. Think about your own town or region. Discuss with your partner which places would be interesting for a visitor to your town or region. Give your opinion.
   Talk with your partner for 3–4 minutes.

B

Places to visit

1. Give a short talk on the topics a), b) and c).
   Talk for about 2 minutes about each topic:

   a) What do you usually do in the summer holidays?
   b) Describe a place or region in the UK where you would like to go for a holiday.
      (Think of famous sights, the countryside, history, activities, the language.)
   c) Describe a typical day during your holiday there.

2. Think about your own town or region. Discuss with your partner which places would be interesting for a visitor to your town or region. Give your opinion.
   Talk with your partner for 3–4 minutes.

Green Line 3 G9 — <Revision A>, Speaking — KV 19

KV 19

A

Moving to another country

1. Your parents are thinking of moving house with all the family to another country in Europe.
   Their job possibilities are better there.

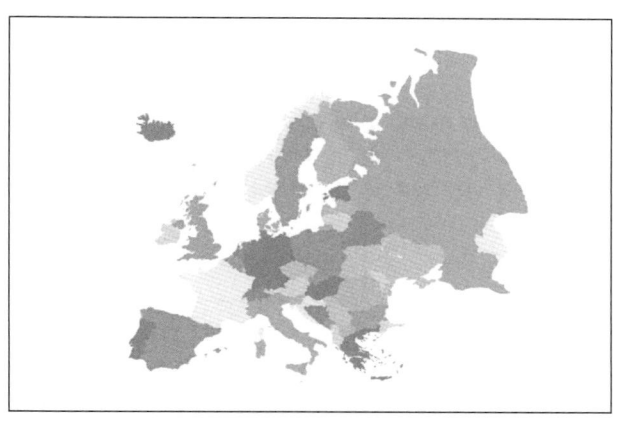

You are against their plan. What can you say to your parents to make them change their plans?
Think of these points:
the town/village where you live • your life at home/at school • your friends • your hobbies and activities
(2–3 minutes)

2. Discuss the pros and cons of the move with your partner (that is, your brother or your sister).
   You are against the move; he/she is for it.
   (3–4 minutes)

B

Moving to another country

1. Your parents are thinking of moving house with all the family to another country in Europe.
   Their job possibilities are better there.

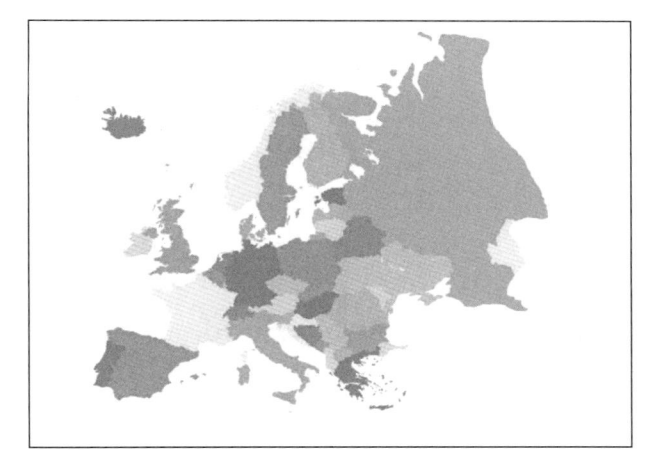

You think it's a great idea, but your brother/your sister is very much against the plan. What can you say to him/her to make him/her agree to the plan?
Think of these points:
feeling of adventure • only a few people have this chance • new language, new friends • it needn't be forever
(2–3 minutes)

2. Discuss the pros and cons of the move with your partner (that is, your brother or your sister).
   You are for the move; he/she is against it.
   (3–4 minutes)

KV 20 British stories and legends

- Cut out the cards, shuffle them and give each player three cards. Put the rest in a pile[1].
- Player A chooses one of his / her cards and reads out the name or statement. The player who can put a card with the correct name / a matching statement on the table first can keep the pair of cards and wins the round. If nobody has got a correct card, player A takes a new card from the pile and then reads out another one of his / her cards.
- After the first round, player A and the winner take a new card each so that everyone has got three cards again. Then player B starts the next round.
- When you've used all the cards from the pile, the person with the most pairs wins!

1 pile Stapel

Dr Watson was his assistant.	Many people think Tintagel was his castle.	He lived in Sherwood Forest, near Nottingham.	He was a powerful king.	He lived in Baker Street in London.
His knights sat at the Round Table.	He loved Maid Marian.	He solved many mysterious crimes.	He was a private detective.	He is a character from books and stories by a Scottish author.
He was a famous outlaw	He stole from the rich and gave to the poor.	King Arthur	King Arthur	King Arthur
Robin Hood	Robin Hood	Robin Hood	Robin Hood	Sherlock Holmes
Sherlock Holmes	Sherlock Holmes	Sherlock Holmes	Sherlock Holmes	

KV 21 A role play: Stories and legends

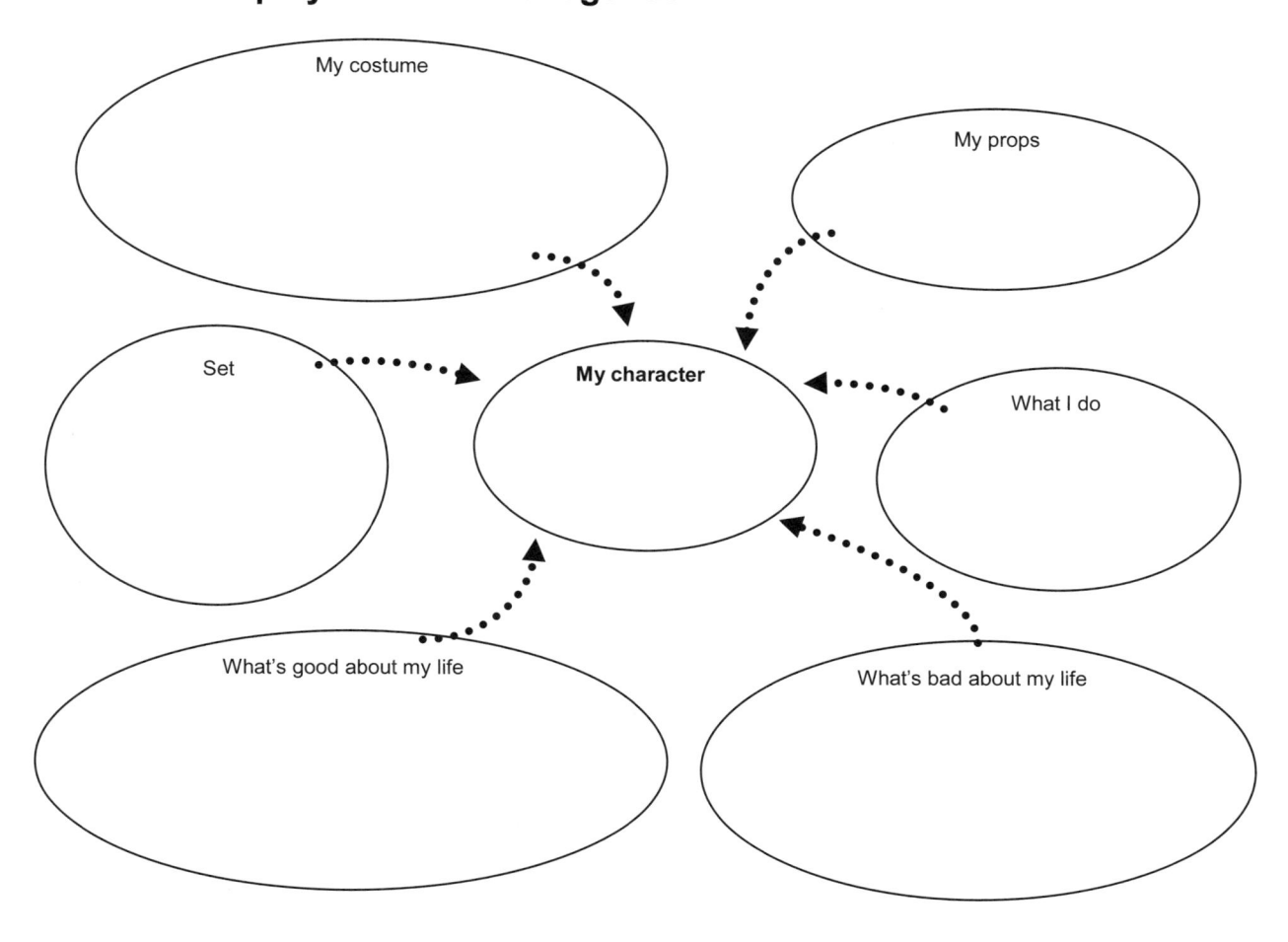

- My costume
- My props
- Set
- My character
- What I do
- What's good about my life
- What's bad about my life

Useful phrases

Hi there / hello everyone, nice to meet you.
I'm from … / I was born in … / I live in … with …
I'm a character in a story about … / I'm famous for … / People know me because …
I'm a brave / confident / cruel / happy / religious / … person.
I love to … / I'm interested in … / I'm good at … / I'm scared of … / I don't like …
I wear dark clothes / a hat / nice jewellery / a long dress / a uniform / …
I carry a book / a spear / a torch / …
My life is exciting / boring / dangerous / crazy / wonderful / … because …

Green Line 3 G9 — Unit 2, Introduction — KV 22

KV 22 A radio call-in

a) *Listen to the radio call-in. Are the sentences below right or wrong? Tick ✔ the correct statements and correct the sentences which are wrong.*

		Right	Wrong
1.	Today's show is about people with different talents and different ideas for the future.		
2.	People aged between 15 and 20 can call during the show.		
3.	Jenna, a boy from Brighton, calls first.		
4.	Jenna thinks that she's got a lot of special talents.		
5.	Jenna's friends don't like to talk to her about problems because she never listens to them.		
6.	Jenna doesn't like to be competitive.		
7.	The next caller is a boy. His name is Stephen and he is 16.		
8.	Stephen doesn't like to be in the spotlight in social situations.		
9.	He was in a musical at school four years ago.		
10.	Stephen likes to be on stage, but he isn't into sports.		
11.	He thinks that "practice makes perfect".		

b) *Compare your results with those of a partner.*

c) *Imagine you're on the Jack Henley-Smith show. One of you is Jack and the other person is the caller. Talk about your talents and which kind of smart you are. Act out the dialogue in front of your class.*

KV 23a Working with language

1 Find the new forms: conditional clauses type 2

Complete the sentences from the text on page 28 in your book.

1. Everyone _____ a millionaire if it _____ so easy.

2. I _____ so stressed out if I _____ a million pounds.

3. If Mum and Dad _____ in my talent, they _____ me to do my homework all the time.

4. They're sure you _____ a good job one day if you _____ better marks now.

5. If I _____ to go to school, I _____ to London and be a model too!

6. If I _____ the right plans now, I _____ more choices later.

2 Find the rule

a) You already know about **conditional clauses type 1**. Find all the **conditional clauses type 1** in Ex. 1. What tenses do you use? Fill in the grid below.

Conditional clauses type 1	If-clause	Main clause

b) Look at the other sentences. They are called **conditional clauses type 2**. What tenses do you use here? Write them down in the grid.

Conditional clauses type 2	If-clause	Main clause

c) Look at the sentences in Ex. 1 again. With a partner, discuss what the difference is between the two types. Then complete the rule with these words and phrases:

(probably) won't come true   probably will come true   probable   possible (2x)   not probable

We use **conditional clauses type 1** when the action in the if-clause _____ (1).

That means the action is _____ (2) and _____ (3).

We use **conditional clauses type 2** when the action in the if-clause _____ (4).

That means that the action is _____ (5) but _____ (6).

Green Line 3 G9 — Unit 2, Station 1 — KV 23b

KV 23b Working with language

3 Test yourself

a) *Tick ✔ the right conditional clause for the following situations.*

1. You think you'll have more free time soon.
   ☐ If I have more free time, I'll learn to play the sax.
   ☐ If I had more free time, I'd learn to play the sax.

2. It isn't possible for you to move to London.
   ☐ I'll be able to get modelling jobs if I move to London.
   ☐ I'd be able to get modelling jobs if I moved to London.

3. John isn't planning to start a business.
   ☐ If John starts a business, it won't be a success.
   ☐ If John started a business, it wouldn't be a success.

b) *Put in the correct verb forms to make **conditional clauses type 1 or 2**.*

1. I don't get much pocket money. If I _____ (have) more money, I _____ (buy) a new smartphone.

2. My brother has got perfect marks. I think he _____ (get) a good job if he _____ (go) on like this.

3. The weather has been bad all week. If it _____ (rain) again tomorrow, I _____ (not be able) to go swimming.

4. I'm not allowed to go to a party because of a Maths test tomorrow. If there _____ (not be) a Maths test tomorrow, I _____ (be allowed) to go to the party.

5. All my friends are on holiday. If they _____ (be) here, we _____ (do) something fun together.

4 Check the grammar

Now look at G2 and G3 in the Grammar section, pages 154–156.

Green Line 3 G9 — Unit 2, Station 1 — KV 24

KV 24 What would you do if …?

a) Look at the grid below, then think of more **conditional clauses type 2** with two different possibilities for the main clause and write them in the grid.

b) Exchange the paper with a partner and tick ✔ the possibility you'd choose. Then look at your partner's answers and discuss your choices.

Example: A: Why would you feel embarrassed if your best friend wore the same T-shirt as you? For me it would be funny.
B: I'd feel embarrassed because I want to be individual.

1.	If my best friend came to school with exactly the same T-shirt as me, …	☐	I'd laugh about it with him or her.
		☐	I'd feel embarrassed and keep my pullover on all day.
2.	If I saw that someone was stealing something from a sports bag at school, …	☐	I'd tell a teacher.
		☐	I'd look away.
3.	If I met a nice boy / girl in a chatroom, …	☐	_____
		☐	_____
4.	If I found a wallet[1] with €50 in it, …	☐	_____
		☐	_____
5.	_____	☐	_____
		☐	_____
6.	_____	☐	_____
		☐	_____

1 **wallet** Geldbeutel; Portemonnaie

Green Line 3 G9 — Unit 2, Station 2 — KV 25

KV 25 Working with language

1 Find the new forms: reflexive pronouns and 'each other'

Complete the sentences from the text on page 32 in your book.

1. Do you ever really enjoy _____?

2. I'm talking to _____ but I feel like I'm talking to _____.

3. Well, I taught _____ how to play the sax when I was five! Nobody taught _____.

4. I hope the girls can behave _____ for two minutes. At the moment, they fight whenever they see _____. If they saw _____ like that, they'd be embarrassed!

5. She needs to enjoy _____ more.

2 Find the rule

a) *Complete the grid with the correct **reflexive pronouns** and **'each other'**.*

	I	taught	_____ (1)	HTML.
Did	you	hurt	_____ (2)	when you fell?
	Jay	bought	himself	a new pair of dancing shoes.
Is	Olivia	pushing	_____ (3)	too hard at the moment?
	My tablet	turns	itself	off after a few minutes.
	We	saw	ourselves	on TV last night!
Can	you two	behave	yourselves	for five minutes, please?
	Luke and Dave	always enjoy	_____ (4)	when they play computer games.
	Luke and Dave	send	_____ (5)	messages every day.

b) *Now complete the rule.*

The singular forms of the reflexive pronouns end in _____ (1); the plural forms end in _____ (2).

A _____ (3) can show that somebody did something alone and / or without any help.

You use _____ (4) to talk about interaction between people.

3 Check the grammar

Now look at G4 in the Grammar section, pages 157–159.

Green Line 3 G9 — Unit 2, Station 2 — KV 26

KV 26 Did you do it yourself?

a) *Complete the dialogues with **reflexive pronouns**.*

1. Luke: How much did it cost to fix your computer?
   Dave: Nothing. I fixed it _____.

2. Holly: Did Luke give you any of that pizza?
   Jay: No, he ate all of it _____.

3. Claire: Do you want me to help you to move that wardrobe?
   Olivia: No, it's OK, thanks. Lucy and I can do it _____.

4. Jay: Can you help me to understand this poem?
   Teacher: Read it again. You can understand it _____ if you try.

b) *Put the words in the correct order to make a caption[1] for this cartoon.*

but I'm not   do-it-yourself   done-it-yourself.
I love   very good at

_____
_____
_____
_____

c) *Complete the sentences with **object pronouns** (me, him, them, etc.), **reflexive pronouns** (myself, ourselves, themselves, etc.) or **each other**.*

1. I decided to buy _____ a present. It's a big box of chocolates, and they're all for _____!

2. My dogs are awful. I tell _____ to behave _____ but they can't understand English!

3. Lucy, your bedroom isn't going to tidy _____, and I'm not going to tidy _____ for you.

4. Has anybody ever told _____ that you talk to _____ in your sleep?

5. Jay and Luke sometimes help _____ with their homework. I'm not sure that's really good for _____.

6. Our work is very hard for _____. We need to give _____ more breaks.

1 **caption** Bildunterschrift; Untertitel

Green Line 3 G9 — Unit 2, Skills — KV 27

KV 27 Can we meet halfway?

Read the following dialogue and fill in the phrases for compromising, agreeing and disagreeing.

> Can we meet halfway?   Would you mind …?   I think that's a good idea.   Why don't we …   You've got a point but …   I don't think that's a good idea.   If we did it this way, I could …   I don't think we can do that.

Dave: Mum, Dad, I want to talk to you. You know that I miss Greenwich and my friends there a lot, don't you?

Mum: Yes, of course we know that. But you've found new friends here in Cornwall, haven't you?

Dave: Yes, I have, but I miss Luke and Jay and the girls a lot.

Dad: So what do you want to talk about?

Dave: I want to visit them next week – we've got a week's holiday from school.

Mum: _____ (1) I can't go next week.

Dave: But you don't have to. I'll take the train.

Dad: _____ (2) You're too young to travel on your own.

Dave: _____ (3) I think I can still do it. It's easy!

Mum: But if you get lost, you'll be in serious trouble. No, I don't want you to travel alone. And anyway, where are you going to sleep in Greenwich?

Dave: I've already talked to Luke and he says I can stay with his family. _____ (4) ask the train company for a guide?

Dad: Yes, why not. _____ (5) What do you think, Catherine?

Mum: I don't know. _____ (6) going with Dave?

Dad: All the way to Greenwich? That's not a good idea. But _____ (7) I'll join him for the first part of the journey and he'll go the rest of the way on his own?

Mum: Yes, I like the idea. But what about the way back?

Dave: _____ (8) ask Luke's dad to travel half the way with me. As a Tube driver, he doesn't pay much for train tickets.

Dad: If Mr Elliot agrees, I think we can do that. Catherine, what do you think?

Mum: Yes, let's do it like that.

Dave: Thanks, Mum and Dad! I'll go and talk to Luke …

KV 28   Listening: Finding a compromise

a) *Listen to the dialogue again. Then answer the questions in note form.*

1. Why do Matt's parents think he does so much sport?
   _____

2. What are Matt's real reasons?
   _____

3. Why are his parents against a new sport?
   _____

b) *Listen again. Tick (✓) the right box.*

1. Matt has found out about ice hockey
   a) ☐ in sports lessons.   b) ☐ from TV.   c) ☐ from a website.

2. Matt already plays
   a) ☐ football and rugby.   b) ☐ hockey and football.   c) ☐ rugby and water sports.

3. Matt enjoys being in a team because
   a) ☐ he has no brothers and sisters.   b) ☐ they can help each other with their homework.   c) ☐ it's easier to win matches.

4. Matt's beginner's course will be paid for by
   a) ☐ Matt's parents.   b) ☐ the club.   c) ☐ Matt himself.

c) *Put these parts of the discussion in the right order. Write the numbers 1–6.*

Matt's parents say how expensive the new sport will be.	
Matt's parents think he is too interested in sport and in showing off.	
His parents are prepared to try out Matt's plan.	
Matt explains how he could do a beginner's course without spending his parents' money.	
Matt wants to take up another new sport.	
Matt explains why he loves team sports.	

KV 29 Evaluate[1] your group work

Fill in the questionnaire about your work on the Unit task. Then work together with a member of one of the other groups and compare your results.

1. In our group we used English   ☐ all the time   ☐ often   ☐ sometimes   ☐ never

2. Everybody helped with the task and worked well together.   ☐ right   ☐ wrong

3. We all followed the different steps of the task.   ☐ yes   ☐ no   ☐ most of the time

4. The group work was   ☐ good   ☐ OK   ☐ funny   ☐ loud   ☐ bad

5. Our personality test is   ☐ finished   ☐ good   ☐ funny   ☐ boring   ☐ not good

6. I've learned …   – _____
   – _____
   – _____

7. Next time we should …   – _____
   – _____
   – _____

8. My opinion on personality tests:
   _____
   _____
   _____

9. I think I've improved my English   ☐ a lot   ☐ a little   ☐ not at all

10. During the next group task or project I want to …
    _____
    _____
    _____

    I don't want to …
    _____
    _____
    _____

1 **to evaluate** auswerten; beurteilen; evaluieren

Green Line 3 G9 — Unit 2, Story — KV 30

△ KV 30 Hang out with us instead!

a) *Read the text. Are the statements below right or wrong? Tick ✔ the correct box. Then correct the sentences which are wrong.*

		Right	Wrong
1.	Jay is grounded until next Saturday.		
2.	He's had an argument with Luke.		
3.	Finn and Max are very friendly towards Jay.		
4.	Finn and Max are in Jay's tutor group.		
5.	Jay goes to the high street with them to hang out.		
6.	Finn says that Jay needs new friends.		
7.	Shahid has got an overnight modelling job in London.		
8.	At the party, Jay has a great time with Finn and Max.		
9.	On the way home, Jay walks slowly because he needs time to think.		

_____

_____

_____

_____

_____

_____

_____

b) *Tick ✔ the correct sentence endings.*

1. Jay is grounded because of …
   ☐ a bad argument with Luke.
   ☐ bad marks.

2. Dave was always able to …
   ☐ find a compromise.
   ☐ find new friends.

3. When he meets Finn and Max, Jay is nervous because …
   ☐ the boys are part of the dance company.
   ☐ the boys are part of the in-crowd.

4. Max only wants Jay as a friend because …
   ☐ Jay is a cool boy.
   ☐ his brother is a model and a DJ.

5. At the party, nobody pays attention to Jay because …
   ☐ he is too young.
   ☐ the music is too loud.

c) *"And this is going to be one very long night." (ll. 146–147)*
Jay is in trouble and he thinks about two possibilities: lying or telling the truth.
Make a grid with pros and cons of telling the truth. Compare your ideas with a partner.

Green Line 3 G9   Unit 2, Action UK!   KV 31

KV 31 Laura and Sean

a) *Watch the film and then write in the numbers 1–4 to put the pictures in the right order.*

b) *What are the people saying or thinking? Fill in the speech / thought bubbles with the right text.*

This is awful. What can I do?   See? That's what you're good at!
You don't know how to delete a photo off your wall?   I'm sure you're good at other things.

A

B

C

D

c) *Talk about how Laura and Sean feel and why. The useful words and phrases below can help you.*

Useful words and phrases

feel sorry for sb   want to help   suggest a break   cheer sb up   be thankful   feel bad   not be good at basketball   make fun of sb   apologise   be good with computers   feel more confident

Green Line 3 G9 — Unit 2, Action UK! — KV 32

KV 32 Sinead – Sean's sister

a) *The next scene: Fill in the missing words.*

clothes   weekend   halfway   hungry   pizza   trip   lunch   basketball   birthday
point   missed   film   Irish stew   idea   fun   practice   smells

Laura: Oh, that _____ (1) good!

Sinead: Yes, it does. I'm really _____ (2).

Sean: What was your _____ (3) like?

Sinead: OK, really, but we _____ (4) a bus, didn't we, Laura?

Laura: Yeah, not good! I really am hungry too. When did you last eat, Sinead?

Sinead: At breakfast. I didn't have time for _____ (5). I was at the university[1] until two and then I had to catch the train. I had to do something for English by Monday so I wanted to finish it today. Now the _____ (6) is free!

Sean: What are we going to do on your _____ (7) tomorrow? 19 – you're an old woman!

Laura: Sean! Sinead and I are going shopping. She loves shopping for _____ (8) … and the cinema! Why don't we go to the cinema in the evening? There's a new James Bond _____ (9) – lots of action for the boys!

Nathan: But I don't think that's a good _____ (10). There's a _____ (11) game tomorrow – lots of action there too! How do you feel about that, Sean?

Sean: Well, you've got a _____ (12), but I'm not interested in sports and I love James Bond films, so …

Sinead: Come on, Nathan. It'll be _____ (13) – and we can go for a _____ (14) after the film.

Nathan: OK, can we meet _____ (15), Sean? Let's play basketball while they go shopping.

Sean: OK! _____ (16) makes perfect! Now, let's eat the best _____ (17) outside Ireland!

b) *Make notes about Sinead. How old is she? What does she do? What is she interested in?*

c) *Make notes about the setting (When? Where?) and the action (What?) in the scene.*

---

1 **university** Universität

Green Line 3 G9 — Unit 2, Working with vocabulary — KV 33

KV 33 Working with vocabulary

a) Olivia has tried to repair her laptop. Now everything is wrong on it and the letters of the words aren't in the right order. Help her to read the words and write them down below.

Scrambled words on screen:
vecro, crih, mainollirei, deercror, nynuf, stuge, nblod, ropo, grane, getdag, acter, hencb, stoneh, pistomitci, hivogrent, tregmuna, eli, smeetshlev, sybos, romedef.

_____

_____

_____

b) Make two mind maps on the following topics.
Use the vocabulary you've learned in Unit 2 and other words you already know.

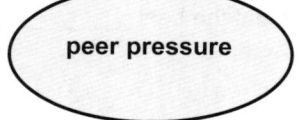

(peer pressure)   (personality)

KV 34 Test yourself

1 Questions

a) *Complete the questions with your own ideas. Then ask your partner your questions. Ask more questions about his / her answer.*

Example:
A: How would you feel if you lost your watch?
B: I wouldn't be very worried.
A: Why not?
B: It wasn't expensive and I don't wear it very often. I usually check the time on my mobile instead.

1. What would you do if _____?

2. How would you feel if _____?

3. _____ would you _____ if _____?

> **TIP**
>
> Here are some verbs you can use for your questions: lose / find / see / want to / have (to) / can / need / be

b) *Write down your answers for your own questions. Give lots of details about the reasons.*

Example:
If I found a bag full of money in the street, I'd take it to the police. Of course, if I kept it, I could buy lots of things for myself, but how would I feel if I lost a lot of money? I'd be really happy if an honest person found it, and I got it back again. If that happened, I'd give some of the money to the person who found it. Maybe if I did the honest thing, the person who lost it would give me some of the money.

2 Problem page

a) *You work as an 'agony aunt' for a teenagers' magazine.*
*Write advice for the problems below. Use at least one **conditional clause** in each answer.*

1. I play the piano, and I really want to be a successful musician. My problem is that I never have enough time for practice. I need most of my free time for homework and family meals, and I want to hang out with my friends too. If I don't get more practice, I'll never be really good. What can I do? (Ben, 13)
2. My older sister is a web designer. I really need a website for a school club. I've asked her several times to make a website for us, but she hasn't done it yet. I'm starting to feel angry that she won't help. What can I do? If we don't have a good website, our club won't be a success. (Sarah, 14)
3. My classmates are teasing me because they think I'm too bossy. When I tell them to do something, they say 'Yes, sir!' or 'Yes, boss!'. I know they're only trying to be funny, but it's starting to make me feel stressed out. What can I do? Would it help if I told a teacher about this? (Peter, 13)

b) *Compare your advice with a group of classmates. Whose advice is best? Why? Discuss the reasons.*

c) *Mediation: A friend who doesn't speak English is interested in the magazine problem page. Tell him / her about the problems and your advice in German.*

KV 35 Test yourself

a) *Complete the sentences with the verbs in the **simple past** or the **present perfect**.*

1. Shahid: _____ (you – ever be) to New York, Desmond?

   Olivia's dad: No, I _____ (never be) there. I _____ (be) in the USA last year, but I _____ (not visit) New York.

2. Holly's mum: I _____ (lose) my phone. This is crazy! I _____ (have) it in my hand five minutes ago. _____ (you – see) it?

   Holly: Well, I _____ (see) it on the kitchen table yesterday evening, but I _____ (not see) it this morning.

3. Actor A: _____ (you – hear) about that audition yet?

   Actor B: No, but I don't think I'm going to get the part. It wasn't the worst audition I _____ (ever do), but I _____ (not be) very good. At the end, they _____ (not say) anything positive.

b) *Complete the question. Choose something you think some of your classmates have done and some haven't done. Walk around the classroom and ask your question. Then tell the class.*

Have you ever _____?

Example: Ten of the 19 people I asked have been to France.

TIP

Here are some verbs you can use for your questions:
be / visit / see / read / play / eat / taste / use / have / forget / lose / meet

c) *Write more questions with 'Have you ever …?'. Then ask your partner. If the answer is 'Yes', ask questions about what happened.*

Example:
A: Have you ever met a famous person?
B: Yes, I have. I met …
A: Where did it happen?
B: It was at the theatre. He was in a show here last summer. After the show, I waited outside the theatre until he came out.
A: Did you speak to him?
B: Yes, I did. I said …

Green Line 3 G9 — Revision B — KV 36

KV 36 Test yourself

1 Stressed out Luke

a) *Luke is feeling stressed out and sends a chat message to Dave. Tick ✔ the correct verb forms to complete their messages.*

Hi Dave. I don't know what's wrong with me at the moment. I feel stressed out most of the time. If I had ☐ / have ☐ (1) any serious problems, I'd ☐ / I'll ☐ (2) understand it, but I'm worrying about silly little things which don't really matter. For example, I'm worried that if I don't play really well in every football match for the rest of the year, the others will ☐ / would ☐ (3) want me to leave the team. But that's crazy. Nobody would mind if I play ☐ / played ☐ (4) a couple of bad matches. It's just a school team. It won't ☐ / wouldn't ☐ (5) really matter if we lose ☐ / lost ☐ (6) every match for the next hundred years. I won't mind if you ignore ☐ / ignored ☐ (7) this message (I know I'm being boring here – it's all 'poor me') but it'll ☐ / it would ☐ (8) cheer me up if you sent me a message back.

Luke, you're not being boring. If you have ☐ / had ☐ (9) a problem, I'll ☐ / I'd ☐ (10) always be happy to talk about it. But we can talk about this better if you call ☐ / called ☐ (11) me on the phone.

b) *Luke's other friends give him advice about his problems. Write sentences with **conditional clauses type 2**.*

1. Luke: My parents aren't happy about my school marks.
   Olivia: (work a bit harder – get better marks)

   If _____

2. Luke: Three other players in the football team have scored more goals than I have this year!
   Holly: (be a better player – not be so competitive)

   I think you _____

3. Luke: I think some of the people in my favourite chatroom are getting fed up with me.
   Jay: (like you more – not start silly arguments)

   Maybe they _____

c) *Write the telephone conversation between Luke and Dave. Luke explains more about his problem and Dave gives advice. Try to use some **conditional clauses**.*

2 Object pronouns and reflexive pronouns

*Complete the sentences with **object pronouns** (me, him, them, etc.) and **reflexive pronouns** (myself, herself, themselves, etc.).*

1. Holly: Luke and Jay aren't pushing _____ at school. Olivia and I have tried to tell _____ but they won't listen to _____.

2. Jay: At the dance show, I think the other dancers and I enjoyed _____ more than the audience did!

3. Shahid: Olivia's dad gave _____ a bit of help with my website, but I designed most of it _____.

Green Line 3 G9 — Revision B — KV 37

KV 37 Test yourself

a) Which phrases go with the verbs? Draw lines.

1. drop out
2. rely
3. succeed
4. be in charge
5. hang out
6. be fed up
7. pay attention
8. apologise

a) for your mistakes
b) in business
c) of a company
d) of school
e) on other people
f) to the details
g) with doing the same thing every day
h) with friends

b) Complete the text about Richard Branson with some of the words from **a)** and the box below. Change the form of the verb where you need to.

age (2x)   billion   career   laid-back
millionaire   successful   type

Richard Branson has around four _____ (1) euros and he lives on a private island. His money comes from his many companies but he is not the usual _____ (2) of business person. He is famous for his _____ (3) style and he has many interests outside business.

Branson _____ (4) of education[1] at the _____ (5) of 16. On his last day at school, his teacher said Richard would go to prison or become a _____ (6).

He started a magazine for students. At first this was just a way to have fun and _____ (7) his friends, but the magazine started to sell well. With money from the magazine, he started a record company[2]. More companies followed, and at the _____ (8) of 35 he was also _____ (9) an airline[3], a big recording studio and several other businesses.

In the 1990s he became _____ (10) working all the time, and he started flying balloons[4]. He tried several times to be the first person to fly a balloon around the world, but he didn't _____ (11).

He has also started a charity for education in poor countries. Many young people have _____ (12) this organisation for the education they need to begin a _____ (13) in business.

In 2004, Branson started *Virgin Galactic*, a space tourism company. At first this was _____ (14), but in 2014 the spaceship *VSS Enterprise* crashed.

1 **education** Bildung; Ausbildung   2 **record company** Plattenfirma   3 **airline** Fluggesellschaft   4 **balloon** (Heißluft-) Ballon

Green Line 3 G9 — <Revision B>, Speaking — KV 38

KV 38

A

a) Describe the photo. Where is the person? What is she doing? What do you think her job is?
(1–2 minutes)

b) Compare the two photos. What different qualities are important for each of these jobs? (Think of character, qualifications, interests, …)
Which of the two jobs would you like better? Why?
(3–4 minutes)

B

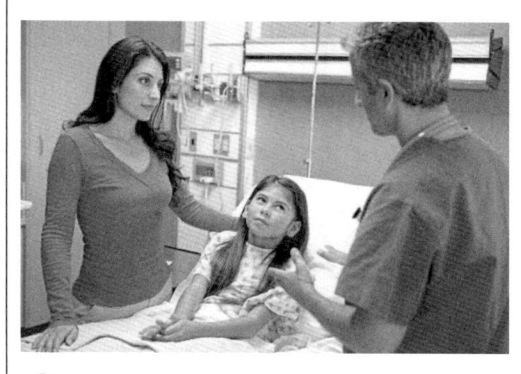

a) Describe the photo. Where is the person? What is he doing? What do you think his job is?
(1–2 minutes)

b) Compare the two photos. What different qualities are important for each of these jobs? (Think of character, qualifications, interests, …)
Which of the two jobs would you like better? Why?
(3–4 minutes)

A

a) Describe the photo. Where are the people? What are they doing? One person is different from the others. Explain his situation.
(1–2 minutes)

b) Compare the two photos. How do the words "lonely" or "alone" fit each situation?
Have you ever been in one of these situations? Which situation do you find worse?
(3–4 minutes)

B

a) Describe the photo. Where are the people? What are they doing? One person is different from the others. Explain her situation.
(1–2 minutes)

b) Compare the two photos. How do the words "lonely" or "alone" fit each situation?
Have you ever been in one of these situations? Which situation do you find worse?
(3–4 minutes)

Green Line 3 G9 — <Revision B>, Speaking — KV 39

KV 39

A

A career in clothes

1. Give a short talk on the topics a), b) and c).
   Be prepared to talk for about 2 minutes about each topic:

a) What do you know about this job? (qualifications, typical day, …)
b) What's your opinion about clothes? Think of fashion, money, the influence of friends, …
c) Would you like to have the job in the photo? Why/Why not?

2. Think about these two jobs. Discuss the pros and cons of each.
   Would you choose one of them (or both)? Give your opinion.
   Talk with your partner for 3–4 minutes.

B

A career in clothes

1. Give a short talk on the topics a), b) and c).
   Be prepared to talk for about 2 minutes about each topic:

a) What do you know about this job? (qualifications, typical day, …)
b) What's your opinion about clothes? Think of fashion, money, the influence of friends, …
c) Would you like to have the job in the photo? Why/Why not?

2. Think about these two jobs. Discuss the pros and cons of each.
   Would you choose one of them (or both)? Give your opinion.
   Talk with your partner for 3–4 minutes.

KV 40

A

Arguments in the family

1. Give a short talk on the topics a), b) and c). Be prepared to talk for about 2 minutes about each topic:

a) What topics do brothers and sisters often argue about?

b) Imagine an argument between a girl and her younger brother about going out in the evening. What do they think is fair/not fair?

c) What do you think? Who has a more difficult life: the older brother/sister or the younger one?

2. Imagine you are 14 years old. Your older brother is going to go on holiday with his friends – but you aren't allowed to. Discuss this with your parents. Try to make them change their opinion.
Talk with your partner for 3–4 minutes.

B

Arguments in the family

1. Give a short talk on the topics a), b) and c). Be prepared to talk for about 2 minutes about each topic:

a) What topics do teenagers and their parents often argue about?

b) Imagine an argument between parents and their teenage son/daughter who wants to have more pocket money. What reasons do the two sides give for their opinion?

c) What do you think? Should parents always do what their children want??

2. Imagine you are a parent. You have two children, 16 and 14 years old. The 14-year-old wants to go on holiday with his/her friends – but you think he/she is too young. Discuss this with your child. Try to make him/her understand your point of view.
Talk with your partner for 3–4 minutes.

KV 41 Poems

1 Warm-up: Thinking about the message
Cut out the cards and match the verbs with the statements.

LIVE	LOVE	LAUGH	SING	DANCE
DREAM	PLAY	GIVE	SMILE	CHERISH
Like you have never been hurt	Your family & friends everyday		
Till your face hurts	As if no one can hear		
Like there are no impossibilities	Like you have plenty		
Like heaven is on earth	As if no one is watching		
Like there are no winners	Like no one is listening		

2 A recipe[1] for happiness

a) *Imagine you could create a recipe for happiness. What ingredients would you need? Make a list.*

Useful phrases

50 / 100 / 500 / … g of …   50 / 100 / 250 / … ml of …   1 / 2 / … packet(s) of …   1 / 2 / … cup(s) of …
a piece of …

b) *Write down your recipe for happiness.*

Word bank

to prepare   to pour   to slice   to put   to add   to mix   to leave   to cook

_____
_____
_____
_____
_____
_____
_____

[1] **recipe** Rezept

KV 42 Present a song

a) *Choose a **catchy song** that you want to present in class.*

b) *Prepare a short presentation about your song.*

Good morning everybody, I'd like to present one of my favourite songs today. It's called _____

_____. The singer / band is _____. It's a rock / pop / folk / reggae / …

song and it's from the year _____. It's been / hasn't been very popular and I think / I'm not sure you'll all

know it. It's about _____

_____

To understand the song better, I'll give you some vocabulary help: _____

_____

(Write five important key words on the board that the others don't know yet.)

Let's listen to the song. *(Now play the song.)*

I like the song because

_____

_____

_____

_____

_____

I think it's a very catchy song because _____

_____

Please open your books at page 50. In Ex. 11a), you can find more statements about what might make a song

catchy. With a partner, discuss which other statements in the box also match this song.

(Give the others five minutes to read the statements and discuss the question. Then hear their answers and

talk about them in class.)

Thank you very much. Let's listen to the next presentation.

c) *Practise your presentation a few times.*

d) *Now present your song in class.*

Green Line 3 G9 — Across cultures 2 — KV 43

KV 43 Reacting to a new situation

a) *Watch the film and decide if the sentences below are right or wrong. Tick ✔ the correct answer.*

	Right	Wrong
Beginning		
1. Brad didn't sleep well.		
2. Brad and Steffen both usually drink tea for breakfast.		
3. Americans often use only their fork to eat.		
First reaction		
4. Steffen is happy to eat a hot breakfast.		
Second reaction		
5. Steffen decides to eat the hot food that Mrs Dawson offers him.		
6. Mrs Dawson has some of the breakfast foods that Steffen is used to.		
7. Steffen already knows he likes marmalade before he tries it.		
8. Brad is happy that Steffen doesn't want his hot breakfast.		

b) *Collect phrases to express the following reactions at a breakfast table:*

Showing interest	Trying something new	Saying 'no' in a polite way	Making someone feel better	Saying the wrong thing

c) *Think of a time when you tried something new / said the wrong thing / made someone feel better. Make notes below. Then tell your partner what happened.*

Background: where, when, who?	What happened? / What did you say?	What was the result?

KV 44 Food and eating customs[1]

a) You're staying with a host family in England.
Complete the conversation you have at breakfast time with these words and phrases:

usually   looks   I'm not used to   Do you mind   try   tried   would you like   Is anything   get   like

Mother: Is tea OK or _____ (1) something else?

You: I _____ (2) drink milk at breakfast, but I'll _____ (3) some tea. Thank you.

Mother: Now, here's your food … _____ (4) wrong?

You: I'm sorry, _____ (5) a big plate of hot food in the morning. I usually have muesli or bread and jam.

Mother: OK. I'll _____ (6) you some bread and marmalade. Have you _____ (7) marmalade before?

You: No, but it _____ (8) interesting! Yes, I _____ (9) it a lot! _____ (10) if I have some more?!

b) An exchange student from England is staying with you and your family. He / She doesn't speak German. What do you think he / she needs to know about food and eating customs in your home? Make notes under these headings.

Time of meals	Food and drinks	Table manners[2]	Other points

c) Think of four questions the exchange student might ask you about German food and eating customs.

1. _____?
2. _____?
3. _____?
4. _____?

d) In pairs, ask and answer the questions.

e) Get together in groups of four and act out a conversation at a breakfast / lunch / dinner table in Germany or in your home country[3] with the exchange student from England.

1 **custom** Gewohnheit; Brauch; Sitte   2 **table manners** *(pl)* Tischmanieren   3 **home country** Heimatland

Green Line 3 G9 — Unit 3, Introduction — KV 45a

△ KV 45a Present your country

Your exchange partner would like to know more about Germany.

a) *Match the photos with the numbers on the map to show your exchange partner where he / she can find some interesting places or cities. Find out their English names for him / her.*

b) *Give your exchange partner some ideas about what to do there and make notes under the photos.*

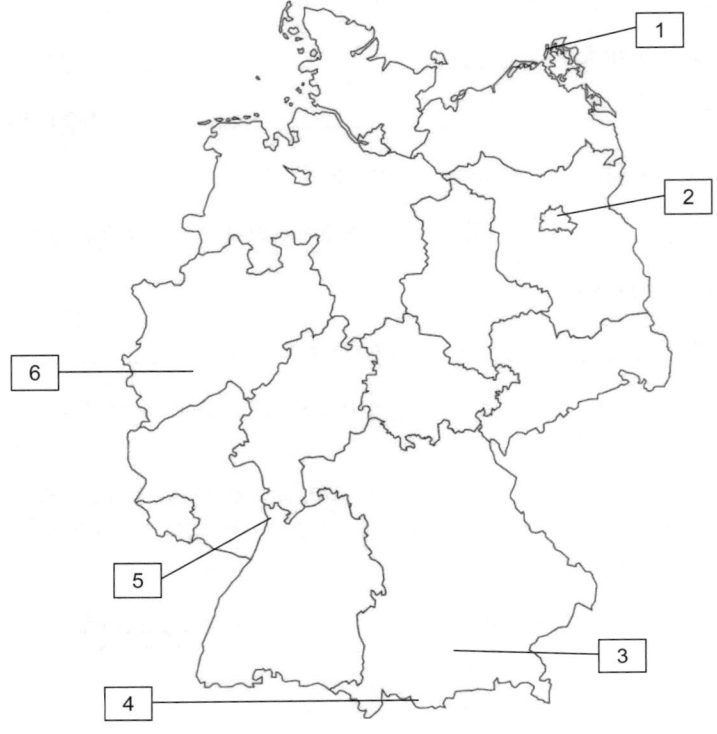

__2__ Berlin (English name: __Berlin__)

Why you should go there:

_____
_____
_____
_____
_____

____ Köln (English name: _____)

Why you should go there:

_____
_____
_____
_____
_____

Bildquellen: 1. shutterstock.com (amorfati.art), New York, NY; 2. shutterstock.com (andersphoto), New York, NY; 3. Thinkstock (firina), München; 4. Fotolia.com (swisshippo), New York; 5. Fotolia.com (eyetronic), New York; 6. Fotolia.com (Dirk Houben), New York; 7. shutterstock.com (ricok), New York, NY

Green Line 3 G9

Unit 3, Introduction

KV 45b

△ KV 45b Present your country

___ Neuschwanstein

(English name: _____)

Why you should go there:

_____
_____
_____
_____

___ Heidelberg

(English name: _____)

Why you should go there:

_____
_____
_____
_____

___ München

(English name: _____)

Why you should go there:

_____
_____
_____
_____

___ Rügen

(English name: _____)

Why you should go there:

_____
_____
_____
_____

KV 46 Listening: Ideas about Scotland

a) *Listen to Jean, Stuart and Carol again. True or false? Tick (✓) the right box.*

	true	false
1. Jean has never seen the Loch Ness Monster.	☐	☐
2. Jean is happy that Scotland is part of Britain.	☐	☐
3. Stuart's family never prepare haggis for visitors.	☐	☐
4. Most Scottish people don't often wear tartan clothes.	☐	☐
5. There aren't many Scottish words that are different from English words.	☐	☐
6. Carol knows a lot of people who can play the bagpipes.	☐	☐

b) *Listen and complete the sentences.*

1. In the past there was a referendum about Scotland becoming an _____.
2. Scottish people don't like it when people say Scotland is _____.
3. Haggis is _____ and not really very _____.
4. Some Scottish people wear tartan clothes for _____ like weddings.
5. With Scottish English and English English it's only the _____ that's different.
6. It's not easy to _____.

c) *Listen again. Tick (✓) the right box.*

1. Jean didn't vote in the referendum because
   a) ☐ she didn't like it.   b) ☐ she was too young.   c) ☐ she was in England.

2. Stuart and his family eat haggis
   a) ☐ every week.   b) ☐ only once a year.   c) ☐ maybe once a month.

3. If you look at a photo of a Scottish shopping street,
   a) ☐ you'll certainly see people playing the bagpipes.
   b) ☐ you'll see lots of people eating haggis.
   c) ☐ you won't see many people wearing tartan.

4. Carol is proud because
   a) ☐ she knows a lot of Scottish words.
   b) ☐ she has a Scottish accent.
   c) ☐ she can play the bagpipes.

Green Line 3 G9 — Unit 3, Station 1 — KV 47a

KV 47a Working with language

1 Find the new forms: present perfect progressive

Complete these sentences from the text on page 56 in your book.

1. We _____ things we can do together.

2. You _____ about the trip much.

3. She _____ about anything else …

4. I know, but it _____ worse.

5. Did you know she _____ with him online?

6. How long _____ she _____ that?

2 Find the rule

a) *Look at the sentences in Ex. 1 again.*
   Write down one example for each sentence type and find the rule for the present perfect progressive.

Positive statement:	_____ (1)
Negative statement:	_____ (2)
Question with question word:	_____ (3)
Yes / no question and short answer:	Have Ethan and Amber been talking to each other on the phone too? – Yes, they have. / No, they haven't.

Rule: You form the present perfect progressive with

_____ (4) + _____ (5) + _____ (6).

b) *Match the sentences with the points on the time line.*

1. Holly is feeling sad.   (Present progressive)
2. Holly was feeling sad.   (Past progressive)
3. Holly has been feeling sad.   (Present perfect progressive)

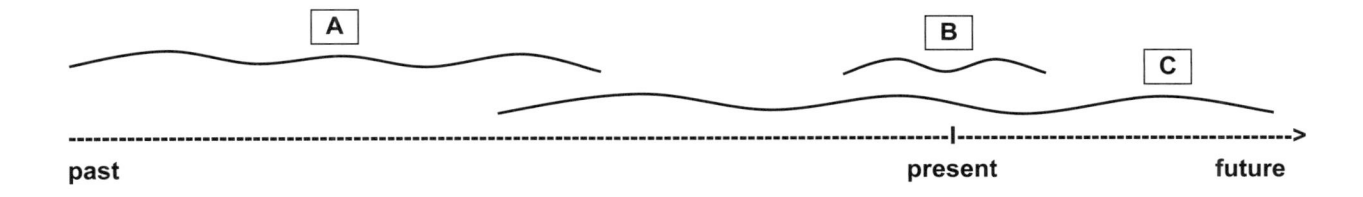

A .... B C

past   present   future

KV 47b Working with language

3 Find the new forms: *for* and *since*

Complete some more sentences from the text on page 56.

1. She hasn't been talking about anything else _____ you invited us.

2. And she's been telling you what to do _____ years, hasn't she?

3. They've been sending each other messages _____ the weekend …

4 Find the rule

a) *Complete the rule with these phrases:*

    point in time   period of time

You often use the present perfect progressive together with **for** and **since**.

You use 'since' with a _____ (1) and 'for' with a _____ (2).

b) *Write the words, numbers and phrases into the correct boxes.*

    1998   20 seconds   8 o'clock this morning   a few minutes   a long time   about six months
    I heard the news   last June   hours   the 15th century   thousands of years

for	since
_____	_____
_____	_____
_____	_____
_____	_____
_____	_____

5 Check the grammar

Now look at G5 in the Grammar section, pages 159–161.

KV 48 I've been waiting for you!

a) *Complete the sentences with the **present perfect progressive** and **for** or **since**.*

1. Amber, I _____ (wait) for you _____ nearly an hour.

2. Some of Ethan's friends _____ (play) the bagpipes _____ they were children.

3. It _____ (rain) in Glasgow _____ Sunday afternoon.

4. Olivia _____ (try) to call you _____ early this morning, Holly.

5. You _____ (sit) on the sofa and _____ (watch) TV _____ far too long, Ethan! Let's practise our new song!

b) *Complete the questions with the **present perfect progressive**. Use the following words to start:*

Have   How long   What

1. Gwen's uncle: _____ (do) since the last time we met?

   Gwen: Nothing special, really. Just school and sports, you know – the usual things.

2. Amber: _____ (practise) your songs for the festival?

   Ethan: For some weeks. We want to do a great show.

3. Amber: _____ (use) my phone?

   Holly: No, I haven't.

c) *Write mini-dialogues with the **present prefect progressive**.*
Make questions for Ethan and / or his family about their lives in Scotland.

1. – How long _____?

   – _____

2. – Have you _____?

   – _____

3. – _____?

   – _____

d) *Complete these sentences with the correct **question tag**.*

1. Amber has been telling Holly what to do since she was a child, _____ she?

2. Ethan and his band have been playing together for four years now, _____ they?

Green Line 3 G9 — Unit 3, Station 1 — KV 49

KV 49 <A song: Flower of Scotland>

a) *Before you listen, write down some key words about the relationship between England and Scotland.*

_____

_____

b) *While you're listening, find out what happened between the Scots and the English king, King Edward, and his soldiers.*

_____

_____

c) *Listen to the song again and fill in the missing parts.*

O Flower of Scotland	The _____ (4) bare now	_____ (9) are passed now
When _____ (1) your like again	And autumn leaves lie thick and still	And in _____ _____ (10) remain
That fought and died for	O'er land that _____ (5)	But we can still rise now
Your wee bit hill and glen	Which those so dearly held	And be the nation again
And stood _____ (2)	And _____ (6)	_____ (11) against him
Proud Edward's army	Proud _____ (7)	Proud Edward's army
And sent him homeward	And sent him homeward	And sent him homeward
Tae _____ (3)	Tae _____ (8)	Tae think again

d) *Work in groups of five and choose **one** of the following tasks:*

- Make a poster about the relationship between England and Scotland and present it to the class.
- Practise singing the song and think of gestures[1] you can make to show the meaning of different parts of the song. Present your song to the class.

e) *'Flower of Scotland' has become like an unofficial anthem, especially at football and rugby matches. What problems could there be when Scotland plays against England? Talk to your partner.*

---

1 **gesture** Geste

Green Line 3 G9 — Unit 3, Station 2 — KV 50

KV 50 Working with language

1 Find the new forms: passive forms

Complete the sentences from the text on page 59.

1. _____ that _____ with meat?

2. I like your new house. [...] When _____ it _____ ?

3. We think it _____ about 150 years ago.

4. There are thousands of houses like this in Glasgow, but some of them _____ .

5. Most of the world's whisky _____ in Scotland, but not in Glasgow.

6. No ships _____ here since the 1990s. – Wrong!

2 Find the rule

*Complete this grid for **passive forms**. Put in the rule and example sentences.*

simple present	form of *be* (<u>am</u> / <u>is</u> / _____) + past participle	**positive statement:** It's made with meat.
		negative statement: It isn't made with meat.
		question: What's it made with?
		yes / no question: Is it made with meat?
simple past	form of *be* (_____ / _____) + _____	**positive statement:** This castle was built in the 14th century.
		negative statement: This castle _____
		question: When _____
		yes / no question: _____
present perfect	form of *be* (_____ / _____) + _____	**positive statement:** I've been invited to visit Ethan and his family.
		negative statement: _____
		question: Who _____
		yes / no question: _____

3 Check the grammar

Now look at G6 in the Grammar section, pages 162–163.

Green Line 3 G9 — Unit 3, Station 2 — KV 51

KV 51 You weren't invited to the show!

a) *Complete the dialogues with **passive forms**.*

1. Luke: _____ this door just _____ (paint)?

   Teacher: Yes, it has. It _____ (do) about an hour ago. Be careful, it's still wet.

2. Jay: Last week I _____ (invited) to play the lead part in the dance show,

   but I decided to be a backing dancer instead.

   Holly: Oh Jay, what a lie! You _____ (not offer) the lead part!

3. Teacher: Where _____ tea _____ (produce)?

   Olivia: In India and China, for example.

4. Gwen: The Loch Ness Monster _____ really _____ (not see), has it?

   All the stories _____ (invent) by people who wanted to be famous.

   Ethan: That's not true. It _____ (film) in 1938, and it

   _____ (film) again several times since then.

   Gwen: Those films _____ all _____ (fake)! You know they were.

b) *Put the words in the correct order to make a caption[1] for this cartoon.*

be an inventor[2]   been done.
but all the good ideas   have already
I wanted to

---

1 **caption** Bildunterschrift; Untertitel   2 **inventor** Erfinder/-in

Green Line 3 G9 — Unit 3, Station 2 — KV 52

KV 52 Mediation: Scottish dog breeds[1]

a) *A friend of your parents is thinking about buying a terrier from Scotland. He doesn't speak much English, so he has asked you to help him understand the information.*
Get together in groups of four. Each group member works on one description.
Sum up the information in German. Then present your dog breed to your group.

At the end of the 19th century, terriers from Scotland were used to chase animals that live under the earth, e.g. foxes, rabbits and rats. Today they're often kept as family dogs. Terriers are very lively and very brave. That's why they need good training!

Scottish Terrier ('Scottie')

Before it was called 'Scottish Terrier', this breed was also called 'Aberdeen Terrier'. Scotties are very intelligent and nice to children. Since the 1950s, the Scottish Terrier has also been a player token[2] in the popular game *Monopoly* because when the game was invented in the 1930s, Scotties were one of the most popular pets in the United States.

Skye Terrier

The Skye Terrier is a very old dog breed. The name comes from the Isle of Skye. Because of its long hair, the Skye Terrier couldn't easily be hurt by rats or foxes or get stressed out by the windy and rainy weather on the island. The most popular Skye Terrier was Greyfriar's Bobby, who sat next to his owner's[3] grave[4] for fourteen years!

West Highland White Terrier ('Westie')

The Westie is a really brave dog breed and that's why it was used to chase animals in the Highlands. Because of his white coat[5], it could easily be seen in the rocky mountains. Today, Westies are found all over the world. They are used to the cold and windy weather in Scotland, but they can have problems when summers are very hot.

Cairn Terrier

The name of these breed comes from the Celtic word 'carn', which means 'stone'. The Cairn Terrier also comes from the Isle of Skye. Before this breed was registered[6] as a breed on its own, its white puppies[7] were registered as West Highland White Terrier and the darker ones as Scottish or Skye Terrier. Cairn Terriers are very friendly dogs.

b) *Which Scottish dog breed should your parents' friend buy?*
Talk to your group members in English and give reasons for your choice.

1 **breed** Rasse 2 **player token** Spielfigur 3 **owner** Besitzer/-in 4 **grave** Grab 5 **coat** *hier:* Fell 6 **to register** registrieren
7 **puppy** Welpe

KV 53 Visit Scotland!

Write your part of the brochure and put in a picture that goes with it next to the text.

Green Line 3 G9   Unit 3, Story   KV 54

KV 54   I don't believe in ghosts!

1   Headings

Match the headings with the correct part of the story.

Brave little sister   What's that noise?   Darkness in the castle   Friends again

Part A	
Part B	
Part C	
Part D	

2   Feelings

a) *For each part of the story, write down how the characters feel.*

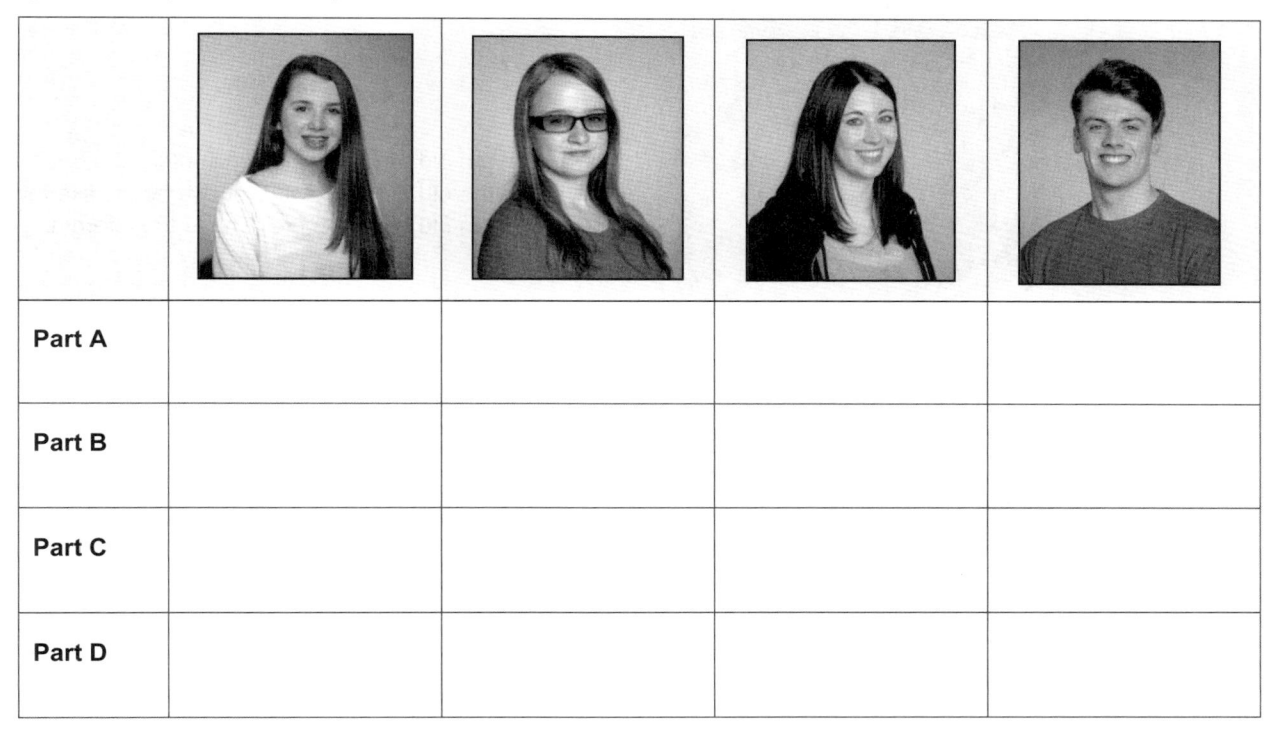

Part A				
Part B				
Part C				
Part D				

b) *Work with a partner. How do the characters' feelings match your own feelings in a dangerous situation?*

▲ 3   After the adventure

*Choose **one** of the following tasks:*

– In the evening, after the adventure in the castle, Amber calls her friend in London.
Write a short dialogue and act it out with a partner.

– At the next band practice, Ethan tells his friends about what happened in the castle.
What does he tell them and how do they react? Get together in groups of three or four and act out the conversation.

Green Line 3 G9 — Unit 3, Action UK! — KV 55

KV 55 Viewing for detail

a) Watch the first part of the film again (0:00–2:04). Tick ✔ what the characters say in these scenes:

A
- ☐ So, how's your son back in London?
- ☐ So, how's your daughter back in Wales?
- ☐ So, how's your son back in Scotland?

B
- ☐ OK. To start, you have to log in here.
- ☐ OK. To start, you click this button here.
- ☐ OK. To start you enter your username here.

C
- ☐ In the old days, we dialled like this.
- ☐ In the old days, we had rotary phones like this.
- ☐ In the old days, we didn't have the internet.

D
- ☐ Yes, Scotland is famous for its inventors – although it's only got about 5 million people.
- ☐ Yes, Scotland is famous for its inventors – although it's only a small country.
- ☐ Yes, Scotland is famous for its inventors – although it's only a small part of the UK.

b) Watch the first part of the film again (0:00–2:04). Tick ✔ the speaker and put the sentences in the correct order. Write in the numbers 1–5.

		Alicia	Alva	Correct order
1.	That's cool! Can I try it?			
2.	Did you know it was a Scottish man who invented the telephone?			
3.	It's just that I've never had a video chat before.			
4.	Really good of you to carry all the bags for me.			
5.	It's not that difficult.			

Bildquellen: February Films, London

KV 56 A famous Scottish inventor

a) Complete the text with these words:

assistant died see prediction telephone wire born
succeeded inventor sounds improved invention

Alexander Graham Bell was a scientist, engineer[1]

and _____ (1).

He was _____ (2) on 3rd March, 1847

in Edinburgh, Scotland, and _____ (3) on

2nd August, 1922, at the age of 75.

He is famous for his _____ (4) of the

first _____ (5).

When he was 23, Bell and his parents moved to Canada. Bell studied the human voice and experimented[2] with

sound and tried to send more than one messages over a single _____ (6) at the

same time.

On 14th February, 1876, Bell and an American electrical engineer named Elisha Gray both said

that they could send _____ (7) over a wire, but it was Bell who, a few days later,

_____ (8) in getting his telephone to work. Bell's first words with the first

working telephone were to his _____ (9), Watson: "Mr Watson, come here.

I want to see you."

Bell _____ (10) the design of his telephone, and by 1886 more than 150,000 people

owned telephones in the United States. Bell made this _____ (11):

"One day in the future the man on the telephone will be able to _____ (12) the

person he is speaking to."

b) Talk to a partner about Alexander Graham Bell's prediction. Has it come true? What's new?

1 **engineer** Techniker/-in; Ingenieur/-in   2 **to experiment (with sth)** (mit etw.) experimentieren

KV 57 Working with vocabulary

a) Find the words that are typical for Scotland in the box. They go → ↓.

K	A	T	I	Z	H	E	S	K	I
I	T	A	R	T	A	N	H	T	L
L	M	B	Q	U	G	H	I	H	Q
T	W	R	Y	L	G	S	N	I	L
O	U	P	C	V	I	T	T	S	O
S	C	O	T	A	S	P	Y	T	C
S	K	A	G	I	N	Y	P	L	H
B	A	G	P	I	P	E	S	E	N

b) Find as many words as you can that describe Scotland.
Make a mind map with the words from **a)** and your own words.

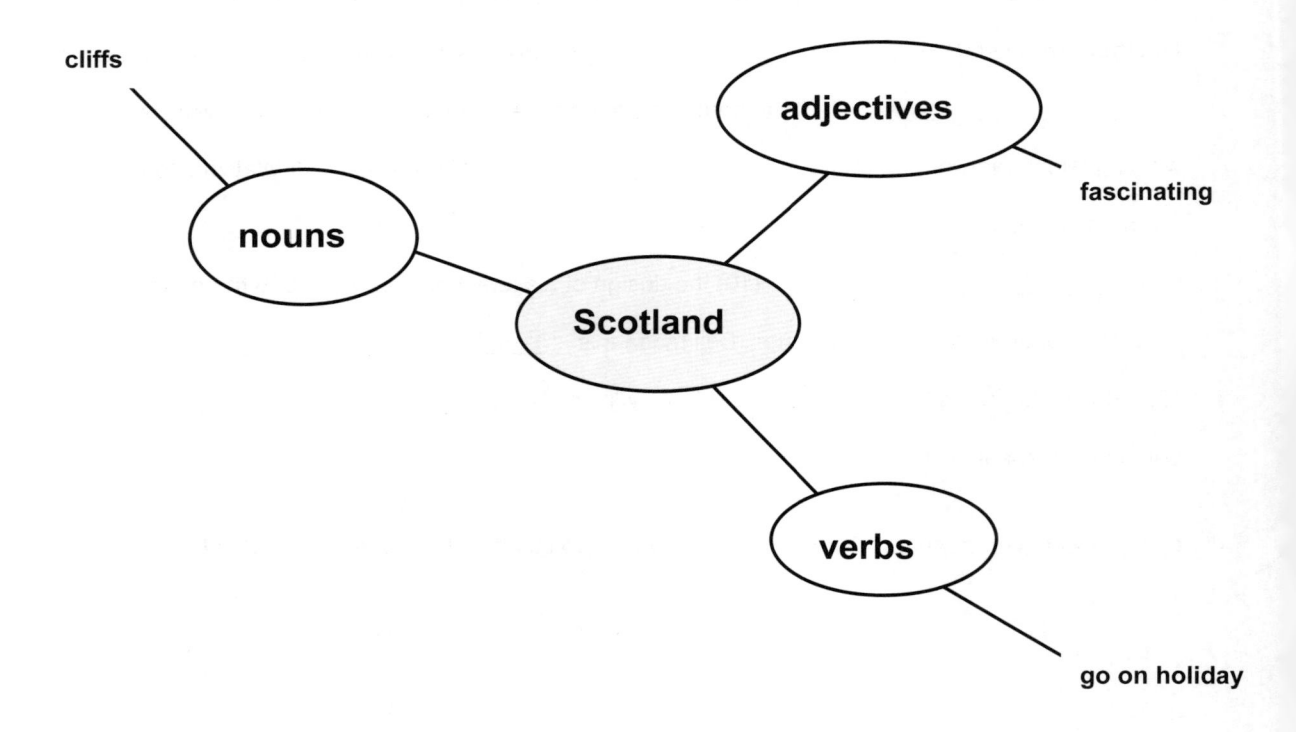

cliffs

nouns

adjectives — fascinating

Scotland

verbs — go on holiday

c) In pairs, use the words from **a)** and **b)** to talk about Unit 2. What have you learned about Scotland? What information was new to you? What was interesting / not so interesting? Why / Why not?

Green Line 3 G9   <Revision C>   KV 58

KV 58   Test yourself

1   Scotland quiz

*Write the questions in the **passive form**. Then do the quiz!*

1. where – hold – the Highland Games

   _____

   a) in Glasgow   b) in Edinburgh   c) all around Scotland

2. what – traditional haggis – fill with

   _____

   a) meat   b) vegetables   c) meat and vegetables

3. how much – whisky – produce – in Scotland each year

   _____

   a) about 1.5 million litres   b) about 150 million litres   c) about 150 billion litres

4. when – a monster – first see – in Loch Ness

   _____

   a) in 2013   b) in 1973   c) in 1933

2   Interview outside the 'Armadillo'

a) *Here is an interview for a local newspaper. It was done in the queue outside Glasgow's 'Armadillo', where big rock concerts and other events take place. Complete the sentences with a verb in the **present perfect progressive** and **for** or **since**.*

Reporter: _____ (1. you – wait) _____ (2) a long time?

Katy: Yes, we _____ (3. wait) here _____ (4) about 10 o'clock this morning.

Reporter: Are you local people?

Edward: No, we're on holiday here. We're from London.

Reporter: Is this your first visit to Scotland?

Edward: No, we _____ (5. come) here on holiday _____ (6) years. We both _____ (7. visit) Scotland regularly _____ (8) we were children.

Reporter: How long are you going to stay in Scotland?

Katy: For as long as possible! We've been here _____ (9) the beginning of the month. We probably have enough money to stay for at least another week.

b) *Act out another interview outside the 'Armadillo'.*

KV 59 Test yourself

1 Relative clauses
*Join the two sentences with the help of a **relative clause**.*

Example: Independence for Scotland is a popular topic of conversation. It won't go away soon.
Independence for Scotland is a popular topic of conversation which won't go away soon.

1. The bagpipes are a musical instrument. I can't learn them quickly.

   _____

2. 'Flower of Scotland' is an unofficial anthem. It is often sung at Scottish sports events.

   _____

3. Alexander Fleming was a Scottish scientist. He discovered penicillin.

   _____

4. Sherlock Holmes is a famous detective. Scottish writer Sir Arthur Conan Doyle created him.

   _____

2 Police questions
*A police detective is asking some questions. Complete the dialogue with the verbs in the **simple past** or the **past progressive**. If both are possible, use the **past progressive**.*

Detective: Where were you at 10 o'clock yesterday evening, Fred?

Fred Smith: I was at home.

Detective: What _____ (1. do)?

Fred Smith: I _____ (2. watch) TV.

Detective: Really? We have a witness who says she _____ (3. see) your car in the town centre last night at about that time. You _____ (4. drive) away from the bank[1] which _____ (5. be robbed[2]) last night.

Fred Smith: OK, OK, I _____ (6. do) it! When your witness saw me, I _____ (7. go) home after I had robbed that bank. But I only _____ (8. steal) £3000. That's all the money I could find before I _____ (9. hear) the alarm.

1 **bank** Bank   2 **to rob** (aus)rauben

Green Line 3 G9 — Revision C — KV 60

KV 60 Test yourself

1 The Scottish independence referendum

Use the adjectives below to complete the text. Change them to adverbs where needed.

final   clear   heavy   independent (2x)   narrow   official   confident   spectacular   traditional

Scotland is _____ (1) part of the United Kingdom of Great Britain and Northern Ireland, but some Scottish people feel that Scotland should become _____ (2). In 2014, after many years of campaigning, the people of Scotland _____ (3) voted on becoming _____ (4) from the rest of the UK. The vote was close but it was _____ (5) won by the side which wanted to stay part of the UK. After the referendum, the mood in Scotland seemed to change. At the next general election[1], the Scottish National Party won a _____ (6) large part of the vote (they won in 56 of 59 areas). The SNP wants to take Scotland in a new direction, and there may be another referendum in the future. The _____ (7) Scotland of tartan, haggis, bagpipes and some of the old _____ (8) industries is still there, but a new side of Scotland can now _____ (9) be seen: a modern European country walking _____ (10) into the future.

2 Picture crossword

Complete the crossword with nouns from Unit 3.

[1] **general election** Parlamentswahl

Green Line 3 G9 <Revision C> KV 61

KV 61 Test yourself

a) Look at Holly's blog on pages 62–63. Imagine the pictures below are from your holiday in Scotland. Write a similar blog entry for each picture. Be really positive and try to persuade the reader to visit Scotland.

Word bank

bagpipes   band   castle   cliff   concert   crane   fascinating   gig   industry   kilt
spectacular   stone   tartan   tower   traditional   typical   be made of   produce

A

B

C

D

b) Role play: You show your holiday pictures to a friend.
Talk about the pictures A–D and answer your partner's questions about them.

Partner A: You saw the traditional side of Scotland. Talk about photos A and B.
Partner B: You saw a more modern side of Scotland. Talk about photos C and D.

Example:
A: This was a gig we went to in Glasgow. I took the picture with my smartphone.
B: Looks great. Who was playing?
A: It was a band called …
B: What type of music did they play?
A: …

c) Mediation: Look again at Holly's blog on pages 62–63. Your aunt, who doesn't speak English, is interested in the blog. Choose the four pictures which you think are the most interesting, and tell her in German what Holly wrote.

Green Line 3 G9 — <Revision C>, Speaking — KV 62

KV 62

A

a) Describe this photo from Scotland. Where are the people? What are they doing? Are they at work or are they just having fun?
(1–2 minutes)

b) Compare the two photos. Why are these events popular with Scots and with tourists? Do you know of similar events in Germany? Would you enjoy them?
(3–4 minutes)

B

a) Describe this photo from Scotland. Where are the people? What are they doing? Are they at work or are they just having fun?
(1–2 minutes)

b) Compare the two photos. Why are these events popular with Scots and with tourists? Do you know of similar events in Germany? Would you enjoy them?
(3–4 minutes)

A

a) Describe this photo from Scotland. Where are the people? What are they doing? Are they at work or are they just having fun?
(1–2 minutes)

b) Compare the two photos. Which event would you enjoy more? Why?
What time of year is it? Which time of the year do you like best? Why?
(3–4 minutes)

B

a) Describe this photo from Scotland. Where are the people? What are they doing? Are they at work or are they just having fun?
(1–2 minutes)

b) Compare the two photos. Which event would you enjoy more? Why?
What time of year is it? Which time of the year do you like best? Why?
(3–4 minutes)

Green Line 3 G9 — <Revision C>, Speaking — KV 63

KV 63

A

A hobby for everyone?

1. Give a short talk on the topics a), b) and c). Be prepared to talk for about 2 minutes about each topic:

a) What sports are you interested in? Do you play a sport or do you watch sports?

b) Describe one kind of sport – a team game or an individual sport.

c) What part does sport play in teenagers' lives today?

2. Most young people are interested in sport and music.
Can/Should everyone take part in these two hobbies actively (aktiv)?
Talk with your partner for 3–4 minutes.

B

A hobby for everyone?

1. Give a short talk on the topics a), b) and c). Be prepared to talk for about 2 minutes about each topic:

a) What kinds of music are you interested in? Do you play a musical instrument or do you sing?

b) Describe one kind of music (what it sounds like, who plays it, how people listen to it …)

c) What part does music play in teenagers' lives today?

2. Most young people are interested in sport and music.
Can/Should everyone take part in these two hobbies actively (aktiv)?
Talk with your partner for 3–4 minutes.

Green Line 3 G9   <Revision C>, Speaking   KV 64

KV 64

A

Tourist attractions

1. Give a short talk on the topics a), b) and c). Be prepared to talk for about 2 minutes about each topic:

a) Choose a very popular tourist attraction in Scotland and describe it.

b) Why is it so popular with tourists? What do you think?

c) How would you spend a day there?

2. What features (Eigenschaften) must a place have to be a top tourist attraction? Discuss it and try to agree on three different features.
Talk with your partner for 3–4 minutes.

B

Tourist attractions

1. Give a short talk on the topics a), b) and c). Be prepared to talk for about 2 minutes about each topic:

a) Choose a very popular tourist attraction in Germany and describe it.

b) Why is it so popular with tourists? What do you think?

c) How would you spend a day there?

2. What features (Eigenschaften) must a place have to be a top tourist attraction? Discuss it and try to agree on three different features.
Talk with your partner for 3–4 minutes.

Green Line 3 G9 — Text smart 2, Station 1 — KV 65

KV 65 Hedgehog over-wintering instructions

a) Match these German words with English words in the text.
Underline the English words and write the German translations next to the correct line.

Winterschlaf   überleben   vermeiden   Dosenfutter   Schicht aus Zeitungspapier
zunehmen   menschenscheu   aufsaugen   Auslauf   aktiv halten

b) Read the skills box on page 60. Find headings for the different **steps** and write them next to the text. Then mark all the **phrases** which are typical for a set of instructions.

Before the winter months, many young hedgehogs try to eat a lot so they will survive hibernation. If you see a large hedgehog, you can help it by putting out some cat or dog food and water. If it is smaller, looking ill or behaving in an odd way, you should take it to your nearest wildlife hospital for a full examination. If hedgehogs are too small to make it through the winter period alone, it is necessary to feed and clean them until their weight builds up and they are ready for release in the spring. This takes up a lot of the valuable space we need at the hospital to treat other wild animals. How YOU can help:

1. Take care of a small hedgehog until around mid-April, when the frosts are usually over.

2. Keep it in a warm area such as a shed or spare room. It will need an area where it can sleep and wander round a little bit without getting lost or stuck (they can fit into VERY small spaces). It is essential to keep it warm and active to avoid hibernation; it is too small and WILL NOT survive!

3. Give the hedgehog a container to sleep in. Leave it in the run area so that it can come out when it wants. This bed should contain shredded newspaper (NOT OFFICE PAPER – IT CUTS THEIR NOSE AND FEET), dry leaves or hay.

4. Line the run area with newspaper so you can clean it out daily. Just take up the top sheets of newspaper; that leaves it nice and clean underneath. Always make sure the layer of newspaper on the floor is thick enough to soak up any urine or water.

5. Hedgehogs must have fresh food daily and they MUST have fresh water at all times! The best food to give them is tinned cat or dog food.

6. We will give you a weight chart for each hedgehog. You MUST weigh it at least once a week to make sure it is gaining weight.

7. Only handle the hedgehog when you clean or weigh it. Hedgehogs are wild animals which MUST remain fearful of humans!

As soon as the hedgehog reaches the target weight of about 750g, you should contact us so we can release it back into the wild.

Textquellen: Brent Lodge Wildlife Hospital, 2014

KV 66 More instructions

a) Match these German words with English words in the text.
Underline the English words and write the German translations next to the correct line.

gehorsam   baden   Aufmerksamkeit   kauen   pflichtbewusst   leiden
Verantwortung   Kontrolluntersuchung   Verlustangst   zerkratzen

How to be a good pet owner

Don't forget love! First, remember to give your pets love, no matter if they're a
dog or a guinea pig. Don't forget to give your pets a lot of attention and show
how much you love them.
Your new friend will need you to show responsibility. Always remember to feed
your pets and give them water. Show your friends and family you can be dutiful   5
and responsible. Parents especially like that.
Give your pets some exercise by playing with them. Always remember to play
with them! Many pets get bored easily and become fat and lazy. Don't let that
happen! Give them exercise at least once a day.
Keep your pets clean and healthy! Nobody likes or would like to have a smelly   10
pet. Bath them when they're dirty, and pick up their waste.
Take your pets to the vet regularly for a checkup. Try to get your pets to the vet
at least once a year! Your pets will thank you for keeping them healthy.
Make sure your pets aren't locked in all day. Some pets suffer separation
anxiety when their owners are away. They may chew or scratch furniture in   15
their anxiety. So while you are at school, try to give them a few toys.
Lastly, try to keep your pets obedient. Try to at least teach them some simple
tricks.

b) Explain in your own words why this set of instructions is or isn't
important for looking after your (or a friend's) pet.

c) What do you think is missing in this set of instructions?
Discuss with a partner. Add your own ideas.

d) Mediation: Your little sister has just got two guinea pigs.
She's found this set of instructions and asks you to
help her understand it. Sum up the instructions and your
ideas from **c)** in German.

KV 67 On the brink of extinction

a) *Get together in groups of four. The animals below are on the brink of extinction.*
*Each of you is going to present **one** of the animals. Decide who is going to work on which animal.*

A. Chimpanzees

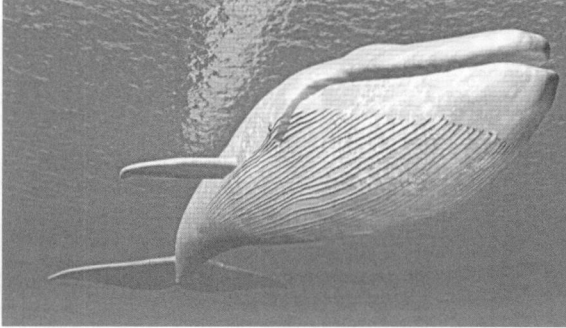

B. Whales

C. Brown bears

D. Sea turtles

b) *Now form new groups with people who are working on the same animal as you.*
There shouldn't be more than five people in a group. Do the following tasks:

1. Use the internet to find information on the reasons why your animal is on the brink of extinction and on what people are doing to save these animals.
2. Read the text about elephants and rhinos on page 80 again and look for useful phrases for your presentation.

_____
_____
_____
_____
_____

3. Prepare a presentation of 2–3 minutes about your animal. Remember to focus on the facts, to use the language of a news report and not to be emotional.

c) *Go back to your group from **a)**. Present the information about your animals to each other.*

d) *Make an information poster about animals that are on the brink of extinction.*

Green Line 3 G9 — Across cultures 3 — KV 68

△ KV 68 At a party

a) *Watch the film and tick ✔ the correct sentence endings.*

1. When Steffen speaks to the first two girls at the party, he …
   ☐ asks them about themselves.
   ☐ answers their questions but doesn't ask anything back.
   ☐ doesn't answer their questions.

2. The girls …
   ☐ don't like Steffen.
   ☐ think Steffen doesn't feel at home in this social situation.
   ☐ think Steffen's English is bad.

3. Steffen's host brother …
   ☐ gives Steffen some advice.
   ☐ tells Steffen that he is rude.
   ☐ says that Steffen should improve his English.

4. When Steffen speaks to Beth, he says that Germany and England are …
   ☐ the same.
   ☐ very different.
   ☐ different in some ways.

5. Beth …
   ☐ thinks Steffen is wrong about girls' clothes.
   ☐ agrees with what Steffen says about girls' clothes.
   ☐ says that comparing countries is silly.

6. Steffen …
   ☐ says 'yes' to an invitation from Beth.
   ☐ invites her to stay with his family.
   ☐ wants to go on holiday.

b) *Put the words into the correct order to make the questions which the people at the party asked.*

1. (the – enjoying – Are – party – you) _____?
2. (this – in – your – time – Is – first – England) _____?
3. (miss – home – Do – anything – from – you) _____?
4. (different – food – the – What's – about) _____?
5. (been – you – a – Have – student – ever – on – exchange) _____?
6. (differences – here – there – What – home – are – between – and) _____?
7. (countries – It's – compare – isn't – interesting – it – to) _____?

c) *Write a conversation between you and an English student you've just met at a party.
Use the questions in b) and your own ideas for small talk.*

Green Line 3 G9 — Across cultures 3 — KV 69

KV 69 Keep the ball bouncing

a) *In pairs, take turns to throw a dice twice. The first number you throw gives you a topic and the second number gives you the beginning of an ice breaker[1] question. Try to keep the conversation going for as long as possible. When you can't think of anything else to say, your partner wins a point.*

Number	First time you throw: topic	Second time you throw: ice breaker question
1	music	Have you ever …?
2	sport	What do you think of …?
3	technology	Do you like …?
4	films	Have you ever tried …?
5	clothes	Do you feel like …?
6	places	Why don't we …?

b) *Now think of six new topics and continue the game.*

c) *You're at a party in England where you don't know many people. In pairs, have a conversation.*

Partner A: You're an English boy / girl. You see a boy / girl and go over to talk to him / her.
Partner B: You're an exchange student from Germany. An English boy / girl comes over to talk to you.

Partner A: English boy / girl	Partner B: Exchange student from Germany
Start a conversation.	
	React in a friendly way. Ask a question.
Answer the question. Give some more information about yourself.	
	Show interest in the information. Give some more information about yourself.
Show interest in the information. Ask another question.	
	Answer the question. Ask another question.
Answer the question. Make a suggestion to do something together later.	
	Agree to the suggestion. End the conversation.

d) *Act out your conversation to the class.*
Your classmates give you feedback on how well you kept the ball bouncing in your conversation.

---

1 **ice breaker** Eisbrecher *(Sätze, um mit jmdm. ins Gespräch zu kommen)*

Green Line 3 G9 — Unit 4, Introduction — KV 70

KV 70 Milling around: Objects in your life

a) *Choose three different objects in your life and write down why they're typical for you and people your age.*

	Why it is typical for me and people my age:
Object 1 (clothes / jewellery):	
Object 2 (free time activities):	
Object 3 (gadgets):	

b) *Now move around the classroom with your paper and a pen. Present **one** of your objects to a classmate and then listen to your partner's presentation. Then change partners.*
Talk to as many classmates as possible. Take notes about the different objects while you're listening.

	Object	Who?	Why it is typical for this person and people our age:
Clothes / jewellery			
Free time activities			
Gadgets			

KV 71 Tudor characters

Cut out the information about these historical personalities. Match them and create five information cards. Use the internet for help. Add more information from the text on page 88 in your book.

Francis Drake	A	1564–1616
1533–1603	This person was an actor and performed many of his plays to Queen Elizabeth I.	**Robert Dudley**
B	**Elizabeth I**	C
ca. 1552–1618	This person named a place in America 'Virginia' after the Virgin Queen Elizabeth, who had promised never to marry.	**Walter Raleigh**
This person was Queen Elizabeth's close friend from their childhood days.	D	This person could understand several languages, e.g. Latin, Italian and French.
William Shakespeare	It is often said that this person first brought tobacco to England – before Walter Raleigh.	E
ca. 1532–1588	ca. 1540–1596	

Green Line 3 G9 — Unit 4, Station 1 — KV 72

KV 72 Working with language

1 Find the new forms: past perfect

a) Complete these sentences from the text on page 88.

1. Life was boring back then because they _____ all the fun things yet!
2. Before Elizabeth, there _____ never _____ a really powerful queen.
3. The English _____ potatoes before so they were very excited.
4. He wasn't worried because he _____ in a lot of battles before.
5. Anyway, he _____ his game so his men had to wait for him.

b) Underline the verbs in a) in the **simple past** and in the new tense, **past perfect**, with different colours.

2 Find the rule

a) Look at the sentences in Ex. 1 again. Write down one example sentence each for positive and negative statements and complete the rule for the **past perfect**.

Positive statement:	_____ (1)
Negative statement:	_____ (2)
Question with question word:	Why wasn't Drake worried after he had heard about the Spanish Armada?
Yes / no question and short answer:	Had he fought in many battles before? – Yes, he had.

Rule: You form the past perfect with _____ + _____ (3).

b) Look at the verb forms you've underlined in Ex.1. With a partner, discuss when you use the **simple past** and when you use the **past perfect**. Then complete the rule below with these words:

before   past   simple past   past perfect

When you tell a story or a report about the _____ (1), you usually use the

_____ (2). When you want to say that one event happened _____ (3) the other events in the past, you use the _____ (4).

c) Find **linking words** in the sentences in Ex. 1 that can show you that one event happened before another one in the past. Can you think of more words? Make a list.

_____

3 Check the grammar

Now look at G7 in the Grammar section, pages 164–165.

KV 73 Talking about the order of past events

a) *Complete the sentences with the **past perfect** and the **simple past**.*

Events: Holly didn't call her mum. Holly's mum was worried.

Past perfect clause first:	Holly _____ (1) so her mum _____ (2).
Past perfect clause second:	Holly's mum _____ (3) because Holly _____ (4).
Question with question word:	Who _____ (5) Holly _____ (6)?
Yes / no question:	_____ (7) Holly _____ (8) her mum?

b) *Write sentences in the **past perfect** and the **simple past** to connect[1] the two events with the words in brackets.*

1. I came out of school. It started to rain. (after)

   _____

2. I didn't bring an umbrella[2] with me. I started to run home. (so)

   _____

3. I came through the front door. My mum said, "Don't forget to do your homework." (as soon as)

   _____

4. I ran home from school in the rain. I was tired and wet. (because)

   _____

5. I did most of my homework for the week. I felt a bit angry. (because)

   _____

6. I didn't do my Maths homework. I did it in the afternoon. (so)

   _____

7. I didn't finish it. Football training started. (before)

   _____

8. My coach was angry. I didn't go to training. (because)

   _____

c) *Have you ever had a bad day? Write five sentences about it with the **past perfect** and the **simple past**.*

1 **to connect** verbinden   2 **umbrella** Regenschirm

Green Line 3 G9 — Unit 4, Skills — KV 74

△ KV 74 How to talk about history: A talking frame[1]

Let me show you the historical object I've chosen to present to you today:

Here / In this picture, you can see _____

_____

Let me describe it to you first. Then I'd like to tell you what it's typical of and finally, I'll explain why I chose to present it to you.

So, this is what it looks like: _____

_____

_____

It was written / made / created by _____

It's important to say that _____

_____

It was used / made on / in / around _____ for _____

_____

_____

Today, it can be found _____

_____

I chose to present this object because _____

_____

When I look at it, it makes me think about _____

_____

It's important to look at old objects like this one today because _____

_____

It can tell / teach us a lot about _____

(Without this object, _____

_____ wouldn't be possible today.)

I'll pass the picture / object around[2] for you to see it closely.

Are there any questions? … Thank you for listening.

1 **frame** Rahmen   2 **to pass sth around** etw. herumgeben

Green Line 3 G9 — Unit 4, Station 2 — KV 75

KV 75 Listening: Where's Jay?

a) *Listen to the tour guide. True or false? Tick (✓) the right box.*

		true	false
1.	There is one tour of Victorian London today and one of Tudor London.	☐	☐
2.	They all wear headphones to listen to the guide.	☐	☐
3.	In the past there were four theatres along the river.	☐	☐
4.	The Globe theatre wasn't only used for Shakespeare's plays.	☐	☐
5.	People had to be very quiet and still during the plays.	☐	☐
6.	All the actors were adults because children weren't allowed to act.	☐	☐

b) *Listen again. Tick (✓) the right box.*

1. In the 16th century the Globe theatre was used for
   a) ☐ plays only.
   b) ☐ events with people and animals.
   c) ☐ plays and team games.

2. Shakespeare was born
   a) ☐ in Stratford in 1599.
   b) ☐ in London in 1564.
   c) ☐ in Stratford in 1564.

3. The Globe had an open roof because
   a) ☐ a closed roof was too expensive.
   b) ☐ they needed light from the sun.
   c) ☐ there were plants inside.

4. All the actors were
   a) ☐ men or boys.
   b) ☐ boys or girls.
   c) ☐ men over 18 only.

c) *Listen again. Answer the questions about the Globe theatre in note form.*

1. Where is it? _____
2. When was it built? _____
3. What did William Shakespeare do there? _____
4. What was it made of? _____
5. What happened in 1613? _____
6. When was the Globe theatre built again? _____

Lösung:
a) 1. true; 2. false; 3. true; 4. true; 5. false; 6. false; b) 1. b; 2. c; 3. b; 4. a; c) 1. Bankside, London; 2. in 1599; 3. wrote and acted; 4. wood; 5. it burned down; 6. in the middle of the 1990s

Green Line 3 G9 — Unit 4, Station 2 — KV 76

KV 76 If I hadn't talked so much …

a) *Get together in groups of three or four.*
Cut out these key words and put them on your table so that everyone can read them.

b) *Listen to the tour guide. When you hear something about one of the topics, take the card and listen closely.*

c) *After listening, tell the others what the tour guide said about your cards. If you're correct, you can keep them. The one in your group with most of the cards wins the game. Be careful, some cards don't fit.*

ANIMALS	JEWELLERY
ROADS OF LONDON	RAIN
WOOD	AUDIENCE
DOG FIGHTS	RICH PEOPLE
RIVER	STAGE
WOMEN	FIRE
QUEEN ELIZABETH I	BANKSIDE
ELECTRICITY	BOAT
ADVENTURE	DANCERS
MURDER	DIARY

Green Line 3 G9 Unit 4, Station 2 KV 77

KV 77 Working with language

1 Find the new forms: conditional clauses type 3

Complete these sentences from the text on page 92.

1. If I _____ so much, I _____ that the others had gone somewhere else.

2. The others _____ me if they _____ their phones.

3. I _____ these cool stories if I _____ with the others!

4. If I _____ the wrong tour, I _____ a man in Victorian clothes with a pipe.

5. And if I _____ so quick, I _____ a Victorian pipe for my calendar photo!

2 Find the rule

a) Look at the sentences in Ex. 1 again. They're called **conditional clauses type 3**.
Complete the grid with the verb forms that you need to form them.

	If-clause	Main clause
Conditional clauses type 3	_____ (1)	conditional perfect
	(___ + _____) (2)	(___ / ___ + ___ + _____) (3)

b) Look at the sentences in Ex. 1 again and complete the rule with these words and phrases:

has already happened   if-clause (2x)   in the past   second
type 3   no longer possible   can't change   first

You use conditional clauses _____ (1) when the action in the _____ (2)

is _____ (3) because the situation took place _____ (4) and you

_____ (5) what _____ (6). The _____ (7) can be the

_____ (8) or the _____ (9) part of the sentence.

3 Check the grammar

Now look at G8 in the Grammar section, pages 165–166.

Green Line 3 G9 — Unit 4, Station 2 — KV 78

KV 78 Talking about how things would have been

a) *Make two **conditional clauses type 3** each for the following situations.*

1. I'd left my money at home so I didn't buy that book of ghost stories.

   If I _____

   I'd have _____

2. Dave hadn't come with us on the tour so he didn't find out about the Globe Theatre.

   If Dave _____

   Dave _____

b) *Look at the text on page 92 again and write questions with **conditional clauses type 3**.*

1. – _____ Jay's friends _____

   _____ their phones off?

   – Yes, they could have helped him, but then he'd have missed the ghost story.

2. – _____ the Victorian people _____

   _____ more money?

   – Yes, of course they'd have lived somewhere else. This part of London was awful then.

3. – What _____ Jay _____

   _____ on the wrong tour?

   – He'd have gone on the other tour with his friends.

c) *Put the words in the right order to make a caption for this cartoon.*

cut the top   easier   have been   if you'd   off the tree? Wouldn't it

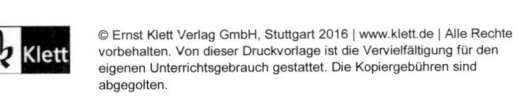

_____

_____

_____

_____

_____

_____

KV 79 Peer evaluation: A historical gallery walk

Listen to your classmates' presentations. Take turns to focus on content, presentation skills or vocabulary. Follow the instructions for each part to give good feedback after the presentations.

	Speaker:	Speaker:	Speaker:
Content: (Take notes on the information which is given during the presentation.)			
The speaker gave information on the			
… historical period.			
… object.			
… character.			
Presentation skills: (Tick ✔ a box for your feedback.)			
The speaker played the role of … all the time.	☺ ☐ 😐 ☐ ☹ ☐	☺ ☐ 😐 ☐ ☹ ☐	☺ ☐ 😐 ☐ ☹ ☐
The presentation was about 1–2 minutes.	☺ ☐ 😐 ☐ ☹ ☐	☺ ☐ 😐 ☐ ☹ ☐	☺ ☐ 😐 ☐ ☹ ☐
The speaker showed a photo of his / her object.	☺ ☐ 😐 ☐ ☹ ☐	☺ ☐ 😐 ☐ ☹ ☐	☺ ☐ 😐 ☐ ☹ ☐
The speaker spoke freely and used his / her prompt card as well as the photo in a good way.	☺ ☐ 😐 ☐ ☹ ☐	☺ ☐ 😐 ☐ ☹ ☐	☺ ☐ 😐 ☐ ☹ ☐
The speaker spoke fluently[1] and with good pronunciation.	☺ ☐ 😐 ☐ ☹ ☐	☺ ☐ 😐 ☐ ☹ ☐	☺ ☐ 😐 ☐ ☹ ☐
The speaker answered questions in a friendly and knowing way.	☺ ☐ 😐 ☐ ☹ ☐	☺ ☐ 😐 ☐ ☹ ☐	☺ ☐ 😐 ☐ ☹ ☐
Vocabulary: (Give 1–2 examples.)			
The speaker used			
… prepositions with times and dates.			
… description words.			
… biography words.			
… history words / phrases.			

[1] **fluently** fließend

Green Line 3 G9 — Unit 4, Story — KV 80

KV 80 It's a mystery!

a) *Remember the reading skills **skimming**, **scanning** and **reading for detail**.*
Write down 2–3 tips each and use them to work on the reading comprehension task below.
Look at S5–6, pages 136–137, in your book if you need help.

1. Skimming: _____

2. Scanning: _____

3. Reading for detail: _____

b) *First use your **skimming** tips to read the text on pages 96–97 in your book.*
Then tell your partner in one or two sentences what the text is about.

c) *Look at the text again. Use your **scanning** tips. Is there any information about these things?*
Tick ✔ the boxes. Then tell your partner.

- ☐ historical costumes   ☐ Norman food   ☐ photo-editing   ☐ a class trip
- ☐ a student exchange   ☐ a calendar shoot   ☐ a history museum   ☐ an accident

d) *Use your reading tips for **reading for detail**. Are the statements below right or wrong?*
Tick ✔ the correct box and write down the line numbers where you found the information in the text. Correct the wrong sentences.

		Right	Wrong	Line
1.	Jim can't remember why he is in hospital.			
2.	The photo shoot is at the hospital.			
3.	Holly is late for the photo shoot because she's broken her arm.			
4.	Olivia is angry at Holly because she doesn't want to be her lady-in-waiting.			
5.	Jay likes his costume.			
6.	Jim had an accident after the photo shoot.			
7.	The Tudor photo can't be used for the calendar.			

_____

_____

_____

_____

e) *Choose **one** option and use **conditional clauses** to write down 3–5 ideas.*

What would you do if you were …
- ☐ the girl who had caused the accident?
- ☐ Jim?

Green Line 3 G9 — Unit 4, Action UK! — KV 81

KV 81 The girl from the past

a) Look at page 99 in your book. There are two pictures from the film.
Watch the film and say where these pictures fit in the sequence of stills below.

1 2 3
4 5 6

Useful phrases

Picture A / B fits before / after Picture … / between Pictures … and …

b) Match the text with the pictures. Put in the number of the correct picture.

1. I guess I dreamt it.
2. (a strange noise)
3. I've never seen one of these before.
4. You see, we've just travelled through time.
5. This is the year 1888?
6. (background music)

c) Complete the notes. What is Violet's problem? How can Marley help? The stills will help you.

– research in _____ (1) for presentation: children in Victorian England

– Marley is _____ (2); falls asleep

– hears _____ (3); sees _____ (4)

– Marley _____ (5) Violet through door into attic room

– mother _____ (6); need money for _____ (7)

– wall _____ (8) (1888); _____ (9) through time

– Marley takes Violet _____ (10) – for a pineapple (_____) (11) and camomile tea bags → Violet thankful

– all a _____ (12)?

d) Take notes about what happens in the film.
Remember to mention Violet's problem and how Marley can help her.

Green Line 3 G9 — Unit 4, Action UK! — KV 82

KV 82 Talking about the dream sequence

a) *Make notes about the audio-visual effects in the film.*

	Audio-visual effects
1. When Marley falls asleep:	
2. When Violet arrives in the library:	
3. Whenever Marley and Violet go through the door:	
4. When Marley and Violet are shopping:	
5. When Marley wakes up:	

b) *Look at the diagram below. Describe in 2–3 sentences how Marley and Violet travel through time.*

Time travel
time travel / travel through time
past ← present → future

19th century ←   → 21st century

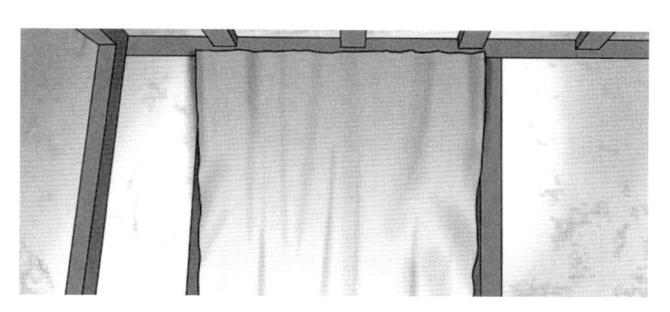

The door with the curtain[1]
between the library and the attic room

_____
_____
_____
_____

1 **curtain** Vorhang

Green Line 3 G9 — Unit 4, Working with vocabulary — KV 83a

KV 83a Working with vocabulary

Look at the crossword. Your partner has the same grid, but with other words given.
He / She will help you to fill in your gaps. Take turns to help your partner find his / her missing ones.
Describe the words he / she is looking for.

Useful phrases
Describing
It means the same as …
It's similar to …
It's the opposite of …
This is a thing / an object / a person which …

Asking for information
Could you help me find … / fill in number …
down / across?
I'm looking for …
What can I write in gap … down / across?
I'm (still) looking for … words.

Crossword entries filled in:
- 1 across: BATTLE
- 11 down: (L) E
- 12 down: KING
- 2 across: (row with I from KING)
- 3 across: FOUND
- 13 down: D N G (continuing)
- 4 across: MARRY
- 5 across: WEAPON
- 15 down: E
- 14 down: (empty)
- 16 down: J E W E L
- 6 across: INVADE
- 17 down: QUEEN
- 7 across: (empty)
- 18 down: (empty)
- 8 across: L …
- 9 across: ATTACK
- 10 across: (empty)

Green Line 3 G9

Unit 4, Working with vocabulary

KV 83b

KV 83b Working with vocabulary

Look at the crossword. Your partner has the same grid, but with other words given.
He / She will help you to fill in your gaps. Take turns to help your partner find his / her missing ones.
Describe the words he / she is looking for.

Useful phrases

Describing
It means the same as …
It's similar to …
It's the opposite of …
This is a thing / an object / a person which …

Asking for information
Could you help me find … / fill in number … down / across?
I'm looking for …
What can I write in gap … down / across?
I'm (still) looking for ... words.

Filled-in letters in the crossword:

- 11 down: L O
- 2 across: R E I G N
- 13 down: N D O R M A N
- 14 down: C A P T U R E
- 15 down: E M P I R
- 7 across / 18 down: E M P E R O R
- 18 down continues: M O N
- 8 across: S L A V E
- 9 across: A
- 10 across: C R O W N
- continuing down: H

KV 84 Test yourself

a) *Complete the sentences with the **past perfect**.*

Example:
Dave yesterday: I've forgotten to put any credit on my phone.
Dave today: Luke, I wanted to call you yesterday, but **I had forgotten** to put any credit on my phone.

1. Holly last week: I've already seen the new James Bond film.

   Luke today: The rest of us went to see the new James Bond film, but Holly didn't want to

   because _____

2. Jay this morning: I haven't done my homework.

   Emma after school: _____

   so he wasn't looking forward to the lesson very much!

3. Olivia last night: I've just finished writing an article for the school magazine! I haven't clicked 'save'[1]!

   Olivia now: _____

   when my computer suddenly crashed, and I realised that _____

   _____

b) *Inge from Germany is talking to her British friend, Clare, about a trip to London.
Tick ✔ the **past perfect** or the **simple past** to complete the dialogue.*

Clare: How was your trip to London?
Inge: It was great, thanks. I loved ☐ / had loved ☐ (1) every minute of it!
Clare: Did you go ☐ / Had you been ☐ (2) there before?
Inge: No, it was my first time.
Clare: Did you go ☐ / Had you been ☐ (3) to the theatre? London is famous for its theatres!
Inge: Yes, we did. We didn't plan ☐ / hadn't planned ☐ (4) to because it's expensive, but then we walked ☐ / had walked ☐ (5) past a place which sold cheap tickets for shows on that day.
Clare: What did you see ☐ / had you seen ☐ (6)?
Inge: It was Macbeth, by Shakespeare, at the Globe Theatre.
Clare: Shakespeare's English is a bit different to modern English. Was it difficult to understand?
Inge: Yes, it was, but it didn't matter. I saw ☐ / I'd seen ☐ (7) it before in German, so I knew ☐ / had known ☐ (8) the story.
Clare: Did you have ☐ / Had you had ☐ (9) any problems with public transport? It can be quite difficult in London.
Inge: Only on the first day. We just arrived ☐ / We'd just arrived ☐ (10), we were ☐ / had been ☐ tired (11) and we got ☐ / had got ☐ (12) on the wrong bus. It wasn't a big problem. We realised we made ☐ / had made ☐ (13) a mistake after a couple of stops.
Clare: So at the end of the trip, did you feel it was ☐ / had been ☐ (14) a success?
Inge: Yes, definitely!

1 **to save** (ab)speichern

Green Line 3 G9 — <Revision D> — KV 85a

KV 85a Test yourself

1 For want of[1] a nail[2] ...

a) *Read this traditional poem.*

> For want of a nail the shoe[3] was lost.
> For want of a shoe the horse was lost.
> For want of a horse the rider[4] was lost.
> For want of a rider the message was lost.
> For want of a message the battle was lost.
> For want of a battle the kingdom was lost.
> And all for the want of a horseshoe nail.

b) *Complete this alternative version with **conditional clauses type 3**.*

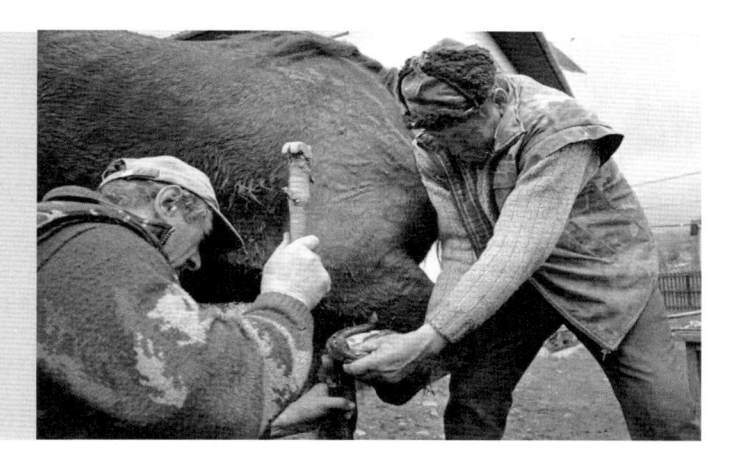

If the horseshoe nail hadn't been missing, the horseshoe wouldn't have been lost.

If the horseshoe hadn't been lost, the horse wouldn't have been lost.

If the horse hadn't _____

If the rider _____

If the message _____

If the battle _____

c) *Of course, this poem isn't really about an event in history. What is the message? Discuss your ideas.*

d) *Can you write a modern version of this poem with the same message?*

_____
_____
_____
_____
_____
_____
_____

1 **for want of** mangels   2 **nail** Nagel   3 **(horse)shoe** Hufeisen   4 **rider** sb who rides a horse

KV 85b Test yourself

2 Guy Fawkes

Complete the text with the correct verb forms to make **conditional clauses type 1, 2 or 3**.

If you _____ (1. visit) Britain in early November, you _____ (2. see) fireworks in the night sky and you _____ (3. probably smell) bonfire smoke. Guy Fawkes Night, or Bonfire Night, is on 5th November, and around this date there are many 'bonfire parties'. What are they celebrating? Who was Guy Fawkes?

In 1605, Guy Fawkes and a group of friends decided to kill King James. They were Catholics[1], and they wanted a Catholic monarch instead of the Protestant[2] James. At that time there were rooms under the Houses of Parliament which anybody could rent. Fawkes and his friends rented one of these rooms, and they filled it with gunpowder[3]. They planned to blow up[4] the Houses of Parliament on 5th November, when the king was there.

Of course, if anybody _____ (4. try) to take a lot of gunpowder into the Houses of Parliament today, they _____ (5. not be able) to pass the guards at the entrance, but in 1605 it was very easy.

The brother of the wife of one member of the group was a man called Monteagle. He planned to be in the Houses of Parliament on that day. He received an anonymous letter which told him to stay at home instead. Monteagle showed the letter to the king. The king was worried, and he asked for a search of the Houses of Parliament.

It was Guy Fawkes' job to light[5] the gunpowder. On the night of 4th November he was found by the king's guards. He was sitting next to the gunpowder.

If a different member of the group _____ (6. agree) to light the gunpowder, Guy Fawkes Night _____ (7. be given) a different name. More importantly, if that anonymous letter _____ (8. not be sent), the plan _____ (9. probably succeed) and British history since 1605 _____ (10. be) very different.

---

1 **Catholic** Katholik/-in   2 **Protestant** Protestant/-in   3 **gunpowder** Schießpulver   4 **to blow up** sprengen
5 **to light sth** etw. anzünden

Green Line 3 G9 — Revision D — KV 86

KV 86 Test yourself

1 History words

a) *Find words and phrases from Unit 4 which are connected with history. They go → ↓.*

Q	I	N	V	A	D	E	T	M	L	X	Q	H	E	Z	N	W	K	V	I
T	B	C	S	Z	X	C	G	O	L	D	E	N	A	G	E	U	K	K	O
R	A	S	B	F	T	E	X	N	E	I	A	Q	M	S	U	Z	N	P	B
I	N	D	U	S	T	R	I	A	L	R	E	V	O	L	U	T	I	O	N
B	Y	T	Y	V	H	N	G	R	N	I	K	Q	H	A	L	L	U	L	J
E	M	P	I	R	E	R	O	C	W	W	E	S	J	V	H	M	D	N	G
F	J	G	R	P	V	T	Z	H	K	R	A	M	R	E	I	G	N	F	P

b) *Use the words from a) to complete the texts below. Change the form of the words if necessary.*

1. Queen Victoria _____ (1) for 63 years and seven months. This was longer than any other _____ (2) in British history until 2015, when Queen Elizabeth II became Britain's longest reigning monarch.

2. In some ways, the 19th century was a _____ (3) for Britain. Britain's _____ (4) was the biggest in history, and it reached all around the world. The _____ (5) had started and things which were made in British factories brought in a lot of money from foreign trade. Life was good for many people, but there was a dark side too. Much of the money came from work done by _____ (6) in Britain's colonies. From the point of view of many people from Canada to Australia, who were living in _____ (7), the British had _____ (8) their countries to steal their land.

c) *Make another word search puzzle with new words from Unit 4. Then swap puzzles with a partner.*

2 Useful verbs

Match the verbs with the phrases.

1. change
2. crash
3. crop
4. drive
5. found
6. grow
7. grow up
8. mix up
9. smell

a) vegetables in your garden
b) your car to the supermarket
c) people's names and faces
d) a hospital in 1875
e) your mind about what clothes to wear
f) in a large family
g) a photo to zoom in on the important part
h) wood smoke in the air
i) your car into a tree

KV 87 Test yourself

1 British history quiz

a) *Work in small teams.*
Find at least twelve interesting facts about British history from Unit 4 and write them in a list.

b) *Make questions about the facts. Events and reasons make more interesting quiz questions than dates and names. For example, compare these questions:*

Fact: Shakespeare's Globe Theatre was made of wood, and it burned down in 1613.

Questions: ☺ What happened to Shakespeare's Globe Theatre, and why?
☹ What year did Shakespeare's Globe Theatre burn down?
☹ What was the name of Shakespeare's theatre?

c) *Close your books. Ask other teams your questions. Team A asks Team B a question, then Team B asks Team C a question, etc. If another team asks a question you also have, cross it out. When a team has no more questions to ask, the team with the most points is the winner.*

2 Mediation: The Dark Ages

a) *Read this museum information card about a period from British history. Your friend is interested in British history, but doesn't speak English. Tell him / her about the main points in German.*

A Viking ship

'The Dark Ages' is a name which is sometimes given to the period of British history between the end of the Roman Empire, in around 450 AD, and 1066, the year the Normans invaded. A popular idea of this period is a time when everybody was dirty, smelly[1], had no education and lived very simple lifestyles. This isn't really true.
Important books were written and beautiful art was made. The Romans had built a good network of roads which remained after they had gone, and there was a lot of trade across Britain and with other parts of Europe. The Vikings[2] arrived at the end of 8th century. Alfred was the king of the Anglo-Saxon[3] tribes in the south of Britain, and he is the most famous monarch from this period. He fought many battles against the Vikings. They couldn't invade the south, but for the next 150 years, much of the north of England was a Viking colony. The Vikings were extremely good shipbuilders[4] and they had amazing art and other skills. If the Normans hadn't invaded, more of the traditions and languages from this period would have survived, and Britain today would probably seem a very different place. Instead, the Normans introduced their French language and traditions to Britain, and they started the idea that before 1066, life in Britain was very bad.

b) *Choose **one** of the periods of history from Unit 4. Collect information from different parts of the Unit. Write at least 100 words in German about this period.*

c) *Collect some information about a period of German history which you're interested in. Write at least 100 words in German about this period. Then summarise the main points in English.*

---

1 **smelly** übelriechend; stinkend   2 **Viking** Wikinger/-in   3 **Anglo-Saxon** angelsächsisch   3 **shipbuilder** sb who builds ships

Green Line 3 G9

Text smart 3, Introduction

KV 88

KV 88 Crime, horror, romance or …?

a) *Here are some opening lines of books. With a partner, discuss what genre they are. What typical features of these genres can you find in these texts?*

Text 1
She had never been so scared in all her life! Now she really didn't know what to do. Maybe it would be alright if she kept very still? She knew she shouldn't look! But how could she stop her eyes from looking down, down, down? Her mouth went dry. "Go away – just turn around and leave …" But now the man was coming closer. Was he the one they had talked about last night? Was he the one they said had already killed ten girls? Was she number eleven? This was a nightmare[1], just a terrible nightmare!

Text 2
Every night, when he went outside to walk his pet unicorn[2], the old man stopped at the great hole in the hill and looked down into it. What were they doing down there? What was the noise coming from that hill? Was it really true what they said? Had the aliens landed here, here near his village, and they were hiding in that hill and building something? But what were they building? Why had nobody gone in to take a closer look? What on earth could it be? "I wish my eyes were better," thought the old man. But he had the unicorn – and everybody knew that the light of the unicorn under the earth was enough to make a blind[3] man see again. "Come on, let's take a look," the old man said, and together, they walked straight into the hole.

Text 3
I knew it was true. My mother had told me again and again. "They say love is blind, and it makes people do strange things." This is what she always said. And now it was me who was so blinded[4] by love. Jake and I had been to school together. We had spent most of our lives together. I thought we were just friends. All the girls at school were jealous. They told me how lucky I was that I could spend time with the coolest and best-looking guy at our school. I didn't see Jake like this at all. Well, it was true, after his 15th birthday he had begun to look quite good. And when he was wearing these tight[5] T-shirts, they really showed his perfect body. Well, I didn't care … not until last Saturday, anyway. Here's what happened …

b) *How might the three stories go on? Discuss your ideas with your partner.*

c) *Choose **one** text and add 6–7 lines to it.*

_____

_____

_____

_____

_____

_____

_____

_____

1 **nightmare** Alptraum   2 **unicorn** Einhorn   3 **blind** blind   4 **to be blinded** geblendet sein   5 **tight** eng

KV 89 Creative writing

1 Warm-up

Work in groups of seven. Complete the first sentence. Then fold[1] the line so nobody can read it. Pass your sheet to the person on your right. Take your neighbour's sheet and fill in the next line in full sentences. Go on like this. When you've filled in the last line, unfold[2] the sheet and read out the little stories you've created.

Write down the names of a girl and a boy.	This is the story of _____ and _____. Fold the paper.
Write down where they meet.	_____ Fold the paper.
Write down what she says to him.	_____ Fold the paper.
Write down what he replies.	_____ Fold the paper.
What happens next? Write down a problem.	_____ Fold the paper.
What happens now? Write down a solution.	_____ Fold the paper.
Finish this sentence: So in the end, they …	_____ Fold the paper.

2 Creating characters

a) Work in groups of four. Take a piece of paper each and do the following tasks:

– Draw the face of a person in the top right corner of your paper.
– Give the person a name.
– On the top left write five adjectives to describe the person's looks.
– Write down five more adjectives to describe the person's character.
– Write three things that the person likes doing.
– Write down who the person lives with.
– Below the profile, complete this sentence and add one more:
  "It was a dark and stormy night and (name) was …"
– Pass the paper to the person on your right.
– Read the profile and the two sentences. Add one more sentence.
– Pass the paper to the person on your right. Read the profile and the three sentences. Add two more sentences.
– Pass the paper to the person on your right. Read the profile and the five sentences. Add one more sentence.

b) Read the stories out to your group members. Correct and improve your stories.

1 **to fold** falten   2 **to unfold** auseinanderfalten

KV 90 Working with vocabulary

Here are some useful phrases to talk about books.
Mark the ones that you think you can use to talk about Among the Hidden *or* Pig-Heart Boy.

What is the book about?

The book is about true friendship / family life / dying / running away / the problems of growing up / starting a new life / school and education / a personal crisis / saving someone / …
The book / author deals with … / describes … / focuses on … / shows … / tells about … / raises questions about … / explores … / confronts the reader with …
The book is set in the USA / in a pool / in our time / in the future / in the 1990s / …
The action takes place at / in …
The story begins when …

Plot / storyline

The plot / storyline is action-packed / strong / fast-/slow-moving / touching / gripping.
The ending is disappointing / confusing / a surprise / unexpected / happy / sad / an open ending / has a nice twist.

Characters

The main / central character(s) / protagonist / hero / heroine go well together / is/are portrayed realistically / is/are believable / convincing / unrealistic / is/are confronted with / is/are faced with … / undergo(es) a change.
The reader's sympathy is with …
You really get involved with …
You identify with …

Point of view / language / style / atmosphere

The action is seen through …'s eyes / told from the point of view of … / told by … / told in the present tense.
The narrator uses everyday language / slang expressions / a humorous style.
The atmosphere is calm / relaxed / cheerful / confusing / frightening / dark / depressing / sad.

Personal response

My personal response is …
This book is / great / excellent (from start to finish) / brilliant / a must / enjoyable / highly entertaining / a good read / a real page-turner / one of the best books I've ever read / a great book to make you laugh / a great book if you like (romance / history / …) / easy to read / (not) perfect if you're looking for a book that has blood and murder / full of suspense / rather confusing / not always an easy read / hard / difficult to read / boring / totally unrealistic / not interesting at all.
The beginning / story makes you want to read more / really makes you think / raises a lot of questions.
You should really read this book. / I couldn't put it down. / It was not what I expected. / I was really disappointed.

KV 91a–d England: From discovery to empire

1 Before you read: Taking things round the world

In the 15th and 16th centuries things from Asia were very expensive in the north of Europe because it was so difficult to bring them from the other side of the world. Travel was by sailing ship, usually only near the coast[1]. On land, people used animals for the transport of goods[2].

Look at a map of the world and work out how silk[3] from China or spices[4] from Malaysia came to Europe. Remember, there was no Suez Canal from the Red Sea to the Mediterranean[5].

2 The age of discovery

The Italian[6] captain Giovanni Caboto, who was called John Cabot in England, wanted to find a quicker way to 'the Indies'[7] by going northwest. King Henry VII asked people to help him, and
5 the merchants of Bristol gave him money. In a small ship called the *Matthew*, Cabot sailed from Bristol in 1497 with just 18 men. Some of these men knew the Atlantic and had maybe sailed to Iceland[8] on fishing boats. Where exactly did
10 Cabot land? It isn't clear. But he returned in just 15 days, so he probably did not get as far as the area we now know as Canada, as some historians[9] have said. But this much is clear: When he returned to Bristol, the merchants were
15 not happy; Cabot had not brought back any gold or spices. However[10], he had found a good place for fishing!

A modern copy of the Matthew

What do you think life was like on the Matthew? Imagine you and your partner are two of the sailors on the Matthew in 1497. You have been at sea for 14 days and can't see land. What do you say to each other?

3 Discovering the world

When Portuguese[11] and Spanish, and later French, Dutch[12] and English sailors set out[13] to discover the world in the 15th and 16th centuries, they were looking for expensive goods that they could sell in Europe: gold, silver,
20 silk, spices, sugar – and slaves[9]. They knew where these things came from, but not how to get there and back. Both the Portuguese and the Spanish had good ships and sailors, and little by little[14] they discovered new places. They sailed round the southern[15] end of Africa as far as India. Some people thought they could find India by travelling west. The Spanish king and queen paid for the ships in which Christopher Columbus sailed across the Atlantic. He did not find a way to India, but instead discovered a 'New World'. The Spanish started
25 colonies in North, Central and South America, and regularly brought ships back to Europe full of gold and silver.

---

1 coast Küste   **2 goods** Waren   **3 silk** Seide   **4 spice** Gewürz   **5 Mediterranean** Mittelmeer   **6 Italian** italienisch
7 the Indies Indien   **8 Iceland** Island   **9 historian** Historiker/-in   **10 however** jedoch   **11 Portuguese** portugiesisch
12 Dutch holländisch   **13 to set out** aufbrechen   **14 little by little** nach und nach   **15 southern** südlich

Green Line 3 G9 Historical supplements: Focus on the UK   KV 91b

Then in 1519 Ferdinand Magellan of Portugal sailed from Spain to find a route to the Spice Islands of southeast Asia by going west. He had to explore a long way to the south before he could get round the south of South America, but finally he crossed the Pacific[16] and his expedition[17] was able to return to Spain. (Magellan and many other crewmembers[18] died before they could return to Europe.)

This opened a new route for the Spanish: from southeast Asia across the Pacific by ship, then by land across Central America (about where the Panama Canal is now) and by ship again across the Atlantic. While the Spanish were in Central America, Portuguese colonies grew in South America and southeast Asia.

Look at the trade[19] routes you worked out in exercise 1. What changed after the Spanish and Portuguese discovered their new routes?

4 English trade

The Northeast Passage[20]

In 1551 Sebastian Cabot, John Cabot's son, gave London merchants the idea that they could maybe reach China by a Northeast Passage: round the north of Norway[21]. A group of people started the *Company of Merchant Adventurers[22] to New Lands*. Members bought shares[23] at £25 each: This paid for three ships, which the company and members filled with goods for trade. The ships started from London on 11th May 1553. However, the weather was very bad. One ship got as far as the north coast of Russia[24]. The sea turned to[25] ice, so the ship stayed there for the winter, but the merchants were allowed to trade[26], and even went to the capital, Moscow. By late 1554 they were back in London again. The company later became the 'Muscovy Company'. It took its name from Moscow.

Later, other trading companies started to go to other parts of the world. Two of the most important were the Virginia Company and the East India Company.

> **DID YOU KNOW?**
>
> **The Northwest Passage**
> The Dutch, French and British followed the example of the Portuguese and Spanish and also started to sail to Asia for trade in sugar, spices and silk. However, they still needed to find a way to Asia that was not already in the hands of the Spanish or Portuguese. So for many years Drake and other English captains continued with journeys of exploration, and looked for new ways around the north of North America (the 'Northwest Passage').

1. *Before the Muscovy Company, a merchant risked[27] everything when he sent a ship out to trade: the ship, the people, the goods. The Muscovy Company was the first in the world to sell shares. What difference did that make for merchants?*
2. *Why was it important for world trade?*

5 Explorers[28]

Find out about one of these explorers from books or the Internet:

Martin Frobisher   John Davis   Henry Hudson

---

16 Pacific Pazifischer Ozean   **17 expedition** Expedition   **18 crewmember** Crewmitglieder   **19 trade** Handel   **20 passage** Durchfahrt   **21 Norway** Norwegen   **22 adventurer** Abenteurer/-in   **23 share** Anteil, Aktie   **24 Russia** Russland   **25 to turn to** sich verwandeln in   **26 to trade** handeln   **27 to risk** riskieren   **28 explorer** Forscher/-in

6 Elizabeth I and her sea captains

Like her father Henry VIII, Queen Elizabeth I wanted to help people to find new lands – and gold! Elizabeth allowed[29] Sir Francis Drake and others to go out and attack Spanish ships. In 1577, with the help of a Portuguese pilot[30], Drake sailed round the world. In the Pacific he attacked and took a Spanish treasure ship full of gold (worth about £7,000,000 in today's money). He got back to England again in September 1580. The queen got half the money and it was more money than she usually got from the whole country in a year!

Another famous sea captain was Sir Walter Raleigh. His half-brother, Sir Humphrey Gilbert, explored the coast of North America south of Newfoundland[31] but he drowned on the way back to England. Raleigh asked the Queen if he could do what Sir Humphrey had planned: to start the first English colony in the New World. In 1585 Raleigh sent out seven ships and 108 men, mostly soldiers. They built a small settlement[32] on Roanoke Island off the coast of Virginia. At first they were friendly with the Native Americans[33], who helped them with fishing and finding other food. One man, John White, made drawings of the 'Indians'. One of the colony's leaders[34] returned to England to get more food and equipment for them and reported[35] that Virginia looked like good country for farming. However, there was a delay[36] with the supplies[37]. The colonists[38] were no longer so friendly with the Native Americans and in 1586 all the colonists went back to England.

In 1587 Raleigh tried again to start a colony, this time with a mixed group of 150 people. Raleigh wanted them to go further north, but it was late in the year, so they landed on Roanoke Island again. The colonists started to build houses and a small fortress[39]. They needed more supplies from England, but when they got there the Spanish Armada was on its way. Spain was at the head of a great Catholic[40] empire and wanted to attack and take over Protestant England to make sure that England became a Catholic country again. The Queen needed every English ship to defeat the Armada. Again there was a delay in sending supplies to the colony. At last some ships were allowed to go, but Raleigh had found a Portuguese pilot to take them and the pilot told them about the rich Spanish treasure ships. Of course, they went off to look for treasure. They did not get to Roanoke Island until 1591. All the people had disappeared[41].

Raleigh had no further chance to start a colony in the New World, but Sir Humphrey Gilbert's two sons continued his ideas and eventually[42] English colonisation[43] started on the coast of Virginia and further north. The Virginia Company started the Jamestown settlement in 1607 (James I was then king of England and Scotland). This was the first successful English settlement in the New World. Many others followed it.

1. Why do you think the first colony on Roanoke Island was not a success?
2. Could the second colony have been a success, do you think?
3. Why was the fight against the Spanish Armada more important to Elizabeth than the supplies for a settlement in the New World?
4. By 1600, other countries in Europe no longer thought of England as a small, weak[44] country. What made them change their minds?

29 to allow erlauben   **30 pilot** Pilot, Lotse   **31 Newfoundland** Neufundland   **32 settlement** Siedlung, Niederlassung
33 Native American amerik. Ureinwohner/-in   **34 leader** Anführer/-in   **35 to report** berichten   **36 delay** Verzögerung
37 supplies Proviant   **38 colonist** Siedler/-in   **39 fortress** Festung   **40 Catholic** katholisch   **41 to disappear** verschwinden
42 eventually schließlich   **43 colonisation** Kolonisierung   **44 weak** schwach

Green Line 3 G9 — Historical supplements: Focus on the UK — KV 91d

7 The pink bits[45] on the map

Over the years British ships and explorers and British trading companies spread[46] all over the world. English and French colonies grew in North America. When the Dutch became stronger at sea, they took over the 'Spice Islands' of southeast Asia, so the English East India Company looked at India and decided to trade there. Merchants sent goods from Britain all over the world, and from all over the world they brought beautiful and expensive things back to Britain. And English was spoken everywhere the British started colonies.

By the time of Queen Victoria's death in 1901, Britain had become a very rich world power with a huge colonial[47] empire; 25% of the planet was under British control.

Look at the map of English-speaking countries again. All of them were countries that were important for trade with Britain or where Britain started colonies. They became part of the British Empire, and many are now part of the Commonwealth[48]. You can find out more about:
- *the discovery and colonisation of Australia*
- *the French and the British in Canada*
- *the British in India*

Use books, films, TV and the Internet to find out more.

8 Looking at words

Find words in the texts in the same word family as

explore   colony   discover

Find some more in your dictionary and look at where the stress is in each word.

---

45 bit Stelle   **46** to spread sich ausbreiten   **47 colonial** Kolonial-   **48 Commonwealth** Staatenbund

KV 92a–e London through the ages

The view to the west from the top of St Paul's Cathedral

1 Towns and cities

a) *Why do towns and cities grow up in some places and not in others? Discuss this in a group and talk about where you live and one (other) big city. Think about:*

trade routes   a good harbour on the coast[1]   a river crossing[2] (bridge, ford[3])   strong point (castle)   markets

b) *Read the text. Then write in one sentence what was important for the city of London.*

The name 'London' comes from two old words, 'lun' (spelled 'llyn'), which meant a lake or pool, and 'dun' which meant a strong place or fort on a hill. In earlier times the River Thames was five times as wide as it is today at this point, and not so deep. For the Romans, who were good at building, it was easy to put a bridge across the Thames here because they did not have to work in deep water. (That Roman bridge was very close to the site[4] of the present London Bridge.) Any bridge opens up trade routes. This one meant that people did not have to go further up the Thames to find the next bridge or ford.

At the same time the Thames is a gateway[5] to the south of England. Traders[6] coming by ship could bring things to market here and people from both sides of the Thames could transport the things easily across the bridge.

2 The beginning of London

a) *After you have read three texts below, choose the heading that fits the best.*

A Lundewic	B Londinium	C Lundenburh

1

After the invasion in 43 AD, the Romans put a bridge across the Thames and built a traders' port7 on the north bank. However[8], the Iceni tribe who lived northeast of London under their Queen Boudicca, didn't like the Romans and destroyed9 this town in 60 AD.

The Romans built it up again and in the second century they made it their capital. Some time about 200 AD the Romans built a wall on the land side of London. It was 3 km long, 6 m high, 2.5 m thick, and had 6 gates[10]. The modern City of London covers roughly[11] the area inside the Roman wall. Later in the same century Saxon[12] pirates[13] came and attacked London, so another wall was added along the Thames.

The Roman wall near the Tower of London

1 coast Küste   **2** crossing Überquerung   **3** ford Furt   **4** site Lage   **5** gateway Tor   **6** trader Händler/-in   **7** port Hafen
8 however jedoch   **9** to destroy vernichten   **10** gate Tor   **11** roughly ungefähr   **12** Saxon sächsisch   **13** pirate Pirat/-in

2

After the Romans left Britain in 410 AD more Saxons and other Germanic tribes came. They did not live in the Roman city – maybe they thought there were Roman ghosts there. These East Saxons built their houses a bit further west along the Thames. They had quite a big town around the area that is now Covent Garden. In 604 the leader[14] of the East Saxons became a Christian[15]. They say that he was the first person who built a church where St Paul's Cathedral is now. It was a small church made of wood.

3

The Vikings[16] attacked East Anglia and may have controlled London. They spent the winter of 871 in the old Roman city. Weren't they afraid[17] of ghosts? The Anglo-Saxon King of Wessex, Alfred the Great, took back the city of London and mended[18] the walls. He made it into a fort or 'burh'. He built lots of other 'burhs' (towns with walls). He may also have built London Bridge again. London became an important trading[19] centre, but the capital of England was still Winchester.

b) *Look at a good map of modern London and see if you can find where the wall was. Look for the names of the six Roman gates: Ludgate, Newgate, Aldersgate, Cripplegate, Bishopsgate and Aldgate (and Moorgate, from the Middle Ages[20]). There is a street called 'London Wall', too.*

3 London or Westminster?

The British Prime Minister[21] lives at Number 10 Downing Street, in London. So why does it say 'City of Westminster' on the street sign?

Read the text below to find out: What is the difference between the City of London and the City of Westminster?

Before the Normans came to England, King Edward built a big new church west of London. In time this became known as Westminster Abbey. Edward also built a palace for himself there. In those days the king made the laws[22]: The 'government'[23] of the country was where the king was.

On Christmas Day 1066 William of Normandy was crowned[24] in Westminster Abbey. In 1078 he ordered[25] his people to build a fort inside the city walls of London. It became the 'White Tower', the first part of the much bigger 'Tower of London'. William built this and other forts to keep the Londoners under control, and to fight off Viking pirates, who were coming up the Thames.

William's son, William Rufus, built a new palace at Westminster and lived there. You can still see part of it, Westminster Hall, today. In 1200 the king moved to Westminster. London grew in two parts, with trade in the City of London and government at Westminster. All through the Middle Ages trade grew, until London became the most important North Sea port. Elizabethan merchants traded[26] with Russia[27], the Middle East and North and South America. People came from all over England and Wales and from other countries to live and work in London. There were farms all around the City growing food for them. (Covent Garden really was a market garden for growing vegetables.)

The White Tower

14 leader Anführer   **15 Christian** Christ   **16 Viking** Wikinger   **17 to be afraid of** Angst haben vor   **18 to mend** reparieren   **19 trading** Handels-   **20 Middle Ages** Mittelalter   **21 Prime Minister** Premierminister   **22 law** Gesetz   **23 government** Regierung   **24 was crowned** wurde gekrönt   **25 to order** befehlen   **26 to trade** handeln   **27 Russia** Russland

Many people wanted to live in villages outside the city because they were afraid of disease[28] – it spread[29] fast where people lived close together. In the 14th century the plague[30] (the 'Black Death') had killed half the people of London. That is one reason why the new theatres of Elizabethan times were outside the City walls to the north, or on the south side of the Thames. Also, it meant that they could not be controlled by the City.

70 To the west, Westminster was still quite small. Over the centuries more and more people came to live in London, and built houses. Most of these were of wood. In the 17th century two terrible things happened. The first was the plague again in 1665: It was a horrible[31] disease and thousands of people died every week. The second terrible event was the Great Fire in September 1666. It destroyed about 60 % of the City, including 88 churches. It gave the great scientist and architect Sir Christopher Wren the chance to build 51 beautiful new
75 churches, and also St Paul's as we know it today. He had plans for new, wide roads, too. However, lots of people owned small pieces of land and wanted to build on them again, so even today the streets of the City of London mostly follow the same plan as in the Middle Ages. But they built the buildings with stone and brick[32], not wood.

The merchants stayed in the City, but great lords built their grand[33] houses between there and
80 Westminster, on the river. Now, it looks like one big city. But the City of London is still the business centre, Parliament[34] meets in the Palace of Westminster, and the monarch lives in Buckingham Palace, in the City of Westminster.

4 London Bridge

Which of these two is London Bridge? Match the facts to the photos.

1. In 1209 a King John built the first stone bridge here. It had houses and a church on it!
2. In 1967 some Americans bought London Bridge and moved it to a lake in Arizona.
3. It is the only Thames bridge that opens for ships.
4. King John's bridge stood for over 600 years until a new stone bridge opened in 1831.
5. This new bridge opened in 1972.
6. It takes a minute to open.
7. The Danes[35] pulled down the old Roman bridge here.
8. It opens to let big ships through to the Pool of London.

28 disease Krankheit   **29 to spread** sich verbreiten   **30 plague** Pest   **31 horrible** schrecklich   **32 brick** Ziegelstein
33 grand groß   **34 parliament** Parlament   **35 Dane** Däne/Dänin

Green Line 3 G9　　　Historical supplements: Focus on the UK　　　KV 92d

5　What to see in London

There are lots of things to see and do in London, and many of them are free. Look at tourist brochures or travel pages on the Internet and find four places that you would like to visit. Here are some ideas:

- The Tower of London
- The Museum of London
- Tower Bridge Exhibition[36]
- London Transport Museum
- Wembley Stadium
- Buckingham Palace
- The Museum of Childhood[37]
- The London Eye
- The British Music Experience at the O2 Arena: 60 years of music!
- 18 Folgate Street: This is an 18th century house which seems to have a family still living in it, with fires and candles. You just don't see the people.
- The Musical Museum: a collection of automatic[38] instruments (musical boxes, etc.), near the Kew Bridge Steam Museum, which shows steam engines.

The Monument to the Great Fire (311 steps to the top!)

Built in 2003 and already one of London's most famous buildings: the 'Gherkin' (Gurke) skyscraper[39] in the City

36 exhibition Ausstellung　　　37 childhood Kindheit　　　38 automatic automatisch　　　39 skyscraper Wolkenkratzer

6 Underground[40] London

By the end of the 17th century London was the largest city in the world. It was also the centre of the British Empire. Queen Victoria (1819–1901) became Queen in 1837 at the age of 18. She and her husband, Prince Albert of Saxe-Coburg-Gotha, supported[41] industry and education. Prince Albert organized the Great Exhibition, which took place in 1851 in Hyde Park. It showed wonders from around the world and all the best products of British industry.

The exhibition was a huge success; the money that was made was enough to start the big museums in South Kensington: the Natural History Museum (nature, from rocks[42] to dinosaurs), the Science Museum (how and why things work) and the Victoria and Albert Museum (arts and crafts[43] from around the world).

But not everything in London was new and wonderful. Immigrants came to London from Ireland, Eastern Europe, China and other parts of the world. Although the city reached out[44] to take in the villages around it, poorer people had to live close together and living conditions[45] were bad. Everyone had coal fires, so the air was dirty. The waste water[46] from all the houses went into the Thames, and there was a lot of disease. In 1858 things were so bad that they called London the 'Great Stink'!

Parliament gave the engineer[47] Joseph Bazalgette the job of cleaning up the city. He built over 2100 km of pipes and tunnels to carry the waste water away and treat[48] it.

At about the same time all the new railway companies built their lines to London. That's why London has so many big stations. Engineers were also building the underground railway system – there are all kinds of tunnels under London!

Most poor immigrants settled[49] in the East End of London. Lots of bombs fell on this area was in the Second World War. After the war, high blocks of flats rose up to provide[50] homes for people who had lost their houses.

Since then the City of London has got more and more tall buildings. When they dig down to build them, they find out more about old London and the people who lived there. In 2007 they pulled down a 26-floor[51] tower block from the 1960s. Under it they found a Roman well[52] and found over 1100 Roman objects in the wet earth under it, even a wooden door!

In other parts of London there are the London Eye and the Millennium Dome (now called the 'O2 Arena'), the Millennium Bridge and the new Wembley Stadium. In 2012 London played host to the summer Olympic Games.

a) *Find out about one of the books by Charles Dickens or one of the Sherlock Holmes stories by Conan Doyle. Many of them take place in 19th century London. What picture of the city do they give?*

b) *Imagine what London was like when the air was dirty. There were often thick fogs[53] which held the smoke. Write a short story that takes place in a poor part of London in the fog.*

---

40 Underground unterirdisch   **41 to support** fördern   **42 rock** Stein   **43 arts and crafts** Kunsthandwerk   **44 to reach out** um sich greifen   **45 living conditions** Lebensbedingungen   **46 waste water** Abwasser   **47 engineer** Ingenieur/-in   **48 to treat** klären   **49 to settle** sich niederlassen   **50 to provide** versorgen   **51 floor** Stockwerk   **52 well** Brunnen   **53 fog** Nebel

KV 93a–b The Industrial Revolution

1 Rural[1] England

a) *What does this picture make you think of? Write down what you can see in the picture and what your feelings are about this scene. Here are some words you may need:*

stone bridge	peaceful[2]	remote[3]
idyllic	no industry	quiet

b) *Read your ideas to your partner and listen to his / her ideas. Discuss this question with your partner: Would you like to live in a place like this?*

A stone bridge in Derbyshire

c) *Read the following information. Discuss in class how the look of the landscape changed.*

The bridge in the picture is very narrow. A bridge like this is often called a 'packhorse[4] bridge' because it was wide enough for a person or a horse with packs, but not wide enough for a cart[5].
   In the Middle Ages[6] and later, merchants bought things that had come to England by ship and took them to markets around the country on packhorses. They took back wool[7] and woollen cloth[8] to sell in Europe. English
5 wool was famous. Because wool brought in a lot of money, farmers used more and more land for sheep. At the same time, people cut down[9] lots of trees for fires, and to build ships.

---

1 rural ländlich   **2 peaceful** friedlich, ruhig   **3 remote** entfernt, abgelegen   **4 packhorse** Packpferd   **5 cart** Karren
6 Middle Ages Mittelalter   **7 wool** Wolle   **8 cloth** Tuch, Stoff   **9 to cut down** fällen

2 A world of industry

a) Read the text and find a heading to suit each part.

In the 18th and 19th centuries towns and cities grew as more people came to work in the factories. Big industries grew up where there was coal[10] and iron[11].
10 Areas of farmland disappeared[12] under the mills and factories and the houses for the workers. Most of the factories used coal for working iron, for making china[13] and glass, or for the steam engines to drive the machines, so there was lots of smoke.

15 Some places had one main industry, for example in the Midlands the six towns of 'The Potteries[14]', Burslem Tunstall, Hanley, Stoke-upon-Trent, Longton and Fenton, made china and pottery. They grew so that it was hard to tell where one town began and the
20 next ended. (In 1910 they officially became one town called Stoke-on-Trent.)

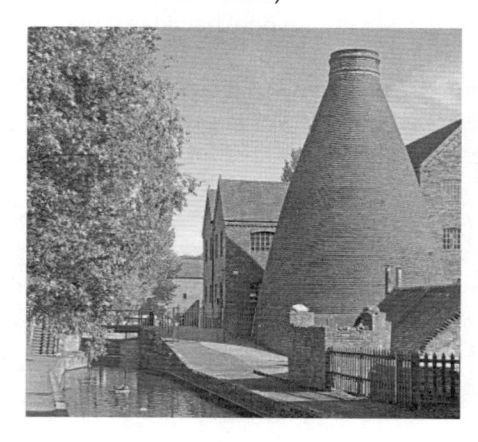

A bottle oven[15] by a canal

They made the pottery in 'bottle ovens', big buildings that were wide at the bottom[16] and narrow at the top, so that they looked like bottles. At one time there
25 were over 2,000 of these in Stoke-on-Trent, and the air was always full of smoke.

Although at first they used local clay[17] to make the pots[18], later they wanted the white clay from the south-west of England, because it looked more like
30 china. But the bottle ovens and the factories were in the Midlands, and so was the coal, so the pottery industry stayed where it was and they built canals, roads, and later railways[19], to bring the clay to the factories. This transport was also useful for taking the finished articles all over Britain: A packhorse is not 35 the best way to transport fine china!

The things that were made in Britain – the cotton and woollen cloth, the china and pottery, the iron and steel[20] products – went all over the world. British products, from needles to steam engines, went to 40 China, India, Africa and America, and especially to the countries of the British Empire.

In many industries Britain was the first country to develop manufacturing[21] and trade[22]. This was good at first, and in 1851 British industry was able to show 45 what it could do at the Great Exhibition[23] in London. But other countries developed fast, too, and were able to learn from some of Britain's mistakes. They also had newer machines and techniques.

In 1851 over half the British population[24] already lived 50 in towns. By 1901 it was over 77%. This meant that all through the 19th century people were building houses for the workers to live in. Often the houses were small and very close together. Living conditions[25] were not good. All the members of a 55 family had to work to get enough money live on. If they were ill, they could not work, and then they got no money at all. But even with all the family working, it was hard to make enough money for food and to pay for a house. Although rich people gave money to 60 charity, poor people did not want charity; they wanted better living conditions. Some joined groups to protest against this, but the government[26] did not like this. If they were caught, the people who joined these groups were put in prison, sent to Australia, or 65 hanged!

b) Read the text again and make notes of what we can still see that comes from the time of the Industrial Revolution. Do we still use these things? Do we use them in the same way?

10 **coal** Kohle   11 **iron** Eisen   12 **to disappear** verschwinden   13 **china** Porzellan   14 **pottery** Töpfern, Töpferwaren
15 **oven** Ofen   16 **at the bottom** unten   17 **clay** Lehm   18 **pot** Topf   19 **railway** Eisenbahn   20 **steel** Stahl
21 **manufacturing** Herstellung   22 **trade** Handel   23 **exhibition** Ausstellung   24 **population** Bevölkerung   25 **living conditions** Lebensbedingungen   26 **government** Regierung

Allgemeiner Teil

Unterrichtskommentare

Anhang

Kopiervorlagen

Allgemeiner Teil

Unterrichtskommentare

Anhang

Kopiervorlagen

Allgemeiner Teil

Unterrichtskommentare

Anhang

Kopiervorlagen

Allgemeiner Teil

Unterrichtskommentare

Anhang

Kopiervorlagen